조직문화 변화관리

서울대학교 경영대학 **朴元雨** 교수

Organizational Culture Change Management

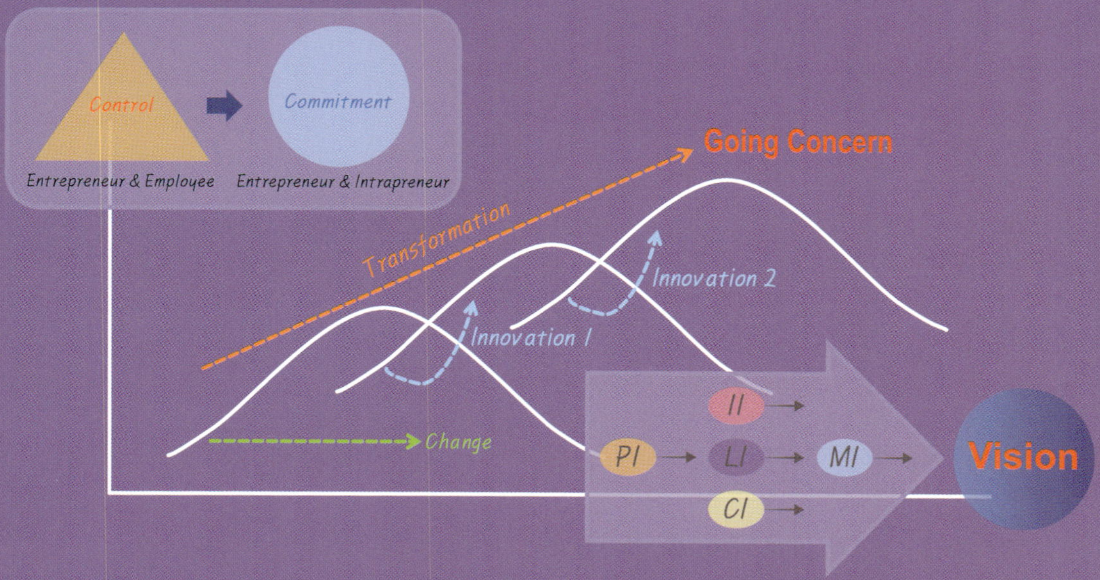

생능

조직문화 변화관리

초판발행 2019년 2월 28일
제2판1쇄 2021년 7월 21일

지은이 박원우
펴낸이 김승기, 김민정
펴낸곳 (주)생능 / **주소** 경기도 파주시 광인사길 143
출판사 등록일 2014년 1월 8일 / **신고번호** 제406-2014-000003호
대표전화 (031)955-0761 / **팩스** (031)955-0768
홈페이지 www.booksr.co.kr

책임편집 권소정 / **편집** 신성민, 김민보, 유제훈 / **디자인** 유준범
마케팅 최복락, 최일연, 김민수, 심수경, 차종필, 백수정, 최태웅, 김범용
인쇄 · 제본 교보P&B

ISBN 979-11-86689-24-0 93320
정가 27,000원

- 이 도서의 국립중앙도서관 출판예정도서목록(CIP)은 서지정보유통지원시스템 홈페이지(http://seoji.nl.go.kr)와 국가자료공동목록시스템(http://www.nl.go.kr/kolisnet)에서 이용하실 수 있습니다. (CIP제어번호: CIP2019004433)

머리말

조직문화가 우량기업의 원동력임은 이미 수없이 입증되었다. 나아가 조직문화의 혁신 없이는 기업의 지속가능성 또한 불가능하다는 것도 널리 알려졌다. 하지만 조직문화의 개념뿐만이 아니라, 그것의 변화관리를 어떻게 실현하는지에 대한 방법론을 잘 모르는 경우가 대부분이다. 그 결과 조직문화의 구성요소 중 일부만을 건드리다가 실패하거나, 아예 '조직문화는 중요하지만 어려운 것'으로 취급하여 손을 놓고 바라만 보는 형국이 대부분이다. 심지어는 올바로 관리하려고 시도조차 하지 못한 상태에서 조직문화 때문에 문제가 생겼다고 조직문화를 문제발생의 원인으로 탓하기만 하는 경우도 많다.

우리가 이미 선진국이 되었고, 사회성장의 원동력인 우리 기업이 세계의 초일류 기업과 무한경쟁을 하면서 선진국의 현 상태를 지속 · 발전시켜야 한다. 그러나 작금의 현실은 국민소득 3만불 문턱에서 발전은커녕 후퇴의 가능성을 우려하는 목소리도 많다. 중단 없는 전진은 계속 추구되어야 한다. 그런데 21세기 들어와 이미 거의 한 세대가 지난 지금, 환경과 고객의 니즈가 엄청 변하기도 했지만, 더욱 중요한 것은 우리 조직 내부 구성원의 속성과 니즈 또한 무척 달라졌다는 것이다. 조직의 내 · 외부 환경 자체가 격변한 상황에서 조직문화의 변혁 없이는 새로운 게임의 룰에서 결코 지속가능성을 논할 수가 없다.

본서는 조직문화가 한창 유행하던 1980년대 중후반 미국 경영대학원의 인사조직분야 박사과정에 수학하면서 기업문화를 공부했고, 그 후 한국에서 조직문화 관련 논문을 양적으로 가장 많이 썼고, 나아가 한국 대학의 대학원에서 조직문화론을 개설하여 한 학기에 걸쳐 강의하고 있는 유일한 사람으로서 "조직문화 변화관리를 도와주는 좋은 종합서를 내야 한다"는 사명감에서 정리한 것이다.

본서는 업계와 학계 양쪽 독자를 모두 염두에 두고 쓰였지만, 전자에 비중을 더 두었다고 할 수 있다. 업계의 경우 분야 관계없이 임원이라면 읽을 필요가 있지만, 특히 기업문화를 다루는 관리부서의 실무진을 대상으로 하였고, 학계의 경우엔 조직문화와 관련 있는 분야의 박사과정생 이상을 대상으로 하였다. 업계의 경우엔 조직문화에 대한 올바른 이해를 바탕으로 조직문화 변화관리를 효과적으로 하여 조직의 성과를 더 높이는 구체적 방법의 제시에 초점으로 두었고, 학계의 경우엔 거기에 더하여 어떤 연구가 그간 있었고 또 앞으로 있어야 하는지를 제시코자 하였다.

본서는 다음의 표와 같이 2편, 4부, 11장으로 구성되어 있다. 1편은 조직문화가 뭔지를 올바로 이해토록 하는 것이고, 2편은 조직문화의 효과적 변화관리를 돕고자 하는 것이다. 저자는 응용과학을 하는 사람으로서 책을 쓸 때 가급적 3M(Meaning, Measurement, Method) 관점에서 정리한다. 개념의 정확한 이해가 없으면 엉뚱한 방법이 나오고, 잘못된 방법이 활용되면 결코 성과 실현이 불가능하다. 따라서 단지 개념의 정확한 전달에 그치지 않고, 실제로 성과실현에 도움 되는 올바른 방법을 전하는데, 그러기 위해서 정확한 진단(측정) 방안의 제시가 있어야 한다. 이번 조직문화에 관해서도 이들 3M 관점에서 정리가 1, 3, 4부에서 이루어졌고, 조직문화의 형성원인과 효과가 2부에 추가되었다.

I편: 조직문화의 이해 (조직문화가 뭐지?)		II편: 조직문화의 관리 (조직문화를 어떻게 관리하지?)	
1부 의미	2부 영향요인과 효과	3부 측정	4부 관리방법
1. 개념의 등장배경	4. 영향요인	6. 육하원칙에 입각한 측정	8. 관리가능성, 방법론, 및 오류
			9. 올바른 방향
2. 쇠퇴/부활과 중요성	5. 효과(성과)	7. 측정의 대표적 도구와 활용법	10. 올바른 방법
3. 의미와 구성요소			11. 문화충돌과 문화변화관리

기획, 인사 등과 같은 조직의 관리부서에 근무하면서 조직문화 관리를 통해 혁신과 성과증진을 실현하려는 경우라면 1~4부의 전체 영역을 읽어야 하겠지만, 독자에 따라서는 해당 분야를 선택적으로 읽어도 될 것이다.

1부는 조직문화가 언제 어떤 배경으로 이 사회에 등장하였는지, 그 후 '한 때의 일시적 유행'으로 취급되며 쇠퇴하였던 조직문화가 왜 21세기 들어 다시 부활하는지 그 이유와 중요성의 이해를 바탕으로, 조직문화의 의미와 구성요소를 올바로 이해토록 하는데 도움을 준다.

2부는 조직문화 형성에 영향을 미치는, 나아가 형성된 조직문화에 의하여 영향을 받는 제 요소를 체계적으로 설명한다. 본서는 단지 조직문화의 올바른 이해뿐만이 아니라 조직문화를 효과적으로 관리하는데 도움을 주고자 한다. 따라서 조직문화의 형성 원인요소와 그 효과에 대한 체계적 이해가 조직문화의 관리방안 논의 전에 필요한 것이다.

3부는 조직문화의 효과적 관리를 위하여 우선 누가, 언제, 어디서, 무엇을, 어떻게, 왜 측정하는지를 설명한다. 올바른 측정 없이는 관리의 효과성을 논할 수가 없는 것이다. 실제 조직문화 측정에서 범세계적으로 활용되는 도구들 중에서 신뢰도와 타당성을 인정받은 것들을 설명한 뒤, 두 가지의 활용법을 상세히 설명하는데, 하나는 업계에서, 다른 하나는 학계에서 가장 많이 활용되는 것이다.

4부는 조직문화 변화관리의 올바른 방향과 방법을 설명한다. 조직변혁의 출발점이자 추진력으로서 조직문화의 혁신을 어떻게 이룩하는지 그 구체적 방법을 전한다. 그런데 조직문화의 관리가능성에 대한 논쟁과 국내 · 외의 조직문화 관리상의 오류를 미리 설명함으로써 조직문화 관리방법론의 올바른 추구의 중요 · 필요성을 상기시킨다. 문화충돌과 그에 따른 문제유발과 성과감소가 조직문화의 관리가 필요한 현실 이유 중 하나이기에, 조직 내 혹은 조직들 간에 발생하는 제 유형의 문화충돌을 어떻게 관리하는지를 마지막에 추가하였다.

본서의 기초는 많은 제자들과 공동작업의 결과물이다. 그간 저자와 조직문화 관련 논문을 같이 썼던 류승민, 방호진, 백광일, 성지영, 신수영, 안성익 모두에게 고마움을 표하면서 큰 발전을 기원합니다. 나아가 지난 십여 년간 조직문화론 세미나에 참여하였던 제자들(김철영, 이준우, 정현선, 최수경 등)께 감사드리면서, 본서의 내용이 우리 기업과 한국사회의 지속적 발전에 도움 되길 간절히 기원합니다.

2019년 1월

박원우

차례

CHAPTER 07 조직문화 측정의 대표적 도구와 활용법

PART 04 조직문화의 관리방법

CHAPTER 08 조직문화 변화의 가능성, 방법론 및 오류

CHAPTER 09 조직문화 변화관리 올바른 방향

CHAPTER 10 조직문화 변화관리의 올바른 방법

Part

01

조직문화의 의미

Chapter 01

조직문화 개념의 등장배경

1.1. 조직문화의 실무적 등장배경

조직문화라는 개념(혹은 학문 분야)의 탄생은 학문적 이유보다는 실무적 배경이 더 크게 작용하였다. 1970년대 후반 일본기업의 비약적 성장에 대한 관심과 연구의 결과로 태어났고, 그 후 1980년대 초반 미국 우량기업의 연구결과 덕에 더욱 성장했다고 할 수 있다.

근대 역사에서 제2차 세계대전 이전까지는 서구열강의 입장에서 서구를 제외한 다른 문화권은 정복의 대상에 불과하였다. 즉, 서구열강에게 다른 문화권은 식민지 지배를 통해 그들이 필요로 하는 자원과 시장 확보의 대상에 불과했다. 그런데 제2차 세계대전 중 미국과 일본 사이에 발발한 전면전은 미국으로 하여금 동양의 작은 나라에 불과했던 일본에 대한 이해의 필요성을 증대시켰다. 전쟁 중 수집된 자료와 연구결과를 토대로 1946년에 Ruth Benedict는 일본문화를 본격적으로 서구에 알리는 기념비적인 저서 '국화와 칼'(원저서명: The chrysanthemum and the sword)을 출간하였다. 이 책은 이후 서구사회의 동양문화에 대한 관심을 증폭시키는 계기가 되었다.

사실 서구의 동양문명에 대한 관심은 이미 20세기 훨씬 이전부터 있었고 silk road의 존재가 그 사실을 입증하지만, 2008년 북경올림픽 개회식에서 동양문물의 서양전수가 언급되면서 연출 · 강조되었던 '정화 제독의 유럽방문과 영향'이 그 출발점일 수도 있을 것이다.

다빈치 발명품이 '중국 짝퉁'?

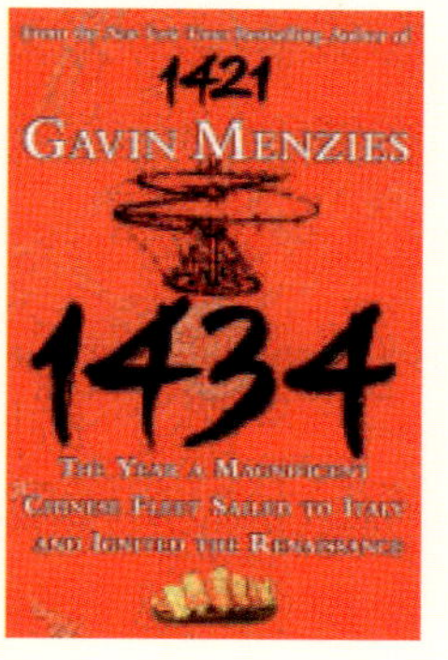

이탈리아 천재 수학자이자 화가인 레오나르도 다빈치가 남긴 비행기를 비롯한 발명품의 설계도가 중국에서 유래했다는 주장이 제기됐다고 로이터통신과 차이나데일리 등이 30일 보도했다.

퇴역한 영국 해군 잠수함부대 사령관인 개빈 멘지스 씨는 최근 발간한 '1434, 웅장한 중국함대 이탈리아로 항해해 르네상스를 촉발하다'란 저서에서 이같이 주장했다. 멘지스 씨는 2002년에도 '1421, 중국, 세계를 발견하다'란 책에서 "명나라 정화(鄭和) 제독이 이끄는 함대가 세계 최초로 아메리카 대륙을 발견하고 마젤란보다 100년 앞서 세계를 일주했다"고 주장해 눈길을 끌었지만, 당시 역사학계는 이를 받아들이지 않았다. 멘지스 씨는 정화함대가 1434년 이탈리아 베네치아를 방문해 세계지도와 천문도, 기계도면 등 중국인들이 알고 있던 기술을 모은 '기술의 백과사전'을 전파한 데 이어 교황 에우제니오 4세에게 전달했다고 주장했다. 1452년생인 다빈치가 이를 토대로 3차원으로 다시 그려냈다는 것.

멘지스 씨는 이런 주장을 뒷받침하기 위해 1313년 원나라 왕정(王幀)이 쓴 '농서(農書)'와 1430년대 초기 중국서적에 실린 공성병기(攻城兵器), 물레방아, 양수기 등의 도면을 함께 제시했다. 멘지스 씨는 "중국함대의 방문과 중국 기술의 영향으로 르네상스가 촉발했다는 주장이 받아들여지면 유럽 중심의 역사관에 대한 고통스러운 재평가가 이루어질 것"이라고 말했다.

자료원: 동아일보, 2008.7.31. A16면

그런데 제2차 세계대전 당시 미국과 자웅을 겨루었던 일본은 패전국으로 전락하면서 극심한 경제위기를 겪어 경쟁상대로서의 능력을 상실하게 되고 미국의 원조대상국이 되었다. 그러나 일본은 전후 거의 폐허에 가까웠던 경제를 빠르게 부흥시켰고, 1964년 도쿄올림픽을 기점으로 일본경제의 도약을 세계에 알렸다. 이런 경이적인 발전을 접한 서구 학자들은 일본의 비약적 발전의 원인에 관해서 관심을 가지게 되었다.

미국을 제2차 세계대전의 승전국으로 이끈 그들의 경영방식은 전후 경제원조와 더불어 유럽을 포함한 전 세계에 전파되었고, 하나의 표준으로 자리 잡는 듯했다. 그러나 1970년대 오일쇼크 등의 전 세계적 경영환경의 변화를 맞이하여 미국식 경영방식에 대한 비판과 함께 대안 모색의 필요성이 대두되었다. 그런 가운데 전후 어려운 경제상황에 처했던 국가들(대표적으로 독일과 일본)이 비약적으로 발전하면서 그 국가들의 경영방식에 대한 관심이

고조되었다. 특히 서구와 다른 문화권에 속한 일본기업의 약진은 자연스럽게 서구의 관심을 끌었다. 이후 지속적인 일본기업의 약진으로 인해, 미국기업에게 있어서 일본기업은 점차 관심의 대상에서 위협의 대상으로 바뀌어갔다. 그로 인해 일본기업은 단순 흥밋거리에서 경쟁에서 이기기 위한 연구의 대상이 되었다. 당시 출간된 두 논문의 제목에 '일본식 경영'에 대한 미국인의 관심이 여실히 나타난다.

일본기업 경쟁력의 원천을 연구하면서 경영기법 보다는 문화적 요소에 크게 기인한다는 주장이 제기되면서 경영실무에서 문화에 대한 관심이 고조되게 되었다. 경영학에서 문화에 대한 초기 관심은 기업단위의 문화라기보다는 국가단위의 문화였다.

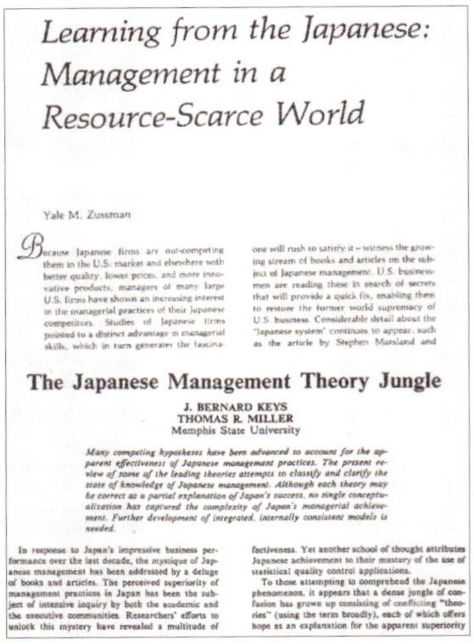

Learning from the Japanese: Management in a Resource-Scarce World

Yale M. Zussman

Because Japanese firms are out-competing them in the U.S. market and elsewhere with better quality, lower prices, and more innovative products, managers of many large U.S. firms have shown an increasing interest in the managerial practices of their Japanese competitors. Studies of Japanese firms pointed to a distinct advantage in managerial skills, which in turn generates the fascina- one will rush to satisfy it – witness the growing stream of books and articles on the subject of Japanese management. U.S. businessmen are reading these in search of secrets that will provide a quick fix, enabling them to restore the former world supremacy of U.S. business. Considerable detail about the "Japanese system" continues to appear, such as the article by Stephen Marsland and

The Japanese Management Theory Jungle

J. BERNARD KEYS
THOMAS R. MILLER
Memphis State University

Many competing hypotheses have been advanced to account for the apparent effectiveness of Japanese management practices. The present review of some of the leading theories attempts to classify and clarify the state of knowledge of Japanese management. Although each theory may be correct as a partial explanation of Japan's success, no single conceptualization has captured the complexity of Japan's managerial achievement. Further development of integrated, internally consistent models is needed.

In response to Japan's impressive business performance over the last decade, the mystique of Japanese management has been addressed by a deluge of books and articles. The perceived superiority of management practices in Japan has been the subject of intensive inquiry by both the academic and the executive communities. Researchers' efforts to unlock this mystery have revealed a multitude of fectiveness. Yet another school of thought attributes Japanese achievement to their mastery of the use of statistical quality control applications.

To those attempting to comprehend the Japanese phenomenon, it appears that a dense jungle of confusion has grown up consisting of conflicting "theories" (using the term broadly), each of which offers hope as an explanation for the apparent superiority

자료원: Zussman(1983), Keys & Miller (1984).

국가수준의 문화 비교를 Smircich(1983)는 문화간 혹은 비교경영(cross-cultural or comparative management)이라고 지칭하였다. 이런 비교경영 관점에서의 대표로 Hofstede(1986)의 연구를 들 수 있다. Hofstede가 밝힌 비교경영 연구의 목적은 패전국인 독일과 일본이 미국보다 더 높은 생산성을 발휘하는 이유를 찾는 것이었다. 결국 Hofstede는 조직문화에 대한 관심이 증폭된 원인으로 미국기업의 위기와 일본을 위시한 아시아 기업들의 약진을 들었다.

이런 가운데 미국을 대표하는 주간지인 BusinessWeek의 1980년 10월 27일 자 판은 'Corporate culture: The hard-to-change values that spell success or failure'라는 커버스토리로 기업문화를 다루었고, 뒤이어 Fortune지는 1982년 3월 22일 자부터 '기업문화'라는 별도의 섹션을 마련하기 시작하였다(Smircich, 1983, p. 339).

나아가 비슷한 시기에 조직문화에 대한 세 편의 초베스트셀러가 잇달아 출간되었다. 먼저 Ouchi(1981)는 'Theory Z' 란 저서를 통해 미래에 성공할 조직유형은 일본식 조직특성(J유형)과 미국식 조직특성(A유형)의 장점을 결합한 Z유형의 조직이라고 주장하였다. 이 책을 통해 일본기업 전반의 조직문화가 주목을 받게 되었다. 이듬해인 1982년에는 Peters & Waterman이 'In search of excellence'를 발간하였다. 이 책의 목표는 미국에서 성공한 대표기업들의 공통된 성공요인을 찾아보자는 것이었는데, 중요한 결론 중의 하나가 성공한 기업에는 기업 고유의 강한 조직문화가 있다는 것이었다. Peters & Waterman의 이 저서는 비록 실무적 관점에서 저술되었지만, 결과는 업계뿐만 아니라 학계 역시 조직문화에 대한 폭발적 관심을 가지게 하는 계기를 마련하였다. 마지막으로, 같은 해에 출간된 Deal & Kennedy(1982)의 'Corporate culture'는 기업문화라는 용어를 각인시키며 Peters & Waterman의 저서와 같이 기업문화에 대한 관심을 증대시켰다.

이상의 일련의 베스트셀러들은 이전까지 국가수준에서만 존재하는 것으로 받아들여졌던 문화라는 개념이 기업이란 조직수준에도 적용될 수 있다는 것을 보여주었다. 그에 따라서 조직문화는 조직관리의 중요한 대상으로 자리 잡게 되었다.

1.2. 조직문화의 학문적 뿌리와 제 관점

1.2.1. 조직문화 개념의 복잡성과 원인

앞서 설명한 것처럼 1980년 즈음하여 실무에서 조직문화란 개념이 확산되게 된 것은 아시아, 특히 일본기업의 약진으로 인해 서구의 동양기업에 대한 관심이 증대되면서 그 성장원인에 대한 분석과정에서 조직문화가 대두되었기 때문이다. 그렇다면 1980년 이전에는 조직문화라는 개념이 전혀 없었던 것인가라는 문제를 제기할 수 있다.

> 비록 '조직문화' 혹은 '기업문화'라는 표현을 직접 쓰지는 않았으나 조직문화의 존재성과 개념을 언급 · 제시한 것은 McKinsey의 Managing Director(1950–1967)로 있었던 Marvin Bower의 1966년 책(The will to manage)이었다. 그는 성공적 기업의 경우 최고경영층 사람들이 "우리의 철학(our philosophy)"이란 표현을 흔히 쓰며, 그 표현이 무엇을 의미하는지는 모든 구성원들이 알고 있다고 했다. Bower는 그 철학을 "여기에서 일 하는/일이 진행되는 방식(the way we do things around here)"이라고 정의하였다.
>
> 자료원: O'Donovan(2006), pp. 33–34.

조직문화 혹은 기업문화라는 용어를 사용하지 않았을 뿐 분명히 사회과학의 각 분야(특히 인류학과 사회학)에서 이미 존재해 왔다. 조직문화에 대해 관심을 가지고 이에 관한 다수의 저서를 접해 본 독자들은 '조직문화에 대한 일관되고 통합된 정의가 없다'는 것을 느꼈을 것이다. 이에 대한 가장 큰 이유 중의 하나가 사회과학의 각 분야에서 존재해 왔던 조직문화에 대한 개념과 접근방법이 1980년 조직문화 연구 붐과 더불어 짧은 시간에 혼합되면서 같은 용어를 사용하면서도 연구의 가정과 접근방식을 다르게 취해왔기 때문이다. 즉, 경영학에서의 조직문화에 대한 복잡한 개념과 접근방식은 기존 사회과학 전반의 다양한 개념과 접근방법의 영향으로 볼 수 있다.

기업문화(corporate culture)란 용어가 학술적으로 처음 사용된 것은 Silverzweig & Allen(1976)의 'Changing the corporate culture' 논문이었고, 조직문화(organizational culture)란 용어가 처음 사용된 글은 Blake & Mouton(1964)의 'The managerial grid'란 책이며(이 경우엔 저자들이 organizational climate를 언급하면서 우연히 organizational culture란 용어를 썼던 것임), 논문은 Pettigrew(1979)의 'On studying organizational cultures'이다.

Hofstede(1986)는 경영학에서 학문적으로 본격적으로 조직문화를 다루게 되는 계기를 Administrative Science Quarterly의 1983년 특집호와 Organizational Dynamics의 1983년 특집호의 출간이라고 밝혔다. 특히 매우 학술적이면서 포괄적 범위를 요약한 ASQ의 1983년 특집호(총 9편의 논문으로 출판됨)에서 편집자인 Jelinek, Smircich, & Hirsch(1983)의 안내 글은 경영학에 조직문화 개념을 학문적으로 받아들이는 시작점에서 조직문화 개념의 원형(prototype)을 제시해 주었다고 볼 수 있다. 이 글에 의하면 당시 특집호에 수록된 글들은 사회과학의 각 분야를 아우르는 관점으로 구성되어 있지만, 수록된 모든 글이 문화를 "공유된 의미의 끊임없는 재창조(culture as the continuous recreation of shared meanings)"라고 보는 공통점이 있다고 명시하였다(Jelinek et al., 1983, p. 335).

조직문화라는 용어는 조직(organization)과 문화(culture)라는 단어의 조합이다. 조직에 대한 연구는 사회과학의 각 분야에서 오래전부터 조직이론이라는 분야로 발전되어 왔으며, 문화에 대한 연구는 주로 인류학에서 다루어져 왔다. ASQ의 1983년 특집호에 실린 글 중의 하나인 Smircich(1983)의 글은 인류학에서의 조직문화 관련 개념과 조직이론에서의 조직문화 관련 개념을 연결해 총 5가지 조직문화 관련 주제가 성립하는 것으로 정리 · 제시하였다. 그에 따르면 양 이론의 접점에서 다룰 수 있는 연구주제는 비교문화(comparative management), 기업문화(corporate culture), 조직인식(organizational cognition), 조직상징(organizational symbolism), 무의식적 과정과 조직(unconscious processes and organization)이다. 이 5가지의 주제는 조직문화를 조직 외부의 독립변수, 조직 내부의 변수, 조직을 개념화시키는 근본 은유(root metaphor)로 보느냐에 따라 3가지로 구분된다(Smircich, 1983). 구체적으로 비교문화라는 주제에서는 문화를 조직 밖의 순수 독립변수로 보는 데 비해, 기업문화라는 주제에서는 문화를 조직 내부의 관리 가능한 변수로 본다. 그리고 조직인식, 조직상징, 무의식적 과정과 조직을 주제로 다루는 분야에서는 문화를 변수로 보기보다는 조직을 개념화시키는 근본적 은유로 본다.

Jelinek et al.(1983)과 Smircich(1983)의 글만 참조해 보더라도 경영학에서 다루는 조직문화의 개념에서는 인류학, 사회학, 심리학 등의 사회과학 전반의 관점들이 혼재되어 있는 것을 알 수 있다. 따라서 조직문화에 대한 바른 이해를 위해서는 조직문화라는 개념이 사회과학 전반에서 어떻게 발전하여 경영학으로 도입되게 되었는가를 이해할 필요가 있다. 그런 의미에서 먼저 문화연구의 뿌리가 되는 인류학에서 조직문화 연구가 어떻게 이루어졌는지 알아보고자 Allaire & Firsirotu(1984)의 연구를 살펴보고, 다음으로 경영학에서 조직문화가 어떻게 받아들여지고 발전하게 되었는지를 알아보기 위해서 Barley, Meyer, & Gash(1988)의 연구를 살펴보도록 하겠다.

1.2.2. 문화인류학에서의 조직문화

문화연구의 원류라 할 수 있는 문화인류학에서는 연구의 가정과 강조점에 따라서 문화에 대한 다양한 이론들이 존재한다고 한다. Allaire & Firsirotu(1984)는 문화인류학자들의 문화에 대한 다양한 정의를 정리하여 문화인류학파를 크게 문화를 '생각의 시스템'으로 보는 학파와 '사회문화시스템'으로 보는 학파로 구분하였다.[1] 전자는 문화가 소재하고 있는 위치에 따라서 2가지 학파로 구분되는데, 문화는 사람들의 마음에 있다고 보는 부류와 공유된 의미와 상징의 산물이라고 보는 부류로 구분된다. 후자는 시스템에 대한 견해 차이에 의해 2가지 학파로 구분되는데, 사회시스템이 유기적으로 잘 맞물려 돌아간다고(synchronic) 보는 부류와 그렇지 않다고(diachronic) 보는 부류로 구분된다. 이와 같은 Allaire & Firsirotu(1984)의 구분에 따라서 문화인류학의 학파들을 구분해 보면 다음 〈도표 1-1〉과 같다.

〈도표 1-1〉 문화 개념의 분류

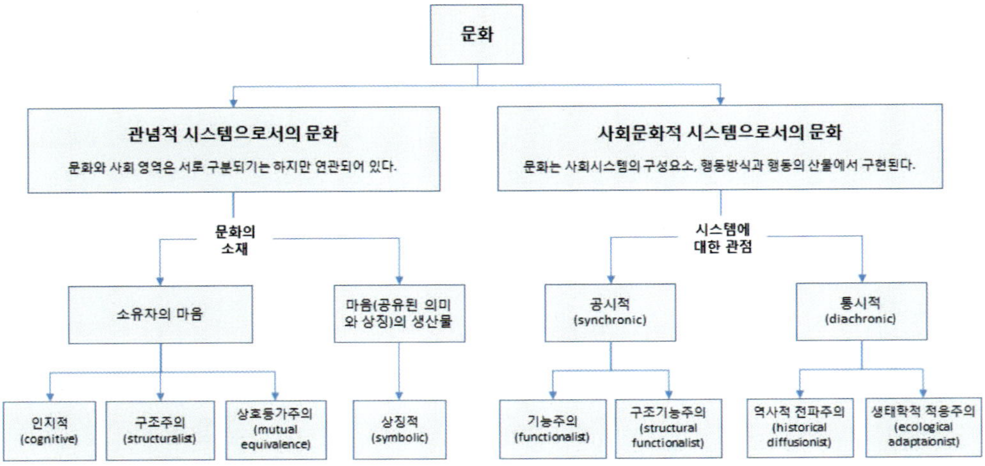

자료원: Allaire & Firsirotu(1984), p.196 수정인용.

그리고 각 학파의 문화에 대한 정의는 〈도표 1-2〉와 같다. Allaire & Firsirotu(1984)는 문화인류학적 문화 개념을 확장하여 조직문화에 적용해 보고자 위와 비슷한 분류체계에 따라서 조직문화 개념을 구분하였는데, 그 근거는 문화의 개념에 적용되는 가정과 접근법이 조직이론가들이 주장했던 바와 유사하다는 것이다.

Allaire & Firsirotu(1984)의 연구결과에 따르면, 문화인류학에서 독자적으로 연구된 문화에 대한 각 접근법이 사회과학 전 분야에 걸쳐 이루어진 조직연구의 접근법과 상당히 밀접한 관련성이 있다. 따라서 1980년 초반 실무적 관점에서 시작된 조직문화에 대한 관심이 학문적 관점에서 짧은 시간에 조직 및 관리와 관련된 경영학으로 전파되었다.

1) Allaire & Firsirotu(1984)의 문화개념 분류는 문화인류학 정통파의 분류와 차이 난다는 견해도 있음을 미리 밝혀 둔다.

〈도표 1-2〉 문화의 정의와 조직/경영이론과의 연계

			문화에 대한 정의	조직이론과의 연계
관념적 시스템	마음	인지적 (cognitive)	• 문화란, 인식하고 믿고 평가하고 행동하는 기준들의 시스템 • 문화란 구성원들의 마음 속에 존재하는 것	• 조직풍토는 조직의 가장 기본적인 특성에 대한 공유되고 지속되는 인식. 조직풍토는 조직으로부터 요구되는 행동 모델에 맞게 개인의 행동을 이끌고 형성함 • 조직은 조직구성원의 공유된 인지지도가 사회적으로 구현된 것. 조직은 조직 내 행동의 프레임워크를 제공해주는 세계관, 코드, 공식적 지도를 개발시킴
		구조주의 (structuralist)	• 문화는 축적된 의식의 창조, 공유된 상징 시스템 • 무의식적 마음의 원칙에 의해 문화가 발생 • 모든 문화에는 공통적 형태가 있음	• 다방면의 특성에도 불구하고 조직은 구조와 과정, 사고의 보편적이고 무의식 과정의 사회적 표출인가? March와 Simon은 조직의 구조와 과정은 인간의 인지과정의 특성과 한계점을 반영한다고 주장 • 관리자들은 유사한 의식구조, 인지스타일과 과정을 공유하고 있는가?
		상호등가주의 (mutual equivalence)	• 문화는 표준화된 인지 과정의 집합체 • 상호 예측을 가능케 하고, 개인간 행동의 조화를 이끎	• 조직은 개인의 효용함수가 교차하고 일체화되는 장소 • 개인행동의 통합조정은 상호 간 공통의 예측을 가능케 하는 인지구조의 정교화로 이루어짐(not 목표 공유). 조직에 대한 참여는 구성원 개개인의 효용 계산을 통해 이루어짐
	공유된 의미	상징적 (symbolic)	• 문화는 인간이 자신의 경험을 해석하고 행동방식을 결정하도록 하는 의미의 복합체, 공유되고 공개된 의미와 상징의 시스템 • 문화는 상호작용을 통해 공유된 의미에 있음	• 역사와 리더십의 결과물로서의 조직은 상징시스템을 개발하고 유지할 동기가 있음. 상징시스템은 구성원들의 주관적 경험을 해석, 의미를 부여하게 해주고, 조직에 대한 몰입을 합리화. 이런 구조는 이데올로기, 신화, 가치, 전설, 특성, 감정구조 등으로 구현됨 • 조직은 구성원들이 자신의 경험에 대한 의미를 부여하고 해석하는 과정에서 생긴 허구
사회문화적 시스템	synchronic	기능주의 (functionalist)	• 문화는 인간이 욕구충족 과정에서 직면하는 문제를 극복하여 더 좋은 위치에 설 수 있도록 해주는 수단	• 조직의 사회문화적 시스템은 욕구충족의 요구를 반영해야 함
		구조기능주의 (structural functionalist)	• 문화는 개인들이 사회생활에 참여를 적합하게 해주는 정신적 특성(가치, 믿음)이며 습관을 습득하게 해주는 메커니즘	• 조직은 가치라는 하위 시스템을 가진 의도된 사회 시스템
	diachronic	역사적 전파주의 (historical diffusionist)	• 문화는 한시적, 상호작용적, 형이상학적, 자율적 구성체임. 즉, 역사적 환경과 과정에 의해 문화가 생성됨	• 조직의 형태는 역사적 환경에 의해 변화됨. 조직구조와 전략의 특정 패턴은 조직의 역사적 양상의 특성
		생태학적 적응주의 (ecological adaptaionist)	• 문화는 생태적 여건에 대해 사람 공동체가 연계될 수 있도록 도와주는 사회적으로 전해 내려온 행위 패턴의 시스템. 환경과 시스템은 변증법적 상호작용을 함	• 조직은 특정 환경 속에서 관념적 행동 설계로 나타나는 사회적 규칙 • 조직은 끊임없는 환경과의 적응과 선택의 과정을 통해 다양한 형식을 취함

자료원: Allaire & Firsirotu(1984), pp. 217–221 수정인용.

문화인류학 내에서도 문화에 대한 접근법과 기본가정이 사뭇 다르기 때문에 그 개념을 끌어 쓴 경영학의 입장에서 어느 관점의 문화개념을 끌어 썼느냐에 따라서 그 개념을 통해 무엇을 밝히고 해석하고자 하는지 그 관심 사항이 다르다. 특히 앞서 살펴본 바와 같이 1980년대 초반 경영학에서 조직문화에 대한 관심이 갑작스럽게 증가하면서 조직문화에 대한 엄격한 개념 정의가 이루어지지 않은 상태에서 조직문화에 대한 연구가 이루어지면서, 앞의 문화인류학의 개념 구분이 없이 그냥 경영학으로 소개되었던 것이다. 이런 점 때문에 문화인류학의 문화 개념과는 별도로 경영학에서 조직문화 연구가 어떻게 이루어졌는지를 살펴볼 필요가 있다.

1.2.3. 경영학에서의 조직문화 연구의 발달경로[2)]

1970년 이전에는 조직문화에 대한 연구는 간헐적으로 이루어지다가, 1970년 E. C. Hughes와 Chicago 대학 출신의 사회학자들(대표적으로 Schein과 Van Maanen 등이 중심이 되어)이 조직을 제대로 이해하기 위해서는 국부적 해석 구조와 의례화(儀禮化)된 관행에 대한 이해가 중요시되어야 한다고 주장하였다. 다른 한편에서는 조직개발에 관한 저서(예로 Schein, 1969)에서 문화에 대한 언급이 발견되었다.

조직문화에 대한 관심이 본격화된 것은 결국 1970년대 이후의 일이라고 할 수 있다. 이 시기에 조직문화가 경영학으로 전파되는 경로는 크게 2가지로 구분된다(Barley et al., 1988). 첫째는 컨설턴트와 실무중심의 학자들의 글(Silverzweig & Allen, 1976; Peters, 1978; Ouchi & Price, 1978; O'Toole, 1979)을 통한 유입경로이고, 둘째는 조직문화와 상징주의에 대해 보다 이론적으로 접근한 학자들의 연구(Dandridge, Mitroff, & Joyce, 1980; Pettigrew, 1979; Pondy, Frost, Morgan, & Dandridge, 1983; Van Maanen, 1979; Wilkins, 1979)를 통한 유입이다. 전자의 주된 주장은 관리자들이 지나치게 이상적이고 전략적인 조직관리에만 치중해 있고, 내재된 가치, 충성도의 고무, 해석체계에 대한 영향력이 가지는 중요성을 간과하고 있다는 것이다. 따라서 제한된 기대수익을 제공해 주는 이성적이고 전략적 관리방식에 더하여 조직의 이상, 규범, 가치, 조직의 상징성 등에도 함께 관심을 기울여 조직의 효과성을 높여야 한다고 주장하였다. 후자에 해당하는 순수이론가들도 역시 전자와 마찬가지로 공유된 사회적 해석체계에 관해 관심을 가졌다는 점에서는 유사하나 조직은 사회적으로 구성된 의미시스템이라는 현상학적 속성을 가진다는 것을 강조하기 위해서 인류학자나 상징적 상호작용주의자들의 연구를 많이 도입하였다. 그래서 조직 내 변수간 인과관계를 살

2) 본 절은 Barley et al.(1988)의 연구를 요약 · 정리한 것임.

펴보기보다는 현상에 대한 해석에 치중하였다. 이 두 접근법의 차이를 정리하자면, 전자는 조직문화를 조직효과성을 증진시키는 수단으로 보았는데 비해, 후자는 패러다임 변혁의 축으로 보았다.

이 두 가지 접근법은 1982년 이전까지는 거의 독립적으로 발전하다가, 1982년 조직문화에 대한 관심이 폭증하면서 큰 변화를 맞이하게 되었다. 앞서 언급한 바와 같이 이 시기에 조직문화 관련 초대형 베스트셀러인 Theory Z, In search of excellence, Corporate culture가 잇따라 출간된다. 이들 저서들의 영향으로 말미암아 업계와 학계 모두에서 조직문화에 대한 관심이 폭증하였다. 그야말로 1982년을 기점으로 조직문화 연구가 폭발적으로 늘어난 버섯효과(mushroom effect) 현상이 생겼다.

Barley et al.(1988)의 연구에서 애초에 가졌던 관심 사항은 실무계 중심의 조직문화 개념과 학계 중심의 조직문화 개념이 위의 조직문화 폭증시기를 거치면서 각각 어떻게 바뀌었는가를 살펴보는 것이었다. Barley et al.(1988)은 이런 현상을 살펴보기 위해서, 다양한 논문 검색 데이터베이스에서 organizational culture, corporate culture, organizational symbols, managerial symbols, organizational stories, organizational myths 등으로 1975년에서 1985년 사이 기간 발행된 논문을 검색하고, 검색된 논문을 업계 논문과 학계 논문으로 구분하여 비교하였다. 그 결과가 〈도표 1-3〉에 나타나고 있다.

〈도표 1-3〉 조직문화 연구의 추세

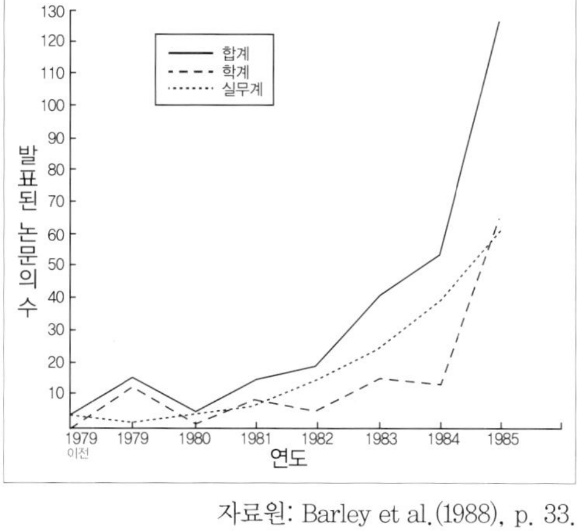

자료원: Barley et al.(1988), p. 33.

〈도표 1-3〉에서 살펴볼 수 있는 바와 같이 1982년을 기점으로 하여 조직문화에 대한 전체 논문의 수가 급증하였고, 이는 당시의 조직문화 연구의 버섯효과를 입증하는 것이다. 그리고 증가추세에 있어서 실무계의 논문이 먼저 증가하였다가 1984년 이후부터 학계의 논문이 급증하는 것을 볼 수 있다. 또한, 학계 논문의 조직문화에 대한 정의가 점차로 실무계 중심 논문의 조직문화에 수렴해 가는 것으로 밝혀졌다.

따라서 문화인류학 중심으로 사회과학 각 분야에서 발달한 조직문화에 대한 개념은 1982년의 조직문화에 대한 베스트셀러 출현 이후 업계와 학계의 많은 관심을 받았으나, 시간의 흐름에 따라 조직문화의 개념은 점차로 업계 중심의 개념으로 수렴된 것이라고 하겠다. 즉, 경영학에서의 조직문화는 다양한 접근방식의 배경이 있으나, 그 주된 흐름은 기업의 효과성을 증진시키는 제3의 관리 도구로서 기업문화를 받아들인 것이다.

경영학계에 기업문화 연구가 확산된 계기 중 하나는 1984년 10월 24~27일에 미국 Pittsburgh 대학교 경영대학원의 'The Program in Corporate Culture'가 'Managing Corporate Cultures'란 학술대회를 개최한 후 발표논문을 정리하여 'Gaining control of the corporate culture'란 책을 출간하였기 때문이다.

저자가 국내에서 인사조직분야로 석사과정을 한 것은 1982년과 1983년이었고, 그 후 1984년 국책연구기관(KDI)에서 1년간의 연구원 생활을 하면서 박사과정 지원준비를 하였다. 당시 인사조직 분야 연구흐름의 첨단에 있던 '조직문화'에 관심을 가지게 되었고, 그 분야 연구가 활성화된 Pittsburgh대학을 선택하여 1985년 유학을 갔었다.

정리하면, 조직문화 개념은 애초에 주로 문화인류학자들에 의해서 개발 · 발전되어왔고, 그동안 사회과학 각 분야(특히 사회학)에서 명시적으로 조직문화란 용어를 사용하지 않았지만 내용과 의미에 있어서 조직문화란 개념이 독립적으로 개발되어 왔다. 그러던 중 1970년대 말과 1980년대 초를 맞이하면서 실무적 필요성에 의해서 조직문화에 대한 관심이 서서히 일어났고, 1982년을 기점으로 조직문화에 대한 관심이 대대적으로 퍼지게 되었다. 그즈음 경영학에서의 조직문화 연구는 이론중심의 연구와 실무중심의 연구가 함께 병행되었는데, 이후 실무중심의 개념으로 수렴하게 되었다는 것이다.

1.3. 한국의 조직문화 연구 및 적용내용

1.3.1. 학계의 연구흐름과 내용

어느 분야이든 시작점을 찾는다는 것은 쉽지 않은 일이다. 마찬가지로 국내에서 조직문화 연구의 시작점을 밝히기 역시 쉽지 않다. 그래서 조심스럽기는 하지만 필자가 가지고 있는 정보를 총동원 해 보았을 때, 국내 연구 중에서 조직문화에 대한 첫 언급은 (저자의 서울대학교 은사인) 신유근(1979) 교수의 박사 논문인 '한국기업의 전통문화적 특성과 조직유효성에 관한 연구'에서 이루어진 것 같다. 그런데 신유근(1979)의 연구는 조직문화를 언급하고 있지만 '한국적 전통문화'에 더 큰 비중을 두고 있어서 조직문화라기보다는 국가문화에 가깝다고 볼 수 있다.

그런 점에서 본격적으로 조직수준에서의 조직문화를 다룬 연구는 (저자가 석사과정 다닐 때 동 분야 박사과정생이었던) 서인덕(1986a, 1986b) 교수가 그 시작점이라고 보아야 할 것 같다. 서인덕(1986a, 1986b)은 당시까지의 조직문화 유형을 다양하게 고찰하여, 한국 여건에 맞는 조직문화 유형구분을 제시하고, 그것을 통해 한국기업 전반, 재벌기업별, 산업별, 부서별 문화적 유형을 계량적으로 제시하였다. 물론 이 연구가 있기 전에 이미 서인덕(1984)은 인사관리학회에 조직연구에 있어서 문화적 접근 혹은 상징론적 접근을 주장한 바 있다. 이와 같은 서인덕의 연구업적은 이후 국내의 조직문화 연구에 큰 영향을 미치게 되는데, 한국의 기업문화 유형을 다룬 많은 연구들(민승기, 고종식, 1994; 한주희, 황원일, 1996; 한주희 등, 1997)이 서인덕(1986a, 1986b)의 조직문화 유형구분을 따랐다.

〈도표 1-4〉 국내 조직문화 연구의 연도별 빈도

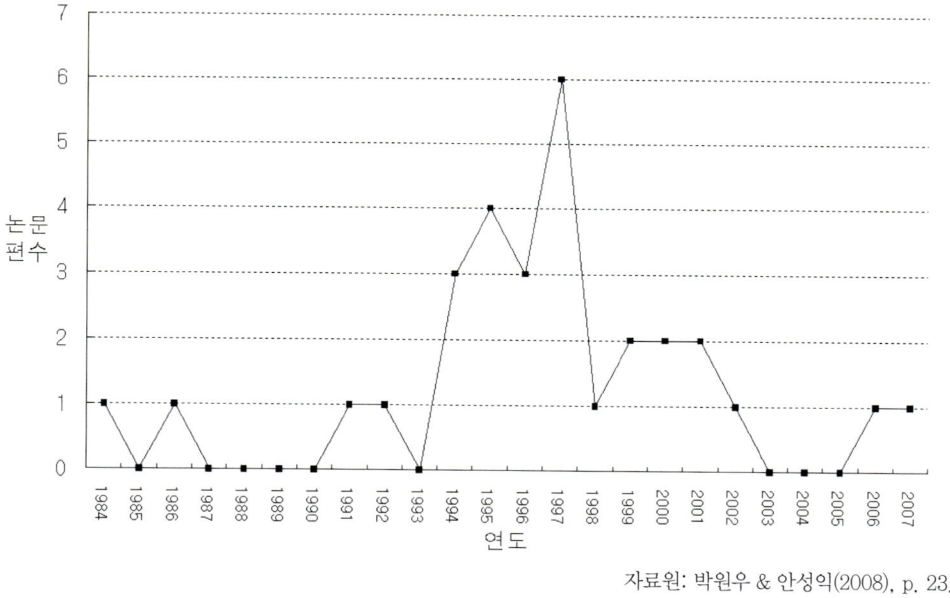

자료원: 박원우 & 안성익(2008), p. 23.

1984년 이후 국내 조직문화 연구흐름을 파악하기 위해서 조직연구에 관한 대표적 학회지인 경영학연구, 인사조직연구, 인사관리연구로 한정하여 조직문화연구를 검색해 보았다. 검색에 있어서 단순한 주제어 검색만이 아니라 실제 내용에서 조직문화연구인지 여부를 파악하여 분류한 결과 2007년까지 총 30편의 논문이 검색되었다. 이들 연구의 연도별 빈도를 쉽게 파악하기 위해서 연도별 빈도 그래프를 그려보면 〈도표 1-4〉와 같다.

위 그림에서 볼 수 있듯이 조직연구에서 조직문화에 대한 연구는 1984년을 여명기로 하여, 1990년대까지는 간헐적으로 연구가 이루어져 오다가, 1994년부터 급격히 증가한다. 그런 추세는 2002년까지 지속되다가 이후부터는 연구가 주춤해지는 것을 확인할 수 있다. 이런 연구패턴은 서구의 연구패턴을 조사한 Barley et al.(1988)의 연구와 비교해 볼 때, 시차를 두고 유사하게 연구가 진행됨을 확인할 수 있다. 즉, 서구에서는 1984년을 기점으로 폭발적으로 연구가 늘어난 것처럼 국내에서는 1990년 전후로 연구의 수가 급격히 늘어났다. 그러나 안타깝게도 근자에 들어서는 조직문화 연구가 확연히 감소세에 있음을 확인할 수 있다.

내용 면에서 연구의 추세는 초반에는 주로 문화유형과 관련된 연구가 주류를 이룬다. 앞서 말한 바와 같이 한국적 여건을 감안하여 개발된 서인덕(1986a, 1986b)의 문화유형 구분과 Quinn & McGrath(1985)의 경쟁가치모형이 사용되어, 문화유형과 기업성과 간의 관계를 파악하고자 하는 연구가 주를 이루었다. 이후 조직문화 연구는 조직문화와 개념적으로 깊은 관계를 맺는 전략, 리더십, 인사관리 유형, 조직변혁과의 관계를 파악하고자 하는 연구가 이루어졌다.

이처럼 논문을 통한 조직문화 연구가 수적으로나 질적으로 발전했는데 비해, 저서를 통한 조직문화연구는 극히 제한적이었다. 일반서적으로 조직문화를 본격적으로 다룬 초기 작품은 이학종 교수의 '기업문화와 조직개발'(1986)과 '기업문화론: 이론, 기법, 사례연구'(1989)이 있다.

1.3.2. 실무계의 적용내력과 내용

서구에서는 1984년을 기점으로 하여 학계와 실무계가 동시에 조직문화에 대해 폭발적 관심을 쏟았다. 이런 영향은 국내 조직연구에서 시차를 두고 반영되어 1990년대를 맞이하여 조직문화 연구가 급증하였다. 그렇다면 업계에서는 조직문화에 대한 관심은 어떻게 진행되었을까? 당시 세계적으로 기업 및 경영학 모두가 조직문화에 대한 관심이 높아졌던 것처럼 한국기업들 역시 조직문화에 대한 관심이 1990년대 초반 즈음하여 고조되었다. 이런 현상을 반영하는 1990년 일간지의 기사를 살펴보도록 하자.

이 기사를 통해 1990년 당시 한국기업들의 조직문화에 대한 관심이 지대하였다는 것을 확인할 수 있다. 이러한 관심을 실제 경영에 적극적으로 반영하는 증거로 조직 내에 조직문화를 전담하는 부서 혹은 기능의 설치 · 채택을 들 수 있다. 그런데 현재의 시점에서 볼 때, 당시 한국의 기업문화 활동은 본질적 기업문화 활동과 일맥상통하는 면도 있지만, 상당히 다른 의미의 기업문화 활동이 함께 수행되었음을 알 수 있다. 조직의 번영과 생존에서 있어서 조직문화가 중요하고 그에 따른 효과적인 관리가 필요하다는 점에 대한 인식은 현재 조직문화의 의미와 같지만, 당시 일부 기업에서 기업문화 활동의 내용은 예술–문화진흥 차원의 활동을 조직문화 활동과 동일시 하였다는 점에서 차이가 있다.

한국일보 1990年12月13日

focus

우리會社 사람들은 이렇게 생각하고 행동한다

財界에 「기업文化」바람

자료원: 한국일보, 1990.12.13.

1996년 7월에 설문조사 분석을 통해 기업문화 변화의 핵심성공 및 실패요인을 연구한 박원우(2001)의 연구에 의하면, 국내 기업들의 문화변화 핵심성공/실패의 요인으로, ① 기업문화 개념의 이해/몰이해, ② 종업원과 최고경영자의 관심과 참여, ③ 기업문화 활동의 지속기간, ④ 기업문화 활동과 경영전략과의 연계, ⑤ 기업문화 활동과 타 혁신노력과의 연계를 제시하고 있다. 이상의 5개의 요인 중에서 서구와 비교하여 한국기업에만 나타나는 특이한 핵심요인은 '기업문화 개념의 이해/몰이해'인데, 이는 다음의 기사에서처럼 기업문화 운동과 문예진흥 운동(이러한 활동은 '기업문화'가 아니고 '메세나' 활동으로 칭해져야 함)과의 개념적 혼동이 있었다는 점을 통해 드러난다.

美「코퍼레이트 아트」일반화

기업문화

美術후원 넘어 「직접참여」 개념

자체史料 박물관 설립붐

자료원: 조선일보, 1992.3.3

NEW WAVE

오해·오도되고 있는 기업문화운동

자료원: 박원우(1994b)

위 그림은 한국경제신문 2016년 7월 14일 자에 실린 내용이고, 제목은 '글로벌스타 K컬처 키우는 기업문화재단'이고, 기사 내용의 말미에 "기업문화재단들의 체계적인 지원이 세계적인 K아트 열풍의 원동력이 되고 있다"는 한국메세나협회 사무처장의 말이 인용되었다. 기업이 한국 나아가 세계 문화예술 분야의 중흥에 지원하는 것은 분명히 좋은 현상이고 계속되어야 한다. 그러나 독자들은 기업의 문화지원 활동 즉 메세나를 기업문화 활동과 혼동해서는 안 된다. 이 기사에 나온 표현 '기업문화재단'도 기업의 문화재단을 의미하는 것이며 결코 기업문화의 재단이 아님을 알아야 한다.

따라서 1990년 초반과 중반에 한국기업들은 이미 조직문화 관리의 필요성과 중요성을 인식하고 실제로 많은 노력을 들이고 있었던 것은 사실이지만, 조직문화에 대한 충분한 개념적 이해가 수반되지 않은 상태에서의 조직문화 관리활동이 이루어졌다고 하겠다.

그런 가운데도 한국기업의 기업문화운동은 학계와의 연계 속에서 꾸준히 발전되었다. 일례로 한국경제신문의 '기업문화 활성화시킨다'라는 기사를 보면, 당시 기업문화의 개념이 혼용되고 있을 뿐만 아니라 올바른 방향설정이 되지 않은 점을 감안, 협의체를 만든다는 내용이 있다. 여기서 협의체란 문화부를 주체로 설립된 기업-금융기관 담당자들의 협의체를 말하는데, 목표한 주요 활동은 ① 정기적 간담회를 통한 정보교환, ② 기업문화 확산을 위한 정기세미나 개최, ③ 기업문화 성공사례 전시회 개최였다.

「企業文化」 활성화시킨다

情報교환·국제協力사업등 추진

세미나·성공사례展 열어 새方向설정

文化部, 프로그램등 각종지원책 講究

자료원: 한국경제신문, 1992.6.8.

앞서 1990년 12월 13일 자 한국일보 기사를 잘 살펴보면, 우리나라 기업 중에서 조직문화 관리에 대해 가장 먼저 관심을 가지고 실천에 옮긴 기업 중의 하나가 쌍용그룹이었음을 알 수 있다. 당시 쌍용그룹의 기업문화운동의 노력을 실제로 엿볼 수 있는 비공개 자료가 1992년 5월 쌍용그룹연수원이 발행한 '기업문화'라는 사원 교육용 책이다. 박원우 교수와 이관희 연수원장과의 공동 저서로 출간된 이 책은 기업문화에 대한 이해, 기업문화의 관리 방안, 기업문화 사례 연구, 쌍용문화의 추진사례와 같은 내용이 담겨 있고, 이 내용을 쌍용그룹 전체 사원을 대상으로 실제 교육을 시행하였다.

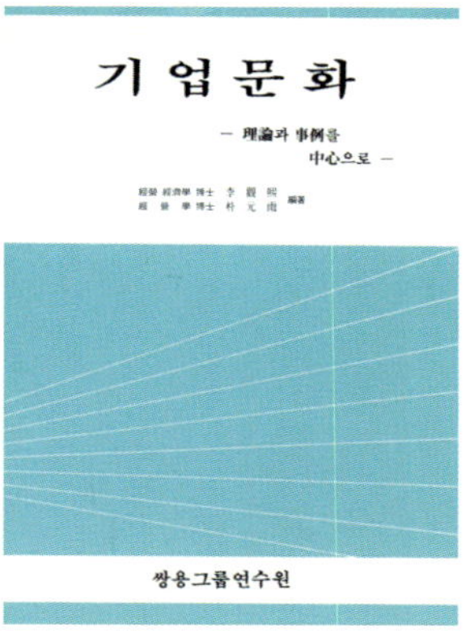

개별 기업차원에서의 기업문화운동 노력은 이외에도 숱하게 많을 것이기 때문에 생략하고, 한국기업의 전반에 관한 실무계의 노력을 살펴보도록 하겠다. 이에 대한 구체적인 노력의 결과물로 꼽을 수 있는 첫 번째 것은 아마도 1996년 대한상공회의소가 발행한 '한국기업의 기업문화 현황과 발전 방향'이 아닐까 생각된다. 이 연구는 대한상공회의소의 후원하에 박원우 · 이병철이 1996년 7월 대한상공회의소 회원사 모두를 대상으로 설문조사하고, 그 결과 기업문화 활동에 관여한 94개 회사의 기업문화 담당자와 2,238명의 일반구성원이 응답한 자료를 분석하여 정리하였다. 따라서 '한국기업의 기업문화 현황과 발전 방향'은 학계와 실무계가 공동으로 조직문화를 본격적으로 분석한 최초의 연구라 할 수 있다.

Chapter 02

조직문화 개념의 쇠퇴/부활과 중요성

1980년대 초 불길처럼 타오른 조직문화의 유행이 경영학 전반에서 상당한 위상을 차지하게 되었다. 그러나 불과 10~15년 뒤엔 '한때 유행하고 사라지는 개념(one-time fad)'처럼 취급되기도 했다. 그러던 조직문화가 21세기 들어 다시 부활하여 인기를 끌고 있다.

2.1. 조직문화의 유행과 쇠퇴

1970년대 후반 일본기업들의 놀라운 경영성과에 대한 연구가 진행될 때 학자들은 일본의 우량기업들이 독특한 경영특성을 가지고 있고 그 특성이 기업의 성과와 관련이 있을 것이라 판단하였다(Ouchi, 1981). 많은 연구의 결과, 학자들은 일본과 미국의 상이한 사회문화가 기업문화의 차이를 가져오며 이것이 경쟁력의 원천이 될 수 있다고 보고 본격적으로 기업문화에 대해 연구하기 시작하였다. 나아가 미국 우량기업의 원동력을 연구한 Peters & Waterman(1982)의 책에서도 미국 우량기업의 핵심 원동력으로 '강하고 독특한 문화' 보유가 강조되자 기업문화에 대한 관심이 폭발적으로 늘어나게 되었다.

여기에서 더 나아가 동일한 사회문화 안에서도 기업마다 서로 다른 독특한 문화가 형성될 수 있다는 가능성에 관심을 기울이게 되었다(Ouchi & Wilkins, 1985). 이렇게 태동된 기업문화 연구는 조직연구에서 1980년대에 가장 주목받는 연구영역으로 떠오르게 된다. 결과적으로, 〈도표 2-1〉에서와 같이, 경영학 전반에서 1980년대는 '기업문화론의 시대'라고도 칭해지게 되었다.

〈도표 2-1〉 경영관리상 초점의 변화

	목표달성력	변화대응력
사회성	**인간관계론** 1930~60	**기업문화론** 1980~
합리성	**과학적 관리론** 1900~	**전략경영론** 1960~80
	폐쇄성	개방성

이처럼 기업문화가 중요한 영역으로 떠오른 이유는 기업문화를 통해 구성원의 일체감을 높일 수 있고, 조직의 정체성을 형성시켜 줌으로써 일관된 경영스타일을 구사할 수 있게 하는 등 조직유지 및 경쟁우위 확보에 큰 역할을 하기 때문이다(박원우 · 이병철, 1996). 그러나 기업문화의 의미와 중요성을 깊이 이해하지 못하고 단기간 성과실현의 수단으로만 집착하게 되면 기업문화라는 중요한 개념을 계속 발전시켜나가기 힘들게 된다.

1980년대 초부터 1990년대 초반 사이에 (한국 업계에서는 80년대 중반부터 90년대 중반까지) 기업문화가 기업성장의 원동력으로서 매우 인기를 끌었다. 그러나 90년대 중반부터는 마치 한때의 일시적 유행(one-time fad)처럼 취급되어 더는 세간의 관심을 끌지 못하는 개념으로 전락하고 말았다.

한 개인의 성격이 그의 행동, 나아가 성과에 긍정과 부정적 영향을 미치는 양면성이 있듯이 조직문화 또한 잘 관리되면 성공요인(success factor)이 되지만, 잘못 관리되면 오히려 실패요인(failure factor)이 되기도 한다. 그 결과 조직의 큰 문제(예, 합병 이후의 부정적 시너지 증대, 변화와 혁신의 실패, 큰 사고)가 발생하면 많은 경우 조직문화에서 문제의 원인을 찾기도 한다. 예로, NASA의 1986년 Challenger호 폭발뿐만 아니라 2003년 Columbia호 사고 또한 안전보다는 스케줄관리나 예산을 더 중시하는 NASA의 조직문화에 (잘못된 의사결정의) 원인이 있다고 강조되었다.

실제로 학계에서는 조직문화를 심리학적, 사회-문화인류학적 용어로 쓰는 경향이 대부분이지만 근자에 서양사회의 법조계나 언론계에서는 보다 축소된 의미로서 윤리적/법률적으로 문제행동을 지칭/암시하기도 한다. 그 결과, 업계에서도 기업문화를 부정적 의미가 함축된 것으로 이해하는 경향이 있어 가급적 '기업문화'란 용어를 쓰지 않으려는 경향도 있다(Want, 2006).

조직문화가 '성장의 원동력'이란 동력을 잃고 오히려 '문제의 원인'으로 취급되는 경향은 우선 개념이 복잡하고 어려워 부분적인 협의의 (심지어 앞서 언급된 것처럼 부정적) 의미로 쓰이고, 나아가 관리가 어렵다는 선입견으로 아예 올바른 관리를 포기해 버리는 경우가 많았기 때문이다.

기업문화의 인기가 시들해진 이유와 그 대응책을 보다 구체적으로 보면 다음과 같은 두 가지를 들 수 있다. 첫째, 기업문화 연구는 다양한 이론적 관점에서 이루어져 왔고, 이로 인해 기업문화의 정의, 구성요소, 연구방법 등에서 연구자들 간에 합의가 도출되지 못하였다. 특히 기업문화를 보다 잘 이해하기 위한 적절한 연구방법에 대해서는 학자들 간의 논쟁이 끊이지 않았다. 많은 경우 질적 연구에 의존하여 왔는데 이러한 경우 신뢰성 있고 타당성 있는 결과를 가져올 수 있는 방법이 아니라는 점에서 비판을 받아왔다(Ott, 1989). 양적인 연구방법은 질적인 연구방법보다 객관적인 연구가 가능하나 해당 기업의 심층적인 조사에는 한계가 있다. 이러한 문제를 극복하기 위해서는 연구의 목적과 초점에 따라 그 연구방법을 달리하고 양적연구와 질적 연구를 상호 보완하여 사용하여야 할 것이다.

둘째, 기업문화의 중요성에 비해 효과성에 대한 입증이 제대로 이뤄지지 못하였다. 기업문화는 단기간에 바뀔 수 있는 것이 아니다. 진정한 기업문화의 변화는 조직구성원들의 기본가정까지 바꿀 수 있는 수준이 되어야 한다. 그러나 실무자 입장에서는 단기간에 구체적인 효과를 입증하기를 기대하게 된다. 따라서 단기간에 눈에 보이는 성과가 나오지 않으면 기업문화의 필요성에 대해 의심하고 과소평가하는 우를 범하게 된다. 이를 해결하기 위해서는 기업문화의 변화에 대해 장기적인 관점을 가지고 체계적으로 문화변화 관리에 임해야 한다. 또한 개념적인 수준에서의 효과성 증명보다는 실증적으로 기업문화의 효과를 증명하는 연구들이 많이 나와야 할 것이다.

2.2. 기업문화의 부활과 중요성

기업문화 연구가 위기를 맞고 있다는 주장에도 불구하고, 급속한 변화와 치열한 경쟁이 오히려 기업문화를 더욱 중요하고 필요한 개념으로 부각시키고 있다. 그 결과 지난 20세기 후반에 사그라지던 기업문화 유행이 21세기에 다시 강하게 부활하고 있다. 본 장에서는 기업문화가 한때의 유행으로 끝나지 않고 더욱 활성화될 수밖에 없는 이유를 다음과 같이 여섯[1] 가지로 나눠서 설명한다.

1. 기업문화와 기업성과의 관계 입증에 따른 관심 증대
2. 문화충돌 극복을 위한 문화관리의 필요성 증대
3. 윤리경영의 내재화와 기업문화로의 정착화 필요성 증대
4. 밀레니얼 세대 등장과 워라밸 추구에 따른 조직문화 변화
5. 새 시대 조직관리와 통합의 원천으로서 기업문화 필요성 증대
6. 초우량 명품기업과 기업문화의 역할

2.2.1. 기업문화와 기업성과의 관계 입증에 따른 관심 증대

1990년대 초반 그룹사 임원들께 '기업문화'에 대한 강의를 하다가 중간 쉬는 시간에 안면 있는 임원으로부터 질문을 받았다. "박 교수님, 기업문화에 신경 쓰면 돈 많이 벌 수 있습니까?" 질문자의 의도가 무엇이든, 아무튼 기업 임원의 질문으로 매우 중요한 내용이었다. 하지만, 그 당시 저자가 한 대답은 "뭐, 돈 버는 것과 직결되기야 하겠습니까? 그러나 기업문화에 신경 쓰면 구성원의 만족이나 몰입의 증대가 있을 것이고, 결국은 나중에 money making에도 도움이 되겠지요"가 전부였다. 당시만 해도 기업문화를 재무적 성과와 연계시키기보다는 조직관리 측면의 (과정상의) 종속변수 (예, 만족, 몰입 등) 하고만 연계한 연구결과를 본 것에 불과하였기에, 자신 있게 "예, 돈벌이에 도움 됩니다"고 말을 못했다.

1990년대 초반까지만 해도 기업문화와 기업성과와의 관련성에 대한 연구는 대부분 강한 기업문화와 기업유효성의 관계에 관한 것이었다. 기업우수성의 원인으로서 강한 문화를 강조하는 대표적인 연구인 Peters & Waterman(1982)의 연구 또한 43개의 초우량기업과 나머지 기업에 대한 비교였다. 하지만 강한 문화와 기업유효성과의 관계에 대한 연구들은 대부분 뚜렷한 근거가 존재하지 않는 직관적인 호소로 이뤄져 있었고, 문화와 기업성과와의 관계에 대한 객관적인 뒷받침이 부족하였다. 그러나 그 후 기업문화가 기업성과와 직접적 관련이 있다는 실증연구가 쌓이면서 기업문화의 중요성은 다시 부각되었다. 기업문화와 성과의 관계를 실증연구한 논문은 많지만, 여기서는 기업문화와 성과 간의 관련성에 붐을 일으킨 best seller 두 권의 내용을 소개한다. (조직문화와 성과와의 관계는 뒤의 5장에서 보다 구체적으로 살펴볼 것임)

1) 이들 중 4와 6을 제외한 네 가지는 박원우 · 신수영(2008)에서 인용함.

① Kotter & Heskett의 기업문화와 성과 간 관계 연구

Kotter & Heskett(1992)은 기업문화와 조직성과의 관계를 연구하면서 성과를 재무적(수익, 고용, 주가, 순이익) 측면으로 보았다. 1977년에서 1988년까지 12년간의 재무성과를 비교한 결과는 〈도표 2-2〉와 같은데, 성과증진 문화(강한 문화, 전략에 적합한 문화, 환경에 적응하는 문화)를 가진 기업들은 그렇지 않은 기업들에 비해 수익률 성장이 4배 이상 높았고, 고용성장률은 7배 이상, 주가는 12배, 순이익 성장률은 700배 이상 차이가 있는 것으로 조사되어 기업문화와 기업성과의 관련성을 뒷받침하였다.

〈도표 2-2〉 기업의 성과증진 문화에 따른 재무적 성과 비교

구분	강한 문화를 지닌 12개 기업의 평균	약한 문화를 지닌 20개 기업의 평균
수익률 성장률	682%	166%
고용성장률	282%	36%
주가성장률	901%	74%
순이익 성장률	756%	1%

자료원: Kotter & Heskett(1992), p. 78.

그렇다면 기업문화와 환경이 전략적으로 잘 매치된 경우는 어떠한가? 1977년에서 1988년간 12개의 고성과 기업과 10개의 저성과 기업을 비교해본 결과는 다음 〈도표 2-3〉과 같다.

〈도표 2-3〉 문화-환경 적합성과 기업성과

상위 12개 기업	문화-환경 적합성	하위 10개 기업	문화-환경 적합성
American Airlines	6.2		
Bankers Trust	6.5		
Anheuser-Busch	6.4	Northwest Airlines	3.7
PepsiCo	5.5	Citicorp	3.0
Hewlett-Packard	5.7	Coors	2.2
ConAgra	6.4	Xerox	3.8
Shell	6.5	Archer Daniels Midland	6.2

Albertsons	6.2	Texaco	2.6
Dayton Hudson	4.4	Winn-Dixie	3.0
Wal-Mart	6.8	J. C. Penny	4.1
Golden West	7.0	H. f. Ahmanson	5.0
Springs Industry	5.3	Fieldcrest Cannon	3.6
평균	6.1	평균	3.7

자료원: Kotter & Heskett(1992), p. 39.

먼저 전체 평균을 비교해보면, 문화와 환경이 전략적으로 잘 매치된 기업들이 그렇지 않은 기업들에 비해 기업성과가 월등히 높은 것으로 나타났다. 물론 기업성과가 높은 상위 12개 기업들의 순위와 적합성이 완전하게 일치하지는 않지만, 전반적으로 성과가 높은 기업일수록 문화와 환경이 잘 어울리는 것으로 나타났다. 이는 하위 10개의 기업들에서도 유사하게 적용된다. 즉, 문화의 강도뿐 아니라 기업의 환경과 문화가 잘 매치되어야한다는 것을 입증해주고 있다.

Kotter & Heskett(1992)의 연구를 통해 밝혀진 것은 첫째, 그동안 주로 개념적으로만 주장되어왔던 기업문화와 기업성과 관계가 객관적인 자료를 통해 입증되었다는 것과 둘째, 기업성과는 기업문화의 강도뿐만 아니라, 얼마나 기업의 환경과 문화가 잘 매치되었는가, 그리고 환경의 변화에 따라 잘 적응해 나가는가에 따라서 달라질 수 있다는 것이다.

② Collins & Porras의 유망한 기업체들의 성공적인 습관에 대한 연구

Collins & Porras(1994)는 기업문화에 신경 쓰는 기업, 즉 '장기간에 걸쳐 핵심가치를 보존하고, 기업문화를 중시하고 잘 관리하는 기업'의 주가성장률을 타 유형의 기업과 비교하는 연구를 수행하였다. 연구결과는 〈도표 2-4〉와 같으며, 1960년 1$ 투자하여 30년 세월이 흐른 후 기업문화 중시기업은 6,356배 오른데 비해 주식시장의 기업 평균은 415배만 올라, 양자 간에 성과의 현격한 차이가 있음을 밝혀냈다.

〈도표 2-4〉 1$ 당 주가수익률 비교

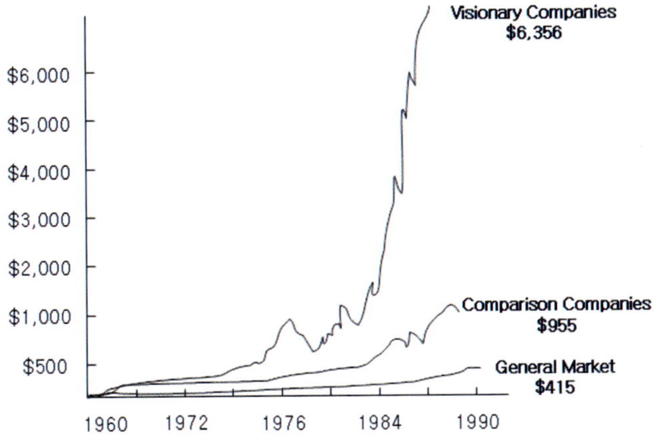

자료원: Collins & Porras(1994), p. 5.

Collins & Porras(1994)의 연구를 통해 밝혀진 것은 핵심가치(문화)를 보유한 기업의 주가수익률이 타 기업들보다 월등히 높다는 것과, Kotter & Heskett(1992)의 연구와 마찬가지로, 기업문화와 성과 사이에는 계량적으로 입증 가능한 밀접한 관계가 있다는 것이다.

2.2.2. 문화충돌 극복을 위한 문화관리의 필요성 증대

기업의 역사가 오래되고 규모가 커지면 변화의 필요성은 더욱 커지게 된다. 그 결과 새로운 성장동력을 찾으려는 세계의 산업계는 구조조정에 의해 끊임없이 재편되고 있다. 글로벌 경쟁 하에서는 기업 내의 구조조정만으로는 한계가 있다. 따라서 타 기업의 강점을 흡수하여 자신의 약점을 보완할 수 있는 M&A가 계속 증가하고 있으나, 문제는 이러한 M&A가 시너지 효과를 내지 못하고 절반이상이 실패로 끝난다는 것이다(Schweiger & Weber, 1989; Cartwright & Cooper, 1993a, 1993b). 그 실패의 원인 중 상당 부분이 기업문화 충돌에 따른 결과라고 한다. 즉, 두 조직을 합병할 때 단순히 법적, 세무적, 재무적인 노력만으로는 성공적 통합이 어렵다는 것이다(박원우, 2002).

어떤 일을 할 때 반드시 고려할 것을 고려하면서 거쳐 가야 할 절차를 거치는 것을 due diligence(실사)라고 한다. 그동안 M&A를 추진하면서 전략적, 세무적, 법무적, 재무적 측면에서의 due diligence는 흔히 시도되었으나, 문화적합성의 중요성에 관한 인식이나 조치를 취하려는 노력은 부족하였고, 그 결과 많은 M&A가 실패로 귀결되었다(Weber, 1996; Bruton, Oviatt, & White, 1994; Cartwright & Cooper, 1993b). 물론 지금까지도 M&A과정에서 기업문화의 중요성은 상당히 인식되어 왔다. 그러나 그것은 legal, tax, financial 측면을 주로 고려한 M&A 의 사결정이 있고 난 이후 통합(post-M&A integration)의 과정에서만 중요한 것으로 인식되어 왔다.

CULTURAL DUE DILIGENCE

The high failure rate of mergers and acquisitions is due largely to 'culture clash.' Why does this still catch companies by surprise? Sooner or later, stockholders are going to make somebody pay.

The role of culture compatibility in successful organizational marriage

Susan Cartwright
Cary L Cooper

Despite the initial optimism, many organizational marriages prove to be financially disappointing. Given the consistently high rate of merger and acquisition failure, the selection of a suitable organizational bedfellow is a major financial decision. Selection decisions are generally driven by financial and strategic considerations, yet many organizational alliances fail to meet expectations because the cultures of the partners are incompatible.

Culture clash puts end to merger hope

A year of negotiations [illegible] the MacManus Group and Leo Burnett has been wasted after [illegible] merger petered out.

〈참고: 여러 자료의 일부 내용들을 결합〉

두 남녀의 결혼에서 중매쟁이들은 결혼의 성사 여부에만 주관심이 있어 성사만 시키고 사례비를 받듯이 법무, 세무, 재무적 due diligence를 진행하는 사람들은 M&A과정에서 법적, 세무적, 재무적 하자가 없게 하는 데만 신경 쓰고, 그렇게 M&A가 성사되면 사례비 받고 떠난다. 하지만 정작 결혼 당사자는 결혼하는 것만이 목적이 아니라 그 이후에 잘 사는 것이 목적이다. 개인간 결혼처럼 M&A라는 조직간 결혼도 마찬가지다. 두 조직의 문화가 잘 결합하여 시너지를 낼 수 있는지 사전에 검토하고 또 그렇게 되게끔 사후에도 잘 관리하는 것이 중요하다. 즉, M&A과정에서 기업문화에 관한 이슈가 M&A 결정 이후의 단지 사후적 조치가 아니라 사전과 사후 모두에서, 즉 pre & post M&A integration 차원에서 중시되어야 한다.

문화충돌이란, 문화적인 차이에서 오는 인지적, 감정적 문제 혹은 갈등과정을 의미하므로 이는 조직 혹은 문화단위가 꼭 구체적이고 명백한 외적 변화단계를 거쳐야만 나타난다고는 볼 수 없다(박원우, 2002). M&A와 같은 외적 변화가 있지 않더라도 일상적인 조직생활 중에 사람들은 문화충돌 현상을 겪을 수 있기에, 문화충돌 현상은 여러 형태로 나타날 수 있다. (문화충돌과 조직문화 변화관리에 관해선 뒤에 11장에서 상세히 다룬다.) 문화충돌이 일어나는 대표적인 경우가 바로 M&A 때라고 할 수 있으나, M&A도 동일 국가 내 기업간의 M&A와 다국적 기업간의 M&A로 나누어 볼 수 있다. 기업의 문화는 국가의 문화 속에서 생성되기 때문에 국가 내에서의 M&A보다는 다국적 M&A시에 문화충돌 현상이 더 크게 나타난다(Very, Lubatkin, Calori, & Veiga, 1997). 뿐만 아니라, 같은 기업 내에서의 문화충돌 즉, 기업 전체의 문화와 하위 단위의 문화특성 간, 혹은 하위문화 단위의 특성들 간 충돌도 있을 수 있다.

기업간 결합과 경쟁의 치열화 및 기업의 국제화가 가속되면서 과거에 없던 여러 종류의 문화충돌 현상이 발생하게 되고, 그러한 문화충돌은 성과의 저하를 가져오기에, 문화충돌 방지를 위해서 '조직문화관리'의 중요성이 더욱 커지게 된 것이다.

2.2.3. 윤리경영의 내재화와 기업문화로의 정착화 필요성 증대

최근 멸망한 대기업(예, Worldcom, Enron, Arthur Anderson)의 사례를 보면, 기업문화의 중요성을 다시 한번 부각시켜주고 있다. Enron을 예로 들면, 이 회사가 원래 나쁜/비윤리적/불법을 저지르는 회사가 아니었다. 실제 핵심가치(core value)로서 매우 좋은 내용들이 있었고 임직원들에게 그러한 좋은 핵심가치가 강조/교육되고 있었다. 그러나 그 좋은 가치들은 서류상 혹은 액자 속의 내용들로 국한되었고 구성원의 사고 · 행동에 내재화 되지 못하여 (즉, 기업문화로 정착되지 못하여) 그 구성원의 실제 행동으로 표출되지 못하였다. 즉, 기업이 핵심가치로 강조하는 개념들과 실제 경영진의 (의사결정이라는) 행동이 서로 부합하지 않는 결과가 초래되었고(〈도표 2-5〉 참조), 그에 따라 기업은 망하게 되었다.

〈도표 2-5〉 Enron의 실패 원인

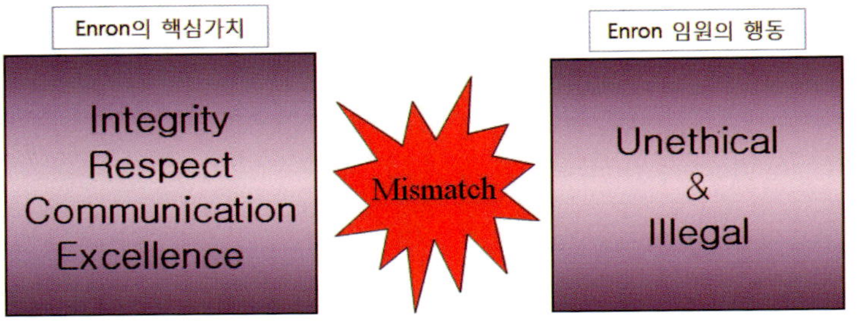

여기에서 강조되어야 할 것은 기업문화라고 (액자/서류/교육 교재 등에서) 강조하는 내용이 진정 그 조직구성원의 행동으로 표출되지 않으면 문화가 아니라고 보아야 한다는 것이다. 즉, 조직문화란 정의가 (흔히 지금까지의 교과서에서 대부분 그러했듯이) '조직 내 구성원에 의해 공유된 가정, 규범, 가치들의 집합체'로서 끝날 것이 아니라, 더 나아가 그것이 '그들의 행동으로 표출되는 것'으로 수정 · 보완되어야 한다.

한 기업이 강조 · 추구하는 가치가 그 구성원의 행동으로 우러나올 정도가 되어야 진정 문화관리가 올바로 되었다 할 수 있다. 준법경영만이 아니라 윤리경영이 강조되는 요즘, 기업 입장에서 핵심가치로서 원하는 내용이 실제 조직구성원의 사고로 내재화되고 나아가 그들의 행동으로 표출될 수 있게끔 하려다 보니, 단지 구성원에 의한 기업문화의 중요성 인식만이 아니라 기업에 의한 철저하고 심도 있는 기업문화의 체계적 관리가 더욱 요구되고 있는 것이다.

2.2.4. 밀레니얼 세대 등장과 워라밸 추구에 따른 조직문화 변화

어느 시대 어느 사회나 세대차이는 존재하지만, 한국 사회는 농경사회, 산업사회, 정보화 사회가 공존하며 세대간의 차이가 극대화된 곳이다. 할아버지는 생존(survival), 아버지는 정체성(identity), 자녀는 재미(fun)가 중요한 세대이다. 이러한 세대간 문화차이가 너무 심하여 우리의 직장과 가정은 마치 소통이 어려운 서로 다른 종족이 모여 사는 곳처럼 되었다.

〈도표 2-6〉 세대간 특성 비교

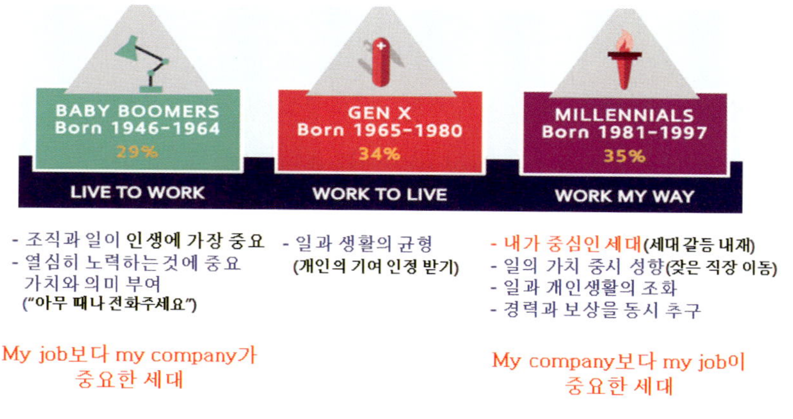

자료원: "dizitization and the future of jobs", MERCER 2017 부분인용.

세대간 갈등이 사회, 가정, 직장에 많아 문제가 되고 그러한 이슈를 해결하기 위한 다양한 노력이 그간 계속 이어져 왔다. 그런데, 전 세계적으로 밀레니얼 세대 인구가 1991년 베이비붐 세대를 앞섰고, 1993년 X세대를 넘어서면서 가장 인구가 많은 세대가 되었고, 2008년 글로벌 금융위기 이후 지배적 세대로 부상하였다(이처럼 밀레니얼 세대가 지배적 세대로 올라선 순간을 'millennial moment'라고도 한다). 2020년이 되면 전세계 노동인구 중 50% 이상이 밀레니얼 세대로 구성되며 문화, 경제 전체에 걸쳐 확고하게 주류세대의 위치를 갖게 될 것으로 전망되고, 밀레니얼 세대가 최대 소비계층이 되는 순간 밀레니얼 세대의 행동 양상은 향후 세계경제의 향방을 결정하게 될 것이다.

그런데 소비자로서의 밀레니얼 세대의 부상만이 아니라 조직구성원으로서 밀레니얼 세대의 부상에 따라 조직 내 관리방식이나 각종 관행, 나아가 조직문화의 상당한 변화가 요구되고 있다. 밀레니얼 세대는 조직보다는 '내가 중심'인 세대로 일과 삶의 균형가치를 중시한다.

〈도표 2-7〉 밀레니얼 세대

X세대의 등장 때만 해도 조직문화 차원의 개선에 머물렀던 기업이 밀레니얼 세대의 부상과 함께 리더십, 일하는 방식, 업무환경, 제도 개선 등 통합적 관점의 변화 즉, 조직문화의 혁신을 다음과 같이 추구하는 경향이 있다.

〈도표 2-8〉 기업의 조직문화 변화 노력의 내용

리더십	일하는 방식	업무환경	제도
수평적 소통 리더	수평적 호칭 (님, 매니저, 프로 등)	유연근무제도	직급단순화
지지자/후원자	회의/보고 방식	멀티미디어 기반 보고 등 회의방식 변화	직무중심 HR
공감/수용의 리더십	프로세스/R&R 단순화와 효율화	업무 공간 재설계	상시성과관리 (수시/절대평가)

그런데 한편으로는 신세대의 등장에 부응하는 것이지만 다른 한편으로는 세대 이슈와 관계없이 우리나라 소득의 상승과 더불어 요구되는 것이 소위 '워라밸'의 추구다. 한국이 OECD 회원국 중에서 근로시간이 (멕시코 다음으로) 가장 길다는 현상이 지속해서 문제시되어 왔다. 내용인즉, '한강의 기적'이라는 눈부신 압축경제 성장을 하고 보니 비록 소득수

준은 올라갔으나 우리의 일과 삶의 균형(work–life balance)은 OECD 국가 중에서 네덜란드 9.3점과 크게 대비되는 4.7로 끝에서 4번째의 매우 열악한 상황에 있다는 것이다.

〈도표 2-9〉 OECD 국가의 워라밸 점수

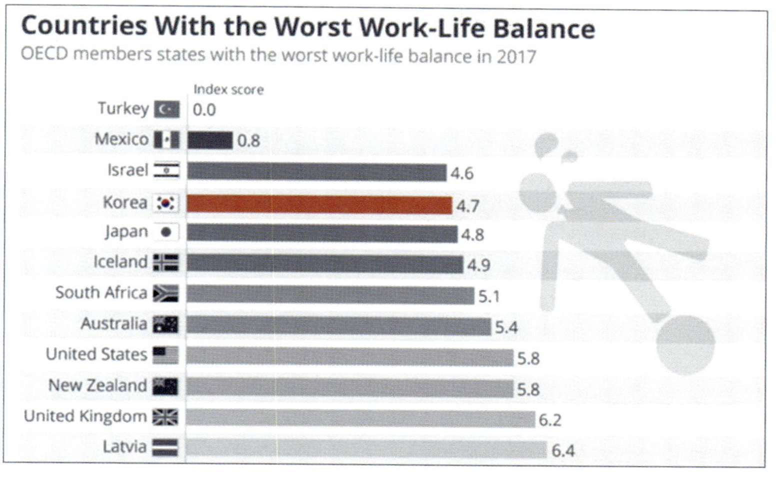

2004년에 도입된 주 5일제 근무가 한국기업의 조직문화에 큰 변화를 가져왔지만, 문재인 정부 들어 '과로사회 해소'의 기치 아래 '주 52시간 근로시간 단축법'이 2018년 법규로 강제되었다. 이제 근로시간 단축이 법으로 규제되니 적은 시간 일하여 일과 삶의 균형, 나아가 우리의 삶의 질은 올라갈까? 문제는 우리 한국기업의 근로시간은 길지만, 우리의 노동생산성은 OECD 국가 중 세계 최하위 수준에 있다는 점이다.

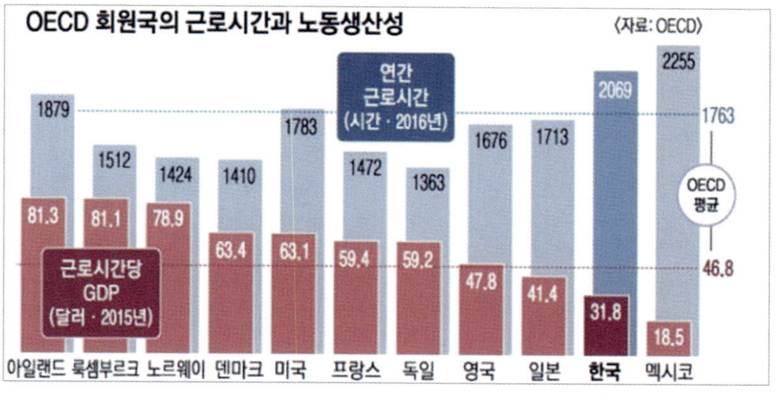

우리의 노동생산성이 OECD 국가 중에서 끝에서 두 번째로 미국의 1/2도 안된다는 자료를 보고 많은 한국인은 "우리가 얼마나 열심히 일하는 부지런한 국민인데…"라면서 믿으려

하질 않는 경향이 있다. 하지만 이는 객관적 사실이고 바로 우리의 현실이다. 문제는 우리가 개을러서가 아니고 다음과 같이 우리의 일하는 방식과 조직문화에 문제가 있는 것이다.

하루 11시간 근무 김대리, 실제 일한건 5시간 32분뿐

How To

'김 대리'가 회사에서 실제로 일하는 시간은 몇 시간일까. 오전 9시 회사로 출근해 오후 7시 58분에 퇴근한다. 평균 근무시간은 10시간 58분이지만 점심시간 등을 빼고 생산적으로 보낸 시간은 5시간 32분이었다. 이는 대한상공회의소와 전략 컨설팅펌 맥킨지가 2016년 9개 기업 대리 45명을 심층 인터뷰한 결과다. 보고서는 "야근을 할수록 생산시간은 줄어드는 야근의 역설이 만연하고 있다"고 분석했다.

업무시간에 바짝 일하고 일찍 퇴근하는 것이 기업과 임직원 모두 '윈윈'인 셈이다. 올 초 주 35시간 근무제를 도입한 이마트의 배광수 인사팀장은 "단축 근무 도입은 워라밸보다는 생산성 향상에 방점이 찍혀 있다. 일하는 방식을 바꿔 몰입도를 높이자는 것"이라고 말했다.

야근 늘수록 생산성 되레 떨어져
근무시간 줄이되 몰입도 높여야

이마트처럼 근로시간 단축에 나선 기업들은 근태 정보 파악부터 시작해야 한다고 입을 모았다. 삼성전자도 근무시간 입력 시스템을 우선적으로 개편했다. 기존에는 사원증을 게이트에 찍고 들어가거나 나온 시간만 기록됐다. 시스템 개편 후 출퇴근 시간을 기준으로 하루와, 주당 근무시간이 자동으로 계산돼 분 단위까지 시스템에 나타난다. LG전자도 지난달 26일부터 사무직을 대상으로 주 40시간 근무 시범 운영에 들어갔다. 개인이 자신의 스케줄을 관리하기 위해 출퇴근 및 비근로시간을 입력할 수 있도록 근태 정보 시스템을 개편했다.

김현수 kimhs@donga.com·김재희 기자

자료원: 동아일보, 2018. 3. 13.

앞으로는 적은 시간 일하면서도 생산성은 높여야 한다. 그렇지 않으면 우리는 다시 중진국, 아니 심하게는 후진국으로 되돌아가야 한다. 자존심의 문제가 아니라 생존의 문제가 걸려있다. 따라서 일하는 방식만이 아니라 사고방식 등 전반적으로 변화를 가져와야 한다. 바로 조직문화의 혁신이 절실하다. 지속적 발전을 추구하여 기존에 확보한 선진국의 지위와 삶의 수준을 우리와 우리 자식들이 계속 누리려면 꼭 필요한 것이 우리 기업 조직문화의 변화다. 그렇기에 국가기관(고용노동부)에서도 기업(삼성전자)에서도 다음과 같은 변화가 추구되고 있다.

2.2.5. 새 시대 조직관리와 통합의 원천으로서 기업문화의 필요성 증대

과거와 비교하면 현재와 미래의 조직은 더욱더 "통제중심에서 자율과 몰입 중심으로" 나아가야 한다. 통제중심의 조직이란 조직과 상사의 명이 있어야만 비로소 움직이는 구성원들로 가득 찬 조직이고, 그에 비해 조직이나 상사의 명이 없더라도 구성원들이 자기 일에 스스로 몰입하여 문제를 발견하고 자율적으로 문제해결을 추구하는 조직으로서의 전환이 필요한 것이다. 후자의 경우, 조직의 크기에 상관없이 조직구성원들은 단지 '종업원'이 아니라 '내부기업가'의 속성을 지니게 된다. 자율이 허용되고 그에 따른 다양성이 존중 · 활용되어야 창조경영 또한 가능케 된다. 그런데 기업의 최종목표는 자율과 다양성 그 자체가 아니다. 자율과 다양성 존중은 성과실현이라는 목표를 위한 과정일 뿐이다. 과정이 아무리 중요해도 목적달성 없는 과정은 의미가 없다. 그럼 무엇을 통해서 자율과 다양성이 성과실현으로 연계되도록 할 것인가?

〈도표 2-6〉 조직구조와 속성의 변환

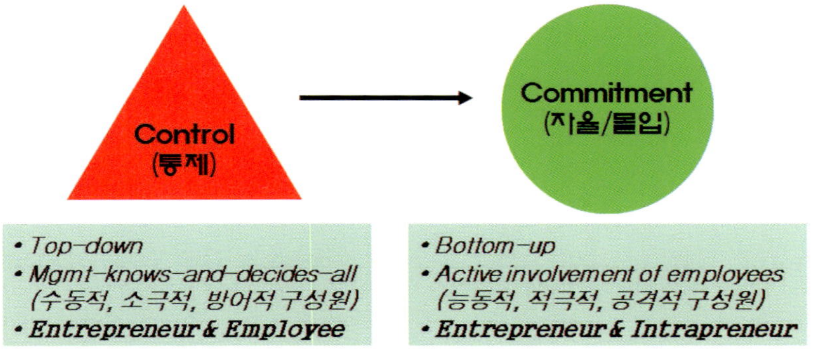

그동안 삼각형 조직에서 조직과 구성원을 강하게 묶어주고 성과로 연결한 것은 조직의 규정과 규칙(rule)이었다. 그러나 rule에 의한 구성원 관리와 통합은 바로 관료제(bureaucracy)를 의미하며, 자율, 다양성, 창조성이 강조되는 시대에는 이러한 통제중심의 구속력이 더는 필요한 역할을 하지 못한다. 자율경영 하에서 구성원을 묶어 주고 나아가 비전 및 성과라는 목표와 연결해주는 것은 바로 기업문화다. 〈도표 2-7〉에서 서로 다른 모양으로 묘사된 분권화되고 자율적이며 사고와 행동이 다양한 사람과 부서들이 방향성을 잃고 무너져 내리는 것을 막기 위해서는 전체를 묶어 주는 강력한 이념과 의사결정의 기준 즉, 정체성 형성의 기준으로서 기업문화가 필요한 것이다.

〈도표 2-7〉 기업문화: 자율과 성과의 연결고리

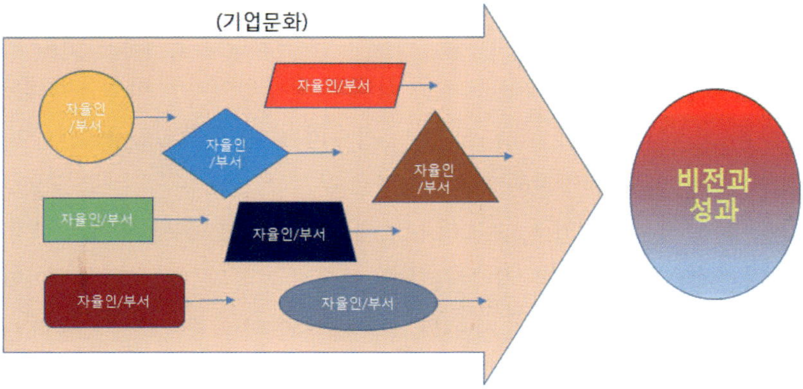

또한 기업문화는 구성원의 업무 내용과 방식상의 내부이질성을 융화시키고 빈번한 변화가 유발하는 스트레스를 이념, 사명감 등으로 승화시켜 포용하는 역할을 해줌으로써 분화된 조직을 엮어 주는 중요한 기능을 하고 있다(박원우 · 이병철, 1996). 따라서 수평과 자율경영, 다양성과 창조경영이 강조되는 21세기에는 관료제가 중요시되던 20세기에 비하여 기업문화가 더욱 중요한 역할을 하게 된다.

2.2.6. 초우량 명품기업과 기업문화의 역할

모든 기업은 고객만족을 중요시한다. 요즘은 고객만족을 넘어 고객감동이라는 표현이 등장하였는데, 고객감동의 궁극 목적은 고객이 자사의 충성고객(팬 내지는 빠)이 되도록 하는 것이다. 팬이라 하면 그 고객이 우리의 제품을 반복 구매할 뿐만 아니라 자청하여 우리 제품의 홍보대사가 되어 주변 사람들 또한 우리 제품을 구매토록 하는 경우이고, 빠란 특정 대상을 무조건 찬양하거나 비호하는 사람을 칭한다.

그런데 고객감동은 어디에 기인할까? 고객감동의 원천은 4개 요소에 기인한다고 볼 수 있다. 김효근(2017)의 '감동 위계 피라미드'에 의하면, 감동을 느끼는 정도에 따라 그 위계를 나눌 수 있고, 상위 단계의 감동을 함께 느낄수록 감동을 느끼는 정도가 증가한다.

〈도표 2-8〉 고객감동의 원천과 기업문화의 역할

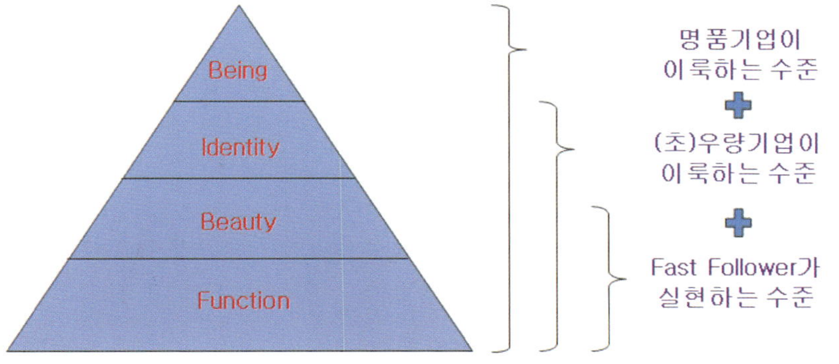

고객은 우선 기능적 우수성을 추구하지만, 단순히 기능성(function)만을 가진 제품보다는 감각적인 재미와 독특하고 신선한 자극을 주는 관능성(beauty)이 추가되었을 때 더 좋아한다. 창작자의 정체성(identity)을 이해하고 공감할 때 더욱 감동하여 팬이 되고, 나아가 창작자의 메시지에 대한 공감을 넘어 그 제품을 통해 감상자 자신의 존재감을 느끼고 동일시하는, 즉 감상자의 현존성(being)이 느껴지는 감동이 있어야 빠가 되는 것이다.

최근의 현대자동차는 성능 면에서나 디자인 측면에서 세계 최고 수준에 이르렀다. 그런데 고객은 아직도 그러한 성능 좋고 아름다운 차를 만드는 사람들이 어떤 생각으로 무엇을 추구하면서 그러한 차를 만드는지 잘 알지 못한다. 고객은 단지 성능과 디자인 대비 가격이 좋으니 구매하는 것이지 결코 현대자동차 팬이라서 구매하는 것은 아니다. 팬이 되려면 그 자동차 회사의 정체성을 공감해야 하고, 빠가 되려면 그 자동차를 통해서 자신의 현존감을 느낄 수 있어야 할 것이다. 아마 튼튼함과 안전을 추구하는 고객 중에는 볼보의 팬이 많고, 벤츠나 롤스로이스를 구매하는 고객 중 상당수는 그 차로 인해 현존감을 느낄 것이다.

저자가 얼마 전 가족과 동네 식당에서 외식을 한 후 빵집(SPC의 파리크라상)에 들른 적이 있었다. 집사람이 식빵을 골라 계산하는 동안 난 열심히 진열된 빵들을 보고 있었다. 국산 효모를 개발하였다는 그 회사의 빵들은 맛도 좋았지만 내 눈에는 보기에도 너무나 아름다웠다. 집사람이 "당신 배고파? 무슨 빵을 그렇게 열심히 봐? 사줄까?" 하였고, 난 "아니야 방금 식사했는데 배고프긴 뭘, 빵이 너무 예뻐서 보는 거야"라고 하였다. 그러면서 "이렇게 예쁜 빵을 만드는 사람들은 도대체 어떤 생각을 하면서 빵을 만들까?" 했더니, 집사람은 "배달 트럭에 delivering happiness라고 쓰여 있던데…"하였다. 나는 속으로 생각했다 "아 그래, SPC 허영인 회장이 행복경영을 강조한다지…" 비록 빵 한 봉지 사들고 나왔지만 그 회사 임직원 모두의 마음과 정성이 담긴 선물을 받아나오는 기분이었다.

각 기능부서가 열심히 노력하면 fast-follower의 경우에 기능성과 관능성 측면에서 세계수준까지 도달할 수 있다. 그렇다 하여도 정체성과 현존성 측면에서의 고객감동 없이는 결코 팬과 빠가 많은 초우량기업 혹은 명품기업이 될 수가 없다. 정체성 측면에서의 감동이 있으려면 제품과 서비스의 공급자인 회사의 정체성이 뚜렷하고 일관성 있게 고객에게 전해져야 한다. 이것이 바로 기업문화의 역할이다. 뒤에 '기업문화의 구성요소'나 '기업문화의 관리'에서 상세히 설명되지만, 기업의 정체성을 나타내는 기업문화의 제 요소들이 모두 존재하면서 그 기업의 비전 내지는 경영이념에 부합하게끔 상호 정렬되어야 한다. 즉, 기업문화의 체계적 관리가 없다면 결코 fast-follower가 초우량 내지는 명품기업으로 도약하기 힘들다. 따라서 진정한 선진기업으로서 우리 한국기업들이 더욱 도약하기 위해서도 기업문화의 올바른 관리가 반드시 필요하다.

이상 '기업문화의 부활과 중요성'의 이유로 설명한 6가지는 객관적 사실에 근거한 내용이다. 그런데 우리 한국사회에서 기업문화 특히 그것의 변화관리가 중요하고 반드시 실현되어야 하는 또 다른 이유가 있다. 이는 다소 주관성이 반영된 측면에 있기에 여기에 수록하지 않고 본서 9.3(시장 및 자유민주주의 수호와 조직문화 변화관리)에 있으니 독자의 필독을 요청드린다.

Chapter 03

조직문화의 의미와 구성요소

3.1. 조직문화의 제 관점과 의미

3.1.1. 조직문화에 대한 다양한 정의들

이미 살펴본 바와 같이 조직문화라는 개념은 애초에 문화인류학으로부터 발전해 왔고, 그와 동시에 문화란 말을 표면적으로 내세우지는 않았지만 조직을 다루는 사회과학 전 분야, 그중에서도 사회학에서 나름의 개념이 형성되어 발전해 오다가, 1980년대 기업문화에 대한 초베스트셀러의 등장으로 인해 조직문화에 대한 경영학에서의 연구가 봇물 터지듯 쏟아지게 되었다.

이상과 같은 조직문화 연구의 발전 내력으로 인해 조직문화에 대한 개념과 정의는 학자마다 매우 다르며 하나의 통일된 정의는 없다. 이는 Ott(1989)가 조직문화 정의를 정리한 〈도표 3-1〉만 보아도 충분히 이해될 것이다.

〈도표 3-1〉 조직문화에 대한 다양한 정의

- 상징, 언어, 이데올로기, 의례, 신화 (Pettigrew, 1979)
- 행동 규칙 (Goffman, 1959, 1967; Van Maanen, 1979)
- 상호작용, 가치, 태도의 패턴. 이 패턴은 전통, 전례, 과거의 관행에서 추출되고 관리자가 활동하는 팀 형성 단계에서 가장 가시적으로 나타남. 사람들이 살아가는 데에 적용하는 가정과 믿음 (Blake & Mouton, 1969)
- 조직의 창업자나 주된 조직의 리더에 대한 개인들의 기술(記述)에서 도출한 조직차원의 기술(記述) (Jongeward, 1976)
- 조직의 정책을 이끄는 철학 (Ouchi, 1981; Pascale & Athos, 1981)

- 믿음, 관행적 상징주의, 행동에 대한 정당화 (Sproull, 1981; Morley, 1984)
- 이데올로기, 해야 할 것과 하지 말아야 할 것에 대한 근본적 이유 (Harrison, 1972; Meyer, 1984)
- 조직의 철학 혹은 임무를 결정해 주는 핵심가치 (Selznick, 1957)
- 조직풍토, 일에 대한 태도, 이에 대한 개인의 책임 정도 (Lippitt, Langseth, & Mossop, 1985; Miles & Schmuck, 1971; Tagiuri & Litwin, 1968)
- 인지과정의 패턴 (Weick, 1979)
- 연설, 의사소통 패턴, 언어, 비언어적 의사소통 (Evered, 1983; Meissner, 1976)
- 신화, 일화, 이야기 (Cohen, 1969)
- 조직을 통제하는 이야기 (Wilkins, 1983)
- 탁월함에 대한 믿음과 몰입 (Peters & Waterman, 1982)
- 조직윤리 (Buchanan, 1975)
- 가치와 규범 (Tichy & Ulrich, 1984; Hall, 1977)
- 상징, 언어, 예술 (Hayakawa, 1953)
- 규범, 규칙, 집단태도, 고객, 역할의 원천 (Wharton & Worthley, 1983)
- 일반적 가치, 정책, 전술, 조직참여에 대한 몰입, 성과달성의 의무, 인지 관점에 대한 일치된 영역 내에서 조직 내 다른 지위를 점하는 집단들이 일치된 정도 (Etzioni, 1975)
- (직관에 의해서) 조직의 비공식적 사회에서 존재하는 누가 누구이고, 무엇이 무엇이고, 왜 그런 이유인가를 밝혀주는 것 (Barnard, 1968)
- 조직 내에서 함께 살아가는데 필요한 게임의 규칙 (Schein, 1968; Ratti & Funkhouser, 1982; Van Maanen, 1976)
- 의식의 집합체 – "느낌과 감정의 영역", 조직의 특정 역사, 리더십, 상황적 요인에서 발생하여 현재의 관리 정책과 관행에 의해서 지지되고 있는 기본 가치, 가정, 혹은 기대 그리고 세계관과 믿음, 의미와 상징, 역사의 흔적, 전통, 그리고 고객 (Allaire & Firsirotu, 1985, pp. 26–27)
- 인지된 조직의 특이성의 질. 이것은 해당 영역에 존재하는 다른 대상과 차별성을 부여해 주는 특이한 특성을 지님 (Gold, 1982, pp. 571–572)
- 의미패턴의 공유를 통해 조직을 하나의 것으로 묶어주는 접착제 같은 것. 구성원들이 공유하게 되는 가치, 믿음, 기대에 초점을 둠. (Siehl & Martin, 1984, p. 227)
- 익숙한 관리 업무 혹은 관행 (Martin & Siehl, 1983)
- 언어 혹은 은어 (Edelman, 1977; Hirsch, 1980; Pondy, 1978)
- 조직 이야기와 조직에 대한 기술(記述) (Martin, 1982; Wilkins, 1983)
- 생각과 행동의 관행적이고 전통적인 방식 (Jaques, 1952)
- 의례와 의식 (Gephart, 1978; Smircich, 1983)
- 물리적 배치 (Edelman, 1971; Steele & Jenks, 1977)
- 공유된 믿음과 가치의 패턴으로서 조직구성원에게 의미와 조직 내 행동의 규칙을 제공함. 모든 조직은 문화에 의해 의미가 형성되는 바를 기술할 수 있는 단어와 문장을 가지게 됨. 이런 것으로 존재, 핵심, 문화, 기풍, 정체성, 이데올로기, 방식, 패턴, 철학, 목적, 근본, 정신, 스타일, 비전, 방식 등이 있음. 대부분의 관리자에게 있어서 이들이 의미하는 바는 유사함. (Davis, 1984, p. 1)
- 가치, 규범, 지식 (Clark, 1970)
- 조직구성원들이 공유하고 있는 중요한 가정의 집합체 (Sathe, 1985a)

- (그 조직이 외부적응과 내부통합 과정에서 발생하는 문제를 극복해 나가는 과정에서 그들에 의해서 개발된) 기본 가정의 패턴으로서 지금까지 타당하게 받아들여져 왔고, 신참자에게 되어야 한다고 믿는 것. 이런 가정들은 반복적으로 작용해 왔기 때문에, 당연한 것으로 받아들여지고 의식할 수 있는 범위 속으로 사라져 버림. (Schein, 1985)
- 특정 사회적 이상 혹은 신화에 대한 언어, 은유, 의례와 의식 간의 연결관계는 기본적인 관리문화를 형성함. 문화란 신화를 행동과 관계에 적용할 수 있도록 해석하게 해 주는 것임. (Bates, 1984, p. 268)

자료원: Ott(1989), pp. 70-73 내용을 수정 · 보완하여 정리.

〈도표 3-1〉의 내용을 훑어본 독자들은 '그럼 조직문화가 도대체 무엇일까?'라는 생각을 할 것이다. 그렇다면 조직문화의 구성요소에 대해 Ott(1989)가 정리한 바를 〈도표 3-2〉를 통해 살펴보도록 하자.

〈도표 3-2〉 조직문화의 구성요소

조직의 일화	조직기풍
예술품	공유된 기대
사람이 살아가는 데 적용하는 가정	느낌
기본가정의 패턴	조직을 하나로 묶어주는 접착제
공유된 가정	습관
태도	영웅
행동규칙	조직이 지나온 길
존재	정체성
믿음	이데올로기
공유된 믿음의 패턴	상호작용 패턴
축하 의식	조직 특유의 은어
의례	행동패턴의 정당화
조직풍토	지식
인지과정의 패턴	언어
탁월성에 대한 몰입	언어, 은유, 의례 간의 연결고리
의사소통 패턴	관리관행
일치된 정도	방식
핵심	물질적 목적
고객	의미의 패턴
일하는 방식	의미
설정(Enactment)	주관적 의미
조직윤리	의식 집합체

신화
규범
철학
물리적 배치
실제적 삼단논법
목적
의식
의례화된 관행
의례
근원
규칙의 비공식적 시스템
조직에 대한 기술(서술)
정취
규범, 규칙, 태도, 고객, 역할의 근원
조직을 특성을 나타내는 질

정신
조직 이야기
스타일
상징
생각하는 방식
전통
신화를 행동과 관계로 바꿔주는 기재
암묵적 이해
가치
기본적 혹은 핵심적 가치
공유된 가치의 패턴
비전
방식
세계관

자료원: Ott(1989), p. 53.

〈도표 3-1〉과 〈도표 3-2〉를 통해서 재확인할 수 있는 바는 조직문화에 대한 통일된 정의가 없다는 것이다. 조직문화에 대한 다양한 정의가 존재하는 이유는 첫째, Schein(1985)이 제시한 바와 같이 조직문화의 수준이 다르기 때문이다. 〈도표 3-2〉의 단어들을 가시적인 대상과 비가시적인 내용으로 구분할 수 있다. 가령 의례, 의식, 언어, 버릇, 신화, 비전 등은 객관적으로 확인할 수 있는 대상인 데 비해 조직윤리, 정체성, 믿음, 규범, 가치 등은 객관적 확인이 어려운 대상이다. 조직문화의 수준에 대해 Schein(1985)은 조직문화는 가장 관찰하기 어려운 심층 수준인 기본가정 수준(basic assumption), 관찰하기는 어려우나 파악 가능한 수준인 가치(value) 수준, 마지막으로 파악이 용이한 인공물(artifact) 수준으로 구분되며, 조직문화의 본질은 심층 수준에 존재한다는 것이다. (조직문화의 수준에 대해서는 3.2에서 상세히 설명한다)

조직문화의 정의가 다양한 또 다른 이유는 조직문화에 대한 관점 차이 때문이다. 이미 1장에서 조직문화의 개념이 형성 · 발전되어온 과정을 살펴보았지만 부언하자면, 조직문화의 근본적 뿌리라고 할 수 있는 문화인류학에서 이미 8개의 학파로 구분되었고, 이후 사회과학의 각 분야와 경영학의 실무적 필요성에 의해서 조직문화 개념을 구성하는 내용이 많이 추가되었다. 이런 점 때문에 조직문화라는 말을 이해하기 위해서, 어느 관점에서의 조직문화인가를 따져 보아야 한다. 즉, 조직문화에 대한 관점을 분류하고, 분류된 관점들이 무엇을 의미하는가를 이해하여야 조직문화에 대한 이해도가 높아진다.

3.1.2. 조직문화에 대한 다양한 관점들

이미 살펴본 Allaire & Firsirotu(1984)의 연구는 문화인류학과 조직이론과의 연결 관계를 통해서 조직문화 개념을 8개의 관점으로 구분하였다. 이들의 연구는 조직문화에 대한 가장 근본적인 관점 구분을 제시해 준 것이라고 평가할 수 있지만 사회과학 전반을 포괄하면서 문화인류학에 관한 깊은 지식이 동원된 채로 학파가 구분되었기 때문에 경영학 연구자나 실무자 입장에서는 구분된 개별 학파를 이해하는 것은 쉽지 않다. 그런 의미에서 보다 경영학적 관점에서 접근하여 조직문화 관점을 구분한 틀을 살펴보는 것이 이해도를 높일 것으로 판단된다. 따라서 본 저서에서는 Smircich(1983), Schultz(1994), Martin(1992, 2002)의 관점 구분을 차례로 소개한 후 이들을 비교 · 정리하고자 한다.

① Smircich의 5가지 관점

경영학에서 조직문화에 대하여 본격적으로 연구한 초기 결과물은 1983년 Administrative Science Quarterly의 조직문화 특집호라 할 수 있다. 이 특집호는 조직문화에 대한 관점을 최대한 넓게 설정하여 폭넓은 범위의 연구를 수용하고 향후 조직문화 연구의 방향을 제시하고자 하였다. Smircich(1983)의 연구는 특집호에 실린 연구 중의 하나로서 인류학의 문화 관점과 조직이론의 조직 개념의 접점을 찾아 나가면서 경영학이 관심을 갖는 조직문화의 영역을 〈도표 3-3〉과 같이 크게 5개로 구분하였다.

이 5개의 관점은 다시 2가지로 크게 나뉜다. 앞의 비교경영과 기업문화 관점은 조직문화를 일종의 변수로 본다. 비교경영의 경우는 문화를 조직 밖에 존재하는 변수로 보고, 기업문화는 문화를 조직 내부의 변수로 보는데, 이들의 공통점은 문화라는 변수에 의해서 조직의 성과가 어떻게 달라지는가에 주 관심을 둔다. 반면 인지론적 관점, 상징주의 관점, 심리역동론 관점에서는 조직문화를 변수가 아니라 근본적 은유체계(root metaphor)로 본다. 따라서 Smircich(1983)의 구분을 따른다면, 조직현상 자체를 보다 잘 이해하기 위한 수단으로서의 관점이 문화를 근본적 은유체계로 보는 관점들(인지론적 관점, 상징주의 관점, 심리역동론 관점)이고, 조직의 성과증진 방안의 일환으로 조직문화를 보는 관점들이 조직문화를 변수로 보는 관점들(비교경영과 기업문화 관점)이라고 구분 지을 수 있다.

〈도표 3-3〉 문화이론과 조직이론의 접점

인류학에서의 문화 개념	조직 및 관리 연구에서의 주제	조직이론에서의 조직 개념	조직문화 관점
문화는 인간의 생물학적, 심리적 욕구를 충족시키는 도구 예) Malinowski의 기능주의 (functionalism)	문화 간 혹은 비교경영 (cross-cultural or comparative management)	조직은 과업달성을 위한 사회적 도구 예) 고전관리이론(classical management theory)	변수
적응 · 규제의 기재로서의 문화기능 및 개인을 사회구조로 통합시키는 기능 예) Radcliffe-Brown의 구조기능주의 (structural functionalism)	기업문화 (corporate culture)	조직은 환경과의 교환과정을 통해서 존재하는 적응적 유기체 예) 상황이론(contingency theory)	
문화는 공유된 인지시스템. 인간의 의식이 제한된 수의 규칙을 통해 문화를 창출 예) Goodenough의 민족지학(ethnoscience)	조직인지 (organizational cognition)	조직은 지식체계. 조직은 조직구성원들이 공유하고 있는 주관적 의미 네트워크 안에 존재하고 규칙과 같은 방식으로 기능 예) 인지조직이론 (cognitive organization theory)	은유 체계
문화는 공유된 상징과 의미 시스템. 상징적 활동들이 이해되기 위해서는 해석하고, 읽고, 해독해야 함. 예) Geertz의 상징주의 인류학 (symbolic anthropology)	조직상징 (organizational symbolism)	조직은 상징적 담화의 패턴. 조직은 공유된 의미와 실체를 용이롭게 해주는 언어 같은 상징적 도구를 통해서 유지됨. 예) 상징주의 조직이론 (symbolic organization theory)	
문화는 인간 의식의 저변에 있는 무의식적 하부구조의 투영물 예) Levi-Strauss의 구조주의 (structuralism)	무의식적 과정과 조직 (unconscious processes and organization)	조직의 형태와 관행은 무의식적 과정을 실체화시킨 것. 예) 변혁적 조직이론(transformational organization theory)	

자료원: Smircich(1983), p. 342.

② Schultz의 2가지 관점

Schultz(1994)도 조직문화에 대한 관점 정리를 시도하였다. 그는 조직문화에 대한 논쟁거리를 조직이론의 틀에 비추어 〈도표 3-4〉와 같이 우선 3가지 관점으로 정리하였다.

〈도표 3-4〉 문화논쟁에 있어서의 이론적 관점들

관점	조직이론 패러다임	조직문화
합리주의 (Rationalism)	조직은 효율적 목표달성의 수단이다.	문화는 조직목표 달성의 도구이다.
기능주의 (Functionalism)	조직은 필요기능을 수행함으로써 생존을 추구하는 집합체이다.	문화는 외적 적응과 내적 통합과 관계된 기능을 수행하는 공유가치와 기본가정의 패턴이다.
상징주의 (Symbolism)	조직은 상징적 활동의 복잡한 패턴을 나타내주는 인간시스템이다.	문화는 사회적 관계로 형성된 상징과 의미의 패턴이다.

자료원: Schultz(1994), p. 14 수정보완.

경영학에서의 조직문화 연구 부흥과 직접 관련이 있는 Peters & Waterman(1982) 및 Deal & Kennedy(1982)의 주장, 그리고 Kilmann, Saxton, Serpa, & Associates(1985)가 편집한 책에 실린 여러 주장은 Schultz(1994)의 구분을 따른다면 합리주의 관점이라고 할 수 있다. 합리주의자들의 관점에서 조직은 목적달성의 도구이기 때문에 조직문화 역시 조직목표 달성과 관련하여 조직문화의 개념을 도입하고 있다. Smircich(1983)의 주장과 결부시켜서 보면, 합리주의자들의 기본 시각은 조직문화는 일종의 통제 가능한 변수이고, 이 문화변수를 효과적으로 잘 관리하면 조직목표 달성이 용이해 진다는 것이다. 이런 관점이 대표적으로 나타나 있는 것이 Kilmann et al.(1985)이 편집한 책의 제목이다. 그 책의 제목은 Gaining control of the corporate culture인데, 이는 조직문화라는 변수와 기업성과와 밀접한 관계가 있다는 점과 그로 인해 조직문화를 효과적으로 관리할 방안이 있음을 나타내 준다.

비록 업계에서는 덜 알려졌지만, 경영학에서 조직문화에 대한 정의를 대표하는 연구자로 Schein(1985)이 있다. 그는 조직문화가 조직 창업자에 의해서 발생하여 어떻게 발전하고, 조직 수명주기에 따라서 어떻게 변화하는가의 이론을 제시하였다(본서 10.3.3 참조). 그는 조직문화를 조직이 당면한 문제를 해결하기 위해 지닌 기본가정이 조직 전반에 걸쳐 공유된 것으로 보았다. 다시 말하면 조직의 생존을 위해 필요한 기능을 수행하는 기본 메커니즘으로 문화를 바라보았다. 그런 의미에서 Schein(1985)의 주장은 기능주의 관점에 가깝다고 할 수 있다.

마지막으로 남은 상징주의는 조직목표 달성이나 조직생존과 같은 목표지향성을 전제로 하기보다는 조직문화를 이해하기 위한 관점이다. 그래서 조직 내 개인들의 행동에 대해서 다른 관점을 취한다. 합리주의와 기능주의에서는 조직 내 행동은 기계적 인과관계 혹은 조직목적 달성 때문에 유발된다고 보는 데 비해, 이 관점에서는 다양한 활동의 의미가 사회적으로 형성된 구조에 의해서 발생한다고 본다(Schultz, 1994). 따라서 Smircich(1983)의 구분을 따른다면 조직문화를 근본적 은유시스템으로 보는 관점들과 일맥상통한다.

Schultz(1994)는 조직문화에 대한 기존의 논쟁을 위와 같이 3가지 관점으로 구분 짓고 난 뒤에 현실적인 조직 의미에 비추어 볼 때, 〈도표 3-5〉와 같이 기능주의 관점과 상징주의 관점 2가지로 크게 나누었는데, 이 구분은 Smircich(1983)의 구분인 변수로의 조직문화와 근본적 은유시스템으로서의 조직문화 개념과 거의 부합된다.

〈도표 3-5〉 기능주의와 상징주의의 주요 차이점

	기능주의(Functionalism)	상징주의(Symbolism)
핵심 관심사	조직생존에 있어서 문화의 기능은 무엇인가?	조직구성원에게 있어서 조직의 의미는 무엇인가?
핵심 가정	조직구성원들이 외부 적응과 내부 통합 과정에서 부딪히는 문제를 해결하는 가운데 문화가 발전한다.	조직구성원들은 의미를 창조해 내고, 그들이 반응하는 조직 실체를 정의한다.
분석 결과물	조직을 진단하고 조직생존에 어떻게 기여할 것인가를 밝힌다.	조직문화의 상징과 의미를 이해하고, 그것들이 조직구성원들에 의해서 어떻게 창조되는지를 밝힌다.

자료원: Schultz(1994), p. 17 수정보완.

③ Martin의 3가지 관점

앞의 Smircich(1983)과 Schultz(1994)의 관점 구분은 문화의 속성 혹은 용도에 초점을 맞춘 구분이었다. 즉, 조직의 목적달성 혹은 생존의 도구로 문화를 보는가, 아니면 조직을 더 잘 이해하기 위한 도구로 보는가의 관점 차이였다. 그런데 조직문화에서 또 한 가지 생각해 보아야 할 점은 하위문화(subculture)의 인정 여부다. 같은 조직이라고 하더라도 부서든, 업무특성이든, 조직 위계 혹은 신분에 따라서 다양한 하위문화가 존재할 수 있으며, 조직 내 하위문화와 조직문화와 관계를 어떻게 볼 것인가에 따라서 문화에 대한 관점이 구분될 수 있다.

Martin(1992, 2002)은 이런 점을 고려하여 〈도표 3-6〉과 같이 조직문화의 관점을 3가지로 구분하였다. 통합적 관점은 조직전반에 걸치는 통합된 조직문화가 있다는 것이고, 분화적 관점은 하위문화 단위에서 통합된 문화가 존재한다는 것이고, 분열적 관점은 앞 두 경우처럼 특정 단위에서의 통합된 문화가 없다고 보는 관점이다.

〈도표 3-6〉 Martin의 조직문화와 하위문화에 대한 세 가지 이론적 관점

	통합적 관점 (Integration)	분화적 관점 (Differentiation)	분열적 관점 (Fragmentation)
합의성에 대한 접근법	조직 전반에 걸친 합의	하위문화 단위에서의 합의	합의가 없음
문화발현 간 관계	일관성	비일관성	명확한 일관성이 없거나 비일관성
모호성에 대한 접근법	제거하려 함	하위문화 외부로 끌어냄	인정함

자료원: Martin(2002), p. 95 수정보완.

이상과 같은 조직문화의 세 관점 각각은 조직문화 변화의 과정과 방식에 대해서 〈도표 3-7〉과 같이 다른 접근법을 요구한다.

〈도표 3-7〉 문화변화에 대한 각 관점이 제공하는 함의

	통합적 관점 (Integration)	분화적 관점 (Differentiation)	분열적 관점 (Fragmentation)
리더의 역할	리더 중심	리더들이 2차적인 영향력을 발휘할 수 있음	권력은 개인과 환경 간에 분산되어 있음
환경의 역할	약간의 영향이 있을 수 있지만 문화와는 별개임	환경의 영향은 뚜렷함	환경과 조직을 구분하는 경계는 상호 침투 가능함
변화활동에 대한 합의점	리더에 의한 top-down방식, 혹은 문화-전략 간의 적합성 추구, 혹은 문화통제를 위한 규범적 능력을 찾음	일선 관리자나 하위 집단에 대한 직접적 조언을 줄일 것	개인은 무력하게 여겨지거나 지배적인 사상을 약화시키는데 지적인 공헌을 할 수 있는 것으로 여겨짐

자료원: Martin(2002) p. 149 수정보완.

실무에서 주로 적용하는 조직 상층부의 의도된 조직문화 변화노력은 Martin(1992, 2002)이 구분한 세 가지 관점 중에서 통합적 관점에서 의미를 가진다. 분화적 관점의 경우에는 각 부서 혹은 하위문화 단위 존재를 인정하면서 이들의 문화속성을 조직 전반에 걸쳐 통합되도록 하는 것이 조직문화 변화노력이 된다. 분열적 관점에서는 인위적인 조직문화 변화는 사실상 어려운 것이라고 볼 수 있다. 이런 점은 각 관점에서 조직의 각 수준이 가지는 의미를 나타내는 〈도표 3-8〉을 통해서 확인할 수 있다.

〈도표 3-8〉 조직의 각 수준과 세 가지 관점

수준	통합적 관점 (Integration)	분화적 관점 (Differentiation)	분열적 관점 (Fragmentation)
조직	조직전반에 걸친 합의. 목표는 융합 혹은 일치되어 있음	조직 전반에 걸친 합의는 없음. 조직은 하위문화의 조각모임임	합의 없이 이슈 중심으로 관심이 모아짐
하위문화	중요성이 별로 없음. 하위문화는 전체로서만 이해됨	하위문화간 발전하고, 충돌하고, 독립됨	하위문화간 경계가 불확실하고 수시로 바뀜
개인	스스로 통합되고, 일정하며, 문화의 구성요소임	다수 하위문화의 정체성으로 구성됨	분열되어 있고, 유동적임

자료원: Martin(2002), p. 152 수정보완.

④ 제 관점의 정리와 본 저서의 관점

Smircich(1983)과 Schultz(1994)의 관점 구분에서 문화는 조직의 생존 및 번영과 직접적 관련이 있는 변수로 보느냐, 아니면 조직의 기저에 존재하는 의미형성을 확인함으로써 조직에 대한 보다 나은 이해를 위한 분석도구로서 보느냐로 구분되었다. 그리고 Martin(1992, 2002)이 구분에서는 조직 내 하위문화가 어떻게 구성되어 있는가에 따라서 통합, 분화, 분열적 관점으로 구분되었다. 이들 세 관점을 하나의 구성개념으로 통합하면 〈도표 3-9〉와 같이 나타낼 수 있다.

〈도표 3-9〉 조직문화에 관점 통합

문화의 조직 내 일관성 \ 문화의 기능 측면		변수로서의 문화	현상으로서의 문화
문화의 조직 내 일관성	통합된 문화	통합된 변수로서의 문화	통합된 현상으로서의 문화
	분화된 문화	분화된 변수로서의 문화	분화된 현상으로서의 문화

경영학은 구체적 문제해결에 많은 관심을 둔다. 그렇기 때문에 조직문화를 다루는 다른 사회과학에 비해서 조직문화의 문제해결 능력에 대해 더 큰 관심을 둔다. 따라서 조직을 이해하기 위한 수단으로서의 조직문화의 기능보다는 조직생존 및 성과증진과 관련된 조직문화의 기능에 더 큰 관심을 둔다. 따라서 본 저서는 조직문화를 조직현상의 이해도구로 보는 관점보다는 조직생존과 성과증진의 중요한 변수로서 보고자 한다.

조직성과는 조직문화의 강도(strength), 특성(trait), 그리고 그들 간의 상호작용에 의해 영향을 받는다고 꾸준히 주장되어 왔다(Saffold, 1988). 즉, 조직이 처한 상황에 맞는 문화특성과 강도를 구비해야 성과를 증진시킬 수 있다는 것이다. 이렇게 조직에 맞는 문화강도와 특성으로 조직문화를 인위적으로 바꾼다는 것은 조직문화를 통해 조직성과를 증진시킨다는 의미에서 일종의 관리행위가 된다. 관리적 의미에서 조직문화를 활용한다는 것은 조직이 처한 상황에 맞게끔 문화의 특성과 강도를 변화시킬 수 있다는 논리를 포함한다. 이런 점에서 볼 때, Martin(1992, 2002)의 관점 구분은 관리가능성과 상당히 깊은 관련성이 있다. 왜냐하면 조직문화가 조직수준으로 통합되어 있다고 보지 않고, 하위문화로 분화되어 있거나 개인 단위로 분열되어 있다고 할 경우에는 경영진의 의도된 방향으로 조직문화를 변화시키는 것이 사실상 어렵기 때문이다. 따라서 본 저서는 조직문화는 분화되어 있다기보다는 통합되어 있다고 보는 관점을 취하겠다.

다시 말하면 본 저서의 기본 관점은 '통합된 변수로서의 문화'이다. 그러나 모든 상황에 대해 하나의 관점을 적용할 수 없기 때문에 '통합된 현상으로서의 문화'와 '분화된 변수로서의 문화' 관점도 함께 수용하고자 한다. 본서의 조직문화에 대한 관점은 결국 〈도표 3-9〉에서 사분면 색깔의 농도로 표현되며, 조직문화의 정의는 (이미 2.2.3에서 언급되었지만) '조직 내 구성원에 의해 공유된 가정, 규범, 가치관들의 집합체로 그들의 행동으로 표출되는 것'이다.

3.2. 조직문화의 수준과 구성요소

3.2.1. 조직문화의 수준

누군가가 독자께 특정 사람에 대해서 설명해 달라고 하면 어떻게 할 것인가? 그 사람의 외형을 설명할 수도 있고, 그 사람의 행동 특징을 설명할 수도 있으며, 그 사람의 성격 혹은 가치 등의 숨겨진 내면의 특성을 설명할 수도 있을 것이다. 조직문화는 해당 조직의 특성을 전반적으로 나타내는 것이다. 그런데 조직의 특성을 나타내는 것이 그 조직의 외형적인 모습과 같이 눈에 보이는 것일 수도 있고, 눈에 보이지 않지만 그 조직의 전반적 행동을 설명할 수 있는 추상적인 의미의 성격 혹은 가치 같은 것일 수도 있다.

Schein(1985)은 조직문화가 기본가정(basic assumption), 가치(value), 그리고 인공물

(artifact)의 세 가지 수준으로 구성된다고 했다. 가장 깊은 수준에 해당하는 기본가정은 외부인에게는 잘 관찰되기 힘들지만, 내부구성원에게는 당연한 것으로 받아들여지고, 의식되기도 전에 행동에 영향을 미친다. 중간 수준의 가치는 인공물과 기본가정의 중간에 위치하며 양자의 특성이 중첩되어 있다. 가장 얕은 수준인 인공물은 쉽게 관찰되기는 하지만 문화로 인해 설명할 수 있는 여러 현상을 해석하게 해 주는 데에는 한계점이 있다. 그런 점에서 중간 수준인 가치수준은 외부인도 어느 정도 관찰 가능하면서도 조직문화 특유의 현상을 이해할 수 있도록 해 주는 수준이고, 조직문화의 측정은 이 수준에서 많이 이루어진다. Ott(1989)는 문화수준[1]에 대해서 보다 세부적으로 기술하였는데, 인공물 수준을 보다 세분화하여 인공물과 행위의 패턴으로 구분하였다.

〈도표 3-10〉 Ott의 조직문화 수준 구분

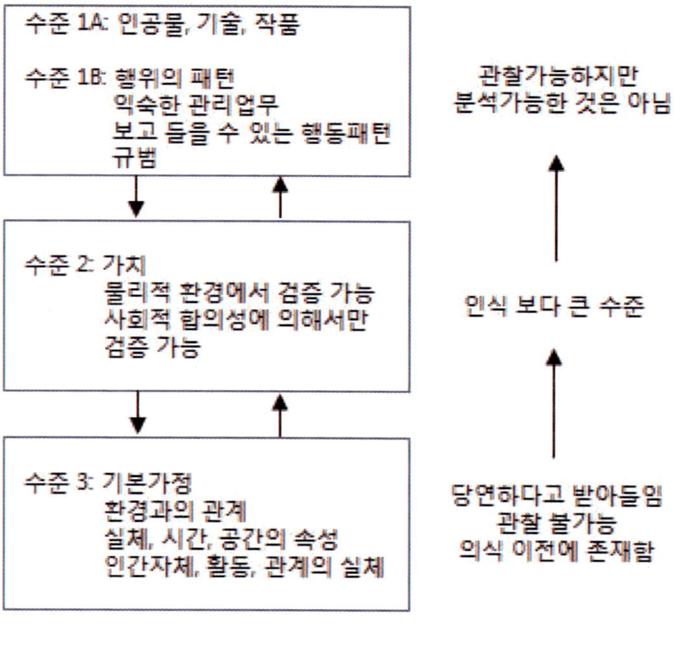

그런데 경영자의 입장에서 조직은 관리의 대상으로 인식된다. 그렇기 때문에 조직 및 조직구성원의 개별 행동을 조직차원에서 통합할 수 있는 관리도구에 관심을 가지게 된다. 그런 점에서 본서가 취하고 있는 조직문화에 대한 주 관점인 '통합된 변수로의 문화'에서 볼 때, 조직 전반을 통합적으로 이끌어 갈 수 있는 제도적 차원의 문화요소를 함께 고려할

1) Schein(1985)과 Ott(1989)의 문화수준 구분은 용어상의 약간의 차이가 있지만, 내용에서는 거의 차이가 없다. 따라서 본서에서는 Schein(1985)의 용어를 그대로 사용하겠다.

필요가 있다. 이런 차원에서 본서는 Schein(1985)과 Ott(1989)가 제시한 조직문화의 수준에 관리관행이라는 수준을 추가하여 〈도표 3-11〉과 같이 제시한다. 상위의 수준일수록 행동과 그 원인의 설명력은 낮지만, 파악가능성과 관리가능성은 높다. 역으로 하위의 수준일수록 행동과 원인의 설명력은 높지만, 파악가능성과 관리가능성은 낮다.

〈도표 3-11〉 본서의 조직문화 수준 구분

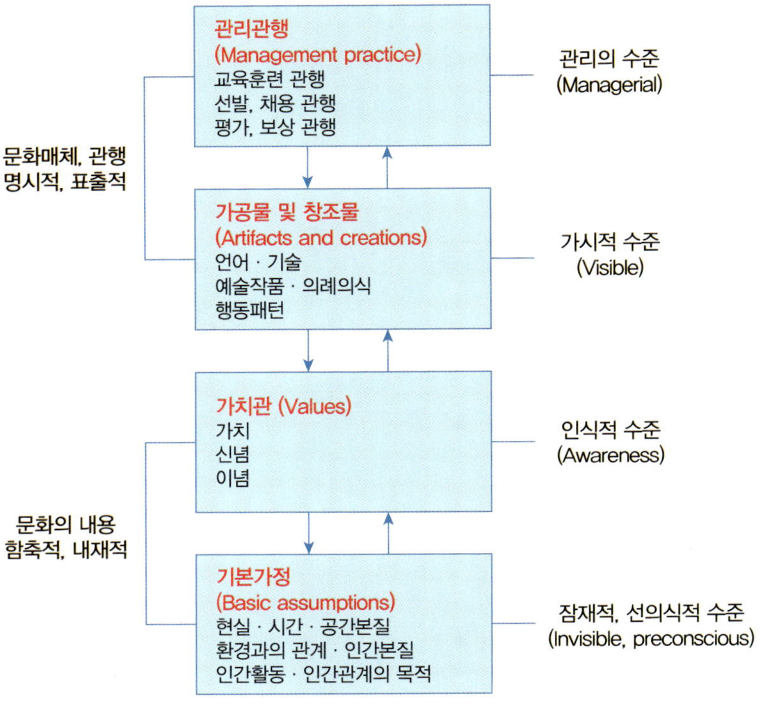

조직문화의 수준과 조직문화 변화관리

'빙산의 일각'이란 표현이 있다. 대부분이 숨겨져 있고 겉으로 드러나는 것은 일부분에 지나지 않는다는 말이다. 조직문화도 마찬가지다. 겉으로 표출되어 쉽게 관찰되는 관리관행이나 인공물은 전체 조직문화의 일부분에 불과하다.

따라서 조직문화의 변화를 추구함에 있어 관리관행이나 인공물(예: 회의나 회식방식, 출퇴근 시간이나 야근 여부, 공간배치, 복장이나 호칭)만을 대상으로 한다면 결코 조직문화 변화에 성공할 수 없다. 이는 사람의 신체 구조적 특성이나 성격은 변화하지 않는데 옷을 바꿔 입거나 화장을 고치는 것과 같다. 진정한 조직문화의 변화는 조직문화 제 수준의 변화가 함께 일어나야 한다.

3.2.2. 조직문화의 구성요소

Ott(1989)는 조직문화에 대한 정의와 내용을 문헌정리 하여 조직문화에 포함되어 있는 구성요소를 알파벳 순서로 정렬하고(그 결과가 〈도표 3-2〉의 내용임), 이를 조직문화 수준에 따라서 〈도표 3-12〉와 같이 분류하였다. 깊은 수준의 문화요소일수록 파악하기 힘이 드나 그 조직의 문화현상의 본질에 접근하며, 반면 얕은 수준의 문화요소일수록 파악하기는 쉬우나 그것 자체로 조직문화 현상을 이해하기는 어려워진다. 얕은 수준의 문화요소(인공물 혹은 행위패턴)는 조직문화 형성보다는 그 조직문화의 결과물에 가깝다고 하겠다.

〈도표 3-12〉 수준별 조직문화 구성요소

조직문화 구성요소	조직문화의 수준				
	인공물	행위패턴	믿음과 가치	가정	불분명
조직 일화	○				
예술품	○				
살아가는 가정				○	
기본가정의 패턴				○	
공유된 가정				○	
태도		○	○		
행동규칙		○			
존재			○	○	
믿음			○		
공유된 믿음의 패턴			○		
축하 의식	○				
의례	○				
조직풍토					○
인지과정의 패턴			○		
탁월성에 대한 몰입			○		
의사소통 패턴	○				
일치된 정도			○		
핵심			○	○	○
고객		○			
일하는 방식		○			
Enactment				○	

조직윤리			○		
조직기풍			○		
공유된 기대		○			
느낌			○		
조직을 묶는 접착제				○	
습관		○			
영웅	○				
조직의 자취	○				
정체성			○	○	
이데올로기			○		
상호작용 패턴		○			
조직특유의 은어	○				
행동패턴의 정당화			○		
지식			○		
언어	○				
언어, 은유, 의식의 관계	○	○			
관리관행		○			
방식		○			
물질적 목적	○				
의미 패턴			○		
의미			○		
주관적 의미			○		
의식의 집합체			○	○	
신화	○				
규범		○			
철학			○	○	
물리적 배치	○				
실제적 삼단논법			○		
목적			○		
의례(rite)		○			
의례화된 관행		○			
의식(ritual)		○			
근원					○

규칙의 비공식적 시스템		○			
조직에 대한 (인지적 혹은 심리적)기술(記述)	○				
조직에 대한 (거래비용 분석적)기술(記述)				○	
정취			○		
규범, 규칙, 태도 등의 근원			○		
조직특성을 나타내는 질					○
정신				○	
조직 이야기	○				
스타일		○			
상징	○				
사고방식			○		
전통	○	○			
신화를 행동과 관계로 번역해 주는 기재	○				
암묵적 이해			○		
가치			○		
기본적이고 핵심적 가치			○		
공유된 가치의 패턴			○		
비전			○		
방식			○	○	○
세계관			○	○	○

자료원: Ott(1989), pp. 63-64 수정보완.

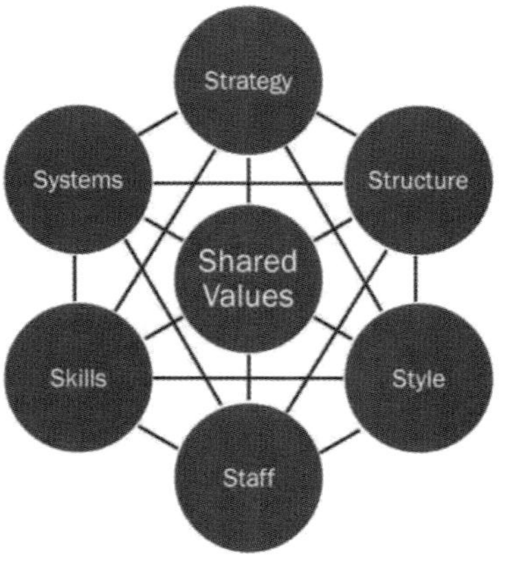

위 〈도표 3-2〉나 〈도표 3-12〉를 통해서 기업문화의 구성요소를 이해하기란 무척 힘들 것이다. 그러면 여기서 기업문화의 구성요소로서 한때 세계적으로 많이 알려졌던 7S와 필자의 견해(51)를 소개하기로 한다.

Pascale & Athos(1981) 그리고 Peters & Waterman(1982)이 7S 모형을 사용하여 각기 일본기업과 미국의 우수기업에 관한 연구를 하였는데, 7S란 공유가치(shared value), 전략(strategy), 구조(structure),

관리시스템(system), 구성원(staff), 기술(skill), 그리고 리더십 스타일(style)로 이루어지는 기업문화의 7요소를 말한다. 조직문화를 이해하기 위해서는 이들 7S를 이해하여야 하고, 조직문화를 변화시키기 위해선 이들 7S를 변화시켜야 한다는 것인데, 성공적인 문화변화는 조직구조, 상징, 시스템(생산시스템, 평가시스템, 선발시스템, 품질시스템 등), 스탭(인적 자원의 선발과 개발), 전략(조직 비전의 행위적인 명시), 리더의 스타일(최고 경영자들의 태도와 예시) 및 경영자들의 기술(변화 프로세스를 실행해야만 하는 개인의 역량) 측면에서 변화를 요구한다.

기업문화를 구성하는 복잡한 요인 · 요소들을 어떻게 분류하는가는 사람에 따라 다를 것인데 필자는 〈도표 3-13〉과 같이 기업문화를 다섯 가지 요소(5I)로서 이해하고 있다.

〈도표 3-13〉 기업문화의 구성요소(5I)와 의미

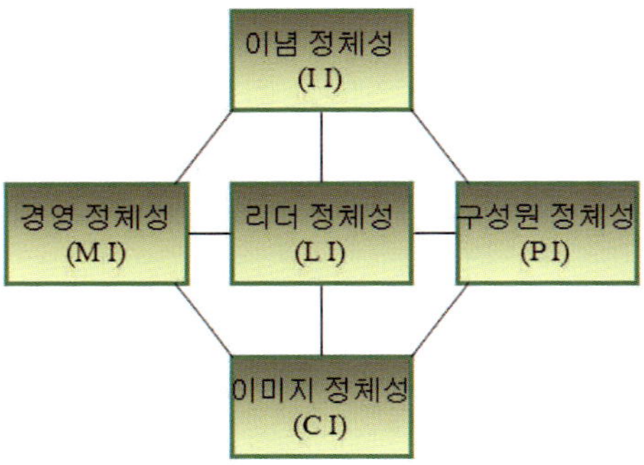

구분	의미
이념 정체성 (Ideology Identity)	기업의 이념과 Vision의 정립 및 공감여부
경영 정체성 (Management Identity)	기업고유의 경영/관리제도와 방식의 정립 및 인식여부
구성원 정체성 (Person Identity)	기업구성원의 像 정립 및 인식여부
이미지 정체성 (Corporate Identity)	기업의 독자적 이미지의 정립/존재 및 인식여부
리더 정체성 (Leader Identity)	기업리더(경영층)의 경영관, 목표, 전략의 존재 및 인식여부

자료원: 박원우(1994a), p. 116.

이념 정체성(II: Ideology Identity)이란 한 조직이 이 사회에 왜 혹은 무엇 때문에 존재해야 하는가를 설명하는 기업 혹은 경영이념의 정립 여부를 뜻하는 것이다. 이는 구성원의 사고 · 행동의 기준이 되는 조직문화의 기초요소이다. 제도 정체성(MI: Management Identity)이란 경영이념을 구현하기 위한 한 조직 고유의 관리방식 혹은 인사 · 조직제도와 관행의 존재 여부를 뜻한다. 구성원 정체성(PI: Person Identity)이란 한 조직구성원은 어떠한 사람이어야 하는 가를 나타내는 인재상 혹은 인재요건의 정립 여부를 뜻한다. 상징 정체성(CI: Corporate Identity)이란 한 조직의 이미지를 형성하는 상징특성(예, 건물 모양, 유니폼, 로고, 글씨 모양, 색깔 등)의 존재와 통일성 여부를 뜻한다. 이상의 네 가지 요소 이외에 리더 정체성(LI: Leader Identity)이 있는데 이는 조직을 이끌어 나가는 최고경영자(혹은 최고경영층)의 경영 · 관리관의 정립 여부이다. 사기업, 특히 소유경영자에 의해 경영되는 기업에서는 리더 정체성이 어떻게 정립되는가 하는 것이 그 조직의 문화 형성에 매우 큰 영향을 미치게 된다(박원우, 1994a).

이들 다섯 가지 요소가 정립되어 있다고 해서 기업문화가 형성되는 것은 아니다. 중요한 것은 이들 요소가 과연 구성원에 의해서 인식되고 공감되고 있느냐는 점이다. 문화란 구성원에 의해 공유된 것이기에 비록 조직 내 어디에 정립되어 있다 하더라도 그것이 구성원에 의해 인식 · 공감되지 못하거나 나아가 그들의 행동으로 표출되지 못하면 문화가 아닌 것이다. 따라서 한 조직에서 조직문화가 존재하기 위해서는 이들 다섯 가지 요소가 올바로 정립되어 있어야 한다. 우리가 조직문화를 관리하고 변화시킨다는 것은 결국 이들 다섯 가지를 관리하고 변화시킨다는 것이 된다. 흔히 조직에서 이들 다섯 가지 요소 모두가 정립된 경우는 무척 드물다. 보통 한두 가지 요소가 미흡하다. 따라서 어느 요소가 미흡한지 조사하고 정립시키는 것이 곧 조직문화 관리의 내용이 된다. (조직문화 요소의 정립과 그 요소 간 정렬에 관해선 10.2에서 상세히 다룬다.)

3.3. 유사개념과 비교

여기까지 조직문화에 대한 정의와 구성요소를 읽어온 독자들은 이제 서서히 혼란에 직면할 것이다. 직설적으로 '조직문화라는 개념이 아주 방대하고 추상적이어서 조직과 관련된 모든 것을 포괄하는 것이 아니냐?'라는 생각이 들 것이다. 조직문화와 아주 유사하면서도 현재 독립된 개념으로 받아들여지는 것으로는 조직정체성(identity), 조직이미지(image), 그리고 조직풍토(climate)가 있다.

먼저 조직문화, 조직정체성, 조직이미지와의 관계를 Hatch & Schultz(1997, 2002)의 연구를 통해서 살펴보도록 한다. 이들 3가지 개념은 서로 연관되어 있으나, 세부 정의는 다음과 같이 구분할 수 있다.

"조직정체성은 조직 내 의미와 상징에 뿌리를 두고 있기 때문에 조직문화에 묻혀있다(embedded). 여기서 조직문화는 조직정체성을 개발시키고 유지해 주는 내부의 상징적 맥락으로 이해할 수 있다(p. 358)." 한편 "조직이미지는 조직에 대해 개인 혹은 특정 집단이 가지고 있는 전체적이고 생생한 인상"(p. 359) 이라고 했는바, 조직이미지, 조직정체성, 조직문화는 분명히 각각 따로 존재하는 개념이지만, 이들 각각의 관계는 〈도표 3-14〉와 같이 서로 영향을 주고받는 순환적 과정을 형성한다(Hatch & Schultz, 1997).

〈도표 3-14〉 조직문화, 정체성, 이미지 간 관계

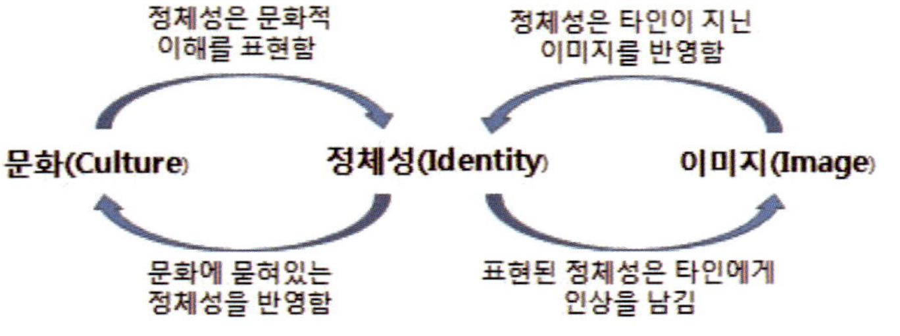

자료원: Hatch & Schultz(2002), p. 991.

조직문화와 유사한 개념으로 오랫동안 논쟁의 대상이 되어 온 것이 조직풍토다. 조직풍토 연구는 인위적으로 만들어진 사회풍토 안에서 이루어진 Lewin의 실험연구(Lewin, 1951; Lewin, Lippit, & White, 1939)와 자연적인 조직상황에서 이루어진 관찰연구(Barker, 1965; Likert, 1961)로부터 시작되었다(Denison, 1996, p. 623). 따라서 문화인류학에 뿌리를 두고 있는 조직문화와는 애초의 접근방식에서부터 차이가 있다.

하지만 결과론적으로 조직풍토는 조직문화와 상당히 중복되는 면이 있다.[2] 첫째, 두 개념은 모두 조직수준의 행동 특성에 초점을 맞추고 있고, 조직시스템 내에는 일관성과 행동 통합이 있으며, 일관성(가정, 의미, 믿음, 행동패턴)의 설정은 조직행동의 이해에 도움을 준다는 것을 가정한다. 둘째, 두 개념은 넓은 범위의 현상을 설명한다. 주제는 문화의 기반을 형성하는 기본가정에서부터 이 가정에 기반하고 있는 실제 관행과 행위패턴까지 포괄한다. 문화 연구자는 주로 전자 쪽에, 조직풍토 연구자는 후자 쪽에 더 많은 관심을 보이기는 하지만, 양자가 겹치는 부분은 상당하다(Denison, 1990, p. 23~24).

2) 그 결과 많은 저서들이 이 둘을 동일시하거나, 풍토를 문화의 부분으로 보는 경향이 있다. 따라서 간혹 책 제목에서도 문화에 국한하지 않고 이들을 병렬적으로 쓰는 경우가 있다.

이러한 유사점에도 불구하고 굳이 양자를 구분하자면 〈도표 3-15〉와 같이 여러 측면에서 차이가 난다.

〈도표 3-15〉 조직문화와 조직풍토 연구관점의 차이

차이점	조직문화 연구	조직풍토 연구
인식론	맥락화 되고 기술적임	비교에 의하고, 보편적 과학 법칙을 따름
관점	비관찰 대상 내부 중심	관찰자 중심
분석수준	잠재된 가치와 가정	표면적으로 드러난 것
시간적 접근법	역사적 흐름 중시	역사적 흐름을 무시하고 한 시점을 포착
이론적 배경	사회구성론	Lewin의 장이론(field theory)
학문적 배경	인류학 혹은 사회학	심리학

자료원: Denison(1996), p. 625.

Part

02

조직문화의 영향요인과 효과

Chapter 04

조직문화의 영향요인

II부에선 조직문화가 무엇에 기인하여 형성되는지, 그리고 일단 조직문화가 형성되면 그것이 어떤 효과를 가져오는지 조직문화의 전제조건과 결과(antecedents and consequences)를 구체적으로 살펴본다. 조직문화의 효과를 알아야 조직문화를 관리할지 말지가 파악될 것이고, 주요 영향요인을 알아야만 조직문화를 어떻게 관리할지의 방안도출이 가능하다. 4장에서는 조직문화에의 영향요인을 정리한 후 이들 요인 각각과 조직문화 간의 상호작용 관계를 구체적으로 살펴본다. 나아가 5장에서는 조직문화 제 영향요인과 성과와의 관계를 세부적 · 구체적으로 정리한다.

4.1. 조직문화의 영향요인 유형 구분[1)]

사회문화는 사회를 구성하고 있는 사람들이 주어진 사회환경에 적응해 나가는 과정에서 형성되며 그 사회가 존속하는 한 변화와 유지를 반복하기 때문에, 사회문화를 이해하려면 무엇보다도 먼저 사회의 내 · 외 환경과 사회의 역사적 배경을 이해해야 한다. 마찬가지로 개인의 성격은 주어진 생활환경 속에서 그가 생활해 나가는 과정에서 형성되고 일생동안 유지 및 변화를 지속하기 때문에, 개인의 성격을 파악하기 위해서는 그의 가정이나 성장환경, 교육배경, 교우관계 등에 대한 입체적인 이해가 필요하다.

조직문화 역시 이와 유사한 맥락으로 생각할 수 있다. 즉, 조직문화는 조직체가 주어진

1) 이하 내용은 이관희 · 박원우(1992), pp. 22-30의 내용을 수정 · 보완하였음.

환경 아래에서 조직을 운영하는 과정에서 형성되며 그 조직체가 존속하는 동안 오랜 기간을 통하여 유지와 변화를 거듭하기 때문에, 조직체의 문화를 이해하려면 우선 조직체의 내 · 외 환경과 성장과정을 살펴보아야 한다. 이러한 관점에서 조직문화의 형성과 변화에 영향을 미치는 요인들을 조직 외적 환경요인과 조직 내적 환경요인으로 구분할 수 있다.

하나의 사회적 공동체는 더 큰 사회를 구성하는 하위요소인 동시에 그 안에 다수의 하위 공동체(sub-communities)를 포함한다. 이와 마찬가지로 조직체 또한 조직구조상의 계층에 따라서 그룹 수준과 계열회사 수준, 그리고 사업조직 수준과 전문기능부서 수준 등과 같이 다양한 상 · 하위 집단들과 위계관계를 형성하고 있다. 뿐만 아니라 조직체의 위계관계가 아닌, 병렬적 위치에 존재하면서도 조직체와 상호작용하는 집단들도 존재한다.

따라서 조직문화의 영향요인들을 조직체와의 위계관계를 기준으로 살펴보면, 조직상위(예: 그룹, 산업, 국가, 사회 등), 병렬적 위치(예: 단체, 고객 등), 그리고 조직하위(예: 개인, 부서, 조직 등)의 요인들로 구분할 수 있으며, 이러한 관점에서 조직문화 형성과 관련된 조직 내 · 외의 환경요인들을 〈도표 4-1〉에서 보는 바와 같이 정리할 수 있다. 물론 하나의 조직을 중심으로 하는 상 · 하 위계관계 혹은 병렬적 위치에는 보다 세분화된 요인들이 고려될 수 있으나, 문화의 기본단위로 볼 수 있는 대표적인 요인들을 기준으로 조직문화와의 관계를 살펴보고자 한다. 이를 통해 조직 전체의 문화에 대한 이해뿐만 아니라 조직문화의 계층적 구조에 대한 이해를 넓힐 수 있을 것이다.

〈도표 4-1〉 조직문화의 영향요인 유형 구분

구분	조직과의 위계	영향 요인	내용	주요 연구
조직 외적 환경 요소	조직 상위	사회	• 비교문화 관점에서 사회조직의 구조체계(institutional framework)와 사회문화적 가치(cultural value)를 중심으로 연구 • 기업의 사회적 책임 관점에서 기업이 속한 사회의 요구와 기대에 부응하는 과정에서 조직문화의 변화가 발생 • 사회의 영역을 국가와 동일시하는 경우가 대부분이며, 이러한 경우 사회문화요소와 국가문화요소의 구분이 모호	Gordon(1991), Hofstede(1985), Wood(1991)
		국가	• 다국적 기업의 경우 모국(parent country)의 문화적 특성과 현지국(host country)의 문화적 특성이 현지 조직의 문화에 영향	Hofstede(1985), van Muijen & Koopman(1994)
		산업	• 상품과 고객의 성격, 기술과 기술의 발전 및 변화, 산업구조체계(시장구조와 경쟁, 정치, 경제, 사회단체와의 관계 등), 산업의 수명주기 등은 산업문화 형성에 중요한 역할	Gordon(1991), Chatman & Jehn(1994), Hopkins(1987)
		그룹	• 다수의 조직체로 구성된 전체조직의 문화적 특성이 개별 조직체의 문화에 영향	Yoo & Lee(1987)

	병렬적 위치	단체	• 비정부기구, 정부 기관, 노조, 이익집단, 종교단체 등은 일반 기업조직의 이해관계자로서 기능하며 이들의 요구, 압력, 혹은 기대 등에 의해 조직문화를 변화시킴	Crane(1998)
		고객	• 기업조직은 목표 고객들의 재화나 용역상품에 대한 충성도를 높이기 위한 노력을 하게 되며, 이러한 과정에서 고객 또한 조직문화의 형성과 변화에 영향	Gordon(1991)
조직 내적 환경 요소	조직 하위	조직	• 사업규모: 기업문화를 개발하기 위해서는 집중적인 인력투입과 전문인력이 필요하므로 이러한 자원투입을 감당할 수 있는 사업규모와 여유 자원이 필요	Connell(2001), Chander, Keller, & Lyon(2000)
			• 기업이념과 경영전략: 기업의 이념과 성장전략 및 계획 간의 일관성, 그리고 기업이 강조하는 문화적 가치와 기업의 성장전략 간 적합성은 기업문화의 개발 가능성을 결정	Bates & Amundson(1995), Hopkins(1987), Mansfield(2004)
			• 기본가치: 기본가치 또는 공유가치는 기업문화의 가장 핵심요소로서 전체 기업 및 구성원들의 행동에 직접적인 영향을 줌	Chander, Keller, & Lyon(2000)
			• 의례의식: 의례와 예식은 기업의 routines를 수행하는 데 있어서 모든 구성원이 규칙적으로 지켜나가는 관습 또는 행동들을 의미. 회의진행 절차 및 방법, 보고방식, 상하 관계, 과업처리 방식 등	Chander, Keller, & Lyon(2000)
		부서	• 조직 하위의 집단문화: 부서간 기능적 특성에 따라 부서문화의 차이가 발생하며 부서문화의 강하고 약한 정도에 따라서 전체 조직문화는 영향을 받게 됨	Rose(1988)
		제품	• 제품의 성장주기: 제품의 도입이나 성장단계와 같이 수명주기 초기에는 독창적인 기업문화의 개발이 용이한 반면 제품의 성숙 또는 쇠퇴기에 처해 있을수록 기업문화 변경이 어려움	
		개인	• 중심인물: 기업의 기본가치를 확립시키는 데에는 장기간 중심적 역할을 하는 인물이 필요	Hennestad(1990), Sarros, Gray, & Densten(2002)

4.2. 조직문화 영향요인과 조직문화와의 상호작용 관계

여기서는 각각의 영향요인과 조직문화 간의 상호작용에 대해서 좀 더 구체적으로 살펴보고자 한다. 이를 위해 조직문화와 상호작용하는 영향요인들을 개인, 부서, 조직, 그룹, 고객, 제품, 단체, 산업, 국가, 사회로 구분하였으며, 〈도표 4-2〉에서 보는 바와 같이 각각의 영향요인들은 조직문화에 영향을 미치는 요인으로서 작용할 뿐만 아니라, 형성되어 있는 조직문화로부터 영향을 받기도 한다.

〈도표 4-2〉 영향요인과 조직문화 간의 상호작용

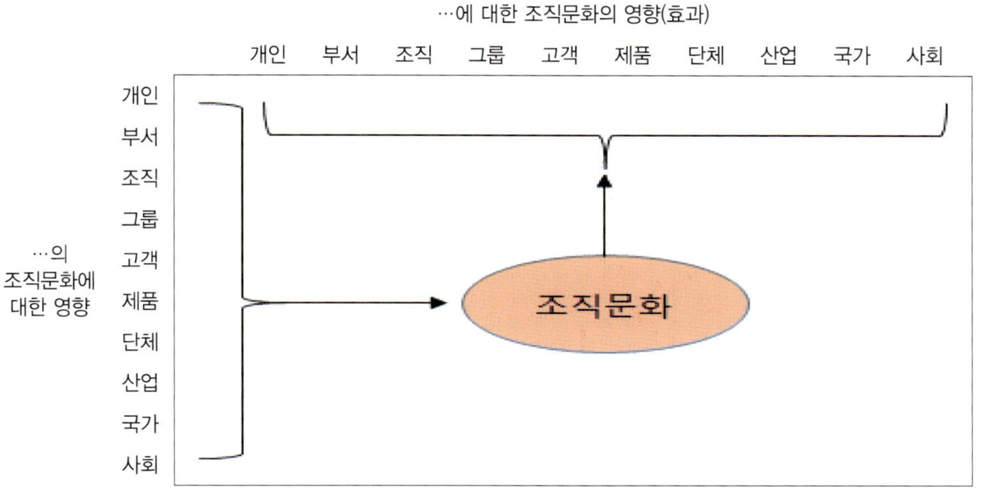

이들 영향요인 각각과 조직문화 간의 관계를 설명함에 있어 조직 즉, 조직문화의 구성요소와 조직문화 간 관계는 생략하기로 한다. 앞서 3.2.2 에서 조직문화의 구성요소로서 7S와 5I를 설명하였다. 성공적인 문화변화는 7S 혹은 5I 각 요소의 변화를 요구하며, 나아가 이 요소들 간의 정렬(alignment) 추구가 성공적인 문화변화를 가능케 한다고 했는데, 상세한 내용과 방법은 뒤 Ⅳ부 '조직문화의 관리방법'에서 다루어지기에 여기서는 생략하는 것이다.

4.2.1. 개인과 조직문화와의 상호작용

여기서는 개인이 조직문화에 미치는 영향 및 조직문화가 개인에 미치는 영향을 창업자, 최고경영자, 중간관리자와 일반구성원, 외부전문가로 나누어 이들에 의한 문화변화를 다루기로 한다.

조직문화와 개인 간의 관계는 조직문화와 리더십의 관점에서 폭넓게 연구되어 왔다. Kotter & Heskett(1992)은 주요 문화변화의 성공과 실패를 결정하는 가장 명백한 요인을 최고경영층에서의 리더십이라고 보았다. 예를 들어, Xerox사의 경우, 문화변화는 D. Kearns의 리더십에 의해 발생 · 진행되었다. Kearns가 1983년 회장이 되었을 때, (당시) 조직문화는 변화에 대한 거대한 장애물이었다. Kearns의 리더십 하에서 그러한 문화가 변화하기 시작하였으며, 특히 고객만족을 위한 제품 품질에 대한 몰입 강조와 관련하여 진행되었다. 그러한 변화가 없었다면 Xerox의 핵심 복사기 사업은 일본과의 경쟁으로 인해 거의 파산했을 것이다. 이처럼 리더는 더욱 더 경쟁력 있는 기업을 만들기 위해 거대 규모와 성숙한 환경, 그리고 다른 어떤 어려움에도 불구하고 조직의 전략과 문화를 바꾸어 나간다. Pettigrew(1979)는 리더가 문화의 창출자(creators)이며, 문화변화는 흔히 리더십의 변화와 함께 하기에 리더십의 승계(leadership succession)를 문화변화의 핵심요소로 보았다.

① 창업자

조직의 문화형성 과정에 있어 창업자는 집단이 외적 생존(external survival)과 내적 통합(internal integration) 문제를 어떻게 해결하는지에 커다란 영향을 미치게 된다(Schein, 1983). 일반적으로 최고경영자의 철학이나 경영신조로부터 출발하는 경영가치나 이념은 기업 구성원들 전체의 공감대로 정착하여 그 기업의 중심적인 지주가 된다. 특히 성장초기에는 창업자와 그의 가족 또는 측근자가 기업경영에 지배적인 역할을 수행하고, 이들이 문화형성에 중심인물의 위치를 차지하게 된다. 이들은 구성원들 모두에게 직접적인 영향을 줌으로써 공유가치가 분명해지고 이것이 구성원들을 통합하는 중요한 요소로 작용하게 된다.

Yoo & Lee(1987)는 한국의 재벌들은 창업주의 고유한 철학이 재벌 그룹의 특성에 그대로 반영되어 있다고 보았다. 예로 현대그룹의 창업자인 정주영 회장은 사업에 대한 몰입과 공격적 경영을 통한 사업확장을 하고, 가족경영과 결합된 극단적인 관료제적 관리에 치중하였고, 삼성그룹의 창업주인 이병철 회장은 성과와 능력에 의한 인력운영을 관리의 핵심으로 보고, 핵심인재에 대해서는 능력에 맞는 자리가 주어져야 하고 그에 적절한 보상이 수반되어야 한다는 원칙을 가지고 인사제도를 운용하였다. 이들은 이미 고인이 되어 버렸지만, 이 위대한 기업가들의 철학은 삼성과 현대라는 한국을 대표하는 기업군 전반에 영향을 미치고 있다. 이런 점은 창업주의 뇌활용 성향과 기업경영 방식에 대해 연구(이홍, 2005)에서도 설명되고 있다. 이병철 회장은 주로 합리성, 분석 및 인과에 근거를 둔 기업운영을 했고, 정주영 회장은 직관과 위험추구를 바탕으로 기업운영을 해 왔다는 것이며, 이는 1993년과 1997년에 삼성 및 현대그룹 예하의 각각 18개 계열사의 의사결정 시스템, 통제방법, 통제내용 측면에서 창업자 경영방식의 특성이 그대로 나타난다는 점에서 조직문화에 대한 창업자의 효과가 반영되고 있음을 의미한다.

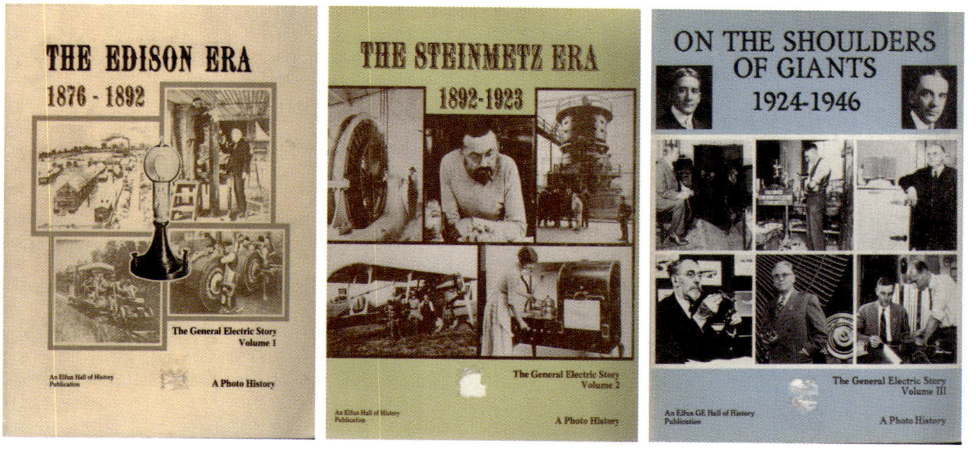

〈참고: GE의 기업사 자료--한 기업의 역사와 문화는 창업자 및 많은 공헌자에 의하여 형성됨〉

② 최고경영자

최고경영자의 참여와 관심은 성공적인 문화변화에 있어 매우 중요하다. 흔히 최고경영자의 역할을 논함에 있어 '후계자의 발굴 및 육성'과 '기업문화의 변화관리'를 든다(박원우 · 성지영, 2005). 기업문화 관리는 조직 내 특정부서의 역할에 국한된 것이 아니기 때문에 어느 부서에서도 관심을 기울이지 않는 경향이 있다. 나아가 설령 각 부서가 조직문화에 관심을 가진다고 하더라도, 각 부서는 조직문화 구성요소의 일부에만 (예로 HR은 인사시스템이나 인재상, 홍보는 CI) 관심을 두기에 조직문화 제 요소들의 관리방향이 상호 정렬(alignment, fit)되지 못하는 경우가 많다. 그러할 경우엔 결국 조직문화가 약하게 되고 비전/성과 지향적 조직문화 형성이 어려워진다. 따라서 조직문화 관리가 올바로 이루어지기 위해선 조직문화 관리를 개별부서에 미루거나 의존하지 않고 최고경영자가 직접 관심을 기울여야 한다. 특히 최고경영자는 변화의 방향을 제시하는 비전과 전략을 수립해야 하며 조직문화의 제 요소가 그러한 방향으로 정렬되어 같이 나아가고 있는지 지속적으로 검토해야 한다. 따라서 최고경영층으로부터 나오는 리더십은 문화변화 과정에서 핵심적인 성공요인이 된다.

예로 J. Welch는 1981년 취임한 이후 뚜렷한 목표와 철학을 중심으로 하는 근본적이고 지속적인 경영혁신을 10여 년간 추구하여 잠자는 공룡 GE를 세계 최강으로 만들었다. 또 L. Gerstner(1993-2002 IBM 회장재임)는 거의 망해가던 IBM[2]을 회생시킨 후 TV talk show

2) IBM은 비록 수십 년간 컴퓨터 업계를 지배하였었지만 당시 그 푸른색의 굵은 로고에 빗대어 'The Big Blue Elephant'라는 별명으로 불리면서 곧 멸종될 공룡 취급을 받고 있었고, 실제로 저자가 학부 상급생 때인 1980년대 초반 이미 교수님들이 수업시간에 "IBM은 자기 꼬리가 썩어가는 지도 모르는 거대한 공룡과 같아 곧 망할 것이니, 그 회사에 취직하지 마라"고 했었다.

에 출연하여 조직문화 변화관리와 관련한 CEO의 역할에 대해 다음과 같이 대담하였다.

〈도표 4-3〉 조직문화 변화관리와 CEO의 역할

IBM 회생의 주인공 L. Gerstner의 TV Show 대담

질문:
If you could tell CEOs what is the simple most important thing they could do to ensure the long-term success of their companies, what would it be?

대답:
CEOs have to realize that corporate culture is not one thing they do in leading the company; It is everything they do.

③ 조직구성원: 중간관리자와 일반구성원

최고경영자의 역할이 중요하지만 중간관리자들의 지원 없이 성공적인 문화변화는 불가능하다. 문화변화가 중간관리자 또는 하위 경영자들로부터 즉, 아래로부터 진행되는 경우(bottom-up change)는 속도도 느리고(Walton, 1975), 현실적으로 그 사례도 매우 드물다. 여기에는 두 가지 이유가 존재하는데(Kotter & Heskett, 1992), 첫째는 문화변화는 거대한 힘이 요구되고 그러한 힘은 보통 조직 내 최고경영층에만 존재하는 것이고, 두 번째는 내부 조직들 간의 상호독립성 때문인데, 모든 것을 변화시키지 않고서 어떠한 것을 크게 변화시키기는 어렵다는 점이다.

〈도표 4-4〉는 한국 모 그룹의 사장단이 1990년대 초반 benchmarking tour차 GE연수원을 방문하였을 때 연수원 간부가 GE혁신의 핵심을 설명하였던 발표자료 중 한 page로 저자가 한글 번역을 좌우에 추가한 것이다. 내용은 GE의 관리자가 바뀌었기에 GE의 혁신이 성공할 수 있었다는 것이고, 많은 설명이 있지만 핵심은 '관리지향적 관료'의 속성에서 '기업가형 관리자'로서의 변화로 대표된다. 사실 GE는 1970년대 말(J. Welch가 회장으로 부임하기 직전)까지만 해도 'GNP company'(창사 이래 매년 기껏 성장해야 미국의 GNP 성장률 정도로만 성장하는 회사)란 부정적 별명을 가지고 있었으며, 오랜 세월 동안 덩치는 매우 크고 변화가 무척 더딘, 그래서 미국에서 가장 관료적인 회사("The most bureaucratic company in the USA")로 정평이 나 있던 조직이다. 그랬던 회사에서 관리자들의 속성이 바뀌니까 엄청난 성장이 단기간에 이루어졌다는 내용이다.

〈도표 4-4〉 GE 관리자의 변화

Less (줄이고)		More (증대)	
보수적, 피동적	**Reaction**	**Initiative**	자발적, 창의적, 기업가 정신의
완고함, 엄격함, 엄정함	**Rigidity**	**Versatility**	다재다능, 융통성, 다기능
직위의 권한 행사, 권력주의	**Positional Power**	**Influence**	감화력, 사람의 마음을 움직이는
분석지향	**Analysis**	**Action**	행동지향
일방적 명령, 지휘, 지시적	**Unilateral Boss**	**Collaboration**	배려, 상호협력, 지지, 원조적
권력행사	**Hierarchy**	**Trust**	신뢰형성
관리지향적/관료적	**Administrative**	**Entrepreneurial**	기업가 정신/기업가형
신성불가침, 비밀주의	**"Sacred" and/or "Secret"**	**Reality and Candor**	성실성, 진실성, 정직성, 솔직성
큰 조직, 많은 인원	**Staff and Incrementalism**	**Doing More with Less**	작은 조직, 적은 인원
규정 준수	**Observation**	**Responsibility**	책임감
유지관리자	**Caretaker**	**Promoter**	촉진자
단편적 사고	**Left or Right Brain Thinking Only**	**Whole Brain Thinking**	종합적 사고

결국 중간관리자의 문화변화에 대한 동참과 지원은 문화변화의 핵심성공요인(critical success factor)은 아닐지라도 없으면 성공이 어려워지는 핵심실패요인(critical failure factor)이라 할 수 있다. (참고: 조직문화 변화의 CSF와 CFF는 뒤 8.3.3에서 상세히 설명됨.)

④ 외부전문가

건강검진과 건강증진의 방안 도출에 병원 의사나 fitness center trainer의 도움이 필요하듯, 조직문화 (변화)관리 과정에서 외부전문가의 지원 또한 크게 도움이 된다.

조직문화 변화과정을 설계하고 적절한 개입(intervention)을 통해 외부전문가들은 문제를 진단하고 유도학습(inductive learning)을 가능케 하여 더욱 더 효과적으로 변화를 이룩해 낼 수 있다. 즉, 조직변화는 항상 전형적인 조직개발의 선형계획단계(linear planned stage)로 진행되는 것이 아니므로 외부전문가는 조직 내 사건(event)이나 상황변화를 적절히 이용하면서 변화를 촉진할 수 있다(McLean, Sims, Mangan, & Tuffield, 1982). 문화변화에서는 조직 내 리더의 역할이 어느 때 보다 중요하므로 CEO와 중역 팀(executive team)은 기업 전체와 사업단위의 전략적 목표실현을 지원할 수 있는 문화변화를 설계하고 실행하는 책임감을 외부전문가와 공유하는 것이 좋다.

외부전문가의 조직변화관리 전문성을 활용해 경영자의 조직문화 변화노력을 촉진하고 그 효과성을 증진하려면 그가 조직변혁의 방향 즉, 조직의 비전과 전략에 대해 공감하고 구체적 혁신의 방법을 제시해 줄 수 있어야 한다. 따라서 조직문화 형성과 변화관리 관련

외부전문가와는 일시적 관계보다는, 마치 식구들의 건강 특성과 내력을 아는 가정의처럼, 조직과 중장기적 관련성을 가지고 계속적 지원 내지는 자문을 받는 것이 더 효과적이다.

이상 언급된 개별 주체에 따른 문화변화의 역할은 다음 표와 같이 정리될 수 있다.

〈도표 4-4〉 개별 주체별 문화변화에서의 역할

주체 / 역할	창업자	경영자/중간관리자	일반구성원	외부전문가
형성	○	×	×	△
유지	○	○	○	△
변화	○	○	△	○

(역할의 크기: ○-대, △-중, ×-소)

4.2.2. 부서와 조직문화와의 상호작용

① 하위문화의 존재여부와 개념

조직문화에 대한 많은 정의에는 흔히 '조직구성원에 의해 공유된'이라는 수식어가 붙는다. 이 말은 조직문화의 속성으로서 조직구성원 전반에 걸쳐 공유된 실체가 있다는 것을 의미하고, 그렇기에 동일 조직 내에는 하나의 조직문화만이 존재하리라고 생각하기 쉽다. Rose(1988)는 다중문화(multiple culture)라는 용어로 동일 조직 내에 복수의 하위문화가 존재한다고 주장하였다. 동일 조직이 단일의 조직문화를 가질 것인가 아니면 복수의 조직문화를 가질 것이냐의 문제는 어쩌면 조직문화에 대한 관점과 직결되는 문제일 수 있다. 앞서 살펴보았던 Martin(1992, 2002)의 연구에서는 조직문화에 대한 관점을 통합적(integration) 관점, 분화적(differentiation) 관점, 분절적(fragmentation) 관점으로 구분하였다. 이런 구분은 조직 내 하위문화가 존재하는가와 하위문화와 상위문화 간의 통합 가능성에 대한 인식 차이에 근거한다. 경영학에서는 관리대상으로써의 조직문화에 관심을 두고 있기 때문에 분절적 관점보다는 통합적 혹은 분화적 관점에 가깝게 접근한다.

그렇다면 동일 조직 내의 하위문화는 조직의 어느 수준 혹은 어느 단위에서 존재할까? 먼저 병원에서 병동문화를 연구한 Lok & Crawford(1995)를 살펴보도록 하자. 이들은 병동문화와 조직문화(병원문화)를 구분하고 이들이 각각 조직과 병동에 대한 몰입수준에 미치는 영향 정도를 보았는데, 연구결과에 의하면 조직문화에 비해 병동의 문화가 몰입에 대해 더 큰 영향력을 가지는 것으로 밝혀졌다. 따라서 이들의 연구결과를 놓고 본다면, Martin(1992, 2002)의 3가지 조직문화에 대한 관점 중에서 분화적 관점이 현실적 설명력이 가장 높다는 것을 알 수 있다. 아울러 이 연구는 조직 내 하위문화의 존재 위치에 대한 함의점을 제공해 주는데, 하위문화의 존재 단위는 일의 속성이 유사하면서 조직 내 상호작용이 활발한 지점이라고 할 수 있다.

공조직은 어떠할까? 과거 경제기획원과 재무부를 재정경제원으로 합병한 사례를 연구한 정진우(1999)의 연구를 살펴보도록 하자. 통합적 관점에서 본다면 과거의 경제기획원과 재무부는 동일 정부조직 내에 있기 때문에 유사한 조직문화를 가진다고 볼 수 있으나, 이 연구에서는 이들 두 부처가 통합되는 과정에 문화적 갈등이 상당히 있었던 것으로 보고되었다. 나아가 황창연(2003)의 연구에 의하면, 공조직 내에서도 기관별(산림청, 기상청, 국세청, 경찰청, 철도청, 중기청), 연령별, 직급별(3~5급, 6급, 7~9급), 직렬별(일반행정직, 기술직, 특정직, 연구직)로도 문화차이가 있음이 밝혀졌고, 따라서 동일 정부조직 내에도 다양한 하위문화가 존재한다는 것을 알 수 있다.

정부조직과 같이 대규모이고 내부에 기능별 차이가 많은 조직에서만 하위문화가 존재할까? 상대적으로 규모도 작고 기능별 분화가 적은 일반 사기업 조직에서도 하위문화가 존재할까? 미국 사기업의 하위문화를 연구한 Sackmann(1992)의 연구를 살펴보자. 조직 내 존재하는 지식을 지식의 수준에 따라 사전적 지식(dictionary knowledge), 지시적 지식(directory knowledge), 방식적 지식(recipe knowledge), 공리적 지식(axiomatic knowledge)으로 구분하고, 이들 지식의 유사성에 따라서 하위 조직문화가 존재하는 가를 확인하였는데, 사전적 지식에서는 7개의 하위문화 단위로 묶이고, 지시적 지식에서는 3개의 단위(사업부 수준)로 묶이고, 방식적 지식에서는 2개 단위로, 공리적 지식에서는 1개로 단위로 묶였다고 한다.

그런데 지식의 깊이가 깊어짐에 따라서 하위문화의 경계는 존재하다가 사라지고 하나의 조직문화로만 보이게 된다. 이런 점은 조직문화의 수준을 주장하는 Schein(1985)의 아이디어를 따르면, 가정과 같이 깊은 수준에서는 조직문화가 조직 전반에 공유되나, 상위 수준의 조직문화에서는 개별 작업단위 혹은 부서수준에서의 하위문화가 존재하는 것으로 이해할 수 있다.

정리하면, 조직이 충분히 크고 동일 조직 내 기능별 분화가 큰 조직에는 하위문화가 존재하는 것으로 볼 수 있다. 기능별 분화는 해당 업무에 적용하는 지식과 기술의 차이에 의해서 결정되는데, 조직 범위를 벗어나 업무 적용에 활용하는 지식과 기술의 차이를 만드는 것은 바로 직업이다(Trice, 1993). Trice(1993)는 조직문화와 직업문화와의 관계에 대해서 많은 연구를 했는데, 이를 보다 구체적으로 살펴보겠다.

② 직업문화와 조직문화와의 관계

기능식 조직에서 각 부서는 기능별로 특유한 기술과 지식을 요구한다. 이것은 마치 사회에서 각각의 기능별로 직업이 존재하는 것과 비슷하다. Trice(1993)는 이런 점에 착안하여 조직 내 하위문화 요소로서 직업문화(occupational culture)를 연구하였다. 그는 직업문화의 속성을 집단차원과 위계차원으로 구분하였다. 여기서 집단차원이란 동일한 전문지식과 전문기술을 가지고 있다는 점에서 생기는 유대감 혹은 소속감의 정도를 의미하고, 위계차원이란 동일한 전문지식과 전문기술을 가진 경우라고 하더라도 그 안에서의 상대적 서열이 강조되는 정도를 의미한다. 집단차원과 위계차원의 고저에 따라서 구분한 사분면에 Trice(1993)가 예시한 직업은 〈도표 4-5〉와 같다.

〈도표 4-5〉 직업문화의 구분과 예

		집단 차원: 약함	집단 차원: 강함
위계 차원	강함	**강한 서열, 낮은 소속감** 예) 엔지니어, 회계사, 인사전문가	**강한 서열, 강한 소속감** 예) 종합병원의 의사
	약함	**낮은 서열, 낮은 소속감**	**낮은 서열, 강한 소속감** 예) 교사, 경찰, 사회복지사

자료원: Trice(1993), pp. 42-45의 내용을 표로 정리.

이 구분이 조직과의 관계에서 의미를 가지는 것은 직업문화의 집단차원이든 위계차원이든 간에 높으면 높을수록 그 부서와 조직이 마찰을 일으킬 가능성이 높다는 것이다. 왜냐하면 조직 안에는 직업원칙(occupational principle)과 관리원칙(administrative principle)이 공존하는데, 위의 두 차원이 강하다는 것은 직업원칙이 부각되고 이는 조직의 운영의 원칙인 관리원칙과 어긋날 경우가 많아지기 때문이다. Trice(1993)는 이런 현상을 두고 '직업적 하위문화(occupational subculture)가 반조직문화(counterculture)가 되는 경우'라고 기술하였다. 그에 대한 예로써 언론사의 기자가 편집장의 간섭을 극도로 싫어하는 경우, R&D 분야의 과학자와 경영진 간의 갈등, 병원에서 의사와 간호사 간의 갈등을 들 수 있다. Trice(1993)가 이런 현상의 극단적 결과로 든 것이 우주왕복선 챌린저호 폭발사고이다.

과학자 집단에서는 기술적 한계 때문에 발사 연기를 요청했지만, 경영진에서는 예산 등의 이유로 예정된 일정에 따라서 발사를 요구하였고, 그 틈바구니에 있는 중간관리층의 혼란 속에 챌린저호는 발사된 지 1분 13초 만에 폭발하고 말았다.

이런 현상과 이슈를 살펴보면, 조직 내 하위 직업문화가 어떤 양상으로 존재하는지, 그리고 강한 직업문화에 대한 대처가 충분하지 않으면 조직유효성을 저하할 가능성이 있음을 알 수 있다. 특히 하위 직업집단(부서)과 경영진과의 갈등 양상이 다양하게 일어날 수 있기 때문에, 하위 직업문화와 그 속성에 따른 경영진과의 관계를 잘 이해할 필요가 있다. Trice(1993)는 조직 내 직업문화를 다음과 같이 4개의 유형으로 구분하고, 이들이 경영진에 대해 어떻게 적응해 가는가에 대한 양상을 다음과 같이 정리하였다.

▶ 적응적 하위 직업문화(accommodative occupational subculture) (위계: 강 / 집단: 강): 하위 직업문화가 2개 차원에 대해 모두 강한 속성을 가지고 있기 때문에 쉽게 바뀌지도 않으면서 동시에 경영진의 관리원칙과도 균형을 이룸. 경영진은 이런 경우에 일에 대한 재량권은 충분히 허용하면서 동시에 임금을 통해서 통제함.

▶ 동화된 하위 직업문화(assimilated occupational subculture) (위계: 강 / 집단: 약): 직업문화 자체 내에 강한 위계가 존재하지만 그들 간의 동료의식은 낮은 편임. 그래서 조직의 위계적 관리원칙과 직업 자체의 위계적 속성이 서로 동화해 버림.

▶ 지배적 하위 직업문화(dominating occupational subculture) (위계: 약 / 집단: 강): 직업문화 자체는 비위계적이고 관료제적 성격이 강하지 않지만, 이들 간의 유대의식은 아주 강함. 이 강한 유대의식 때문에 조직의 관리원칙에 흡수되기보다는 도리어 조직의 위계를 이 직업문화가 흡수해 버림.

▶ 평등주의 하위 직업문화(egalitarian occupational subculture) (위계: 약 / 집단: 약): 조직구성원들이 직업원칙과 관리원칙 모두를 거부하기 때문에 조직화가 일어나지 않아 수평적 조직구조를 이루게 됨.

이상과 같은 Trice(1993)의 주장은 정확히 일대일 대응 식으로 직업문화와 부서문화를 이어주는 것은 아니지만, 적어도 조직 내 부서의 문화와 조직문화의 영향관계에 대한 일반적 양상을 보여준다. 예로 특정 부서의 하위문화가 Trice(1993)가 구분한 지배적 하위 직업문화의 속성이 강하다고 할 때, 이 하위부서의 문화가 조직 전반의 문화에 영향을 미치게 될 것이고, 반대로 동화된 하위 직업문화인 경우에는 이 부서의 문화가 조직문화의 영향을 많이 받게 될 것이다.

③ 부서문화들 간의 상호작용 관계

조직에는 하위문화가 존재하고, 하위문화는 (조직의 분화가 기능에 의해서만 이루어지는 것이 아니듯) 기능, 제품, 지역, 고객 등 다양한 요인에 의해 구분될 수 있다. 그런데 조직관리 측면에서 주목해야 할 점은 이들 부서문화와 조직문화와의 관계에서 상대적 영향력 차이이다. Trice(1993)는 앞서 살펴본 바와 같이 조직문화와 조직 내 직업문화와의 양상을 4가지로 나누고, 이들 관계에서 때로는 직업문화가 조직문화를 선도할 수 있고, 때로는 조직문화에 직업문화가 예속되는 경우도 제시하였다. 같은 맥락에서 조직 내 부서문화 중에서는 조직문화를 선도하는 부서문화가 있을 수 있고, 반대로 조직문화에 의해 부서문화가 눌려있는 경우가 있다. 그에 대해서 MP3 제조업체인 (아이리버의 전신인) 레인콤의 경우를 살펴보자.

전자회로팀과 외형 디자인팀 간의 갈등과 부서문화들 간 우위

MP3 제조업체, 레인콤이란 이름을 들으면 떠올리게 되는 것이 삼각기둥 모양의 휴대용 MP3 플레이어다. 그만큼 삼각기둥 모양의 휴대용 MP3 제품은 레인콤 신화의 대명사이다. 그런데 이 삼각기둥 모양의 MP3 플레이어의 탄생에는 디자인실과 전자회로설계팀 간의 갈등이 있었다. 기술중심의 벤처기업에서는 R&D 부서가 조직전반에 대한 강한 영향력을 행사하는 경우가 많다. 당시 레인콤의 경우도 그러하였다.

디자인팀은 당시 시장에서 붐이 일기 시작한 휴대용 MP3 시장에서 차별적 경쟁력을 확보하기 위해서 직육면체 중심의 디자인에서 탈피하여 삼각기둥 모양의 디자인을 제시하였다. 왜냐하면 일반적으로 사용하고 구하기도 쉬운 AAA형 건전지 1개를 전원으로 사용하면서도 휴대성이 좋고 모양도 좋은 디자인이 삼각기둥 모양이었기 때문이다. 그런데 당시 전자회로기판 설계팀은 딱딱한 기존의 전자기판으로는 삼각기둥 모양의 케이스에 맞는 회로설계가 불가능하다고 반박하였다. 이에 대해 경영진의 반응은 전적으로 디자인팀의 의견을 지지하였고, 전자회로설계팀에게는 어떻게 하든 삼각기둥 모양의 케이스에 전자회로를 구겨서라도 집어넣으라고 주문하였다. 그러하여 전자회로설계팀이 도입한 것이 기존의 딱딱한 전자기판이 아니라 종이처럼 접거나 구길 수 있는 전자회로를 도입하였고, 그 결과 삼각기둥 케이스에 요구된 성능을 만족시킬 수 있는 전자회로를 넣을 수 있었다.

제품 개발에 있어서 다양한 부서의 협력이 필요한데, 적용되는 기술과 지식이 달라서 생기는 문화차이 때문에 자연스런 협력이 잘 발휘되지 못한다. 위의 레인콤 사례는 전자회로팀의 엔지니어적 직업문화와 디자인 팀의 예술적 직업문화와 갈등을 잘 보여준다. 그런데 위의 사례에서 볼 수 있듯이 두 부서의 문화가 상충될 때는 자연스러운 조율을 기대할 수 있겠지만, 조직의 전략 및 정책에 의해서 어느 부서의 문화가 지배적으로 나타날 수도 있다.

이런 이슈가 흔히 발생하는 경우가 바로 제품개발부서와 판매부서 간의 문화차이다. 제품개발부서는 엔지니어의 완벽주의 때문에 제품의 완성도에 치중하는 반면 판매부서는 그런 완벽성보다는 시장의 요구를 자극할 수 있는 '팔릴 수 있는 제품'을 원한다. 그 결과 '잘 만들어 줘도 못 파냐'와 '팔릴 물건을 만들어야 팔지'라는 식의 갈등이 생긴다. 이런 양상이 일정 기간 지속되면 하위 부서문화 중에서 지배적 부서문화가 출현하고, 이후 그 부서문화가 조직문화 전반에 영향을 미치게 된다. 이와 비슷한 예는 Apple에서도 찾아볼 수 있다.

과거 Apple을 대표하는 제품은 PC였지만, 2007년 시점에서는 당연히 MP3 플레이어인 iPod이다. Apple의 부흥을 견인하는 이 제품을 개발한 사람이 바로 J. Ive였다. 그는 제품 디자이너임에도 불구하고 IT 산업의 핵심기업이라고 할 수 있는 Apple에서 절대적 위치를 점하고 있다. 그는 iPod 이외에도 iMac이라는 베스트셀러를 디자인한 바 있다. 그런 그도 Newton이라는 PDA 제품에서 큰 실패를 맛보아야 했다. 하지만 Apple은 디자이너인 그를 최고 디자인책임자로 임명하였고, 전폭적으로 재량권을 위양하였다. 재량권 위임의 정도는 디자이너가 제품 소재부터 공정 프로세스까지 결정하도록 하는 것뿐만 아니라 CEO 마저도 디자인 팀원으로 활동하게 할 정도였다.

위의 예들은 심지어 IT 중심 기업에서도 해당 기술에 직접관련이 있는 하위문화가 조직문화를 지배하는 것이 아니라 다른 하위문화가 조직문화를 지배할 수 있다는 것을 보여준다.

4.2.3. 그룹과 조직문화와의 상호작용

일반적으로 그룹은 다수의 기업조직체로 구성된 조직집단을 의미하며 조직집단 전체에 대한 단일 지배구조가 존재하기 때문에 그룹 전체의 문화적 특성이 그 그룹 내의 하부 단위 조직문화에 영향을 미치게 된다. 인터넷 검색창에 '삼성과 현대' 혹은 '5대 그룹의 문화'를 치면 많은 내용이 나온다. 그러한 글을 읽고서 두 그룹 혹은 다섯 그룹의 이미지를 잘 나타내는 내용이라고 고개를 끄떡이면 바로 그룹문화의 존재를 인정하는 것이다.

이미재(1999)의 연구에 의하면 '그룹전체의 기업문화와 계열회사의 기업문화가 어느 정도 일치되고 있느냐'라는 질문에 대해서, 전체적으로 상당히 일치되었다고 응답한 비율이 41.87%, 보통이 35.86%, 완전일치가 6.89%로서, 응답자의 80%이상이 그룹의 기업문화와 계열사의 기업문화는 거의 같다고 인식하는 것으로 파악되었다.

이처럼 산업 혹은 업종 측면에서 독립된 기업조직의 집합으로 구성된 그룹문화가 분명히 존재하고 나아가 하위단위 기업에 분명히 영향을 미치고 있으며, 한국의 재벌그룹처럼 독립된 조직들의 상위 묶음에 또 다른 조직문화가 존재하는 예는 상당히 많다. 대학조직의 경우에도 다수의 단과대학으로 구성되어 있으며, 단과대학 간 문화적 차이에도 불구하고 상위시스템으로서의 전체 대학조직의 문화적 특성이 단과대학들에 영향을 미치고 있다.

그런데 역으로 개별 조직의 문화가 그룹의 문화에 영향을 미치기도 한다. 1978년 개봉된 'Harvard대학의 공부벌레들'이란 연속극이 있었다. 치열하게 공부하는 학생들의 모습과 Kingsfield 법대 교수의 엄격한 모습이 비치면서, 'Harvard 대학생들은 치열하게 공부하는구나!'라는 이미지를 강하게 남겼다. Harvard대학에 법대만 있는 것은 아님에도 Harvard 법대라는 이미지는 Harvard대학 전체의 이미지로 강하게 드러났다. 마찬가지로 MIT라고 하면 공대를, Johns Hopkins라고 하면 의대를 떠올리게 되는 것도 하위단위 조직문화가 상위조직문화를 대표하는 예다. 이는 마치 삼성그룹이라고 하면 과거에는 삼성물산이 떠올랐고, 요즘에는 삼성전자가 떠오르는 것과 유사하다.

사기업에서는 이런 현상은 주로 창업 당시 주력 기업의 특성이 그룹 전체의 조직문화로 인식되게 된다. 가령 식품과 식품서비스, 생명공학, 신유통, 엔터테인먼트와 미디어, 인프라 등 다양한 산업에 걸쳐 사업을 펼치고 있는 CJ그룹의 경우, 전신인 제일제당의 이미지가 강하여 식품회사라는 인식이 강하였다. 이에 CJ그룹은 진부한 식품사업 영역의 이미지를 탈피하고자 식품 중에서 누구도 생각하지 못했던 새롭고 혁신적인 제품을 지속해서 개발하는 회사라고 이미지 광고를 내보이면서 CJ그룹 전반의 조직이미지를 바꾸고자 노력하였다. 그리고 동시에 진행되었던 사업영역은 시대변화와 더불어 국민들에게 즐거움과 행복을 줄 수 있는 것을 사업영역에 포함하는 기업전략과 맞물려 엔터테인먼트와 미디어

사업에서도 왕성한 활동을 펼치고 있고, 근자에는 국내뿐만이 아니라 세계적 문화사업 주도자로서의 이미지를 강조하고 있다.

4.2.4. 고객과 조직문화와의 상호작용

고객이 조직문화에 영향을 미칠 수 있을까? 기업은 재화나 서비스를 제공하기에 앞서 전략적으로 어떠한 고객을 대상으로 할 것인가에 대해 검토하고, 목표고객들의 자사 재화나 서비스에 대한 충성도를 높이기 위한 기업이미지 제고의 노력도 한다. 이러한 관점에서 고객의 특성이 조직전략 나아가 조직문화의 형성과 변화에 영향을 미친다고 볼 수 있다.

이러한 현상의 대표적인 예로는 다양한 형태의 귀족마케팅 사례를 들 수 있다. 주로 금융서비스, 주거시설, 승용차, 문화상품, 전자제품 등에 대한 고객을 목표로 한 마케팅이다. 은행에서는 PB센터나 VIP클럽과 같은 고급스러운 분위기의 고액예금자 전용매장을 두고 있으며, 건설사의 초호화 아파트 건설이나 고급백화점의 명품관 운영 등은 다양한 고객층 중에서 고소득층을 대상으로 한 것이며, '경쟁사보다 더 매력적인 상품을 제공한다'는 기업이미지를 유지하기 위한 노력을 기울인다.

기업환경은 무서운 속도로 변화하고 있고, 사람들 또한 다양하게 변모하고 있다. 이런 변화는 기존 시장분석 방법의 한계를 드러내고 있기에 다양한 고객을 바라보는 새로운 시각이 필요하다. 인간집단의 유형을 관찰하고 그 본질을 파악하고자 하는 노력이 중시되는데, '종족'이란 이처럼 사람들의 독특한 특성과 삶의 가치관, 그리고 그들이 진정 원하는 바가 무엇인지를 바라보는 새로운 관점이다. 사회적, 경제적으로 유사한 특성과 능력을 지닌 인간집단의 유형을 이해하고 효과적으로 대응하기 위해선 기업 또한 단 하나의 기업문화로만 접근하는 것이 아닌 고객군의 특성에 맞춰 접근하는 것이 필요하고 효과적일 수 있다.

기업문화가 고객에게 영향을 미칠 수 있을까? 먼저, 고객에게 영향을 미칠 수 있으려면 그 기업의 문화는 뭔가 독창적이고 혁신적인 특성이 있어야 할 것이다. 일반적인 조직문화가 고객감동을 유발할 수는 없기 때문이다. 이제 기업들은 더는 고객이 원하는 것을 파악하여 그것을 만족시켜주는 것에 그치지 않고 고객을 리드할 필요성을 절감하고 있다. 앞서 고객감동의 원천 설명(2.2.5)에서 상위수준의 원천으로서 정체성(identity)과 현존성(being)을 건드려야 고객이 바로 팬이 되고 빠가 된다는 내용을 기억할 것이다.

고객선도형 전략이 첨단 산업에서 주로 채택되기는 하지만, 그것이 반드시 기술주도적일 필요는 없다. 소비자들이 원하는 것을 따라가는 것이 아니라, 소비자들을 매료시킬 만한 새로운 라이프스타일을 제시하는 상품이나 서비스가 성공할 가능성은 더욱 커지고 있다. 가령 Starbucks 이전의 커피 업계는 커피를 단순한 상품으로 생각해 왔으며, 가격 경쟁이 심화함에 따라 시장에는 값싼 인스턴트커피 일색이었다. 그러나 Starbucks의 CEO인 H. Schultz는 단순한 커피를 판매한다는 개념을 넘어 커피가 만들어내는 여유와 활기찬 분위기 등 문화를 판매한다는 개념을 도입하여 성공을 거두었다.

'커피시장이 포화하였으며 Starbucks를 능가할 커피브랜드는 더 이상 나올 수 없다'가 사람들의 뇌리에 고정관념처럼 정착되는 상황에서 Starbucks와 완전히 구분되는 경영철학과 방식으로 그러한 고정관념을 간단히 깨트린 '커피업계의 애플, 스타벅스를 능가할 차세대 커피'로 불리는 Blue Bottle의 등장은 또 다른 멋진 사례이다.

SONY의 창업자인 아키오 모리타는 "소비자를 새로운 제품으로 리드해야 한다. 소비자는 무엇이 가능한지 모르지만, 우리는 알기 때문이다"라고 주장한 바 있다. 고객보다 앞서서 그들의 니즈를 파악하는 고객선도형 전략의 중요성을 일찍이 간파한 것이다. SONY가 워크맨을 개발할 때 대다수 직원은 팔릴 리가 없다며 반대했다. 그러나 모리타는 "3만 개도 팔리지 않으면 회장에서 물러나겠다"는 단안을 내렸는데 결국 2억 개가 넘게 팔리며 SONY의 명성을 구축하는 계기가 되었다. 1999년 Fortune지가 워크맨 개발을 '역사상 가장 뛰어난 경영 결정'의 하나로 선정한 이유도 이러한 선견지명과 결단력을 높이 평가한 것이다.

이외에도 기업의 독특한 문화가 고객에게 많은 영향을 준 대표적인 사례는 바로 Southwest Airline이다. Southwest Airline 하면 가장 먼저 떠오르는 말은 바로 유머 혹은 즐거움이다. 파격적인 광고와 독특한 채용방식, 농담을 즐기는 기장과 승무원들까지 이 회사의 직원들은 모두 유머로 무장하고 있다. 유머와 즐거움을 통해 고객만족을 증대하고 나아가 경영학에서 'fun'의 중요성을 일깨운 계기가 되었다. 결국 Southwest Airline은 LCC로 시작하여 항공업계의 우량기업으로 성장하였다.

기업은 고객의 요구를 경청해야 하지만, 때로는 무시해야 할 때도 있다. 고객들은 대개 현재 상태에서 개선을 원하지만, 뭔가 혁명적인 변화로 고객을 기쁘게 해야 할 책임은 궁극적으로 기업에게 달려 있다. 언뜻 이율배반적으로 보이는 두 가지 필요성을 조화롭게 관리할 수 있는 기업이야말로 불확실한 경쟁환경에서 성공할 수 있는 조건을 갖추는 셈이다.

4.2.5. 제품과 조직문화와의 상호작용

소비경험에 대한 연구가 증가함에 따라 소비자는 두 가지 유형--감각적/실용적--혜택의 조합으로서 제품과 서비스를 구매한다는 사실이 밝혀졌다. 감각적 제품을 통해선 즐거운 느낌을 받고, 실용적 제품을 통해선 문제해결의 혜택을 받는다(Holbrook & Hirschman, 1982). 이를 보다 구체적으로 비교해보면 첫째, 실용적 제품은 제품에 대한 정보를 경험과 과거 사건에 기초를 두지만, 감각적 제품은 과거경험을 기초로 판타지, 오락, 이미지 등을 중시한다. 둘째, 실용적 제품의 제품정보는 브랜드의 성능과 그 대안을 평가하는 데 반해서, 감각적 제품은 특별한 제품속성 보다는 전체 즉, 경험이나 판타지와 결부된 제품을 연상한다.

조직문화와 관련이 있는 제품이라면 주로 실용적 제품보다는 감각적 제품이 해당할 것이다. 그렇다면, 이러한 감각적 제품의 이미지가 어떻게 조직문화에 영향을 미칠 수 있는지 다음의 사례를 통해 알아보도록 하겠다.

오리온의 초코파이 브랜드 콘셉트 사례

초코파이는 1974년 4월 국내에 처음 출시돼 2016년 연말 까지 전 세계적으로 220억 개 (금액으로는 4조 4천억 원) 이상이 팔렸다. 초코파이는 '정'(情) 이라는 한국인의 보편성을 공략한 광고로 인기를 끌었다. 1989년 이후 '초코파이=情'이란 등식을 각인시키며, 정이 메말라가던 때에 정을 내세운 광고로 소비자들의 마음을 움직였다. 하지만 경쟁이 치열한 상황에서 대부분 기업들은 브랜드 일관성을 유지하기 힘들고, 그렇다 보니 자연히 광고캠페인의 일관된 방향을 갖기 힘든 경우가 많다. 그러나 오리온의 경우 "情"을 소재로 한 광고를 시리즈로 만들어 모두 23편 제작했다. 이렇게 제품의 콘셉트를 일관되게 유지함으로써 오리온은 기업의 이미지를 더욱더 정겹게 만들었고, 이는 하나의 제품이미지가 전체 기업이미지에 영향을 미친 대표적인 사례라고 볼 수 있다.

〈참고: 중국에서는 중국인의 정서를 고려하여 '情' 대신에 '仁' 자가 쓰이고 있다.〉

Apple의 혁신 사례: 제품으로 기업문화의 혁신을 이끌다

'iPod'를 앞세워 화려하게 부활한 Apple! IBM에 맞서 PC 시대를 열었던 Apple은 과거에도 혁신의 대명사였다. 하지만 당시 Apple은 기술을 맹신한 나머지 소비자의 편의성을 고려하지 않았을 뿐만 아니라, 부품 및 소프트웨어 공급자들에 대한 폐쇄적인 정책으로 일관했다. 결과적으로 Apple은 IBM에게 PC 시장의 주도권을 내주고 고작 10% 내외의 시장점유율에 만족해야 했다. 그러나 최근의 Apple은 'iPod'의 성공으로 제품의 성공뿐만 아니라, 기업문화까지 혁신에 성공한 것으로 평가되고 있다. 즉, Apple이 기존의 기술 집착증에서 벗어나 시장지향적인 가치관을 가지게 되었다는 것이다. 'iPod'나 'iTunes'가 대단한 기술을 바탕으로 Apple의 부활을 이끌었다고 평가하는 사람은 많지 않다. Apple 'iPod'의 성공 원인이 차별화된 디자인 및 소비자의 사용편의성 제고를 통한 제품혁신에 있었기 때문이다. 게다가 Apple은 단순히 제품혁신에만 머무르지 않았다. 새로운 형태의 온라인 음악 판매 채널인 'iTunes'의 도입을 통해 비즈니스 모델을 혁신하는 데 성공했다. 이처럼 Apple의 부활은 'iPod'라는 성공적인 제품을 기반으로 Apple 전체의 조직문화를 혁신적인 이미지로 바꿀 수 있었던 데에 기인한다.

자료원: 김국태(2005) 부분 활용

Apple의 '혁신기업'으로서의 이미지는 위 iPod의 사례만으로 끝나지 않고 iPad란 혁신적 제품의 출현으로 더욱 공고히 되었음을 독자들은 잘 알고 있을 것이다. 즉, Apple의 제품 특성은 Apple의 이미지와 조직문화 형성에 상당한 영향을 미쳤다. 그런데 과연 그러한 '혁신주도 기업'으로서 Apple의 이미지가 기술 측면에서 객관적 사실일까? 과연 Apple이 진정 PC를 처음 개발한 회사이고, MP3를 처음 개발한 회사인가? 그렇지 않다. S. Jobs는 "Apple의 직원들은 훌륭한 아이디어를 훔치는 일에 더 과감해져야 한다."고 했다. (본서 10.1.2의 내용 참조) 원천기술이 누구에 의해서 개발되었느냐를 떠나서 어느 회사에서 히트친 제품이 실제로 나왔느냐에 따라 그 조직의 이미지와 문화가 형성되기도 한다.

4.2.6. 단체와 조직문화와의 상호작용

여기서 단체란 비정부기구(NGO: 환경단체, 시민단체 등), 정부기관(검찰, 공정위), 노조, 이익집단, 종교단체 등 일반 기업을 제외한 기관을 가리키는데, 국가 울타리를 넘어서는 국제기구들 또한 포함된다. 이들 조직이 윤리경영, 사회공헌경영, 환경경영 등의 사회적 압력을 기업에 행사함에 따라 기업문화가 변화될 수 있고, 역으로 기업문화가 단체에 영향을 미칠 수도 있다. 조직문화와 단체와의 관계는 이해관계자이론(stakeholder theory)으로 접근할 수 있는데, 이해관계자란 기업경영활동으로 인해 직 · 간접적인 이득이나 손해를 보는 과업환경을 지칭하며, 이해관계자로서 많은 단체 중에서 여기서는 일부의 예로 종교단체,

문화단체, 그리고 국제기구를 들기로 한다.

사회문화는 종교와 매우 밀접한 관계 속에서 형성된다. Hofstede(1985) 역시 세계 여러 나라에서 발견되는 문화차이의 밑바탕에는 종교의 영향이 절대적으로 존재한다고 하였다. 중국을 비롯한 동아시아 지역의 문화와 서구 문화, 남부 유럽과 북부 유럽의 문화 사이에는 커다란 차이가 있는데, 그 근본적인 원인은 유교와 기독교, 가톨릭과 개신교라는 서로 다른 종교적 전통 때문이라는 것이다. 종교가 사회 전반에 큰 영향을 미치지만, 때에 따라서는 특정 기업조직의 조직문화에 절대적 영향을 미치는데, 대표적 사례로 이랜드가 있다.

기독교정신과 조직문화: 이랜드의 사례

이랜드는 기독교적인 색채가 경영방식에 강하게 배태된 기업이다. 이랜드는 목표를 중요시한다. '내가 왜 사는가' 에서부터 시작해 왜 회사에 다니는가 하는 다소 철학적인 질문을 수시로 제시한다. 조직구성원들로 하여금 강한 목표의식과 방향성을 가질 수 있게 하는 것이다. 이랜드라는 기업 내에서는 성경이 경영학 교과서이다. 이랜드 사람들은 성경을 섬기면서 경영도 성경에 나와 있는 대로 하고 있다. 이랜드의 경영이념(나눔, 바름, 자람, 섬김)은 단순히 영리만을 목적으로 하는 것이 아니라 신앙을 바탕으로 자본주의 윤리를 실천하려는 정신을 담고 있다.

문화단체와 조직문화 간 관계를 논함에 대표적인 것은 메세나 운동이다. 메세나(mecenat)란 공익사업에 대한 기업인들의 지원, 즉 문화, 예술, 스포츠 등에 대한 사회적 인도적 지원을 말한다. 현재 세계 각국에 메세나협의회가 조직되어 있지만, 명칭은 국가마다 다르다. 한국에서는 1994년 비영리 사단법인인 한국기업메세나협의회가 발족하였다.

기업의 문화예술활동 지원은 직접 드러나지는 않지만 광고효과보다 더 큰 효과를 얻어낼 수 있다(임용묵, 2002). 메세나 활동은 기업이미지를 좋게 해주는 간접적인 효과뿐 아니라 이에 따른 매출증대와 기업 내 조직문화의 선진화를 이루는 직접적인 성과를 가져온다. 따라서 기업들이 메세나를 21세기 기업경영에 수반돼야 할 문화자본이라는 인식을 서서히 갖고 있다.

단체가 국가범위를 넘어서 글로벌 단체로 존재하면서 그 영향력이 기업에 크게 미치게 된다. 대표적인 사례가 GRI, UNGC, ISO 26000의 경우인데, 근자에 들어 이들은 각각 '지속가능경영보고서 제출', '4대영역 10대원칙 준수', '사회책임경영의 기준 권고'를 통해 기업으로 하여금 환경, 사회, 인권, 반부패 등 사회적 책임에 더욱 매진토록 영향을 미치고 있다. 나아가 고객들 또한 기업의 제품과 서비스의 품질 이외에도 해당 기업의 이러한 사회책임 활동에 대한 평가를 바탕으로 그 기업 제품의 구매에 영향을 미치고 있다.

ISO(International Organization for Standardization)는 재무제표상에서는 파악할 수 없는 기업의 CSR활동을 지수화해 국제적인 표준을 만들기 위한 국제회의를 주최했으며, 2010년 11월 사회책임경영의 기준을 발표하였다. 이로써 기업이 단순한 영리활동에서 더 나아가 지역공동체, 환경문제 등에서 '사회적 책임'을 져야 한다는 목소리가 높아졌으며, 사회적 책임을 준수하지 않는 기업은 국제거래나 투자 등에서 불이익을 받게 되고 NGO들이 기업을 감시하는 수단으로도 활용되기 때문에, 기업의 사회적 책임은 기업생존의 필수요건이 되고 있다.

한 끼 식사비와 비슷한 가격을 기꺼이 지불하고 커피를 즐겨 마시던 Starbucks의 충성고객들이 어느 날 Starbucks가 커피빈 구매과정에서 아프리카의 아동착취와 연계되어 있다는 뉴스를 접하고 갑자기 아동착취에 관여한 기업으로부터 커피빈 구매를 중단하라고 요구하면서 불매운동에 돌입하는 사례같이, 요즘의 고객들은 자신에게 직접 영향을 미치는 기업의 제품과 서비스 품질 만이 아니라 그 기업의 사회책임 활동에 대해서도 민감하게 반응한다. 그 결과 단지 이윤창출의 수단으로서 이들 국제기구의 요구사항에 수동적으로 따르는 차원을 넘어 많은 기업이 자신들의 경영이념과 철학 즉, 기업문화의 핵심내용에 환경과 사회책임을 강조하는 방식으로 더욱 능동적으로 임하고 있다.

미국의 Toms Shoes는 판매되는 신발 수만큼 맨발로 다니는 제3세계 가난한 아이들에게 신발을 기부하는 회사이다. 20대 청년이던 B. Mycoskie가 Argentina 여행 중 맨발의 아이들을 보고 시작한 사업으로, 할리우드 스타들과 SNS의 호응으로 처음 200켤레 기부를 목표로 시작한 사업이 6천만 켤레 이상의 효과를 내고 있다. 소비자들은 Toms shoes임이 쉽게 인식되는 신을 신고 다님으로써 기부행동에 참여하는 보람을 느끼는 것이다.

4.2.7. 산업과 조직문화와의 상호작용

기업들은 생존을 위해 환경으로부터의 요구에 영향을 받게 되고, 이러한 환경적 요구사항은 같은 산업에 속해 있는 기업들의 '문화적 요소'들을 유사하게 만든다. 예컨대, 건설업종의 조직문화에는 건설업이라고 하는 산업이 공유하고 있는 남성적 분위기가 강하게 깔려 있고, 은행의 경우에는 금융업이 지니고 있는 섬세하고 정확한 속성들이 강하게 반영되어 있다. 이처럼 그 기업의 고유한 특성에 앞서 그 기업이 어떤 산업에 속해 있는가 하는 점이 그 기업의 문화를 특징짓기도 한다.

Gordon(1991)은 동일 산업 내 기업들은 조직문화에 있어 공통점이 많다는 사실에 착안하여 동일 산업 내의 조직문화 유형에 공통으로 영향을 미치는 요소를 찾는 실증연구를 한 결과, 세 가지 환경요인(고객의 요구, 경쟁적 환경, 사회적 기대)이 기업문화(기본가정 및 가치)에 영향을 미치고, 이러한 문화를 바탕으로 어떻게 경영을 하느냐에 따라 조직의 성과가 달라짐을 발견하였다. 한편 Christensen & Gordon(1999)은 산업의 특성을 독립변수가 아닌 조절변수로 보았다. 조직문화와 성과의 관계가 일률적으로 같은 것이 아니라, 어떤 산업이냐에 따라서 공격적인 문화가 성과에 도움이 되기도 하고, 인간지향적인 문화가 성과를 이끌어 내기도 한다는 것이다. 산업특성을 독립변수로 보든 조절변수로 보든 양자 모두 산업특성이 조직문화와 성과에 유의한 영향을 미친다는 공통점이 있다.

그러나 동일 산업에 속해도 기업마다 또 다른 독특한 문화적 특성을 보이는 경우가 있다. 같은 식음료산업에 속하지만 펩시와 코카콜라는 정반대의 기업문화를 가졌다. 펩시콜라는 만년 2인자로서 자리했기 때문에 1인자를 누르기 위해서 항상 방어보다는 공격을 우선시해야 하는 특징을 보여야 했다. 결국 다양한 혁신전략은 펩시의 도전적인 기업문화에서 나온 결과다. 반면 코카콜라의 경우 부동의 1위라는 지위를 갖고 있기 때문에 느슨한 편인데, 이사회는 20년 이상 된 사람들로 구성되어 있어 뭔가 새로운 것을 시도하려 하지 않았다. 이는 IBM과 Apple의 경우에도 마찬가지이다. 다소 보수적인 IBM의 조직문화와는 달리 Apple은 로고를 통해서도 잘 나타나듯이 창의적이고 혁신적인 조직문화를 가지고 있다.

4.2.8. 국가와 조직문화와의 상호작용

하나의 국가를 문화의 기본단위로 하여 국가가 지니고 있는 문화적 특성 차이가 국가 간 조직문화의 차이를 유발한다는 관점에서도 연구가 이루어져 왔으며, 대표적으로 G.

Hofstede를 들 수 있다. 53개국에 걸쳐 다국적 기업을 형성하고 있는 IMB의 자회사들을 대상으로 한 연구(Hofstede, 1985)에서 그는 국가문화의 특성을 권력거리(power distance), 불확실성 회피(uncertainty avoidance), 개인주의/집단주의(individualism/collectivism), 남성성/여성성(masculinity/femininity) 측면에서 측정하였으며, 국가간 문화적 특성의 차이로 인하여 국가들 간 조직구조와 조직문화의 차이가 유발된다고 주장하였다.

Soeters & Schreuder(1988)는 회계분야에 있어서 국가문화와 조직문화 간의 상호작용이 있다고 보였다. 네덜란드 회계법인에서 근무하는 네덜란드 회계사의 문화가치(cultural values)와 미국계 네덜란드 회계법인에서 근무하는 네덜란드 회계사의 문화가치를 비교한 결과 self-selection practices를 통해서 미국회사의 조직문화가 네덜란드 직원의 문화가치에 영향을 미치는 것을 확인했다. 이 연구를 이어서 Pratt, Mohrweis, & Beaulieu(1993)는 비슷한 논리로 영국, 호주, 미국 회계사의 가치를 비교하였는데, 영국에 있는 미국 회계법인에서 일하는 영국 회계사들은 미국 회계사의 문화가치를 가지며 호주에 있는 미국 회계법인에서 일하는 호주 회계사들도 비슷한 현상을 나타냈지만, 영국 회계사의 경우보다는 미국의 문화가치를 가지는 정도가 약했다.

해외진출 다국적 기업의 경영자나 관리자들이 가장 관심 있는 것은 글로벌 수준을 준수해야 한다는 압력과 현지상황을 고려해야 하는 압력 사이에 균형을 찾는 것이다. McDonald의 사례를 살펴보면, 처음 McDonald는 세계적으로 미국식 맛을 동일하게 추구했는데 차츰 미국 품질기준을 준수하면서도 예외를 고려해야 상품의 질을 향상할 수 있는 것을 깨달았다. 1998년 인도네시아 통화의 급락에 따라 감자수입가격이 인상되었기 때문에 감자 대신에 쌀로 교체하였다. 한국에서는 소고기를 불고기로 대체하였으며, 동남아시아에서는 간장과 마늘이 추가되었다는 예를 들 수 있다. 환경차이가 있으므로 이런 측면에서는 현지화되어야 했으나 품질, 청결, 속도, 상표 등 주요 측면에서는 그대로 기존 품질기준을 준수한 결과 McDonald는 지속적인 성공을 거둘 수 있었다.

이상 설명한 것처럼 국가간 특성차이가 조직문화에 영향을 주는 측면도 있지만, 한 국가 내의 법규변화가 조직문화에 상당 부분 영향을 미치기도 한다. 2018년 현재, 다음에 인용된 신문의 글처럼, 한국 사회에서 52시간 근로제 시행에 따라 조직문화의 표면적/내면적 변화가 상당 부분 진행되고 있다.

기업들이 일하는 방식을 개선하고 있다. 주 52시간 근로제 시행에 따라 짧아진 근무시간에 맞춰 업무를 처리하기 위해서다. 업무 체계는 '효율' 중심으로 개편했다. 불필요한 회의를 없애고, 보고는 핵심만 간결하게 전달한다. 창의적인 아이디어를 끌어내기 위해 조직문화도 수평적이고 유연하게 바꿨다. 4차 산업혁명 시대 기업들은 '똑똑하게' 일하는 방법을 찾고 있다.

자료원: 한국경제, 2018.11.5.

4.2.9. 사회와 조직문화와의 상호작용

여기서는 기업–사회 간 관계를 인식하는 두 가지 틀과 조직이 외부환경을 이해하는 세 가지 패러다임이 어떻게 연계되는지를 우선 소개하고자 한다. 그리고 이러한 인식의 틀이 사회–조직문화 간 영향관계에 어떻게 적용될 수 있는지를 살펴본 후, '조직문화→사회'로의 영향에 대해서도 논의하고자 한다.

① 기업–사회 간 관계와 조직환경을 이해하는 세 가지 패러다임

기업–사회 간 관계를 이해하는 관점은 크게 두 가지로 구분할 수 있는데(Wood, 1991), 첫째는 '사회 속의 기업(business in society)' 관점이다. 이 관점에서는 기업을 사회의 안정과 복리를 목적으로 사회시스템의 하부영역에서 경제적 기능을 수행하기 위해 창조된 부속물로 간주한다. 즉, 기업은 사회의 하수인 역할을 수행하며 생산과 분배의 도구에 지나지 않기에, 기업의 정당성은 오로지 사회로부터 용인을 받거나 사회의 기대에 부응할 때 부여된다. 둘째는 '기업과 사회(business and society)' 관점으로, 기업을 사회와 독립된 행위 주체로 간주하고 기업은 다른 어떠한 실체들로부터의 용인 없이도 자신의 이익을 위해 행동할 수 있지만, 기업이 추구하는 이익 일부는 사회와 주변 이해관계자들의 기대에 부응할 때 보장된다고 한다.

한편 조직연구에서 환경을 객관적 실재(objective existence)로 이해하느냐 혹은 지각된 현상(perceptual phenomena)으로 이해하느냐는 중요한 논의 대상이 되어왔는데, Smircich & Stubbart(1985)는 조직환경을 이해하는 새로운 틀을 제시하면서 환경이해의 세 가지 패러다임을 정리하였다. 첫째는 조직을 둘러싼 환경은 객관적 실체로서 실재하고 있다는 관점인데(the objective environment model), 조직은 조직 외부에서 독립적으로 존재하는 환경에 배태되어 있음을 전제한다. 따라서 조직은 환경을 적응해야 할 대상으로 인식하는데, 개방체계이론(open system theory)이 이러한 관점의 대표적 조직이론이다. 둘째는 객관적 환경이 실재한다는 점에는 동의하지만 인간의 제한된 합리성 때문에 환경에 대한 지각에 있어서 편파가 발생할 수밖에 없다는 관점이며(the perceived environment model), 따라서 중요한 것은 불완전한 인간의 지각과 실재하는 환경 간의 간격을 최소화하는 것이다. 셋째는 객관적으로 실재하는 환경은 있을 수 없으며, 인간의 행동이나 그러한 행동을 의미 있게 하려는 지적 노력으로 규정된 환경만이 존재한다는 관점(the enacted environment model)이다. 다시 말해서 환경 자체로는 위협이나 기회가 되지 않으며 인간이 행위와 해석을 연결하여 패턴을 만듦으로써 인간과 환경 간 관계가 성립된다는 것이다.

지금까지 기업-사회 간 관계를 인식하는 두 가지 틀과 조직환경을 이해하는 세 가지 패러다임을 살펴보았는데, 이들 간에는 〈표 4-6〉에서 보는 바와 같이 개념의 유사성을 발견할 수 있다. 객관적 환경관점에서는 기업이 사회를 객관적으로 실재하고 있는 환경으로 이해하기 때문에 기업은 사회의 안정적인 존속을 위해 경제적 기능을 수행하는 부속물에 지나지 않으며 기업의 조직문화는 사회문화에 배태되어 있다고 한다.

또한 지각된 환경관점에서는 기업이 사회환경을 객관적 실재로 간주하고 사회의 요구와 기대에 부응하기 위해 노력해야 한다는 점을 수용한다. 그러나 사회환경으로부터의 제약이나 통제를 조직이 가지고 있는 합리성을 기준으로 인식하기 때문에 기업의 제한된 합리성으로 인하여 사회와 이해관계자들이 가지고 있는 기대나 요구 중에 무엇에 어떻게 부응해야 하는지를 오판할 수 있다. 따라서 이러한 관점들은 조직의 상위시스템으로서 사회의 실체를 수용하고 있으며, 조직은 기본적으로 사회라는 환경에 반응적이어야 하므로 사회가 지니고 있는 문화적 특성은 조직 내부로 삼투하여 조직문화의 일부로 자리 잡게 된다.

마지막으로 규정된 환경관점에서는 조직이 마땅히 적응해야 할 대상으로서의 사회라는 실체는 존재하지 않으며, 조직과 사회는 사회적으로 창조된 상징적 세계(socially-created symbolic world)로 인식된다. 또한 조직은 자율적 목표달성을 위해 존재하며, 이러한 기준에서 사회와 그 밖의 이해관계자들이 가지고 있는 기대 혹은 요구를 수용하게 된다. 따라서 지나친 조직이기주의에 빠질 수 있으며 간혹 사회문제를 유발하기도 한다.

〈도표 4-6〉 조직-사회 간 상호작용 관계를 이해하는 관점

기업-사회 간 관계 인식 틀	조직환경에 대한 이해	내용	조직-사회 간 상호작용
사회속의 기업 (business in society)	객관적 환경 (objective environment)	• 객관적 실체로서의 사회 • 개방체계적 관점에서 사회는 조직의 상위시스템	사회의 기대와 요구에 부응하기 위한 기업의 사회적 책임
	지각된 환경 (perceived environment)	• 객관적 실체로서의 사회 • 제한된 합리성으로 인하여 사회에 대한 인식 편파 발생	
기업과 사회 (business and society)	설정된 환경 (enacted environment)	기업과 사회는 독립적이며, 기업의 자율성 전제	기업의 자율적 목표달성을 위해 사회와 상호작용하지만, 기업은 사회를 통제하거나 사회에 의해 통제되지는 않음

현실적으로 사회적 책임만을 위해 존재하는 기업도 없거니와, 반대로 사회의 기대나 요구와는 상관없이 오로지 자신의 목표달성만을 추구하는 기업이 성공하지도 못한다. 그 결과 많은 기업이 경영방침을 경제적 성과 중시에서 환경경영과 사회적 책임을 동시에 강조하는 지속가능경영으로 전환하고 있다. 지금까지는 환경 관련 이슈들을 기업경쟁력 차원에서 전략적으로 활용하던 모습에서 벗어나, 이제는 환경뿐 아니라 좀 더 포괄적인 의미에서 기업의 사회적 책임을 새로이 추구할 가치로 인식하고 있다(고재민, 2003).

② 조직문화의 사회에 대한 영향

조직이 추구하는 가치가 무엇이냐에 따라서 긍정적 혹은 부정적 영향을 사회에 미치게 된다. 위험한 작업환경, 유해한 제품생산, 환경공해 유발, 사기광고, 고용불공정으로 인한 사회불안, 정경유착 등은 조직이 사회에 미칠 수 있는 대표적인 부정적 영향이지만, 차세대의 인재육성이나 지역사회와 국제교류 활성화를 위한 지원, 소외계층 지원을 위한 복지재단 건립, 환경보호를 위한 각종 활동 등은 기업이 사회에 긍정적 영향을 미치는 예로 볼 수 있다. 기업의 사회공헌활동에 관한 구체적 사례들은 〈도표 4-7〉에서 보는 바와 같이 자선적 · 정치적 · 일회적 동기의 기부활동에서부터 지속적 · 체계적 · 전략적인 사회공헌 프로그램에 이르기까지 다양하게 나타난다.

〈도표 4-7〉 기업의 사회공헌활동 사례

기업	내용
삼성	• 삼성의 사회공헌 키워드는 3H: 참여와 나눔의 정신으로 사회적 약자에게 희망(Hope)을 주고, 지역사회 발전을 위해 화합(Harmony)하며, 봉사활동의 실천으로 인간애(Humanity)를 구현. • (중국에서의 사례) 기업책임, 시장책임, 사회책임, 환경책임의 4가지 부분으로 나눠 전문가 평가를 시행한 결과, 2015년 중국의 CSR 순위에서 외국계 기업 1위, 종합순위 5위를 기록. 공장에 혁신적인 환경보호 제품 및 기술을 도입하고, 최첨단 하이테크 산업 프로젝트를 중국에 소개 및 진행하며, 중국의 빈곤 청소년들의 성장발전에 중점을 두고 공익사업을 전개함.
LG	• LG 공익재단은 연암문화재단(학술지원, LG아트센터), 복지재단(복지시설 건립, 아동/청소년, 노인/장애인), 상록재단(동/식물 생태보호), 연암학원(천안연암대학, 연암공업대학, 상남언론재단(언론인 지원, 언론관련 자료출판)으로 구분하여 분야별로 체계적이고 전문화된 사회공헌 활동을 전개. **〈LG 의인상〉** • "국가와 사회정의를 위해 자신을 희생한 의인에게 기업이 사회적 책임으로 보답한다"는 목적으로 만들어짐. • DMZ 수색 중 북한의 지뢰 도발로 중상을 입은 군인 2명에게 각각 5억 원씩 위로금을 냄. 시민 구하려다 희생된 경찰관의 유가족과 세월호 사고 현장 지원활동 중 순직한 소방관의 유족들에게도 위로금을 전달. 교통사고를 당한 여성을 구하는 과정에서 목숨 잃은 군인(2015년), 대구지하철에서 선로에 추락한 시각장애인의 생명을 구한 의인(2016년) 낙성대 폭행사건을 막다 부상을 당한 시민(2017년)을 선정하여 상금을 수여함.
CJ	• 2012년 3월, CJ제일제당이 BGF리테일과 함께 미네워터 바코드롭 캠페인을 진행하여 식수가 부족한 아프리카에 오염된 물을 식수로 바꿔주는 정화제 및 수동식 펌프 등을 만들 수 있게 기부금을 조성하여 전달함. • 기부방법은 미네워터 구매 시, 기부를 희망하는 소비자는 가격 바코드 스캔 후 물방울무늬의 기부 바코드를 한 번 더 스캔하여 100원을 기부하고, 이에 CJ제일제당과 CGF리테일이 각각 100원을 추가 적립하여 1회 기부당 총 300원을 모금하는 방식으로, 칸 국제광고제 및 부산국제광고제 등 여러 광고제에서 수상한 캠페인임. 2012년 3월부터 시작된 동 캠페인은 2013년 1월 기준으로 약 1억 3,200만 원을 조성하여 유니세프에 전달.
현대차	• 2010년부터 시작된 현대차그룹의 기프트카 캠페인은 각계각층의 추천을 받아 기프트카를 선물하는 방식으로 진행되었고, 기프트카를 선물 받은 주인공들의 이야기라 TV 광고를 통해 방송됨. • 다문화가정, 탈북자, 저소득층을 포함하여 그 외 생계형 차량이 필요한 실직자 및 영세 소상인 등으로 지원 대상을 확대했고, 서민 창업용 차량 지원과 공익성이 있는 목적을 위한 개인 및 단체에 차량을 지원하는 등 지속해서 기프트카 지원의 폭을 넓힘. 기프트카의 주인공으로 선정되면 차량을 지원받고, 차량등록에 필요한 세금 및 보험료도 현대차그룹이 부담함.
HP	• 그린컴퓨터가 판매될 때마다 $10을 WWF(세계야생생물기금)에 기부하여 생태계복원에 공헌. Power to Change 캠페인으로 컴퓨터 사용 후 전원종료로 절전하는 환경개선 캠페인을 전개하고, 어린이들의 장래희망을 지원하는 설비투자, 기술교육, 자금 등을 지원함.
Toms	• 고객이 신발이 없는 어린이들에게 새 신발 한 켤레를 기부토록 하는 방식의 사회공헌을 시행함.
GE	• elfun(electrical fund)와 GE재단(GE foundation)으로 구분하여 사회공헌을 진행. elfun은 GE 직원 및 퇴직자로 구성되어 자발적인 활동을 원칙으로 진행하며, GE재단은 조직에서 소외계층 교육과 장학사업, 공공정책 지원 등의 활동을 전개.
IBM	• 사회공헌에 IT를 접목한 대표적인 사회공헌 기업으로, 사회문제 해결과 더불어 신사업 창출에도 성공하였음. 그리드 컴퓨팅을 통해 2004년 이후 기아, 암, 신종플루 및 에이즈 등 전 세계의 당면문제 해결에 기여. 사례로는 에볼라 치료 약 개발 및 해충에 강한 종자 연구에 기여하였고, 또한 왓슨을 통해 환경, 교통, 범죄 등 다양한 영역에서 미래를 예측하고 대비책을 제공.
Microsoft	• Reputation Institute가 실시한 전 세계 100대 사회공헌기업 순위조사 1위에 선정되는 등 교육, 비영리단체 기부 및 인도주의적인 도움을 제공하는 것을 중심으로 사회공헌활동을 전개. 특히, 2007년부터는 Unlimited Potential 캠페인을 통해 기술을 통한 기회증진과 전 세계 지역사회의 사회문제 해결에 주력하고 있으며 2012년부터는 Youth Spark를 통해 전 세계 3억 명 학생들에게 교육과 고용 및 창업의 기회를 제공.

Chapter 05

조직문화와 성과와의 관계

문화는 성격이나 버릇처럼 일단 형성되면 지속성이 있어 쉬 안 없어질뿐더러 그 효과가 긍정적이든 부정적이든 조직에 상당한 영향을 미치게 된다. 좋은 성격은 개인의 성장 · 발전에 좋게 작용하지만, 나쁜 성격은 역으로 개인의 문제유발과 퇴보에 지속적 영향을 미치는 것과 같다. 본 장에서는 효과란 표현 대신에 성과에 초점을 두고 조직문화의 제 측면과의 관련성을 살펴보기로 한다.

조직문화와 성과와의 관계[1]는 1980년대부터 꾸준한 관심을 받아왔고, 국내외에서 이들 관계를 입증하기 위한 수많은 시도가 있었다(〈도표 5-1〉 참조). 그 관계성은 크게 특성론적 접근방식, 강한 문화 가설, 상황론적 접근방식 등 몇 가지 측면에서 살펴볼 수 있는데, 기본가정은 조직문화가 조직성과에 중요한 역할은 한다는 점이고(Wilderom, Glunk, & Maslowski, 2000), 연구의 종합결과는 매우 적응력 높고 명확한 미션과 광범위하게 공유되는 조직가치를 지닌 고몰입 조직이 가장 효과적이라는 것이다(Denison, 1990; Denison & Mishra, 1995).

〈도표 5-1〉 조직문화와 성과 간 관계의 대표 연구들

연구자	분석 수준	조직문화 차원	성과 측정치	관련 조직	관련 응답자	문화-성과 관계에 대한 연구
Denison (1990)	개인	(a)관여, (b)일관성, (c)적응성, (d)미션	(a)판매수익, (b)투자수익, (c)소득/판매율, (d)소득/투자비율의 6년간 평균	미국 내 서로 다른 23개 산업 중 34개의 거대 기업	6,671개 작업조직 내의 종업원 43,747명	1.관여와 장단기 성과와의 정(+)적인 관련성 제시 2.일관성은 단기성과와는 정(+)적인, 장기성과와는 부(-)적인 관련성 보임

1) 이 부분은 박원우 · 성지영(2008a)의 '조직문화와 성과의 관계'를 부분적으로 인용하였음.

Rousseau (1990a)	조직	(a)팀 또는 만족 지향형 규범, (b)안정-지향형 규범	커뮤니티를 위한 자금의 양	미국의 전국 단위 자발적 서비스 조직의 32개 거대 기업	263명의 유급 스탭 멤버	안정지향형 규범을 강조하지 않는 것이 고성과와 연결됨
Calori & Sarnin (1991)	개인과 조직	직무 관련 가치(12개 차원)와 경영 프랙티스(17개 차원/문화 강도)	(a)투자수익(ROI), (b)판매수익, (c)성장률의 3년간 평균	차별화 전략을 추구하는 성장산업 내의 단일 사업을 실행하는 5개의 프랑스 기업	현장 근로자(frontline workers)를 제외한 280명의 관리자와 종업원	1.여러 가지 가치(values)와 관련 management practices는 기업성장률에 관련됨 2.문화의 강도는 고성장과 정(+)의 관련성을 나타냄 3.몇몇 가치와 프랙티스만이 수익성(profitability)과 관련됨
Gordon & DiTomaso (1992)	조직	(a)문화의 강도, (b)적응성, (c)안정성	6년: (a)자산성장률, (b)프리미엄 성장률	미국의 11개 보험 회사	850명의 관리자	문화 강도와 적응성 모두 단기성과의 예측치임
Kotter & Heskett (1992)	조직	(a)문화의 강도, (b)전략-문화 적합성, (c)적응성	(a)연간 순소득 증가치, (b)연간 투자수익, (c)연간 주가증가치에 대한 11년간 평균	서로 다른 22개 산업 내의 207개의 미국 기업	600명의 최고경영자	문화 강도와 장기의 경제적 성과 간에 중간 정도의 정(+)의 관계가 나타남
Marcoulides & Heck (1993)	개인	(a)조직구조, (b)조직가치, (c)과업조직, (d)조직풍토, (e)종업원 태도	(a)총수입/제품 가치 비율, (b)시장점유, (c)이익, (d)투자수익(ROI)	26개의 매우 상이한 미국 기업	392명의 종업원	모든 문화적 차원은 성과에 대한 일정 정도의 직·간접적인 효과를 가지고 있음
Denison & Mishra (1995)	조직	(a)involvement, (b)일관성(consistency), (c)적응성(adaptability), (d)미션(mission)	(a)인지된 성과, (b)자산수익 및 판매증가율에 대한 3년간 평균치로서 객관적 성과	미국의 5가지 서로 다른 산업 내의 764개 기업	764명의 전문경영자	1.거대기업에서 수익성은 미션과 일관성과 같은 안정성 특성을 가장 잘 예측 2.판매성장률은 involvement와 적응성과 같은 유연성 특성을 가장 잘 예측 3.모든 문화적 특성은 가장 강한 예측치로서 미션과 관련성을 가지면서, 자산수익률과 정적으로 관련됨.
Petty, Beadles, Lowery, Chapman, & Connell (1995)	개인	(a)팀워크, (b)신뢰와 신의성, (c)성과 향상 및 일반 목표, (d)조직기능	(a)운영,(b)고객(중심)회계, (c)지원서비스, (d)종업원 안전과 건강, (e)마케팅	미국의 전기분야 공익 산업 내의 12개 서비스 단위	832명의 종업원	대부분의 팀워크는 고성과와 연계됨

Koene (1996)	개인	(a)프로세스 vs 결과지향, (b)종업원 vs 직무지향, (c)전문가 vs parochial orientation, (d)개방 vs 폐쇄 문화, (f)규범적 vs 실용적	(a)store performance, (b)비용 성과, (c)사람 성과	독일 슈퍼마켓을 소유한 50개 기업	1,228명의 종업원	종업원 지향성과 개방성은 성과에 직접적인 영향을 주며, 풍토 변수에 대한 영향을 통해, 일반 커뮤니케이션과 과업 커뮤니케이션에 간접적인 영향을 미침
Wilderom & Van den Berg(1998)	개인	(a)인지 및 선호되는 문화 간 차이, (b)내부집단 지향, (c)개선 지향성	(a)1년간, ratio profits/ total costs; (b)효율성, 명성 측면에서 인지된 성과	거대 독일 은행의 58개 지점	1,950명의 종업원	인지된 문화와 선호되는 문화 간 큰 격차는 객관적인 고성과와 직접적으로 연결됨에 비해, 적은 격차는 (인지된 성과를 통해) 객관적인 고성과와 간접적으로 관련됨

자료원: Wilderom et al.(2000), pp. 198–199.

한편, 국내의 경우도 강정애(1997), 김남현 · 이주호(1997), 김영조 · 박상언(1998), 박노윤(1997), 박상언 · 김영조(1995), 전상길 · 김인수(1997), 전상호 · 신용존(1995), 정준교 · 박상언 · 김영조(1996), 한주희 · 황원일(1996) 등을 들 수 있다(김영조, 2000, p. 112). 이러한 연구들을 포함하여 조직문화와 관련한 지금까지의 국내 연구들은 첫째, 조직문화 특성과 조직구조, 경영전략, 리더십 등 여타 조직변수 간의 관계에 관한 연구, 둘째 특성론적 접근으로 조직문화 특성과 조직성과 간의 관계에 관한 연구, 셋째 강한 문화를 중심으로 한 조직문화 강도와 조직성과 간의 관계에 관한 연구, 넷째 상황론적 접근방식으로 전략 및 리더십 유형 등의 변수와 조직문화 유형 간의 적합성이 조직성과에 미치는 영향에 관한 연구 등으로 나눌 수 있다(김영조, 2000, p. 112).

그동안 조직문화와 성과와의 연구는 조직문화를 포괄적으로 연구하다 보니 실증연구에서 모호하고 불확실한 결과가 많았다. 나아가 주로 문화적 특성과 재무적 성과나 인지변수(예, 조직몰입, 직무만족, 이직의도 등)와의 관계에 치중되어왔다. 이러한 한계점을 극복하기 위해 본 장에서는 조직문화와 성과의 관계를 조직문화 차원과 성과의 차원으로 구분하여 각 차원에 초점을 두고 고찰한다. 조직문화는 정적 측면과 동적 측면으로 나누었다. 우선 조직문화의 정적 측면에서는 문화의 전체적 측면(특성)으로 조직문화의 강도와 독특성/차별성을 다루고, 그 다음으로 문화의 하위측면에서 그 구성요소를 다룬다. 동적 측면은 조직문화에 대한 변화의 노력으로 파악하고 이를 적합성(congruence), 속도 및 기간, 범위(scope) 등으로 나누어 살펴본다. 다음으로 성과는 수준(level)과 제 측면(aspects)으로 나누어 조직문화와의 관련성을 살펴본다. 수준에 따른 분류로 조직문화와 조직성과, 팀성과, 개인성과의 관계를 살펴본다. 아울러 기간 구분에 따라 조직문화와 장기, 중기, 단기성과 간 관계를 살펴본다. 마지막으로는 순이익, 투자수익률(ROI), 주가와 같은 경제적 성과뿐만 아니라 비경제적 성과인 종업원 만족도, 조직이미지, 인지도, 적응성 및 유연성, 나아가 기업의 생존까지 연계하여 살펴봄으로써 진정 조직문화와 성과의 관계를 종합적으로 보는 틀을 제시한다. 물론 이렇게 세분화하여 살펴보면 아직 연구가 덜된 영역이 많아 내용이 부족하거나 없는 경우도 있겠지만, 한편으로 조직문화와 성과와의 관계를 구체적으로 알 수 있고, 다른 한편으로는 어떤 연구가 추가되어야 하는지를 파악할 수 있을 것이다.

5.1. 조직문화의 정적 측면과 성과

5.1.1. 문화의 전체적 측면(특성)

① 조직문화의 강도와 성과

조직문화에 대한 관심과 연구가 시작되던 1980년대 초반부터 “강하고 독특한 문화를 지녀야 기업성장에 보탬이 된다”고 알려졌고, 그 결과 강한 문화와 기업성과 간 관계가 실증연구의 지속적 관심의 대상이었다.

Saffold(1988, p. 547)에 의하면, 문화적 특성연구는 조직문화의 강도에 비례하여 특성이 조직에 영향을 미치며, 이는 궁극적으로 성과에 영향을 준다는 암묵적 모델을 가정하는 것이다. 여기서 강도는 응집성(cohesiveness)(Deal & Kennedy, 1982; Weick, 1985), 동질성(homogeneity)(Ouchi & Price, 1978), 안정성(stability)과 강도(intensity)(Schein, 1985), 농도(thickness)(Sathe, 1983), 통찰력(penetration)(Louis, 1985), 내부화된 통제(internalized control)(DiTomaso, 1987) 등 여러 방식으로 정의되고 있다. 즉, 문화강도란 지배적 가치의 집합(dominant value set)을 누가 어느 정도로 수용하는가, 가치가 얼마나 강하게(strongly), 심층적(deeply)으로 또는 강한 강도로(intensively) 유지되는가와 같은 요소들의 조합으로 보고 있다.

조직문화를 ‘조직구성원에 의해 공유된 가치관, 규범, 가정들의 집합체’로 흔히 정의하지만 앞서 본서에서는 그것이 그들의 행동으로 표출될 때 비로소 진정한 조직문화가 된다고 하였다. 따라서 조직문화의 강도는 구성원에 의해 가슴과 머릿속에서 공유된 정도, 나아가 그들의 행동으로 표출되는 정도를 의미한다고 할 수 있다. 그렇기에 조직문화의 강도와 성과와의 관계는 조직문화의 강도를 어떻게 측정하느냐에 따라 달라질 수도 있다.

Denison(1984, 1990)은 조직성과에 대한 조직문화 특성의 영향뿐만 아니라 문화강도의 영향을 분석하였다. 여기서 문화강도는 응답자들에게 나타나는 문화적 특성에 대한 일치(agreement)의 정도로 재무적 성과와 연계되었다. Gordon & DiTomaso(1992) 역시 연속적인 재무성과에 대한 문화적 강도의 효과를 고찰하였는데, 적응성 및 안정성에 대한 문화적 가치를 기업성과에 관련시키는 Gordon(1985)의 연구에서는 문화유형(적응문화와 안정문화)에 관계없이 강한 문화는 성장률과 유의한 정(+)의 관계가 있는 것으로 나타났다. Kotter & Heskett(1992)는 미국 22개 산업의 207개 기업을 대상으로 기업문화 강도와 경제적 성과 간의 관계를 연구했다. 이들의 연구는 응답의 평균으로 각 기업문화의 강도를 측정한다는 점에서 기존 연구들과 측정방식에서 차이를 보였지만, 측정된 문화강도는 경제적 성과와 정(+)의 상관관계를 지닌 것으로 나타났다.

위의 연구들은 '강한 문화가 높은 조직성과를 가져 온다'는 강한 문화가설을 대부분 입증해주는 것들이다. 그러나 문화의 강도와 기업성과 간의 관계는 일관성 있는 결과를 얻고 있지 못하다. 일부 학자들은 강한 문화가 오히려 변화하는 환경에 대한 적응력을 떨어뜨림으로써 조직성과의 하락 내지 쇠퇴를 가져올 수 있다고 비판하였다(예, Schein, 1985). 이러한 맥락에서 Saffold(1988)는 강한 문화가 규범적 통합에 의한 효과적 조직통제를 가능케 함으로써 조직성과를 향상할 수도 있지만, 문화적 통제가 너무 지나치면 구성원들의 저항이 야기되고 결국 성과가 떨어질 수도 있다고 보았다(김영조 · 박상언, 1998, p. 204).

Sorensen(2002)은 특정 상황에 따라 강한 문화의 존재가 혁신을 방해할 수도 있지만 다른 방식으로 기업의 성과를 증진할 수 있다고 하였다. 이 연구는 Kotter & Heskett(1992)의 자료를 다시 분석하면서, 강한 문화를 가진 조직은 산업의 유동성(volatility)이 낮을 때에만 시간이 지남에 따라 보다 일관적으로 성과를 낼 수 있음을 발견하였다. 즉, 상대적으로 안정적인 환경에서 강한 문화 기업은 보다 더 신뢰할 수 있는 성과를 나타냈지만 변화하는 환경에서는 강한 문화의 신뢰할 수 있는 이점이 없어지는 것으로 나타났다. 국내 연구의 경우에도 환경변화에 대한 적응능력에 따라 강한 기업문화는 긍정적 영향과 부정적 영향 모두를 주는 것으로 나타났다. 따라서 정적인 환경 하에서는 문화의 강도가 논쟁의 대상이나 현실의 동적인 환경에서는 문화의 적응성 내지는 적합성이 핵심 이슈가 된다(Park, 2001).

② 조직문화의 독특성과 성과

학교에서 어린 학생들의 다양성을 존중하고 나아가 자긍심과 창의성을 증진하기 위해

'you are unique, you are special'이란 표현을 많이 쓰고, 연장선상에서 남이 쉽게 흉내 못내는 자신만의 고유한 역량, 즉 핵심역량을 길러야 한다고 가르친다. 이것은 기업수준에서도 마찬가지로 적용되며 핵심역량이 우량조직의 근원이기에 한 기업의 속성이 남과 다른 차별성 내지는 독특성을 지녀야 한다.

조직문화의 독특성 혹은 차별성(uniqueness, distinctiveness)과 성과 간의 관계에 대한 고찰은 직접적인 연관관계 보다는 강한 문화와 성과와 같은 유사 연구의 맥락에서 간접적으로 언급되어 왔다. Saffold(1988)는 이를 문화에 대한 특성적 접근방식(trait approach to culture)이라고 하고, 이를 리더십에 대한 특성 연구와 등등한 것으로 보았다. 가장 잘 알려진 조직문화 특성에 대한 논의는 탁월한 성과를 내는 조직에 대한 8가지 특성을 심도 있게 제시한 Peters & Waterman(1982)에 의해 이루어졌다.

문화의 독특성과 성과 간의 연결은 실제 기업의 사례에서 흔히 볼 수 있다. 세계 유수의 기업인 HP나 IBM, 또는 McDonald는 자사만의 독특한 문화를 가지고 있다. 3M의 경우 조직의 규범은 보상을 장려하고 혁신적인 종업원을 인정하며 자신들의 불가피한 실수를 학습경험으로 간주한다(Nicholson, 1998). HP의 종업원들은 회사의 규범에 대해 강하게 동의하지만, 그 규범은 작업목표를 이루기 위한 개인적인 자유와 자율성을 강조한다(Cole, 1999). 따라서 HP의 조직문화는 문화, 즉 "how things are done around here"에 대한 종업원들 간의 높은 수준의 일치도로 인해 강한 것으로 간주된다. 강한 문화를 가진 기업은 역시 위험성향의 태도(risk-taking attitude)와 갈등에 관한 높은 관용을 보일 수 있다. Coca Cola에서 위험감수성향의 규범(risk-taking norm)의 존재는 종업원 미팅, 내부 공지 및 HR practices에서 발견할 수 있다(Allen, 1994). 이러한 사례는 Honda에서도 찾아볼 수 있는데 거기서는 논쟁과 이견의 이점을 이용하는 방법을 탐색한다(Pascale, 1993).

그러나 모든 기업이 독특한 기업문화를 채택하게 되는지에 대해서는 잘못 해석될 수 있는 소지가 있다. 조직이 진정 HP나 IBM, 또는 McDonald와 '똑같이' 되기를 원한다면, 그러한 조직은 독창성을 상실하여 더 이상 발전하지 않을 것이다. 이들 기업은 그들만의 독창성을 유지해 왔기 때문에 정확히 다른 조직이 한 것을 하지 않으려 하며, 다른 기업 역시 이들 기업을 완전하게 따라 하려고 하지 않는다. 이러한 관점에서 보면 조직문화의 독특성에 관해서는 자사만의 고유한 역량 및 전략 등과 결합하여 성과와의 연결고리를 찾아야한다는 점에서 한 가지의 정답만이 존재하는 것은 아니라고 할 수 있다.

조직문화의 독특성 내지는 차별성 개념을 비교가능한 기준을 통해 설명하려는 접근법이 유형론이다. Harrison(1972), Handy(1978), Ouchi(1983), Cameron & Quinn(1999)

등 여러 학자가 조직문화의 유형에 대해 언급하였는데 이를 종합하여 보면 다음 〈도표 5-2〉와 같다. 여기서 Cameron & Quinn의 경쟁가치모형(competing values framework)은 원래 다양한 조직효과성 개념들을 정리하고 분석하기 위한 틀로 제시된 것이었는데(Quinn & Rohrbaugh, 1981) 그 이후로 조직유형(Quinn & Hall, 1983), 조직의 수명주기(Quinn & Cameron, 1983), 리더십 유형(Quinn, 1988) 등을 모형화하는데 적용되어 왔다. 경쟁가치모형은 '통제-신축성' 그리고 '조직 내부지향-외부환경지향'이라는 2가지 차원을 기준으로 관계지향 문화(clan), 혁신지향 문화(adhocracy), 위계지향 문화(hierarchy), 과업지향 문화(market)의 4가지 유형으로 조직문화를 분류하였다(CVF에 관한 상세한 설명은 뒤 7.2에 나옴).

〈도표 5-2〉 조직문화 유형에 대한 선행연구 구분 요약

연구자	유형 구분	구분기준
Harrison(1972)	권력지향문화, 역할문화, 과업문화, 인간문화	이념적인 지향
Handy(1978)	클럽문화, 역할문화, 과업문화, 실존문화	
Deal & Kennedy (1982)	남성문화, 과업 · 여가 병존문화, 투기문화, 과정문화	기업행위 결과에 대한 위험도 및 피드백 속도
Wallach(1983)	혁신적 문화, 지원적 문화, 관료적 문화	개인의 동기유발 요인
Ouchi(1980)	시장문화, 관료적 문화, 가족주의(clan)문화	거래비용 중심
Jones(1983)	생산문화, 관료적 문화, 전문직 문화	
Quinn & McGrath (1985)	합의적 문화, 적응적 문화, 계층적 문화, 합리적 문화	환경의 인식유형, 조직의 반응유형
Lundberg (1984)	정태적 단일문화, 변화적 단일문화, 정태적 이질문화, 변화적 이질문화	현실인식차원, 전체성-부분성, 항상성-무정형성
Ernest(1985)	상호작용문화, 통합적 문화, 체계적 문화, 기업가적 문화	인간차원, 활동차원
Kets de Vries & Miller(1986)	편집증적 문화, 회피문화, 카리스마적 문화, 관료적 문화, 정치적 문화	최고경영자가 오랫동안 지녀온 심리적 성향
Cameron & Quinn (1999)	관계지향 문화, 혁신지향 문화, 위계지향 문화, 과업지향 문화	통제-신축성, 조직 내부지향-외부환경지향의 두 가지 차원

자료원: 서인덕(1986)의 연구를 요약, 추가.

조직문화에 대한 특성론은 모든 조직과 모든 상황에 적합한 탁월한 기업의 8가지 특성(8 attributes of excellence)을 제시한 Peters & Waterman(1982)의 연구에서 유형화되었다. 조직성과의 향상을 가져다주는 독특한 문화특성을 찾아내려는 연구노력이 지속적으로 시도되었지만 1980년대 후반부터 학계에서는 조직문화와 성과 간 연계에 있어 회의론이 일기 시작했고, 조직문화 특성론은 광범위한 비판을 받게 되었다(김영조 · 박상언, 1998).

또한 특성 연구가들은 문화의 단일성과 보편성을 가정하였고 사회, 산업, 그리고 동일 조직에서 발견되는 중요한 차이조차 간과하고 있다고 비판받았다(Martin, 1992; Smircich & Morgan, 1983). 또한 이론적인 타당성이나 실무적 유용성에서도 우려가 일기 시작하였다(예, Saffold, 1988). 이후 문화와 성과 간 연계에 관한 연구는 보다 더 정교함을 요구하게 되었으며 결과 해석에서도 더 조심스러운 방법론을 이용하게 되었다.

다음 〈도표 5-3〉에서 수록된 내용은 조직문화와 성과 간의 관계를 고찰한 개념 및 실증연구들이다. 실증연구는 특히 조직문화와 경제적 성과 간의 관계를 양적 방법에 의해 검증했다는 점에서 중요한 공헌을 했다. 그러나 이들 연구에서 사용된 조직문화 변수들과 그 측정치들이 기업의 문화적 특성을 얼마나 제대로 반영하고 있는지에 대해서는 다소 회의적이며 이러한 측면에서 연구의 한계를 내포하고 있다.

조직문화와 성과 간의 관계에 대한 논의들은 대부분 개념적이고 이론적 수준의 연구들이거나 일회적 설명이나 사례연구에 치우쳐왔다고 할 수 있다(Gordon & DiTomaso, 1992, p. 173). 따라서 향후 조직문화와 성과 간 관계는 이론적, 개념적, 방법론적 차원에서 엄격성과 정교성을 바탕으로 더 심층적인 연구가 이루어져야 할 것이다.

〈도표 5-3〉 조직의 성과에 영향을 미치는 기업문화의 특성요소(요인) 연구의 종합

영향요인		대표연구가	연구내용	연구결과
주효과 (Main effect)	강도	Saffold (1988)	(개념연구) 조직문화의 강도를 내용(content)과 마찬가지로, 응집성, 동질성, 농도, 통찰력, 내부화된 통제 등 여러 방식으로 정의할 수 있다고 봄	문화적 '특성' 연구는 조직문화의 '강도'에 비례하여 특성이 조직에 영향을 미치며, 이는 성과에 영향을 준다는 모델을 가정하고 있음
		Gordon & DiTomaso (1992)	(실증연구) 문화강도와 기업성과를 가진 2가지의 실질적 문화적 가치 간의 관계를 고찰하고 있음. 여기서 문화강도는 사람들의 서베이 문항에 대한 일관성으로, 2가지의 문화적 가치는 적응성 또는 안정성과 관련된 서베이 문항으로 측정됨. 자료는 1981년 11개의 미국의 보험 회사의 경영진 서베이를 통해 연구 결과 도출함	실증연구 결과에서는 문화의 강도가 단기간 성과의 예측치라는 Denison(1990)의 연구를 지지하는 것으로 나타남
		Sorensen (2002)	(실증연구) 이 연구는 특정 상황에 따라 강한 문화의 존재가 혁신을 방해할 수도 있지만 다른 방식으로 기업의 성과를 증진시킬 수 있다고 하고 있음. Kotter와 Heskett(1992)의 자료를 다시 분석하면서, 강한 문화를 가진 조직은 산업의 유동성이 낮을 때에만 시간에 따라 보다 일관적으로 성과를 낼 수 있음을 발견함. 강한-문화를 가진 기업이 점증적 변화에 있어서는 뛰어나지만, 변화하는 환경에서는 난제에 직면한다는 가설을 설정하고 있음	다양한 종류의 산업에 있는 기업으로부터 샘플을 추출하여 분석한 결과, 상대적으로 안정적인 환경에서, 강한 문화 기업은 보다 더 신뢰할 수 있는(보다 덜 유동적인) 성과를 나타냄. 이에 비해 유동성이 심한 변화하는 환경(volatile environment)에서는, 강한 문화를 신뢰할 수 있는 이점이 없어지는 것으로 나타남

	독특성	Martin, Hatch, & Sitkin (1983)	(개념연구) 조직문화에 있어 선행요인과 스토리를 기술하고, 스토리의 구조 및 기본이 되는 다이내믹이 훨씬 더 유사하지 않는다는 인식에 이르게 됨. 독특성에 대한 문화적 요구는 스토리와 같은 문화적 명시(cultural manifestations)를 통해서 역설적으로 표현된다고 함. 즉 스토리는 실제적으로 독특성을 갖지 않기 때문	여러 조직에서 실제 구체적 형태로 이러한 스토리가 발생하고 있음을 제시. 또한 다른 조직에 비해 이러한 스토리가 확산되는 이유에 대해 설명
		Aaltio –Marjosola (1994)	(사례연구) 조직문화의 진정한 독특성을 탐색하는 것은 모든 조직에 공통적인 조직고유의 이상, 사기 등 조직의 메타문화(metaculture) 추구와 연결됨	효율성, 위계, 합리성, 공식 규칙을 강조해왔던 Old Grand Story가 쇠퇴함. 조직의 현실에 대한 다양성을 이해하고 조직의 성공으로 이르는 다문화속성과 관계를 이해해야 함
상호작용 효과 (Interaction effect)	강도 × 독특성	Peters & Waterman (1982)	조직구성원들 간의 공유된 인식을 창출하기 위해, 조직문화에 있어서 조직 고유의 슬로건(slogans)과 영웅(heroes)을 가질 필요가 있다고 함	조직문화에 있어서 공유된 열정, 강한 몰입, 헌신이 어떤 기업에 있어서나 성공과 더 나은 경제적 결과를 가져옴
	강도 × 안정성	Aaltio –Marjosola (1994)	강한 문화와 약한 문화를 비교	강한 문화의 특성으로 안정적인 네트워크와 구조, 암묵적 규범, 고몰입, 독특성 등의 특성을 들었음

5.1.2. 문화의 하위요소 측면

앞서 본서 3.2에서 조직문화의 수준과 구성요소를 설명하였다. Schein(1985)은 문화를 인공물, 가치, 기본가정의 3가지 수준으로 파악하고, 기본가정이 문화를 이해하고 변화시키는 핵심이 된다고 하였으며, Hatch(1993)는 문화의 구성요소는 가정, 가치, 인공물 및 상징이라고 보았다.

기업문화의 구성요소로서 많이 알려진 7S 관점은 성공적인 문화변화는 구조(조직의 architecture), 상징(문화를 강화하는 이미지), 제도(생산시스템, 평가시스템, 선발시스템, 품질시스템 등), 스탭(인적 자원의 선발과 개발), 전략(조직 비전의 행위적인 명시), 리더의 스타일(최고경영자들의 태도와 예시) 및 경영자들의 기술(변화 프로세스를 실행해야만 하는 개인의 역량)의 제 측면에서 변화가 필요하다고 하였고, 이러한 제 요소들의 연계(alignment)가 성공적인 문화변화의 중요한 일부가 된다고 하였다. 다시 말하면, 이들 7S는 적절하게 상호작용하면서 기업전체에 영향을 주게 된다. 효과적인 변화를 위한 핵심은 구조, 프로세스, 시스템에서의 변화가 리더의 행위가 뒷받침되어 전략적 목표의 성취 및 성과에 직접적으로 관련되는 행위에 있어서 특정 변화를 일으킬 수 있도록 해야 한다(Nadler, Thier, & Nadler, 2001).

박원우(1994)는 기업문화를 이념 정체성(ideology identity), 제도 정체성(management identity), 구성원 정체성(person identity), 상징 정체성(corporate identity), 리더 정체성(leader identity)의 이른바 '5I'의 다섯 가지 요소로 구분하였다(〈도표 3-13〉 참조). 물론 이들 다섯 가지 요소가 정립되어 있다고 해서 기업문화가 형성되는 것은 아니며 중요한 것은 이들이 과연 조직구성원에 의해 공유되고 그들의 행동으로 표출되느냐의 여부이다. 기업문화를 관리하고 변화시킨다는 것은 결국 이들 다섯 가지를 관리하고 변화시킨다는 것이 된다. 흔히 기업에서 이들 다섯 가지 요소 모두가 정립 · 공유되어 있는 경우는 드물다. 나아가 더 중요한 것은 이들 구성요소가 기업의 비전 실현을 위해 상호 맥을 같이 하여야 한다는 것이다(더욱 상세한 설명은 뒤의 IV부에 나옴).

기업문화를 구성하는 복잡한 요소들을 어떻게 분류할지, 나아가 이 요소들과 성과와의 연관성이 어떤지에 대해 여러 견해가 존재한다. 하지만 아직까지 조직문화의 각 구성요소와 성과와의 관계 혹은 요소들 간 관계와 성과와의 연관성에 대한 실증연구는 매우 드문 실정이다.

5.2. 조직문화의 동적 측면과 성과

Peters & Waterman은 미국의 우량기업을 연구하여 1982년 '초우량기업의 탐구(In search of excellence)'라는 책을 펴냈다. 이 책은 그 이전 과거 20년간(1960년대와 70년대)의 실적을 놓고 성장성, 수익성, 그리고 기술혁신에 있어서 우수하다고 생각되는 43개의 회사를 여러 산업에서 골라 그 기업들이 지닌 공통적인 특성을 8가지로 정리하고 풍부한 사례로서 생생하게 설명한 것이다. 그러나 1984년 11월 이 책이 발행 된 지 불과 2년 만에 BusinessWeek에서는 우량기업으로 꼽혔던 기업 중 1/3 가량(14개사)이 곤경에 빠져 있으며, 더 이상 우량기업이 아니라는 사실을 지적했다. 영원히 옳고 영원히 그른 우량기업의 특성(문화)은 없으며 조직의 수명주기상 위치, 장소, 환경 등에 따라 그 특성(문화)의 유용성이 변할 수 있기에 우리는 기업문화를 관리와 변화의 대상으로서 생각해야 한다. 여기서는 기업문화의 동적 측면에 초점을 두고, 제 측면이 조직성과와 어떤 관계에 있는지를 보기로 한다.

BusinessWeek's cover story, November 5, 1984

① 적합성과 성과

Kotter & Heskett(1992)은 기업문화와 성과에 대한 3가지의 이론적 모형을 제시하였는데, 그 중 하나가 바로 특정 가치와 행동을 통해 기업과 기업문화가 변화에 적응할 수 있다는 적응모형(adaptation model)이다. 이 책에서는 실제 HP의 기업문화 변화적응 사례를 제시하였다. HP는 1970년대와 1980년대 모듈 시스템화를 통해 컴퓨터 사업으로 진출하면서 고객, 종업원, 주주 등의 요구에 맞추어 전략과 프랙티스를 변화시켰다. 핵심가치는 고수하되 기업의 목표는 점진적으로 변화시켰다. 이를 통해 유일최선의 문화가 없음을 알 수 있다. 따라서 조직문화 진단을 통하여 기업문화가 미래의 경영환경이나, 새로운 경영이념에 부합하는지 파악해야 한다(박원우 · 이병철, 1996).

기업조직체는 조직 수명주기상에서 수많은 위기상태에 직면하지만 이를 잘 극복하다 보면, 새로운 수명주기로 계속 옮겨 갈 수 있다. 문화변화의 속성은 조직이 수명주기상 어떤 단계에 위치하는가에 따라 달라지며(Schein, 1985, 1992), 기존의 문화를 해빙(unfreezing)시킬 힘 또한 조직발전의 단계에 따라서 서로 달라지는 것이다. Schein(1992)은 조직문화 변화의 수명주기모형(life-cycle model of organizational culture change)을 개발하였는데, 조직이 발전의 독특한 단계를 거치며, 각 단계에서 문화는 서로 다른 기능을 한다고 하였다.

Gordon(1985)은 공기업과 사기업 모두를 대상으로 실증연구한 결과, 기업이 직면한 산업환경에 따른 기업별 문화적 특성이 존재하고 이는 조직유효성과 관계있다고 설명하면서 환경과 조직문화 간 적합성을 강조하였다. 적합성과 성과와의 관계는, 뒤의 5.3과 11장에서 많이 다루어지지만, fit연구를 통하여 경영학의 제 분야에서 충분히 입증되었다.

② 속도 및 기간과 성과

문화변화의 속도와 성과 간 관계에 대한 연구는 개념 및 실증연구 양 측면 모두에서 아직 없다. 여기서는 빠르고 느린 것 중 어느 것이 좋으냐를 떠나 속도의 효과성에 미치는 영향요인을 보기로 한다. 속도의 효과는 상황에 따라 다를 수 있으며, 문화변화를 달성하는데 필요한 시간(속도 및 기간)에 영향을 주는 요소 중 첫 번째로 긴급성(urgency)을 들 수 있다(박원우 · 성지영, 2005). 진정한 위기의 시점에 사람들은 변화의 필요를 느끼고 제안을 경청하며, 보다 더 빨리 적응하게 된다. 변화의 속도에 영향을 주는 두 번째 요소는 개인들에게 미치는 제시된 변화의 매력도(attractiveness of the proposed change)이고, 세 번째 요인은 변화되는 문화의 강도(strength of the culture being changed)이다. 구문화가 오랜 기간 동안 사람들의 지지를 받았다면 새로운 문화를 수용하기 위해 기존 것을 포기하기가 쉽지 않을 것이며, 그런 상황에서 변화를 달성하는 데에 상대적으로 속도나 기간이 더 소요될 것이다. (조직문화 변화의 소요기간에 관해 뒤 10.3.2에서 상세히 다룬다.)

한편, 기업문화 활동의 추진 기간과 관련하여 한국기업의 기업문화 활동은 대체로 1년 이상에 걸친 중 · 장기적 속성을 지닌 것으로 알려져 있다(박원우 · 이병철, 1996). 그러나 6개월 이내에 조직문화를 이룩하려는 경우도 있는데, 성급한 노력은 효과를 얻기 힘들다. 한 인간의 성격이 형성되는데도 4~5년이 걸리는데, 조직의 공유가치, 성향, 행동의 변화를 이루려 하면서 성급하게 추구하면 오히려 역효과가 나기 쉽다. 진정한 변화란 unfreezing, moving, refreezing의 단계를 순차적으로 모두 거쳐야 하듯이 기간 여유를 두고 추구하여야 한다. 따라서 규모가 큰 기업조직의 경우 3년은 잡아야 진정한 문화변화가 가능할 것이다.

③ 규모와 성과

조직문화 변화노력이 어느 정도 규모에서 추진되어야 더 효과적인지에 관한 논의가 있을 수 있다. 전체적으로 통일된 조직수준의 문화변화만 있으면 되는지? 아니면 조직 내 하위문화를 어느 정도 허용해야 하는지의 문제가 있다.

Meyerson & Martin(1987)은 3가지의 조직문화 변화 프로세스를 제시하였다(Payne, 2001), 〈표 5-4〉를 보면 패러다임 1(Integrated paradigm)의 경우 조직차원의 문화적 변화는 리더에 의해 성공적으로 시작되고 통제될 수 있는 희망과 약속을 전달한다. 따라서 문화변화 관리에 대한 가능성과 실제에 대해 연구자와 실무가들은 보통 패러다임 1의 관점을 사용한다(예, Kilmann et al., 1985; Pascale & Athos, 1981; Schein, 1985). 패러다임 2(Differentiated paradigm)는 문화변화 관리가 한정된 영향력을 가지고 예측가능하나, 조직수준의 통제가 가능하지는 않음을 제시하는 보다 제한된 관점이다. 패러다임 3(Fragmented paradigm)에서는 단지 리더가 아닌 모든 문화 구성원이, 그들이 속해 살고 있는 문화에 의해 불가피하게 계속해서 변화됨을 제시하고 있다. 따라서 문화통제에 대한 신념은 사람의 선택(person's choice) 또는 패러다임 관점(paradigmatic viewpoints)에 의해 결정되고 반영된다고 하였다.

〈도표 5-4〉 문화유형과 문화변화 프로세스

	패러다임 1: Integrated paradigm	패러다임 2: Differentiated paradigm	패러다임 3: Fragmented paradigm
일관성의 정도	높은 일관성	일관성과 비일관성	일관성의 부족/ 명확성: 화합할 수 없는 일관성
합의의 정도	조직수준	내부의 하부문화	이슈-특유의 합의와 많은 혼란
불확실성에 대한 반응	부정	경로전환	수용
변화 프로세스의 속성	혁명적	점진적	연속적
변화의 규모	조직수준	분권화되고 약하게 연결	개인들 간의 이슈-특유의 변화
변화의 원천	종종 리더 중심	내부와 외부	개인별 적응
변화관리를 위한 함의	외형적이면 통제가능, 심층적이면 통제어려움	예측가능하고 불가능한 원천과 결과	연속적 속성으로 인해 대체로 통제불가능

자료원: Meyerson & Martin(1987)을 바탕으로 Payne(2001), p. 111을 재인용.

박원우 · 이병철(1996)은 한국에서 기업문화 활동의 대부분이 전사차원의 규모로 진행되었고, 전사규모와 전사주도가 모든 성과 및 결과 측면에서 더 효과적이었다고 제시하고 있다. 즉, 기업문화 활동은 전사주도로 전사적 차원(규모)에서 진행될 때 그 자체의 성과나 구성원 만족도, 애착심, 기업의 이미지, 나아가 사회공헌 면에서 더 효과적인 것으로 판명되었다(박원우 · 이병철, 1996, pp. 12-13).

5.3. 성과의 수준(level)에 따른 관계

'조직문화와 조직수준 성과와의 관계'는 이미 성과의 제 측면(정적, 동적 측면)에서 다루었기에 여기서는 조직문화와 팀수준 및 개인수준 성과와의 관계를 다루기로 한다.

5.3.1. 조직문화와 팀수준 성과와의 관계

조직문화가 팀의 성과에 어떻게 영향을 주는가? 아마도 여기에는 매개변수 또는 조절변수가 필요할 것이다. 즉, 과업의 유형(task type)이나 팀의 구성(team composition), 팀 동료들 간의 적합성(fit) 또는 사회적 맥락(social context)에 이르기까지 여러 변수들이 이 관계를 변화시킬 수 있다.

이제까지 조직문화와 부서성과와의 관계는 주로 개인주의-집단주의가 작업집단의 구성, 프로세스, 성과에 중요한 영향을 준다는 사실에 초점을 두고 이루어져 왔다.

Sosik & Jung(2002)의 연구는 문화가 집단의 특성, 즉 기능적 이질성(functional heterogeneity), 집단의 유효성(group potency), 결과 기대(outcome expectation)와 작업집단의 성과에 미치는 영향을 고찰하였다. 기능적 이질성과 집단의 유효성은 집단주의보다는 개인주의 문화에서 더욱 부각되었고, 결과 기대와 팀워크에 대한 선호(preference for teamwork)는 개인주의보다는 집단주의에서 더욱 높게 나타난다.

많은 학자가 개인의 문화적 성향의 한 부분으로서 팀워크에 대한 선호도를 조사하였다. Earley(1989)는 미국과 중국 노동자들을 대상으로 개인적 vs 집단적 문화적 성향을 조사한 결과, 이들의 문화적 성향이 작업방식에 대한 선호(preferred mode of work)와 집단성과에 상당한 영향을 미치는 것으로 나타났다. Cox & Blake(1991)는 집단주의적 성향을 가진 구성원들은 개인주의적 성향의 집단구성원들보다 협력행동을 더 잘한다고 하였다. 사람들에게 공동의 작업에 대한 높은 수준의 선호도를 제시함으로써, 조직은 사람들의 사회적 동기와 욕구를 만족시킬 수 있다.

조직문화의 결과변수와 관련해서 팀의 구성과 문화가 집단의 창의성에 영향을 미칠 수 있다(Chatman, Polzer, Barsade, & Neale, 1998). 예를 들면, 이질적인 집단이 동질적인 집단보다 문제해결에 있어서 다양한 아이디어의 수(양), 관점, 접근방식을 가질 수 있기 때문에 창의성을 요구하는 집단의 일을 더 잘 수행할 수 있다는 연구결과가 있다(예, Hoffman, 1979; Nemeth, 1992).

생산성(productivity) 역시 문화적 특성의 영향을 많이 받는다. 개인주의 문화에서는 다른 사람들로부터 투입을 바탕으로 한 아이디어의 공유 또는 변경을 거의 하지 않지만, 집단주의 문화에서 구성원들은 다른 사람의 생각을 고려하고 이를 바탕으로 논쟁하도록 한다. 조직구성원들이 인구통계학적으로 다를 경우 문화적 차이가 생산성에 특히 영향을 미칠 수 있다. 개인주의 문화에서는 다양한 구성원들은 상호작용하더라도 자신들의 아이디어에 대한 논쟁에 그리 많은 시간을 쓰지는 않기에 일을 완성하는데 시간이 덜 걸리지만, 반대로 집단주의 문화에서 일하는 다양한 구성원들은 동료들의 관점을 인정하도록 유도되고 결국 다양한 아이디어들은 통합하는데 시간이 오래 걸리게 된다.

사실 이제까지 조직문화와 팀성과 간의 관계는 의외로 실증연구가 부족한 실정이다. 그러나 팀의 규모나 구성 등이 더욱 다양화되는 추세를 고려할 때, 진정 이들 관계를 연결할 수 있는 메커니즘을 찾아내고 이를 활성화할 수 있는 방안을 탐색하는 것이 중요하다.

5.3.2. 조직문화와 개인수준 성과와의 관계

조직문화와 개인성과와의 관계는 크게 두 가지 차원에서 생각해볼 수 있다. 첫째는 동일 속성 혹은 역량을 보유한 개인이 조직문화가 달라짐에 따라 성과를 달리 내는가 하는 측면과 둘째는 개인과 조직문화의 적합성이 개인성과를 결정하는가 하는 측면이다.

동일한 역량을 보유한 개인의 성과가 조직문화에 따라 달라질 것인가? 이에 대한 실증연구는 매우 드물다. 교보증권의 최명주 사장은 “같은 역량을 가진 사람이라도 회사에 따라 성과가 다르다”고 하며 “지극히 개인적이면서도 협업을 할 수 있는 문화가 필요하다”고 역설했다. 따라서 그는 “사람과 조직문화를 바꾸어 나가는 중”이라며 “조직문화와 개인역량 확충에 최우선 투자를 할 것”이라고 덧붙였다(머니투데이, 2007). Eisenberg(1999)는 보상이 창의성에 미치는 효과를 연구하면서, 또 다른 변인으로 문화변인을 상정하고 조직 내 창의적 수행에 미치는 인센티브의 효과가 문화마다 어떻게 달라질 것인지를 예측하였다. 즉, 인센티브든 언어적 보상이든 외적 보상(extrinsic reward)이 창의적 수행에 미치는 효과가 조직의 분위기 등 문화마다 달라질 수 있음을 시사하는 것으로, 조직구성원들이 지각하는 조직문화가 그 조직의 창의성에 지대한 영향을 미친다는 것을 알 수 있다(권기환 · 김인호, 2004, p. 42, 재인용). 실증연구가 미약하기는 하지만, 동일한 역량을 보유한 개인이라도 이들이 조직의 문화를 어떻게 인식하느냐에 따라서 이들의 성과는 달라짐을 유추할 수 있다.

개인과 조직문화와의 적합성을 개인성과와 연계하여 보는 것은 ‘개인-조직 적합성’ 관점과 직결된다. 개인-조직 적합성(Person-Organization fit: P-O fit)은 가치적합성(value congruence), 목표적합성(goal congruence), 요구-공급 적합성(need-supplies fit), 요구-능력 적합성(demands-abilities fit) 등의 여러 개념을 포함하여 다양한 방식으로 정의된다. 개인-조직 적합성이 개인의 태도변수에 주는 영향에 관해 거의 모든 연구들에서 P-O fit이 높은 경우 조직몰입과 직무만족이 높아졌으며, 이직의도, 혹은 실제 이직이 줄어드는 일관된 결과(예, Boxx, Odom, & Dunn, 1991; Chatman, 1991; O'Reilly, Chatman, & Caldwell, 1991; Posner, 1992)를 보여주고 있다(박원우 · 고수경, 2006, p. 525, 재인용). 이러한 긍정적 효과는 조직문화 관련 연구에서도 마찬가지로 나타나고 있다. 예를 들어 조직의 분위기와 그에 대한 개인의 선호 간의 높은 적합성(Tziner & Falbe, 1990)이나 조직문화 선호와 조직문화 간의 적합성(Van Vianen, 2000)도 역시 개인의 태도변수에 강한 긍정적인 효과를 미치고 있었다.

개인과 조직문화의 적합성과 관련해서는 attraction, selection, attrition(ASA) theory를 바탕으로 설명할 수 있다. ASA이론(Schneider, 1987; Schneider, Goldstein, & Smith, 1995)에 따르면, 조직은 유사한 특성을 가진 사람을 유인하고, 선발하고 유지하는 고유한 성향을 가지고 있다. 이 이론은 '개인-조직 적합성'에서 강한 지지를 받아왔는데, 연구자들은 조직구성원들은 자신의 특성 및 선호도와 조직의 문화적 가치(예, Cable & Parsons, 2001; Chatman, 1991; O'Reilly et al., 1991) 또는 구조적 특성(예, Bretz, Ash, & Dreher, 1989) 간의 적합성을 인식하게 될 때 그 조직에 끌리게 되는 경향이 있다고 하였다. 조직은 조직의 특성에 가장 적합하다고 믿는 사람들을 선발하는 경향이 있으며(예, Cable & Judge, 1997; Kristof-Brown, 2000), 또한 개인의 경우도 그러한 환경에 잘 맞는다고 생각하는 개인은 조직에 남아있는 경향이 있으며, 잘 맞지 않는 사람은 조직을 떠나는 경향이 있다고 한다(예, Cable & Parsons, 2001; Chatman, 1991; O'Reilly et al., 1991).

그 결과 조직은 인성, 가치, 태도, 기타 구성원들의 성향의 관점에서 유사한 동질적인 성격이 되어간다(Schneider et al., 1995). 나아가 이러한 구성원들 간의 유사성이 한 조직이 다른 조직과 차별화되는 독특한 공유된 성향(unique shared personality)을 발전시키도록 한다고 보았고(Schneider, 1987; Schneider et al., 1995, Schneider, Smith, Tayler, Fleenor, 1998), 이를 '동질성 가설'로 표현하였다. Schaubroeck, Ganster, & Jones(1998)는 개인들은 자기 자신의 개인적 특성에 적합한 조직을 잘 떠나려고 하지 않는다는 사실을 발견했고, Schneider et al.(1998)은 미국의 서로 다른 142개의 조직의 13,000명의 매니저를 대상으로 한 archival sample을 사용하여 동질성 가설을 실증하였다. 그렇지만 오늘날까지 이러한 동질성 가설을 직접적으로 테스트한 논문은 극히 드문 상황이다.

5.4. 조직문화-성과 연구의 문제점과 개선방안[2)]

문화-성과의 연결에 있어서 비교 방식을 목표로 하는 연구자들은 적어도 3가지의 주요 문제점에 직면 한다: 조직문화를 가장 최상으로 측정하는 방법은 무엇인가? 조직성과를 가장 잘 측정하는 방법은 무엇인가? 조직문화와 성과 간 관계에 대해 가장 최적으로 접근하는 방법은 무엇인가?

① 조직문화의 측정

문화-성과 연구에 관한 양적 연구는 조직문화의 개념을 정의하고 측정하는 것과 관련되어 있다. 조직문화의 다양한 기본적 정의가 존재하지만, 조직문화를 포괄적으로 측정하고 비교할 수 있는 일반적으로 승인되거나 적용할 수 있는 틀은 존재하지 않는다(Wilderom et al., 2000). 여러 연구에서 발견되는 다양한 문화적 특징은 조직문화의 개념에 대한 불명확한 특성을 반영하고 있다. 몇몇 비판가들은 '문화'를 측정하기는 불가능하다고 주장하기도 하였다. 대신, 이들은 측정이 조직 및 작업 관련 가치(Calori & Sarnin, 1991; Marcoulides & Heck, 1993), 규범적 신념(Rousseau, 1990a), 조직풍토(Denison, 1990; Denison & Mishra, 1995; Gordon & DiTomaso, 1992), 조직에 대한 일반적인 실무적 기능(Koene, 1996; Kotter & Heskett, 1992; Petty et al., 1995)의 구조적 측면으로 구성되어 있다고 하였다. 조직문화에 있어서 이러한 다양성은 이용되는 설문 항목에 반영되어 있는데, 이는 종업원들의 태도, 개인 및 조직의 규범, 절차의 기술과 평가, 조직의 프로세스 및 구조를 언급한다.

다양한 실증적 문화-성과 연구는 조직문화에 대한 프로세스 점수 또는 종합을 근거로 하는 문화적 강도를 보고 하였다. 이러한 종합점수는 이 분야 학자들 사이에서 광범위하게 수용되지는 않았다(Kopelman, Brief, & Guzzo, 1990; Schein, 1985; Weeks, 1994). 대중성에도 불구하고 이러한 점수를 통해 얻은 연구는 특히 경영 실무에 있어서 잘 발견된 문화-성과 연결관계를 보충하는데 불충분한 것으로 보기도 한다. 일부에서는 문화적 내용과 문화적 점수 간에 상호작용 효과가 가장 강력할 것이라고 보기도 한다(Gordon & DiTomaso, 1992).

보다 유망한 측정치는 Kilmann & Saxton(1983)이 주장한 '문화격차'(culture gap)의 개념이다. 2가지의 내용적 차원을 바탕으로 하여 Kilmann & Saxton은 구성원들에 대해 작업집단이 행사하는 압력을 구체화하고 이와 별도로 고성과와 사기를 증진시키기 위해 운영해야 하는 규범을 제시하였다. 실제(perceived)와 바람직한(preferred) 문화상태 간의 차이로서 문화변화 관리의 초점이 어디에 두어져야 하는지를 알려준다.[3] O'Reilly et al.(1991)은 사람-조직 적합성에 관한 연구에서 유사한 종합유형 점수(summary-type score)를 사용하

2) 이 부분은 Wilderom et al.(2000)의 조직문화-성과 연구의 난제 부분을 정리하여 쓴 것임.

3) 이에 대한 상세한 설명은 뒤 7.1에 나올 것이다.

였다. 이 연구는 실제의 조직규범과 바람직한 개인규범 간의 격차가 큰 조직은 높은 이직을 경험한다는 것이다. Wilderom & Van den Berg(1998)는 조직과 성과에서 평균적인 문화격차 간의 관계를 연구하였다. 이 연구는 강한 문화를 추구하는 대신 기업은 종업원이 선호하는 조직의 프랙티스와 이에 대한 인식 간의 차이를 줄이는데 더욱 신경을 써야 한다는 점이다. 요약하면, 조직성과 및 유효성에 관한 조직의 문화격차의 중요성에 대한 실증적 뒷받침은 여전히 제한적이지만 미래 연구의 유망한 근거를 제시한다.

② 조직성과의 측정

조직문화–성과 연결 연구에 있어서 두 번째 주요 쟁점은 성과 및 유효성 접근방법의 선택이다(Wilderom et al., 2000). 영리추구 기업에 초점을 맞추는 조직성과 연구에 있어서 합리적 목표 접근방식(rational goal approach)이 전통적으로 성과 접근방법의 주류가 되어 왔다. 여기서는 재무적 또는 경제적 목표(예, 이윤극대화)의 추구가 주요한 조직의 목표이다(Venkatraman & Ramanujam, 1986). 합리적 목표 접근방식은 보통 회계기준 지표(예, 자산회전율, 매출에 대한 자산, equity에 대한 자산 등)와 같은 수익성 측정치를 이용하여 평가된다. 이러한 측정치들은 평균치 성과(aggregated performance)를 제공하고 산업의 다양한 유형에 걸쳐 비교 및 접근 가능한 이점을 가지고 있다. 그러나 이들은 상당한 비판을 받고 있는 것도 사실이다. 조작가능성, 회계방법에 있어서 일관성의 부족, 소급 성향(backward orientation), 단기주의(short-termism)가 비판의 주요 사항이다(Brown & Laverick, 1994; Kaplan & Norton, 1992; McGuire, Schneeweis, & Hill, 1986). 이처럼 대중적인 성과 및 경제적 성과 측정치에 대한 불만과 다양한 혼재된 목표가 영리조직 내에 존재한다는 인식은 조직성과에 대한 합리적 목표 접근방식의 주요 비판이 되었다.

이에 비해 비재무적 및 인지적 성과지표를 포함한 다차원 성과 접근방식(multidimensional performance approaches)은 최근 개념적 성과(conceptual performance)에 있어서 광범위한 지지를 받게 되었다(Donaldson & Preston, 1995; Preston & Sapienza, 1990). 조직성과에 대한 다양한 이해관계자(multiple stakeholder) 접근방법은 합리적 목표 접근방식에 있어서 가장 유망한 대안이 되었다(Connolly, Conlon, & Deutsch, 1980; Freeman, 1984; Tsui, 1990). 이것은 조직이 다양한 목표를 가지고 있음을 명확하게 고려하는 것이다. 이러한 접근방법은 이해관계자 집단 또는 정치적 장들 간 관계의 복잡한 망으로서 사업조직에 대한 현대적 관점과 상응되는 것이다(Atkinson, Waterhouse, & Wells, 1997; Clarckson, 1995; Keeley, 1980).

1970년대 초반부에 시작된 기업의 사회적 책임에 대한 활발한 논의와 함께, 사업환경에 있어서 변화는 경영학 연구에 있어서 이해관계자 접근방법의 대중성을 강화시켰다. 더욱이, 품질운동은 순수한 재무적 및 경제적 성과 접근방법 이외에 다른 영역에 대한 준비의 시작이기도 했다.

문화-성과 연결관계에 대한 10가지의 실증연구(〈도표 5-1〉 참조)에서는 이해관계자 성과 접근방법(stakeholder performance approach)을 적용하였다. 이 중 5가지의 연구에서는 회계 및 증권시장 특성을 근거로 한 순수한 재무 및 경제적 성과 접근방법을 적용하였다(Calori & Sarnin, 1991; Denison, 1990; Gordon & DiTomaso, 1992; Kotter & Heskett, 1992; Marcoulides & Heck, 1993). 비영리 조직에 초점을 둔 Rousseau(1990a)는 단일 차원의 투입 지향(unidimensional input-oriented)의 성과 접근방법을 적용하였다. 나머지 4가지 연구는 성과 차원(performance dimensions) 선택에 대한 특정한 이론적 근거를 언급하지 않고 성과에 대한 다차원 접근방법을 사용하였다(Denison & Mishra, 1995; Koene, 1996; Petty et al., 1995; Wilderom & Van den Berg, 1998).

다차원 및 인지적인 성과 접근방법을 사용하는 문화-성과 연구에 있어서 중요한 방법론적인 사항은 동일방법편의(common method bias)의 위협과 관련된다. 성과와 문화에 대한 측정 모두 단일 정보원(single information source)에서 도출되는 인지적 데이터(perceptual data)가 기본이므로, 당연히 동일방법편의가 문제 될 수 있다(박원우 · 김미숙 · 정상명 · 허규만, 2007, 참조).

③ 기타 이슈들

▶**샘플링의 문제:** 문화-성과 간 실증연구 설계에 있어 여전히 남아있는 핵심이슈는 조직 샘플링, 응답자의 유형 및 이용되는 분석수준과 관련된다(Wilderom et al., 2000). 문화-성과 연결에 대한 연구는 일반적으로 암묵적이긴 하지만 두 단계 샘플링(two-stage sampling)을 사용한다. 첫 번째 단계는 연구에 포함될 조직 샘플링과 관련된다. 두 번째 단계는 조직 내에서 선택되는 응답자이다. Koene(1996), Mardoulides & Heck(1993), Wilderom & Van den Berg(1998)의 연구를 제외하면, 위에서 고찰한 10가지 주제 중에서 적어도 하나는 2가지 샘플링 절차를 충분히 갖추고 있지 못하다. 예를 들어, Rousseau(1990a), Kotter & Heskett(1992)의 연구에서는 종업원과 경영자에 대한 편의표본을 사용하였다. 샘플링 절차에 있어서 이러한 단점은 일반화 결과뿐만 아니라, 확보한 자료의 질을 떨어뜨리는 결과를 낳게 된다.

▶**응답자 유형의 문제:** 조직문화가 전체 조직의 속성을 일컫는다고 했을 때, 연구자들이 다

양한 위계 또는 다른 조직의 수준(잠재적인 하위문화)을 대표하는 조직구성원을 확보하는 것은 중요하다. 조직문화 평가를 목적으로 하는 몇몇 연구에서는 경영자나 중역들만을 포함하는 경우도 있다(Denison & Mishra, 1995; Gordon & DiTomaso, 1992; Kotter & Heskett, 1992). 따라서 연구자들은 다양한 계층, 부문, 부서 및 전문가를 포함하는 전체 조직의 모든 조직구성원을 대상으로 연구하는 것이 시급한 과제이다.

▶**분석수준의 문제:** 문화는 조직수준의 구성개념이므로, 문화와 성과 간의 관계를 고찰하기 이전에 개인의 응답이 조직수준으로 집합될 필요가 있다. 그러나 하위수준의 데이터를 평균화하여 상위수준의 개념으로 취급할 때 이론적, 방법론적 문제(레벨이슈[4])를 유발할 수 있다. 따라서 문화–성과 간 관계를 조명하면서 단순 합(aggregation)이 아닌 다수준 분석(multilevel analyses)의 더욱 강력한 수단을 마련해야 한다(박원우 · 김재원 · 최혜원, 2003, 참조).

4) 레벨이슈에 대해선 다음 장의 6.4에서 보다 상사히 설명될 것이다.

Part

03

조직문화의 측정

제6장 육하원칙에 입각한 조직문화 측정 논의

제7장 조직문화 측정의 대표적 도구와 활용법

Chapter 06

육하원칙에 입각한 조직문화 측정 논의[1)]

조직문화 측정의 목적은 올바른 조직문화 관리, 나아가 지속적 조직성장을 가능케 하는 것이다. 지속적 조직성장을 위해서는 조직문화를 변화시켜야 하고, 조직문화를 변화시키려면 현재와 미래, 전체와 부분 등 제 측면에서 이상수준과 현재수준 간 격차를 정확히 비교할 수 있어야 한다. 조직문화를 변화시키는 노력을 해도 그 문화의 변화 여부를 측정하지 못한다면 그러한 노력의 효과를 평가할 방법이 없기 때문에 노력 자체가 무의미할 것이다. 본서에서는 문화측정 관련 제 논의들을 육하원칙(누가, 언제, 어디서, 무엇을, 어떻게, 왜)에 따라 정리 · 제시하는데, '왜 측정하는지'는 그 핵심을 여기서 간략히 언급하였기에 생략하기로 한다.

나아가 '어디서' 측정하는가도 다음의 두 이유로 생략한다. 첫째, 측정의 장소를 다루는 '어디서 측정'은 현실에서 측정의 방법을 다루는 '어떻게 측정'의 이슈와 상호 밀접하게 연계되는 경우가 많다. 따라서 이들을 따로 설명하기 보다는 '어떻게' 측면에서 측정방법을 다루면서 '어디서' 측면을 연계하여 설명한다. 둘째, 조직문화는 구성원에 의해 공유되고 그 구성원의 행동으로 표출되는 속성이기에 측정대상 구성원이 있다면 비용, 시간, 인력이 허락하는 한 장소 · 위치에 제한되지 않고 어디서든 측정되어야 하기 때문이다.

1) 이 부분은 박원우 · 성지영(2008b)의 '조직문화의 측정'이라는 논문에서 많이 인용하였음.

6.1. 누가(Who) 측정할 것인가?

조직문화 측정의 주체는 조직문화 관리의 주체가 누구인지 하는 점과 결부시켜 생각할 수 있다. 조직문화의 활동주체와 관련하여 박원우 · 이병철(1996)은 (1996년 여름 현재 기업문화 활동을 했거나 하고 있는 대한상공회의소 회원사를 대상으로 조사한 연구에서) 기업문화 활동을 주관 · 담당하는 부서를 문의한 결과, 기업문화 전담부서가 있는 곳은 예상보다 훨씬 적은 수치를 보였고(27%) 전사차원의 추진으로 인해 기획부서가 주관하는 경우가 약 반 정도(49%)인 것으로 나타났다. 홍보부서가 추진하는 비율이 꽤 높았는데, 이는 '기업의 문화'에 비해 '기업과 문화' 측면이 많았기 때문으로 생각된다(박원우 · 이병철, 1996, pp. 97-98). 또한 주관여부에 따른 기업문화 활동의 성과 · 결과치를 비교한 결과, 기업문화부서가 주관하는 경우와 그렇지 않은 경우 사이에는 성과 · 결과에서 뚜렷한 차이가 있는 것으로 나타났다. 즉, 기업문화부서 이외의 부서가 기업문화 활동을 주관 · 담당할 경우엔 해당 부서의 주관여부가 성과에 특별한 영향을 안 미치지만, 기업문화부서가 주관할 경우엔 성과와 유의한 관계가 있는 것으로 나왔다. 따라서 기업문화 활동을 추진하여 효과를 얻으려면 기업문화를 전담하는 부서를 통해서 추진하는 것이 좋다는 것을 의미한다. 물론 기업문화 전담부서가 조직 내 있다는 것은 이미 기업문화의 중요성에 대한 그 조직의 인식이 강하다는 것을 의미하고, 그러기에 기업문화 변화노력의 효과가 더 강할 수도 있었다.

조직문화 측정은 여러 방법(예; 면담, 관찰, 내용분석, 실험, 설문조사)이 있고, 어느 방법을 활용하느냐에 따라 측정의 주체가 달라질 수도 있다. 〈도표 6-1〉의 내용처럼 문화측정의 주체별로 장 · 단점이 있는데, 측정의 타당도와 신뢰도 측면에서 면담의 경우 특히 측정의 주체가 중요하게 작용하며, 내부자와 외부자의 차이점이 잘 대조되어 나타난다. 내부자로서 극복해야 할 가장 큰 장애는 이미 알고 있다고 생각하는 것들에 대해서도 질문할 필요가 있다는 것이다. 다른 사람들에게 자신들의 관점에 관해 물어야 하며, 이내 조직의 서로 다른 부서들이 서로 다른 문화개념을 가지고 있음을 발견하게 되는데, 내부자에게 필요한 것은 면담할 때에 마치 조직에 대해 전혀 모르는 것처럼 응답자들을 대하도록 해야 한다. 내부자로서 면담하는 이점의 하나로 외부자들 보다 더 자세한 것을 물을 수 있으며 심층수준의 문제에서 시작할 수 있다는 점이다.

〈도표 6-1〉 문화 측정의 주체

<table>
<tr><th>관점</th><th colspan="2">측정 주체</th><th>특성</th><th>장점</th><th>단점</th><th>기타</th></tr>
<tr><td rowspan="5">내부자 관점</td><td rowspan="3">계층별</td><td>최고경영자</td><td>전사규모의 기업문화 측정 추진 가능. 그 효과 역시 가장 큰 것으로 판단됨</td><td rowspan="5">장기간의 조직 생애에의 참여를 통해 문화에 대한 심층적 이해를 발전시킴. 자료의 풍부성, 자료에 대한 맥락파악, 통찰력을 갖추기 위한 강한 경청 등을 꼽을 수 있음</td><td rowspan="5">연구자의 관점이 드러나지 않고 비용 소모 큼</td><td rowspan="6">두 가지 방법은 상보적 관계임</td></tr>
<tr><td>중간관리자</td><td>중간관리자의 참여가 있으면 조직문화 및 조직문화 변화의 측정은 훨씬 더 가속화될 수 있음</td></tr>
<tr><td>일반구성원</td><td>일반구성원의 참여는 궁극적으로는 필수적이나 시간이 오래 걸림</td></tr>
<tr><td rowspan="2">부서별</td><td>기업문화부</td><td rowspan="2">기업문화 전담부서가 있는 경우는 그리 흔하지 않아 흔히 기획부서 주관으로 전사적 차원에서 조직문화 측정을 실시함</td></tr>
<tr><td>타부서</td></tr>
<tr><td>외부자 관점</td><td colspan="2">외부전문가
(교수, 컨설팅 회사)</td><td>면담, 벤치마킹 등의 방법을 주로 사용</td><td>벤치마킹의 사용은 조직의 강점과 약점을 파악하게 해줌.
면담 등의 방식을 통한 질문은 구성원들에 대한 표면타당도를 가질 수 있게 해줌</td><td>조직의 역사를 완전하게 이해할 수 없음</td></tr>
<tr><td></td><td colspan="2">기타: CEO 평가단
혁신관련 부처</td><td>조직을 보다 객관적으로 평가할 수 있음</td><td colspan="2"></td><td></td></tr>
</table>

이에 비해 외부자들은 조직문화 면담에 있어 진실로 순박한 입장을 취하기가 쉽다. 이들은 내부자들의 입장에서는 당연하게 받아들이기 때문에 질문하지 않는 것도 쉽게 질문할 수가 있다. 하지만 외부자들은 응답자와 관계 및 신뢰구축에 더 노력해야 하며, 문화의 내부 의미에 대해 자신의 고유한 해석으로 함부로 대체하지 말아야 한다(Driskill & Brenton, 2004, p. 95).

6.2. 무엇을(What) 측정할 것인가?

조직문화 측정의 대상은 네가지 차원에서 생각될 수 있다. 첫 번째로 2차원상에서 표면적으로 고려하면, 조직문화를 측정한다는 것은 당연히 다양한 그 구성요소(3.2의 내용 참조)를 측정하여야 할 것이다. 구성요소를 얼마나 단순/복잡하게 구분하느냐는 연구자 혹은 실무자에 따라 다르겠지만 중요한 것은 두 가지다. 장님 코끼리 만지듯 일부만을 측정하여 전체를 그릇되게 해석하지 말아야 하며, 나아가 제 구성요소 간 상호적합성까지 보아야 한다는 점이다. 두 번째는 (2차원의 넓이 측면만이 아니라) 3차원으로서 깊이까지도 고려하여 조직문화를 인식 · 측정하는 것인데, 조직문화는 여러 수준에 걸쳐 존재한다고 하였다. 쉽게 관찰가능한 수준의 것만이 아니라 수면 아래 존재하여 쉽게 보이지 않는 것, 나아가 구성원의 마음 속에 존재하는 것까지도 측정하여야 한다.

세 번째는 (조직문화란 조직 내 구성원에 의해 공유되고 나아가 그들의 행동으로 표출되는 것이라고 했는데) 존재의 위치나 관찰용이성에 관계없이 조직구성원에 의해 어느 정도로 수용 · 합의 · 공유되고 있는지를 측정하는 것이 중요하다. 즉, 문화의 강도를 측정하는 것이 문화를 이해하고, 변화의 방법을 찾고, 나아가 변화의 효과성을 찾는 데도 중요하다. 네 번째는 4차원 관점에서 문화의 격차를 측정하여야 한다. 효과적 조직관리의 일부로서 문화관리는 곧 문화변화 관리를 위함이고, 이를 위해선 이상–현실, 전체–부분, 부분간 등 (공간뿐만이 아니라 시간의 차이까지도 고려한) 격차의 정도가 정확히 측정되어야 한다.

6.2.1. 문화의 구성요소 측정

문화의 구성요소 측정과 관련해서 두 가지가 중요하다고 했다. 다양한 구성요소가 골고루 측정되어야 한다는 점과 제 요소 간 적합성이 측정되어야 한다는 것이다. 건강검진 한다고 병원 가서 한 분야(예, 내과)만 혹은 두 분야(예, 내과와 외과)만 방문해서는 결코 건강을 올바로 측정했다고 할 수 없을 것이며, 나아가 분야간 수치를 연계하여 분석하지 않고는 문제파악이나 건강증진의 방안도출 정확성이 떨어질 것이다.

연령, 성별, 건강상태, 이전의 건강검진 경험, 나아가 고객의 비용감수 의향 등에 따라 건강검진의 항목 수가 달라진다. 조직문화의 측정 또한 마찬가지다. 그러나 진정한 종합적 체계적 건강진단에서는 신체의 모든 부위별 혹은 의학의 모든 분야별로 검진이 이루어지듯이 조직문화의 측정에서도 제 구성요소별로 측정이 이루어 져야 한다. 조직문화의 구성요소는 연구자에 따라 다양하게 설명되고 있지만, ready–made된 구성요소(예, 7S 혹은 5I)를 많이 활용하는데 논리적으로 잘 정립되어 기존에 많이 쓰이고 있기도 하거니와 benchmarking 차원에서 결과치의 비교도 용이하기 때문이다.

우리의 두 다리는 항상 번갈아 가면서 앞으로 나아간다. 만약 두 다리의 길이가 다르다거나 두 다리 모두가 동시에 앞으로 나아간다면 분명 우리는 문제에 봉착할 것이다. 우리 신체의 모든 부위가 상호 적합하여야 하며 뇌에 의하여 통제받으면서 질서와 균형을 이루어야 하듯이 조직문화의 구성요소들 또한 상호 적합하여야 한다. 따라서 제 문화요소 간 적합성이 반드시 측정되어야 한다.

6.2.2. 문화의 수준에 따른 측정

Schein(1985)은 문화를 파악할 때 그것이 여러 '수준(level)'에서 존재함을 인식하고 각 수준에 적합한 측정방안을 활용해야 한다고 했다. 그는 문화의 수준을 3가지로 나누었는데, 그 첫째는 인공물(artifacts)로서 가시적인 조직의 구조와 프로세스를 의미한다. 둘째는 채택된 가치(espoused values)로서 전략, 목표, 철학이 이에 속한다. 마지막은 기본가정 즉, 공유된 암묵적인 가정들(shared tacit assumptions)로서 가치와 행동의 근원이 되는 요소들이다. 이러한 문화의 수준에 따라 문화측정의 방법이 달라지며 이에 따라 문화변화의 방법 또한 달라진다.

한편, 문화변화를 추구하는 학자들 또한 문화에 대해 동일한 개념을 가지고 있는 것은 아니기 때문에--문화의 본질을 규범(norm)으로 구체화 시킨 경우도 있고(예, Kilmann, 1985), 기본가정으로 보는 경우도 있다(예, Lewis, 1996a)--각자의 문화 정의에 따라 문화의 어느 수준을 측정할 것인지가 중요한 문제로 부각된다. 규범이 기본가정보다 변경시키기 용이하므로 문화변화 방법론에서 Kilmann의 논리가 훨씬 단순한 과정으로 이해될 수도 있다. 나아가 문화의 관리가능성에 대한 신념 또한 문화를 구성하는 요소에 대한 개별 연구자의 견해와 연결된다는 점을 알 수 있다. 예를 들어, 문화가 기본가정으로 구성되는 것으로 인식하면, 가치 또는 행위에 대한 변화는 문화변화로 인식하지 않을 것이다. Schein(1983)은 기본가정이 문화를 이해하고 변화시키는 핵심이 된다고 보았다. Schein(1983)과 Dyer(1985)의 문화변화 모형에서는 조직문화의 가정을 변화시키기 위해서는 조직의 리더가 기존 가정이 효과적이지 않다는 것을 인식하고 새로운 가정 묶음을 조직에 도입함으로써 변화시키는 것으로 설명하고 있다. 따라서 조직에서 문화의 어떠한 수준을 측정할 것인지는 조직문화 변화의 관점에 따라 결정된다고 할 수 있다.

Rousseau(1990b)는 조직문화 측정의 적정 수단은 설명되어야 할 문화의 수준을 따른다고 하였다. 문화의 외부 층(shallower layer)은 구조화된 양적 기법을 사용함으로써 보다 잘 설명 · 고찰될 수 있다. 즉, 서베이를 이용해 Schein의 유형화 수준 중 가시적 수준을 효율적이고 표준화된 방식으로 측정할 수 있다. 반면, 문화의 심층수준은 심층관찰, 심층면접, 자기분석에 있어서 조직구성원의 관여를 통해서 조사될 수 있다(Ott, 1989; Rousseau, 1990b).

6.2.3. 문화의 강도 측정

Payne(2001)은 문화를 기술하는 3가지 차원의 틀(〈도표 6-2〉 참조)을 개발했다. 문화 입방체(culture cube)로 불리는 이 틀은 문화의 강도(strength of culture)에 대한 이슈를 다루기 위해 개발된 것이다. 조직이론가나 관리자들은 문화를 성과와 관련시킬 때, 성과는 강하고(strong) 명확한(distinctive) 문화를 바탕으로 한다고 본다.

강한 문화의 중요한 가정 중의 하나는 조직 내의 모든 사람이 문화를 흡수하고 그 신념과 가치에 따라 행동한다는 것이다. 따라서 이 모형의 한 가지 차원은 합의(consensus)의 강도와 관련된다. 높은 수준의 합의에 대한 이러한 가정을 Martin(1995)은 통합 관점(integrated perspective)이라고 칭하였다(〈도표 3-8〉 참조). 이러한 관점에서 보면, 높은 수준의 합의가 없다면 문화도 없는 것이다.

〈도표 6-2〉 문화 입방체

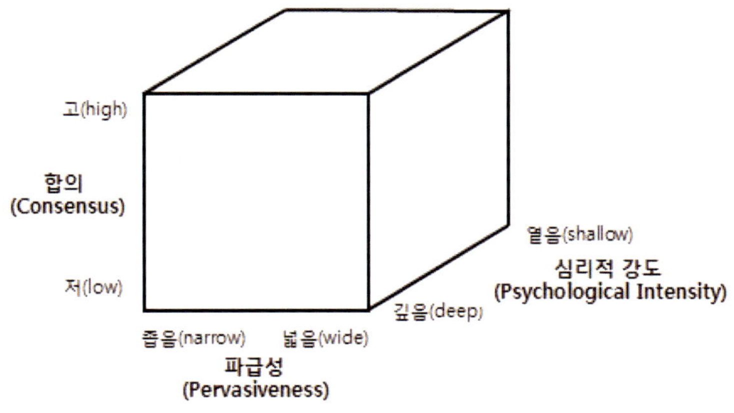

자료원: Payne(2001), p. 108.

복잡한 거대 조직에서 높은 수준의 합의가 도출되기 어려울 때도 있다. 공통된 견해로 뭉치는 조직 내의 하위문화가 존재할 때 그러한데 Martin(1995)은 이를 차별화된 관점(differentiated perspective)이라 하였다. 그러한 관점은 서로 다른 기능의 사람들(재무, 마케팅, R&D, 생산, 판매 등)이 서로 다른 가치와 규범의 집합을 발전시킬 수 있음을 가정하는데, 이는 서로 다른 일을 하고, 서로 다른 환경에 직면해 있으며, 그들이 창출하는 문화를 결정짓는 서로 다른 교육/전문적 기초를 가지고 있기 때문이다. 차별화 관점은 하위문화 내에 통합의 수준이 존재함을 가정하는 것이다.

몇몇 조직문화 이론가들(예, March & Olsen, 1976; Starbuck, 1983; Weick, 1969)은 개인들이 각자 자신의 목표를 추구하기 때문에, 높은 수준의 통합은 어렵다 하였다. 또한 조직과 환경 내의 변화는 계속해서 관계를 파괴하며 이러한 혼란 상황은 통합된 하위집단의 형성을 막는 무정부주의적 관계를 창출한다고 하였다. 조직문화에 대한 이러한 관점을 Martin(1995)은 분절된 관점(fragmented perspective)이라고 부른다.

문화 입방체에서 수평적 차원은 문화가 구성원들에게 부과하는 행위와 신념의 침투 범위를 나타내기 위한 파급성(pervasiveness)이다. 예를 들어, 부족문화는 민주주의 문화보다 더 넓은 범위의 행위와 신념에 대한 통제를 한다. 이 그림은 문화가 구성원에 대한 영향의 전파력이 더 클수록 문화는 더욱 강해질 것이라는 점을 암시하고 있다.

문화 입방체의 마지막 차원은 심리적 강도(psychological intensity)이다. 이것은 태도로부터 행위, 가치를 거쳐 당연한 가정(taken-for-granted assumptions) 또는 무의식적 신념(unconscious beliefs)에 이르는 차원이다.

문화 입방체에서 문화에 대한 통합관점은 cube의 전면 오른쪽 위에 위치한다. 대부분의 사람들은 조직문화를 마음 속 깊이 당연하게 받아들이고(deep psychological intensity) 신념과 행위가 넓은 범위에 펼쳐있으며(wide pervasiveness), 대다수가 그러한 가치와 가정에 공감 · 합의(high consensus) 하고 있다.

차별화된 관점을 나타내는 조직은 cube의 아랫면 왼쪽 뒤에 위치한다. 조직의 서로 다른 부분에서는 서로 다른 목표와 서로 다른 가정들을 추구하기 때문에, 여기서는 보다 낮은 수준의 합의가 존재한다. 분절된 관점의 문화는 집단적 목표가 아닌 개인주의적 목표를 추구함에 따라 현재의 행위와 태도에 대한 낮은 수준의 합의와, 상대적으로 약한 심리적 강도가 존재한다.

6.2.4. 문화의 격차 측정

조직문화의 변화와 연계하여 조직문화의 측정에서 실제로 많이 강조되는 부분은 현실문화와 이상문화와의 격차(gap)를 측정하는 것이다. 이 분야 대표적인 도구로 실무에서 많이 쓰이는 것이 Kilmann & Saxton(1983)의 Culture-Gap Survey(CGS)이다. 이는 문화규범을 구체화하는 체계적 도구로서 두 단계에 걸친 분석을 시행한다. Part I에서는 조직구성원들 자신이 느끼는 실질적 규범(actual norms)이 자신의 작업집단에서 작용하고 있는지를 측정한다. Part Ⅱ에서 응답자들은 자신들이 느끼는 바람직한 규범이 어느 정도 발휘되어야 할지를 응답도록 한다. As is와 To be에 대한 응답치를 비교하여 실제규범과 이상규범 간의 차이가 문화격차(culture gap)로 도출되게 된다.

문화측정의 수단으로 이론적 연구에서 쓰이는 대표적인 방법으로 Quinn & Cameron (1999)의 조직문화 진단방법으로 경쟁가치모형(Competing Values Framework)이 있다. '통제-신축성'과 '조직 내부지향-외부 환경지향'이라는 두 가지 차원을 기준으로 관계지향 문화, 혁신지향 문화, 위계지향 문화, 과업지향 문화의 네 가지 유형으로 조직문화를 분류한다. 이것 또한 응답자로 하여금 동일 문항을 읽은 후 그 문항의 내용과 관련하여 현 수준과 희망수준을 각각 응답도록 함으로써 이상-현실 간 문화격차를 도출하는데 초점을 두고 있다. 이상 간단히 설명한 두 대표적 측정도구는 다음 7장에서 그 내용과 활용법이 상세히 설명될 것이다.

6.3. 언제(When) 문화를 측정할 것인가?

조직문화의 측정은 정기적 진단뿐만 아니라 특정 사건의 발생을 계기로 시행할 수 있다. 이는 사람이 건강진단을 받는 것에 비유할 수 있다. "건강은 건강할 때 챙겨야 한다"는 표현처럼 조직문화의 측정 역시 특별히 문제되는 것이 없다고 느껴져도 정기적인 검진을 받을 필요가 있다.

일부 암의 경우에 그러하듯, 조직문화에 문제가 있어도 사람들이 인지 못 하거나, 설령 그 증상을 인지해도 대수롭지 않게 생각하고 참고 넘기는 경우가 많다. 따라서 조직문화와 관련하여 문제가 있다고 느껴져서 검사를 받는다면, 그 순간은 이미 문제가 상당히 진전되어 문제해결에 많은 노력과 비용이 투입되어야 한다. 문제의 사전발견이 목적이 아니어도 조직건강의 증진 즉, 지속적 성장을 위해 정기적인 진단을 해야 한다. 조직의 어떤 부분을 변화시킬 지, 문화의 어느 수준이나 요소를 강화할 지를 설정하고 그로 인한 방법과 변화 시기 등을 정해야 한다.

한편 이 부분은 어느 단계에서 조직문화 변화를 시작해야 하는가의 문제와도 연결된다. 기업문화는 기업체마다 다르고 그 형성과정도 다르다. 문화변화의 방법과 효과는 조직이 어떤 수명주기 단계에 위치하는가에 따라 달라진다(Schein, 1985). 나아가 변화의 방식은 조직의 발전 단계뿐만 아니라 조직의 변화준비도(change readiness)에 따라서도 달라지는

데, 이는 외부로부터 주어지는 변화요구와 내부에서 일어나는 변화욕망 수준이 다르기 때문이다.

조직문화가 정기적인 주기를 가지고 측정될 수도 있지만, 기업의 인수 · 합병이나 조인트 벤처 등의 형태로 문화가 혼합되는 경우에 혹은 큰 사건이 발생하는 경우에 조직문화를 진단하기도 한다.

인수, 합병 또는 조인트 벤처에서 문화적인 부조화(cultural mismatch)는 재무, 제품, 마케팅의 부조화만큼 커다란 위험으로 M&A의 실패를 유발하는 대표적 요인이다. 그런데 합병 또는 조인트벤처로 연결되는 협상과정에서 비밀유지의 필요성 때문에 중대한 공식적인 문화측정이 가능하지 않을 것이다. 따라서 흔히 각 주체가 새로운 조직에 몰입하기 전까지는 중요한 차이를 발견하지 못한다는 위험을 내포한다. 두 조직에서 목표달성을 위한 수단이 매우 상이하고, 사업과 인적 프로세스(human process)에 대한 기본적 가정이 실제적으로 갈등을 겪게 될 때까지 너무 늦어서야 비로소 문화문제의 중요성을 알게 된다. 즉, '문화적'인 것으로 고려되어야 할 측면들이 실제로는 거의 사전에 체크되지 않고 있다.

합병 또는 조인트 벤처가 공개적으로 발표되면, 공식적 평가(formal assessment)를 하게 된다. 각 조직은 실무진(task forces)을 구성하여 인공물, 표방 가치, 사명, 목표, 수단, 측정, 조정 메커니즘, 언어, 집단의 경계(group boundaries) 및 지위와 보상체계의 주요 영역에서 공유된 암묵적 가정들을 측정해야 한다. 즉, 조직문화 실사(cultural due diligence)를 해야 한다. 그런데 인수 · 합병이나 조인트 벤처를 계획하고 있는 조직 내에서는 사전준비의 일부로서 문화측정을 하여야 한다. 즉, M&A 결정 사후에 통합(post-M&A integration)의 수단으로서 만이 아니라 사전(pre-M&A)에도 철저하게 준비하여 두 조직 간 문화충돌이 일어나지 않게 해야 한다. 이상의 내용과 관련하여 11장에서 '문화충돌과 문화변화관리'를 상세히 다루기로 한다.

6.4. 어떻게(How) 문화를 측정할 것인가?

조직문화 측정의 방법은 사회과학에서 쓰는 제 측정방법(실험, 시험, 면접, 관찰, 내용분석, 설문조사) 중에서 실험과 시험을 제외하고는 대부분 활용된다. 이들 방법은 서로 대비되는 성향 · 특성을 지니고 있는데, 연속선(continuum)상의 한쪽 끝은 참여자 관찰이나 집단 및 개인들과의 심층면접 등을 통한 민속학적 연구(ethnographic studies)이고, 다른 한쪽 끝은 설문지나 구조화된 면담, 체크리스트를 통한 접근방식들이다.

인류학자의 조사방식을 따르는 문화연구자는 장기간의 조직생활에 직접 참여하여 관찰 및 면접을 통해 문화에 대한 심층적 이해를 형성시킨다. 이러한 방식은 주로 그 조직의 문화적 특성이 강하면서 그러한 속성이 많이 반영된 현장에서 이루어지는데, 그 장점으로서 자료의 풍부함(richness), 자료에 대한 상황설명(contextualization), 통찰력을 갖추기 위한 감정이입적인 경청(empathic listening)이 있고, 이들 방법은 표면타당도(face validity)를 지니고 있다. 하지만 단점은 연구자 개인의 관점이 반영되어 객관성 실현이 어렵고, 비용도 많이 들며, 조직구성원을 모두를 동원하기가 불가능하기 때문에 표본추출을 해야 하며, 자료의 분석이 난해하여 조직간의 비교가 거의 어렵다.

연속선상의 다른 한쪽 끝에 있는 것은 설문지 사용법으로 이는 주로 현장에서 벗어난 경우에 많이 쓰이며, 장점은 자료의 통계적인 처리가 가능한 정량화(quantification)이다. 모든 구성원이 조직문화에 대해 의견을 제시하도록 요청될 수 있기에 표본추출의 문제도 피할 수 있다. 나아가 비용이 저렴하고 훨씬 더 신속하며, 많은 표준화된 도구들을 이용할 수 있다.

조직문화 측정에 있어서 또 많이 사용되는 방법의 하나가 이미 존재하는 자료(예, 회의록, 연설문, 사보 등)를 분석하는 내용분석(content analysis)이다. 내용분석은 시간이나 공간적인 제약 때문에 연구대상자에 직접 접근할 수 없을 때 흔히 사용하는 측정방법이지만 연구대상자와 직접 접촉할 수 있는 경우에도 이 방법을 통해 자료를 수집할 수 있다. 예를 들어, 연구자와 피연구자 간의 상호작용이 응답의 성격에 영향을 미친다고 판단될 때 피연구자의 진술을 내용분석하여 필요한 자료를 얻을 수 있다. 내용분석은 그 자체가 하나의 방법으로 사용되기도 하지만 다른 연구방법, 예컨대 설문지나 면접자료의 결과에 대한 보조적 자료의 기능을 수행하기도 한다.

지금까지 측정의 제 방법을 연속선상의 양 측면으로 대비하여 보았는데, 이러한 구분은 '양적 방법'과 '질적 방법'으로 구분하여 비교 · 설명할 수도 있다. 두 접근방법은 서로 다른 문제의 유형을 고찰하는 데 적합하지만, 이들은 정반대의 성격을 띠는 것은 아니며, 종종 함께 사용되기도 한다. 질적 연구자들은 보통 명백한 대상의 존재를 인식하지 않는 현상학적인(phenomenological) 전통의 한 부분이다. 질적 전문가들은 다양한 해석(multiple interpretations)을 인정하는 경향이 있는 반면에 양적 연구자들은 그들의 자료와 분석기법에 신념을 두고 있다. 양적 연구들은 객관적 진리 탐구, 과학적 방법의 사용 및 현상에 대한 체계적인 측정을 중심으로 하는 실증적 패러다임으로부터 도출된다. 여기서 강조되는 부분은 일반화가 가능하거나 문제점의 요소간의 특정한 연결관계에 초점을 두는 통계학적 관계를 발견하는 것이다.

이렇게 서로 다른 지향점은 이론정립과 연구자들이 제기하는 문제 및 수집자료의 종류에 대한 상반된 접근방식을 가져오게 된다. 질적인 연구들은 보통 연역적으로 이론을 개발하고 발전시킨다. 이 경우 연구자들은 면담이나 관찰을 통한 개인적 경험과 관련된 근거를 고찰하면서 탐색적 틀을 구성한다. 이와 대조적으로 실증 가능한 양적인 관점은 자료의 이용을 통한 현 이론의 검증을 추구한다.

조직문화에 대한 이해 증진을 위한 양적 측정의 잠재성은 크며, 설문조사 방법은 조직문화 연구의 유용성을 가능하게 해준다. 자기보고식 조사(self-report survey)는 반응자가 자신들의 현실인식을 기록할 수 있도록 한다. 행위와 태도는 객관적 현실에 의해 결정되는 것이 아니라, 현실에 대한 행위자의 인식에 의해 결정되므로(Rentsch, 1990), 현실보다는 지각에 초점을 맞추는 것이 분명 더 적절하다. 조직발전의 견지에서 보면, 자기보고식 측정은 조직구성원들에게 내적인 신뢰성을 제공하고, 이것이 바로 구성원들이 서베이 결과를 수용할 가능성을 증가시키게 되는 것이다.

'어떻게 측정'과 관련하여 측정자들이 반드시 인식하고 신경 써야 할 것은 레벨이슈(level issue)다. 조직 내의 제 수준(level)을 개인수준, 집단수준, 조직수준으로 구분하였을 때, 조직문화는 조직수준의 구성개념이다. 그런데 개념(concept)이 조직수준의 것임에도 불구하고, 흔히 조직문화의 측정(measurement)과 그 측정치의 분석(analysis)은 하위수준인 개인 혹은 집단수준에서 이루어지는 경우가 많기에 레벨이슈가 발생하게 된다.

레벨이슈란 연구에서 이론의 수준(level of theory), 측정의 수준(level of measurement), 분석의 수준(level of analysis)이 상호 일치하지 않을 때 발생하는 제 이슈들을 의미한다. 경우에 따라서는 하위(예, 개인)수준에서 측정된 자료의 결합(aggregation: 흔히 산술평균을 활용)으로 (그 결합이 논리적 타당성을 지닌 경우엔) 상위(예, 집단)수준에서의 이론을 검증할 수도 있으나, 이론 · 측정 · 분석의 수준이 일치하지 않는 경우의 연구결과는 이론의 수준보다 측정이나 통계적 분석의 수준을 반영하게 되어, 이론 · 측정 · 분석의 수준이 일치하였을 때 예상되는 실제 결과를 심각하게 왜곡할 수 있다(박원우 · 김재원 · 최혜원, 2003).

조직 전체수준의 특성을 바로 측정한 경우엔 문제가 안 되지만, 개인수준이나 집단수준에서 측정한 자료를 집산(평균도출)하여 조직수준의 속성인 조직문화로 해석하면 방법론적으로 문제가 생긴다는 것이다. 부서 내 개인들의 평균이 바로 부서의 특성을 나타내는 것이 아닐 수 있고, 부서의 평균이 바로 조직의 특성을 반영하는 것이 아닐 수 있기에, 하위 단위 측정치의 집산을 통해 상위단위인 조직문화의 특성으로 해석해도 되는지를 반드시 사전에 그 집산의 타당성을 평가한 후 타당한 것으로 판명이 난 경우에 국한하여 조직문화의 측정치로 해석하여야 한다.

Chapter 07

조직문화 측정의 대표적 도구와 활용법

Ashkanasy, Broadfoot, & Falkus(2000)는 1975년에서 1992년에 걸쳐 학술논문이나 유명 책에 수록되어 발표된 18개 조직문화 측정도구를 분류하여 〈도표 7-1〉과 같이 정리하였다. 참고로 1992년~2000년 사이엔 새로운 tool 개발이 거의 없었다고 한다.

〈도표 7-1〉 조직문화의 측정 설문지

저자 (개발자)	년도	수준	차원	설문지 유형	포맷	신뢰성 (Reliability)	구성타당도 (Construct validity)	예측타당도 (Criterion validity)
Allen & Dyer	1980	1	7	Behavior	Likert		o	o
Kilmann & Saxton	1983	1	4	Behavior	Paired	o	o	o
Cooke & Lafferty	1986	1	12	Behavior	Likert	o	o	o
Harrison	1975	1, 2	15	Typing	Rank			
Handy	1979	2	9	Typing	Rank			
Margerison	1979	2	24	Typing	Likert			
OTI	1979	2	5	Descriptive	Likert			
Glaser	1983	2	4	Typing	Likert			
Harris & Moran	1984	2	7	Effectiveness	Likert			
Sashkin & Fulmer	1985	2	10	Effectiveness	Likert			
Enz	1986	2	22	Fit	Likert	o	o	o
Reynolds	1986	2	14	Descriptive	Likert	o		o
O'Reilly et al.	1991	2	24	Fit	Q-sort	o	o	o
Woodcock	1989	2	12	Effectiveness	Likert			

Hofstede et al.	1990	2	NA	Descriptive	Likert		
Lessem	1990	2	7	Typing	Rank		
PA Consulting Group	1991	2	NA	Descriptive	Likert		
Migliore et al.	1992	2	20	Descriptive	Likert		

OTI: Organization Technology International　　　자료원: Ashkanasy et al.(2000), p. 136 수정인용.

〈도표 7-1〉에서 '수준'은 Schein(1985)의 '조직문화 수준' 구분을 활용한 것인데, 각 설문지의 내용이 조직문화의 어느 수준을 측정하는지 나타내고 있다. 수준 1은 행동패턴(patterns of behavior), 수준 2는 신념과 가치관(beliefs and values), 수준 3은 기본가정(basic assumptions)을 의미한다. '차원'으로 표시된 숫자는 각 설문지에서 측정되는 구성개념이 몇 개인지를 나타낸다. '설문지의 유형'은 크게 두 가지 typing surveys와 profile surveys로 나뉘는데, profile surveys는 수준에 따라 다시 몇 종류로 구분되는바, 수준 1에서는 behavior pattern 한 종류이지만, 수준 2에서는 다시 3가지 즉, effectiveness surveys, descriptive surveys, fit profile로 구분된다.

Typing surveys는 조직문화 유형을 상호 배타적(mutually exclusive)이고 독립적인 표준화된 틀로 미리 구분해 놓은 후, 그 틀 범위 내에서 각 유형의 수치로써 조직문화를 측정 · 설명하려는 것이다. Profile survey는 조직구성원으로부터 파악된 믿음과 가치관 측정치의 점수 차이로부터 조직문화의 속성을 도출하려는 것이다. Typing survey와의 차이점은 측정된 규범, 행동, 가치나 믿음의 여러 수치를 통해 조직문화의 특성을 구분하려는 것이지만, 이들 '규범, 행동, 가치나 믿음'의 유형 구분이 반드시 상호 배타적 즉, 독립적이진 않아 개념상 중복이 있을 수 있다. Effectiveness surveys는 높은 조직유효성 및 성과와 직결된 문화를 형성하는 가치관을 측정하려는 것이고, descriptive surveys는 조직유효성은 고려치 않으면서 가치관을 측정하는 것이며, fit profile은 개인과 조직의 적합성을 측정하는 것이다. 이들 설문지를 분석한 결과 각 설문지의 신뢰도, 구성타당도, 예측타당도가 인정되는 설문지는 〈표 7-1〉에 'ㅇ'으로 표시되어 있다.

현재 조직문화 측정과 관련하여 지구상에서 실무가(practitioner)에 의하여 제일 많이 쓰이는 도구는 Kilmann-Saxton Culture-Gap Survey이고, 연구자 혹은 학계(academics)에 의하여 제일 많이 활용되는 것은 Cameron & Quinn의 Competing Values Framework에 기반을 둔 조직문화 진단지(〈도표 7-1〉에는 포함되어 있지 않음)이다. 본 장에서는 이들 두 대표적 조직문화 측정도구에 관해 그 내용과 구체적 활용방법을 상세히 서술토록 한다. 그 후엔 조직문화 진단도구라고 직접적으로 불리진 않으나 McKinsey & Company에서 쓰이는 조직건강도 진단(Organizational Health Index: OHI) 도구를 소개한다.

7.1. Kilmann-Saxton Culture-Gap Survey

조직문화 진단도구 중 실무에서 제일 많이 활용되고 있는 것으로 Kilmann-Saxton Culture-Gap Survey(Kilmann & Saxton, 1983)가 있다. 이 도구는 30여 개 문화권, 137개 나라에서 쓰인다는 기록이 있는데, 물론 실무적인 광범위 활용 이전에 학술적으로 그 타당성과 신뢰성은 이미 입증된 것이다.

이 측정도구의 특징은 현재시점에서 특정조직의 문화적 특성을 잘 나타낼 뿐만 아니라 나아가 미래의 바람직한 이상적 문화의 수준과 현재 문화상태 간의 격차를 제시해 줌으로써 경영/관리자로 하여금 어디에 경영/관리의 초점을 두어야 하는지 경영의 방향성까지 제시해 주고 있다. 즉, 조직의 어떤 측면에 얼마나 신경을 써야 하는지 알려주는 기능을 한다. 따라서 조직문화 진단 이전에 조직진단용으로도 무척 많이 쓰이고 있다.

7.1.1. 측정도구의 구성과 내용

〈도표 7-2〉에 나타나 있듯이 Kilmann-Saxton 문화차이 분석기법에서 활용되는 조직문화 요소는 두 가지 차원으로 구분된다. 수직축은 일과 사람으로 구분되고, 수평축은 단기와 장기로 나뉜다. 이와 같은 두 가지 축에 의하여 조직문화 요소가 네 가지(과업지원, 과업혁신, 사회적 관계, 개인적 자유)로 구분된다. 이들 네 가지 문화요소는 조직의 규모나 업종과 무관하게 모든 업종, 모든 단위조직에서 존재하는 기본적 문화요소라 할 수 있다.

Kilmann-Saxton 문화차이 분석은 어느 한 시점에서 조직문화 현상을 파악하기보다는 현재의 조직문화 상태와 희망하는 조직문화 상태 간의 차이(gap)를 파악하는 데 주안점을 두고 있다. 문화차이(culture gap)는 전체 조직 뿐만 아니라 사업부, 부서, 작업집단 등 여러 수준에서 파악될 수 있는데, 조직의 각 구성원이 설문지에 응답한 내용을 기초로 문화요소마다 희망상태와 현재상태의 격차치를 파악하여 문화차이의 수치를 구할 수 있다.

여기서 설문지는 개인들에게 자신에 대해서가 아니라 자신이 속한 단위조직의 속성에 관하여 묻는 56개 문항의 설문지이다. 현재상태에 대하여 28개, 이상상태에 관하여 묻는 28개 문항으로 구성되어 있다.

〈도표 7-2〉 Kilmann-Saxton 문화차이 분석기법의 조직문화 요소

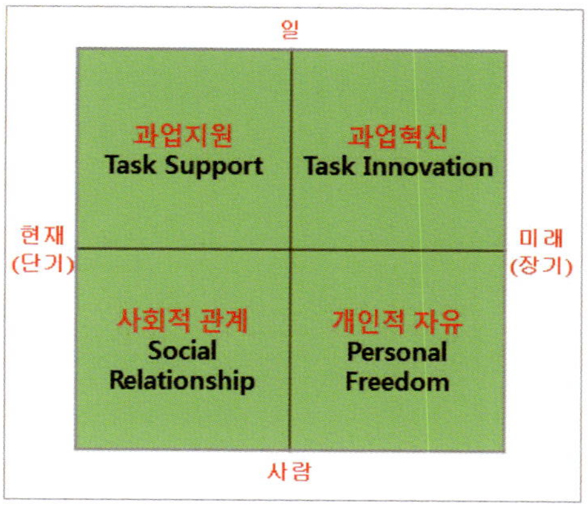

문화유형	주요 내용
과업지원	일과 관련하여 부서간 또는 부서 내에서 서로 정보를 공유하고 협조하는 정도
과업혁신	일과 관련하여 창조성 또는 혁신성이 발휘되는 정도(새로운 일을 하는 정도, 일을 다른 방법으로 하는 정도)
사회적 관계	조직 내에서 동료간 또는 상하간 서로 사귀고 어울리는 정도
개인적 자유	자기표현의 정도를 포함하여 개인적인 자유 또는 직무재량이 허용되는 정도

Kilmann-Saxton 문화차이 분석 설문지

1. 현재상태 파악

아래의 항목(1-28)에 대하여 A나 B 중 귀하의 팀 혹은 부서 내의 현재상황을 (주의: 귀하 개인의 상황이 아님) 가장 잘 설명하는 것을 골라 ( )안에 써 주십시오. 때에 따라 A나 B 중 어느 하나가 뚜렷하게 귀하의 부서상황을 설명하지 않더라도 보다 더 가까운 것을 골라 반드시 A나 B 중 하나를 선택하여 주십시오. (만약 귀하가 하나 이상의 부서에서 일하신다면 그 중 보다 많은 시간을 보내는 곳을 생각하시고 답하여 주십시오)

( )	1.	A.	다른 팀이나 부서의 일이면 뒷전으로 미룬다.
		B.	다른 팀이나 부서의 일이면 지원한다.
( )	2.	A.	창의성이 존중된다.
		B.	창의성이 무시된다.
( )	3.	A.	부서 내에서 동료들과 잘 어울리는 분위기가 조성되어 있지 않다.
		B.	부서 내에서 동료들과 잘 어울리는 분위기가 조성되어 있다.
( )	4.	A.	우리 부서에는 근무 중의 복장은 자유롭게 입는다.
		B.	우리 부서에는 근무 중의 복장은 무난한 것으로 입는다.
( )	5.	A.	다른 부서에 도움이 되도록 정보를 공유하고 있다.
		B.	자신의 부서에 도움이 될 때만 정보가 공유된다.
( )	6.	A.	기존의 방식을 고수한다.
		B.	변화지향적이다.
( )	7.	A.	직장동료가 친구처럼 되어도 무방하다.
		B.	직장동료가 친구처럼 되어서는 안 된다.
( )	8.	A.	우리 부서에서는 의사소통이 정식경로를 통해서만 이루어지고 있다.
		B.	우리 부서에서는 자유롭게 의사소통할 수 있다.
( )	9.	A.	업무분장이 공정하지 못하다.
		B.	업무분장이 공정하다.
( )	10.	A.	일을 할 때 새로운 방식을 추구한다.
		B.	일을 할 때 기존의 방식을 추구한다.
( )	11.	A.	동료들과 인간적인 친분을 이루려 하지 않는다.
		B.	동료들과 인간적인 친분을 이루려 한다.
( )	12.	A.	규정과 절차를 따름에 있어 개인적 판단에 의한 자율성이 허용된다.
		B.	우리 부서에서는 모든 규정과 절차가 준수된다.
( )	13.	A.	모든 일을 수행함에 있어 최선의 방법으로 하여야 한다.

		B.	쫓겨나지 않는 범위 내에서 최소한으로 일하면 된다.
( )	14.	A.	변화를 추구하지 않는다.
		B.	항상 개선하려고 한다.
( )	15.	A.	작업장에서 다른 사람들과 잘 어울리는 것이 장려되고 있다.
		B.	작업장에서 다른 사람들과 잘 어울리는 것이 장려되고 있지 않다.
( )	16.	A.	우리 부서에서는 개인보다는 조직을 위해서 행동한다.
		B.	우리 부서에서는 조직보다는 개인을 위해서 행동한다.
( )	17.	A.	정보는 본인에게 이득이 될 때만 타인과 공유한다.
		B.	조직이 보다 좋은 의사결정을 내릴 수 있도록 정보를 타인과 공유한다.
( )	18	A.	다른 사람들의 새로운 아이디어가 실현될 수 있도록 돕는다.
		B.	새로운 아이디어가 실행에 옮겨지는 것을 막는다.
( )	19.	A.	부서 내 사람들과 서로 잘 알고 지내려고 노력하지 않는다.
		B.	부서 내 사람들과 서로 잘 알고 지내려 한다.
( )	20.	A.	우리 부서에서는 업무수행 시 개인적 선호도를 표출한다.
		B.	우리 부서에서는 업무수행 시 개인적 선호도를 말하지 않고 묵묵히 지낸다.
( )	21.	A.	다른 사람들의 일이 완성될 수 있도록 돕는다.
		B.	자신의 일에만 몰두한다.
( )	22.	A.	새로운 일을 맡는 것을 꺼려한다.
		B.	새로운 일을 기꺼이 맡는다.
( )	23.	A.	조직 내의 업무의 활동에 참여하여 남들과 잘 어울리도록 권장하고 있다.
		B.	조직 내의 업무의 활동에 참여하는 것이 권장되지 않고 있다.
( )	24.	A.	우리 부서 사람들은 자신의 일과 경력을 위하여 살아간다.
		B.	우리 부서 사람들은 자신의 가족을 위하여 살아간다.
( )	25.	A.	조직 내 타 부서와 경쟁적이다.
		B.	조직 내 타 부서와 협조적이다.
( )	26.	A.	새로운 아이디어가 장려된다.
		B.	새로운 아이디어가 무시된다.
( )	27.	A.	타 부서의 사람들과 잘 어울리지 않는다.
		B.	타 부서의 사람들과 잘 어울린다.
( )	28.	A.	우리 부서에서는 개인의 가치를 중요시 한다.
		B.	우리 부서에서는 조직의 가치를 중요시 한다.

2. 이상상태 파악

앞에서는 귀하가 계신 팀 혹은 부서 내의 현재상황에 관하여 답하셨습니다. 하지만 부서의 규범이나 특성은 앞으로 어떠해야 된다고 생각하십니까? 아래의 항목(1–28)의 A나 B 중 반드시 하나를 선택하여 ( )안에 써 주십시오.

( )	1.	A.	다른 팀이나 부서의 일이면 뒷전으로 미루어야 한다.
		B.	다른 팀이나 부서의 일이면 지원해야 한다.
( )	2.	A.	창의성이 존중되어야 한다.
		B.	창의성이 무시되어야 한다.
( )	3.	A.	부서 내에서 동료들과 잘 어울리는 것이 조성되지 않아도 된다.
		B.	부서 내에서 동료들과 잘 어울리는 것이 조성되어야 한다.
( )	4.	A.	우리 부서에는 근무 중의 복장은 자유롭게 입도록 해야 한다.
		B.	우리 부서에는 근무 중의 복장은 무난한 것으로 입도록 해야 한다.
( )	5.	A.	다른 부서에 도움이 되도록 정보가 공유되어야 한다.
		B.	자신의 부서에 도움이 될 때만 정보가 공유되어야 한다.
( )	6.	A.	기존의 방식을 지켜야 하다.
		B.	변화지향적이어야 한다.
( )	7.	A.	직장동료가 친구처럼 되어야 한다.
		B.	직장동료가 친구처럼 되어서는 안된다.
( )	8.	A.	우리 부서에서는 의사소통이 정식경로를 통해서만 이루어져야 한다.
		B.	우리 부서에서는 조직 내 아무하고나 자유롭게 의사소통될 수 있어야 한다.
( )	9.	A.	업무분장이 공정하지 않아도 된다.
		B.	업무분장이 공정해야 한다.
( )	10.	A.	일을 할 때 새로운 방식을 추구해야 한다.
		B.	일을 할 때 기존의 방식을 존중해야 한다.
( )	11.	A.	동료들과 인간적인 친분을 이루지 않아도 된다.
		B.	동료들과 인간적인 친분을 이루어야 한다.
( )	12.	A.	규정과 절차를 따를 때 개인적 판단에 의한 자율성이 허용되어야 한다.
		B.	우리 부서에서는 모든 규정과 절차가 준수되어야 한다.
( )	13.	A.	모든 일을 수행함에 있어 최선의 방법으로 하여야 한다.
		B.	쫓겨나지 않는 범위 내에서 최소한으로 일하면 된다.
( )	14.	A.	변화를 추구하지 않아도 된다.
		B.	항상 개선하려고 노력하여야 한다.
( )	15.	A.	작업장에서 다른 사람들과 잘 어울리는 것이 장려되어야 한다.
		B.	작업장에서 다른 사람들과 잘 어울리는 것이 장려되지 않아도 된다.

( )	16.	A.	우리 부서에서는 개인보다는 조직을 위해서 행동해야 한다.
		B.	우리 부서에서는 조직보다는 개인을 위해서 행동해야 한다.
( )	17.	A.	정보는 본인에게 이득이 될 때만 타인과 공유해야 한다.
		B.	조직이 보다 좋은 의사결정을 내릴 수 있도록 정보를 타인과 공유해야 한다.
( )	18	A.	남의 새로운 아이디어가 실행에 옮겨지도록 도와야 한다.
		B.	새로운 아이디어가 실행에 옮겨지는 것을 막아야 한다.
( )	19.	A.	부서 내 사람들과 서로 잘 알고 지내려고 노력하지 않아도 된다.
		B.	부서 내 사람들과 서로 잘 알고 지내려고 노력해야 한다.
( )	20.	A.	우리 부서에서는 업무수행 시 개인적 선호도가 표출되어야 한다.
		B.	우리 부서에서는 업무수행 시 개인적 선호도가 표출되지 않아야 한다.
( )	21.	A.	다른 사람들의 일이 완성되도록 도와야 한다.
		B.	자신의 일에만 몰두하여야 한다.
( )	22.	A.	새로운 일을 맡기를 거부해도 된다.
		B.	새로운 일을 기꺼이 맡아야 한다.
( )	23.	A.	조직 내의 업무의 활동에 참여하여 남들과 잘 어울리도록 권장되어야 한다.
		B.	조직 내의 업무의 활동에 참여하는 것이 권장되어서는 안된다.
( )	24.	A.	우리 부서 사람은 자신의 일과 경력을 위하여 살아야 한다.
		B.	우리 부서 사람은 자신의 가족을 위하여 살아야 한다.
( )	25.	A.	조직 내 타 부서와 경쟁적이어야 한다.
		B.	조직 내 타 부서와 협조적이어야 한다.
( )	26.	A.	새로운 아이디어가 장려되어야 한다.
		B.	새로운 아이디어가 무시되어야 한다.
( )	27.	A.	타 부서의 사람들과 잘 어울리지 않아도 된다.
		B.	타 부서의 사람들과 잘 어울려야 한다.
( )	28.	A.	우리 부서에서는 개인의 가치를 중요시해야 한다.
		B.	우리 부서에서는 조직의 가치를 중요시해야 한다.

문화차이 분석 집계표

Ⅰ. 현재 및 이상상황 파악

귀하께서 앞의 설문지에서 각 항목별로 응답하신 답은 A또는 B입니다. 아래 집계표의 각 항목번호별로 제시된 답(A 또는 B)이 귀하께서 응답하신 답과 일치 할 경우 그 위에만 O표하여 주십시오. 그 후 각 주제별로 O표시한 것의 수를 합해서 소계란에 적어 주십시오.

1. 현재상황 파악

과업지원		과업혁신		사회적 관계		개인적 자유	
번호	응답	번호	응답	번호	응답	번호	응답
1	B	2	A	3	B	4	A
5	A	6	B	7	A	8	B
9	B	10	A	11	B	12	A
13	A	14	B	15	A	16	B
17	B	18	A	19	B	20	A
21	A	22	B	23	A	24	B
25	B	26	A	27	B	28	A
소계		소계		소계		소계	

2. 이상상황 파악

과업지원		과업혁신		사회적 관계		개인적 자유	
번호	응답	번호	응답	번호	응답	번호	응답
1	B	2	A	3	B	4	A
5	A	6	B	7	A	8	B
9	B	10	A	11	B	12	A
13	A	14	B	15	A	16	B
17	B	18	A	19	B	20	A
21	A	22	B	23	A	24	B
25	B	26	A	27	B	28	A
소계		소계		소계		소계	

Ⅱ. 이상-현상 간 격차 파악

각 주제별로 이상상황의 소계란에 적힌 숫자에서 현재상황의 소계란에 적힌 숫자를 제하여 그 수를 아래의 격차난에 적어 주십시오. 순서(2에서 1 즉, 이상치에서 현재치를 빼는 것임)를 주의하십시오. 결과는 +또는 –로 나오니 부호도 숫자와 함께 표시하여 주십시오.

과업지원 격차	과업혁신 격차	사회적 관계 격차	개인적 자유 격차

7.1.2. 집계 및 분석방법

구성원의 설문지 응답이 있고 난 뒤 문화차이 분석 집계표를 활용하여 문화격차 분석을 하는데, 우선 각 응답자가 설문지에 응답한 결과를 집계표에 옮겨 적어야 한다. 집계표에는 각 문항번호 옆에 A 혹은 B 중에서 하나씩만 있는데, 각자가 응답한 내용(A 혹은 B)이 집계표에 있으면 동그라미 치고 없으면 넘어간다. 그 후 문화요소별로 동그라미 쳐진 것이 몇 개인지를 파악하여 그 숫자를 소계란에 적으면 된다. 결국 (동그라미가 하나도 없으면) 0부터 (모두 동그라미로 처져 있으면) 7까지의 숫자로 소계란 8곳이 적힐 것이다. 그 후 각 문화요소별로 이상수준에서 현재수준을 제하여 그 격차치를 맨 아래 격차란에 적으면 된다. 이들 격차치의 범위는 −7(이상치가 0이고 현재치가 7인 경우)에서 +7(이상치가 7이고 현재치가 0인 경우)까지의 수 중에서 하나로 나타날 것이다.

이렇게 개인별로 도출된 격차치 4개는 계층별로 보았을 때, 흔히 윗 계층으로 올라갈수록 절대값이 작아지고 아랫 계층으로 갈수록 절대값이 커지는 경향이 있다. 아랫 계층의 구성원일수록 바람직한 이상상태에 비하여 현재가 미흡하다고 인식하는 경향이 크다는 것이다. 개인별로 도출된 4개의 격차치를 활용하여 분석하고자 하는 단위조직별로 4개 문화요소 각각의 평균을 구하면 각 단위조직의 조직건강상 특성이 파악되고 조직문화 관리의 방향이 도출될 수 있다.

〈도표 7-3〉 조직 내 현재와 희망상태 간 문화차이의 예

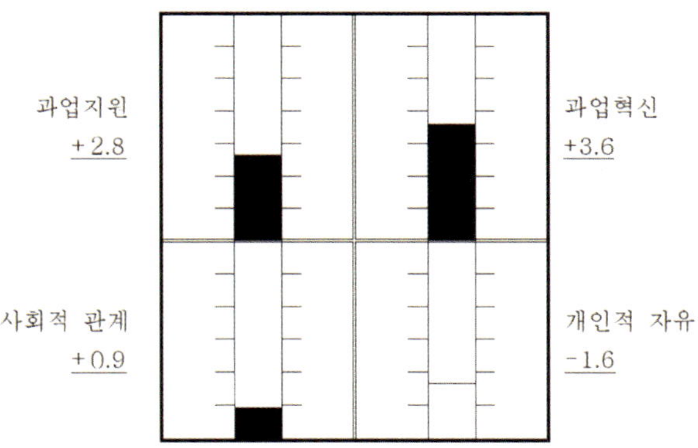

〈도표 7-3〉에서와 같이 문화차이를 나타내는 격차치의 범위는 −7에서 +7까지로 나타날 수 있다. 이 표의 각 사분면 양식의 격차 절대값에 수평선을 그어 문화현상을 나타낼 수 있다. 양수의 문화차이는 (이 경우 〈도표 7-3〉에서와 같이 해당영역을 검게 표시한다) 해당 문화요소 측면에서 현재상태가 희망상태에 미치지 못함을 의미하는 것으로, 이때는 해당 문

화요소를 강화함으로써 (예, 부서간의 정보교류 확대와 협조성 증진을 통한 과업지원의 강화) 조직발전을 꾀할 수 있음을 의미한다. 한편 음수의 문화차이는 (이 경우는 〈도표 7-3〉에서와 같이 해당영역에 실선을 긋고 공란으로 표시한다) 해당 문화요소 측면이 현재 적정수준을 초과하여 과도하게 존재한다는 것을 나타내는 것으로, 이때는 해당 문화요소를 약화시킴으로써 (예, 개인의 자유재량권을 감소시킴) 조직발전을 꾀할 수 있음을 의미한다.

격차치의 부호가 의미하는 것도 중요하지만, 더 중요한 것은 격차치 절대값이다. 고혈압뿐만 아니라 저혈압 또한 건강에 도움이 못 되는 것처럼 (부호와 관계없이) 격차치 절대값의 크기가 크면 문제가 크게 된다. 두 단계로 나누어 격차치를 해석하여야 하는데, 첫 번째는 업종이나 조직의 규모에 관계없이 무조건 그 격차치의 절대값이 2나 3을 넘는지 보아야 한다. 2를 넘으면 경고수위, 3을 넘으면 위험수위를 넘어선 것으로 해석한다. 이는 성별, 국적, 연령, 체질 등에 관계없이 일정 수준의 혈압을 넘으면 정상범위를 벗어나 문제 있는 것으로 해석하는 것과 같다. 2를 넘어 경고수위를 넘는다는 것은 (마치 노란색 불이 켜진 것과 같기에) 해당 경영/관리자가 그 문화요소 측면에 관심을 기울여야 한다는 것이다. 만약 격차치가 3을 넘으면 위험수위를 넘어선 것으로서 (마치 빨간색 불이 켜진 것과 같아서) 당장 그 문화요소 측면에 격차치를 해소하려는 조치가 있어야 함을 의미한다. 따라서 4개 문화요소의 격차치를 통하여 경영관리자는 자신이 이끄는 단위조직에서 경영관리의 에너지가 어디에 더/덜 투입되어야 할지를 알게 되는 것이다.

격차치가 2를 넘으면 경고수위를 넘는 것이라 했기에 적정 격차치는 2 이하라 할 수 있다. 하지만, 격차치가 1.0 내외로 적다고 하여 무조건 "It's OK"라고 판단하고 아무런 조치를 취하지 않아서는 안 된다. 비록 격차치가 1.0 내외의 수준이라고 할지라도 안심할 것이 아니라 추가분석을 하여야 한다. 흔히 건강진단 결과가 나오면 의학적 기준으로 정상범위에서 각 수치가 얼마나 벗어났는지를 보기도 하지만, 비록 정상범위에서 벗어난 정도가 적다고 할지라도 각 피검진자의 가족력을 봄으로써 각 수치에 대한 추가소견을 내리는 것과 같다. 즉, 두 번째 단계로는 각 단위의 격차치 크기만 보는 것이 아니라 상급단위의 평균과 비교하여야 하는데, 분석대상인 조직의 격차치가 상급조직의 격차치 대비 2배 혹은 3배를 넘는지도 보아야 한다. 상급조직이라 함은 분석대상인 조직이 포함된 상위의 조직을 의미하는데, 팀의 경우엔 부문 혹은 본부, 본부의 경우엔 회사 전체, 회사의 경우엔 그룹 혹은 산업(업종)이 될 수 있다. 상급단위 대비 2배가 넘으면 경고수위, 3배가 넘으면 위험수위를 넘어선 것으로 추가해석을 하여야 하고, 그에 따른 대책도출이 있어야 한다.

〈도표 7-3〉의 경우와 같이 분석되었다면, 이 조직은 과업지원 측면에서 부서간 협조

지원이 미흡하여 경고수위를 넘어 위험수위에 육박했고 따라서 경영관리자는 부서간 협조지원에 신경을 써야 하며, 과업혁신 측면에서는 이미 위험수위를 많이 넘었기에 변화와 혁신을 강조하는 조치가 당장 있어야 함을 의미한다. 그에 비하여 사회적 관계나 개인적 자유 측면에서는 대체로 무난한 것으로 해석될 수 있다.

Kilmann-Saxton의 문화격차분석법은 이상과 현상 간의 격차만을 표시하기에 격차의 근원이 되는 현재와 이상형의 절대치 정도는 그림으로 나타나지 않는다. 변수의 수치에 선호성(좋고 나쁨)이 없을 때는 현재치와 이상치의 수치상 의미가 없으므로 격차만이 중요하지만, 실제로는 절대치 또한 의미가 있으므로 격차만을 필요정보 내용으로 생각하여, 그것만을 그림으로 그리는 데는 문제가 있다. 예를 들어 어떤 문화요소에서 이상과 현실 간의 격차가 +3.2라면, Kilmann의 설명 · 해석방식에 의하면 위험수위를 넘어가는 큰 격차이다. 물론 이상과 현실의 절대치가 각각 어떠한가를 떠나서, 아무튼 격차가 그만큼 나왔다면 대단한 문제이다. 하지만 우리는 격차의 크기뿐만 아니라 그러한 격차가 나오게 된 원인으로서 절대치도 생각해 보아야 한다. 왜냐하면 이상치 7(최고치)과 현재치 3.8에서 도출된 +3.2의 격차와(이 경우엔 팀장/부서장이 부서의 이상을 매우 올려놓았지만, 아직 이상수준에 비해 현재치가 부족한 것으로 해석), 이상치 3.5와 현재치 0.3에서 도출된 +3.2의 격차는 (이 경우엔 부서장이 부서의 이상수준을 전혀 올리려 하지 않았을뿐더러 현재치는 극도로 낮은 상태라고 해석) 매우 의미가 다르기 때문이다.

〈도표 7-4〉 거미집 식으로 표현한 이상-현실

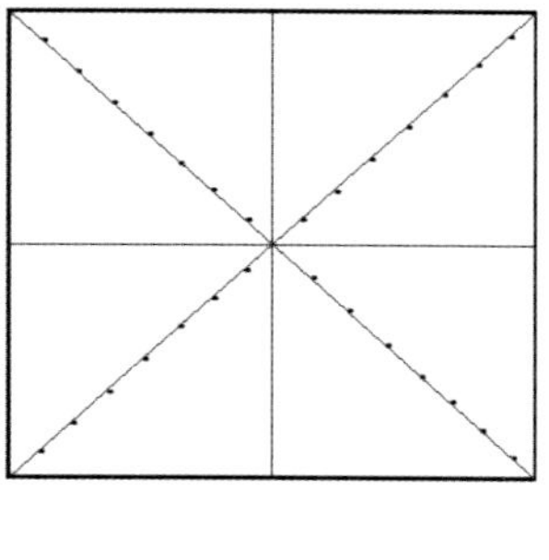

따라서 〈도표 7-3〉에서와 같은 막대그림표식의 격차만 보여줄 것이 아니라, 〈도표 7-4〉와 같은 거미집의 이상치(점선 표시)와 현재치(실선 표시)의 동시 표시가 필요하다. 이러한 표시방법은 격차치(점선과 실선의 격차) 뿐만 아니라 격차의 원인까지도 제시해 주는 이점이 있다. 격차의 크기와 무관하게 격차의 위치가 어디에 있느냐에 따라 해석이 달라질 수 있다는 것이다. 〈도표 7-4〉에서 격차가 7점 척도의 중앙값인 4를 기준으로 바깥쪽에 위치하면 '활성화된 팀'에서의 격차를 의미하고, 안쪽에 위치하면 '침체된 팀'에서의 격차를 의미한다. 따라서 〈도표 7-3〉과 〈도표 7-4〉 두 개를 비교하면 각 단위조직의 활성화 혹은 침체의 정도를 알 수도 있고, 나아가 어느 쪽에 어느 정도의 격차가 존재하는지도 알 수 있을 것이다. 물론 격차치 그림과 절대치 그림을 목적에 따라서 따로 그리면 더욱더 좋을 것이다.

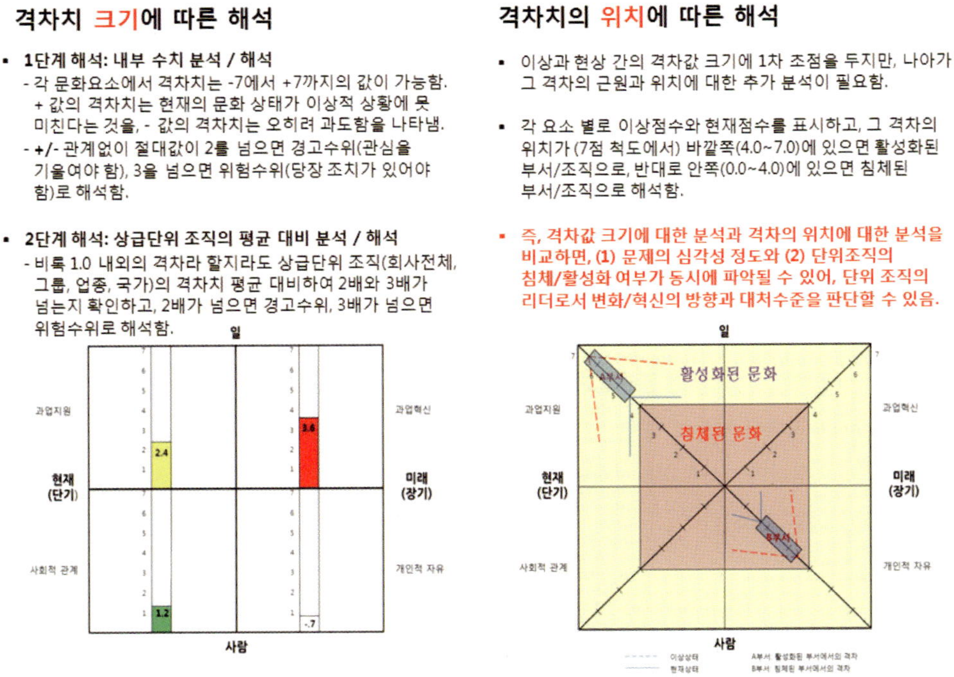

동일한 기업 내라고 해서 구성원들이 모두 같은 문화차이를 인식하지는 않는다. 문화차이를 크기(size)와 유형(type)으로 구분하여 보면, 일반적으로 조직계층의 상층부로 올라갈수록 구성원들의 현실과 이상 간의 문화차이가 작다. 한 예로 임원들은 회사의 규정이나 새로운 프로그램, 또는 사내 유인물에 언급된 것처럼, 그들이 부하의 창의성과 혁신성을 지원하고 있다고 말하고, 또 그렇게 믿고 있다. 하지만 그들은 그들의 평소 행동이 그들의 생각이나 말과 전혀 다를 수 있다는 것을 모르고 있다. 문화차이는 조직계층의 가장 아래에서 가장 강하게 나타난다. 따라서 계층별, 직군별, 지역별 등 다양한 기준에 의하여 구성원을 구분하고 각 단위별 문화격차분석을 할 필요가 있다. 그리고 그 결과는 〈도표 7-5〉와 같이 그림으로 표시될 수 있다.

〈도표 7-5〉 전체 및 사업부별 현재와 희망상태 간 문화차이의 예

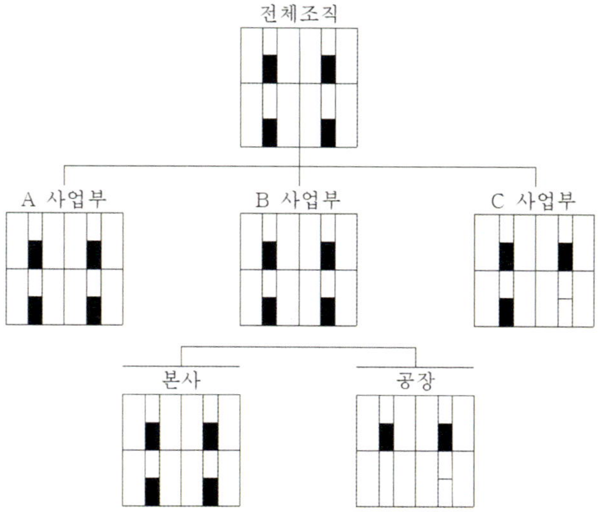

올바른 문화관리를 위해선 정기 건강검진처럼 지속적인 조사(follow-up workshop)가 필요하다. 〈도표 7-6〉과 같이 Kilmann-Saxton 문화차이 분석을 통하여 기간의 변화에 따라 문화차이 상 어떤 변화가 있었는지 확인해 보는 것이 필요하다.

〈도표 7-6〉 두 시점 간 문화차이 비교의 예

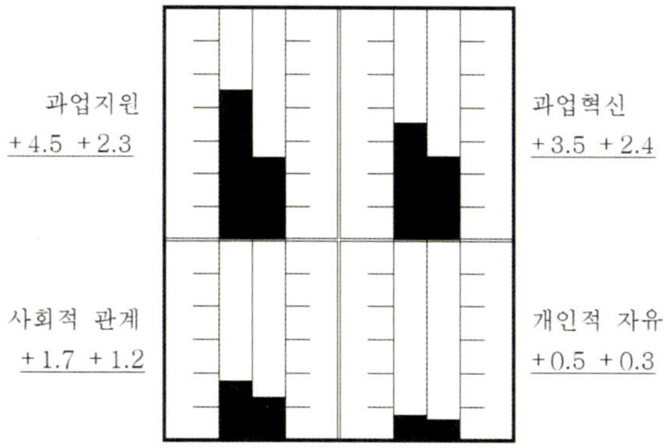

7.1.3. Kilmann-Saxton Culture-Gap Survey의 국내 사례

실제 국내 모 그룹사에서 적용된 사례를 바탕으로 Kilmann-Saxton Culture-Gap Survey의 활용법을 다시 검토해 보기로 하자. 다음의 회사 경영자는 저자에게 회사의 임직원 대상 교육체계를 재정립하여 달라는 일을 부탁했고, 저자는 그 일을 위한 기초작업

의 일환으로 기업문화 진단을 하였고 그 결과는 다음과 같았다. 혹자는 "교육체계 재설정과 기업문화 진단과 무슨 관계인가?" 라고 의아하게 생각할 터인데, 앞서 설명하였듯이 비록 설문지 명칭에 문화격차분석이란 표현이 있지만 이 설문지는 단위조직의 경영관리 에너지가 어디에 얼마나 투입되어야 하느냐를 파악하는 도구라고도 하였다. 이 회사 교육의 에너지가 어떤 측면에 얼마나 투입되어야 하는지(즉, 교육의 needs가 어디에 많고 적은지)를 파악하기 위하여 활용한 것이다. 회사의 제 사업 단위별로도 평균치를 구하였는데, 회사 전체의 수치(〈도표 7-7〉 참조)를 바탕으로 그림을 그리면 〈도표 7-8〉과 같았다.

〈도표 7-7〉 사례기업의 측정결과

구분 (표본수)		조직문화요소			
		과업 지원	과업 혁신	사회적 관계	개인적 자유
CSH 전체 (196)	현재	3.97	4.11	5.36	3.23
	희망	6.78	6.72	5.77	3.27
	차이	2.81	2.61	0.41	0.04
빌딩제어 사업부 (27)	현재	3.33	3.59	4.78	3.11
	희망	6.78	6.78	5.82	3.30
	차이	3.45	3.19	1.04	0.19
기기제어 사업부 (27)	현재	3.70	3.07	5.78	3.07
	희망	6.81	6.63	5.85	3.37
	차이	3.11	2.96	0.07	0.30
공장제어 사업부 (62)	현재	3.82	4.32	5.21	3.53
	희망	6.69	6.69	5.66	3.47
	차이	2.87	2.37	0.45	0.06
본사 (13)	현재	4.15	3.54	4.08	2.77
	희망	6.92	6.92	5.85	3.23
	차이	2.77	3.38	1.77	0.46
부평공장 (67)	현재	4.53	4.40	5.81	3.22
	희망	6.84	6.71	5.81	3.04
	차이	2.31	2.31	0	- 0.18

주) 4급사원 이상이 대상이었음.

〈도표 7-8〉 회사 전체 수준의 진단결과

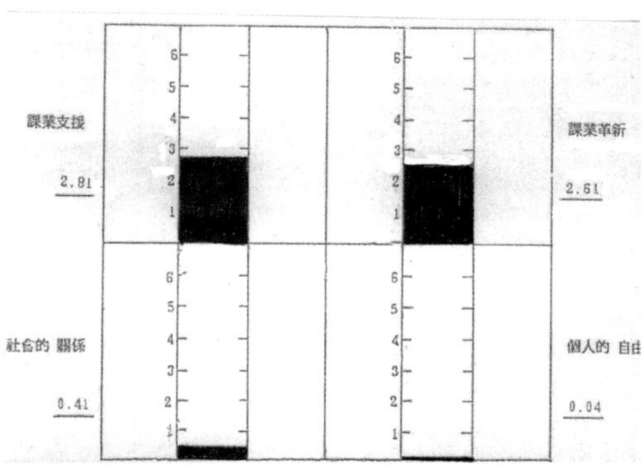

비록 위험수위인 3.0을 넘은 격차는 없었으나, 일 측면에서 경고수위인 2.0은 많이 넘어섰다. 부서간 협조 · 지원뿐만이 아니라 변화 · 혁신 측면의 사고행동 또한 많이 부족하기에 그러한 측면을 강조하는 교육이 있어야 함을 의미한다. 이 그룹에선 '인화'를 강조하여 당시 인화단결을 강조하는 교육을 중시하였다. 하지만 사회적 관계 혹은 인간관계 측면의 격차치가 0.41에 불과한 것은 그 측면에서 (그룹차원에서 강조하는 수준 이하로) 교육의 비중이 좀 줄어들고, 오히려 위쪽 일 측면 즉, 과업지원 및 과업혁신과 관련된 교육의 비중이 늘어날 필요가 있음을 의미한다고 하겠다.

이러한 분석은 회사 전체를 대상으로 이루어지지만, 좀 세부적으로 사업부별로도 가능하다. 다음 〈도표 7-9〉는 회사 전체와 사업부별로 분석된 결과를 같이 나타낸 것이다.

〈도표 7-9〉 사업부별 분석결과

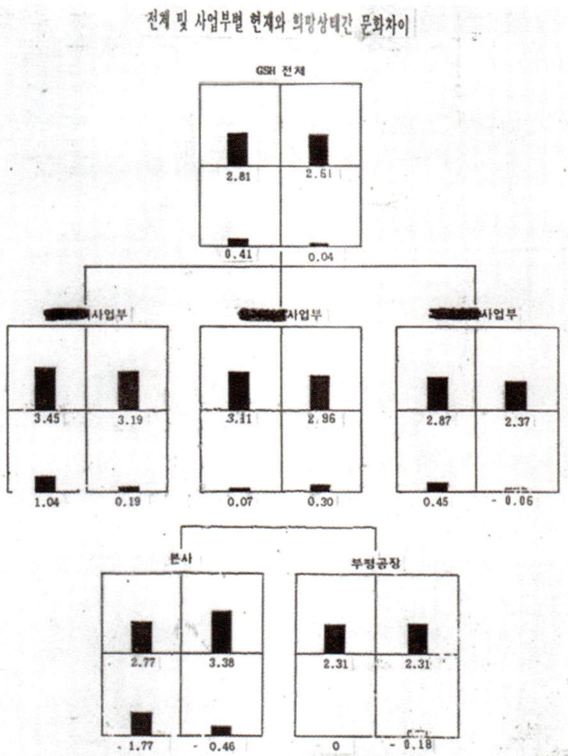

여러 사업부가 있지만, 예로 가운뎃줄 왼쪽에 있는 사업부를 보기로 하자. 독자는 그림을 보고 해당 사업부의 문제, 이슈를 어떻게 판단할 것인가? 해당 사업부를 책임지는 경영자라면 어떤 의사결정과 노력을 하여야 할까?

대부분의 독자는 "일 측면의 문화격차가 둘(과업지원 & 과업혁신) 다 위험수위인 3.0을 넘어섰기에 당장 양 측면을 강화하는 조치가 있어야 한다."라고만 판단할 것이다. 물론 틀린 것은 아니다. 하지만 위와 같은 진단결과만 내놓는다면, 제한적인 컨설팅을 한 것이다. 분명 앞에서 1단계와 2단계의 해석을 설명하였다. 1단계로 무조건 (업종, 규모 불문하고) 격차치의 크기가 2나 3을 넘어서는지 보라고 하였다. 하지만 (비록 1.0 내외의 격차치에 불과할지라도) 2단계로 상급단위 격차치 대비 2배 혹은 3배가 넘는지도 보아야 한다고 하였다. 내부 컨설팅을 할지라도 좀 더 정교하게 분석하여야 한다.

해당 사업부의 사회적 관계 격차치가 그야말로 1.0 내외인 1.04였다. 그러나 그 격차치는 회사 전체의 수치에 비하여 2배가 넘었는데, 회사 전체의 격차치는 사실 본사의 1.77 때문에 평균이 올라가 있었던 것이다. 사업부나 공장에 비하여 업무 성격이 다른 본사를 제외하고 도출한 회사평균(0.3 정도였음)에 비교한다면 해당 사업부의 격차치 평균이 3배가 넘었다. 그래서 "설문조사만으로 도출한 수치이기에 원인은 모르지만, 해당 사업부의 사람간 관계, 즉, 사람 측면에 뭔가 문제가 있는 듯하니 필요한 조치가 곧 있어야 할 것 같다"란 의견을 해당 사업부를 대상으로 내기도 하였다. 실제 그 직후 해당 사업부의 책임자 임원과 핵심적 역할을 하던 관리자들이 퇴사했고, 결과적으로 해당 사업부만이 아니라 회사 전체적으로 문제가 크게 번진 일이 있었다. 이 사례는 "조직 내 경영관리의 에너지가 어느 측면에 얼마나 투입되어야 하느냐를 파악함에 매우 요긴한 진단도구다"라고 설명한 앞의 내용을 뒷받침하는 사례라 판단된다.

문제가 발생하기 전에 (마치 우리가 건강검진을 하듯이) 조직의 건강검진을 하고 필요한 조치를 예방하는 데 매우 요긴한 도구라고 생각하며, 왜 이 진단도구가 전 세계적으로 실무에서 무척 많이 활용되는지를 독자는 쉽게 이해할 것이다. 여기서는 기업문화 측정의 대표적 도구로서 그 활용법을 측정, 집계, 분석(해석) 중심으로 설명하는데 그치지만, 파악된 이상-현실 간의 문화차이를 어떻게 해소하는지의 (조직문화 관리) 방법은 뒤 10.1.3에서 설명할 것이다. 이 진단도구를 회사 전체적으로 활용한 또 다른 실제 사례가 아래에 제시되어 있는데, 이 회사에서 계층별로 비교한 표를 예로 다음에 수록하였다.

〈도표 7-10〉 Kilmann-Saxton Culture Gap 분석: S사 계층별 비교

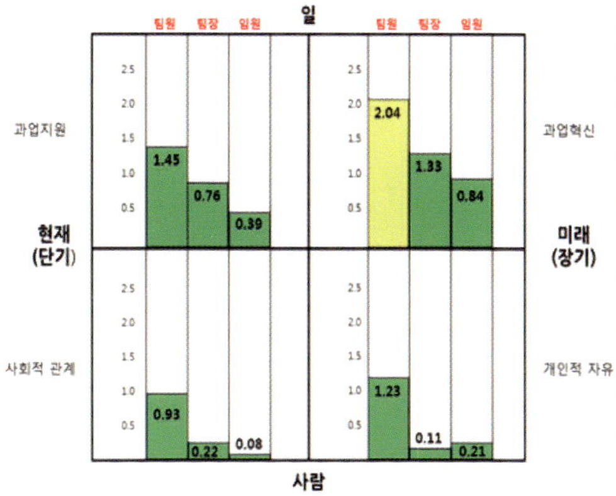

- 전체적으로 봐서 S사의 구성원들은 이상-현실 간 문화 격차를 적게 느끼고 있는 상황임. 현재 상태에 대하여 대체로 만족해 하고, 변화의 필요성을 적게 느끼고 있음.
- 그러나 계층간 인식에 큰 차이가 있음. 낮은 계층에 있는 사람일 수록 훨씬 현실-이상 간 격차를 크게 느끼고 있음. 한국 대기업에서 흔히 임원층에서 이상-현실 간 격차를 크게 느끼는 경향이 있는데, S사의 경우는 매우 특이함.
- 팀원들은 조직의 혁신성이 상당히 취약하며, 과업지원 측면에서도 문제가능성을 인식하고 있음. 팀장과 임원 계층에선 모든 측면에서 이상-현상간 격차를 매우 적게 인식하고 있고, 현 상태가 무난/적절하다고 생각함.

	과업지원			과업혁신			사회적 관계			개인적 자유		
	As-Is	To-Be	Gap	As-Is	To-Be	Gap	As-Is	To-Be	Gap	As-Is	To-Be	Gap
팀원	5.35	6.81	**1.45**	4.50	6.54	**2.04**	5.64	6.57	**0.93**	2.33	3.57	**1.23**
팀장	6.24	7.00	**0.76**	5.60	6.93	**1.33**	6.61	6.83	**0.22**	2.50	2.61	**0.11**
임원	6.45	6.84	**0.39**	5.95	6.79	**0.84**	6.76	6.84	**0.08**	2.34	2.55	**0.21**
S사 전체	**5.49**	**6.83**	**1.35**	**4.67**	**6.59**	**1.93**	**5.78**	**6.61**	**0.83**	**2.35**	**3.43**	**1.08**

7.2. Competing Values Framework

앞서 실무가들에 의해서 가장 많이 활용되는 조직문화 진단도구를 설명하였다. 여기서는 학계와 연구계에서 많이 쓰이는 도구를 소개하기로 한다. University of Michigan의 K. Cameron과 R. Quinn에 의하여 개발된 것으로 Competing Values Framework(CVF)에 기반한 조직문화 진단도구이다.

우선 CVF를 설명하면, 조직문화는 두 축(탄력성/자율성 vs. 안정성/통제성 축, 내부지향/통합 vs. 외부지향/차별성 축)을 기준으로 4개의 문화유형(Clan, Adhocracy, Hierarchy, Market)이 형성된다. Clan 문화는 내부결속과 협력을 중시하는 가족주의적 문화이고, Adhocracy 문화는 변화, 혁신, 창조를 강조하는 혁신적 문화라고 할 수 있다. Hierarchy 문화는 질서와 내부통제를 중시하는 위계질서형 문화이고, Market 문화는 조직의 목표달성을 추구하는 성과지향형 문화이다. 이들 4개 요소는 조직 내 필요

한 4개 유형의 관리와 직결된 것이다. Clan은 collaboration, Adhocracy는 creation, Hierarchy는 control, 그리고 Market은 competition을 의미한다고 보면 된다.

이들 4개 측면의 경영관리는 모든 조직에서 다 필요하지만, 상황에 따라 필요하고 강조되어야 하는 정도가 각기 다를 수 있다. 훌륭한 관리자란 Collaboration, Creation, Control, Competition을 모두 다 잘할 수 있어야 하며, 조직의 지속적 성장을 위해서는 목표상황에 부합하게끔 이들 4개 측면의 관리 중 상대적으로 더 필요한 것이 무엇인지를 알고 그러한 방향으로 조직을 잘 이끌 수 있어야 한다. Quinn은 그러한 훌륭한 관리자를 바로 'master manager'라 칭하였다.

7.2.1. CVF에 기반한 조직문화 유형파악

CVF에 기반한 조직문화 진단에 관해서는 오른쪽의 책(1, 2, 3판 모두를 수록하였음)에서 상세히 설명되어 있는데, CVF는 책 제목처럼 조직문화를 진단하고 변화시키는 데 쓰이는 대표적인 문화측정 개념이다.

두 축을 기준으로 파악되는 4개의 조직문화 유형 측면에서 진단 대상 조직의 문화적 특성이 현재 어떠하고 앞으로 어떠하여야 하는지를 설문지를 통해 파악하는데, 앞서 Kilmann-Saxton Culture-Gap Survey에서는 현재와 이상을 별도의 설문으로 구분하여 질문하였는데, 여기서는 동일 문항을 두고 현재수준과 이상수준을 동시에 응답도록 요구하고 있다. 응답방식은 4개 문화요소를 측정하는 문항(A, B, C, D)을 두고 그 4개의 문항에 부여하는 점수의 합이 100이 되도록 요구하고 있다.

조직문화 특성 파악 설문서

다음의 6가지 질문에서 귀하가 계신 조직의 현재 상태는 어떠하고, 또 이상적(바람직한) 상태는 어떠해야 하는지를 나타내 주십시오. 질문마다 4가지 항목(A, B, C, D)이 주어지는데, 현재 상태와 이상적 상태를 4가지 항목이 얼마나 잘 반영하는지 생각하신 후 여러분 조직의 모습에 가장 유사하다고 생각하는 항목부터 높은 점수를 주시어 그 점수의 합계가 100점이 되도록 하시면 됩니다.
예컨대, 우선 여러분 조직의 현재 상태에 있어서 A항목이 가장 유사하고, B항목, C항목이 약간 유사하고, D항목이 전혀 유사하지 않다고 생각되면, A항목에 55점, B항목과 C항목에 각각 20점, D항목에 5점을 줄 수 있습니다. 다음으로 여러분이 생각하는 조직의 이상적인 또는 바람직한 상태로서, A항목이 어느 정도 유사해야 하고, B항목이 가장 유사해야 하며, C항목이 약간 유사해야 하고, D항목은 거의 유사할 필요가 없다고 판단되면, A항목에 30점, B항목에 50점, C항목에는 15점, D항목은 5점씩을 줄 수 있습니다. 점수는 개인이 임의로 줄 수 있으며, 단지 현재 상태 및 이상적 상태의 4항목 점수의 합이 100점이 되어야 합니다.

1. 조직문화의 주된 특징은?	현재 상태	이상적 상태
A. 우리 조직은 매우 인간적이며, 가족적인 분위기에서 지낸다. 구성원들은 많은 부분을 서로 공유한다.		
B. 우리 조직은 매우 역동적이고 기업가적이다. 구성원들은 기꺼이 위험을 감수한다.		
C. 우리 조직은 결과지향적이며, 일을 마무리하는데 주 관심이 쏠려 있다. 구성원들은 매우 경쟁적이며 성취지향적이다.		
D. 우리 조직은 매우 통제적이며 구조화되어 있다. 일반적으로 공식적 업무절차가 구성원들의 행동을 지배한다.		
합계	100	100

2. 조직의 리더십 스타일은?	현재 상태	이상적 상태
A. 우리 조직의 상사는 성실하게 조언을 해주고, 손쉽게 일하도록 도와주며, 구성원에 대한 교육을 실천하는 등의 모범을 보이고 있다.		
B. 우리 조직의 상사는 진취적인 사고와 창의력을 갖추고 있으며, 위험을 감수하는 등의 모범을 보이고 있다.		
C. 우리 조직의 상사는 필요한 말만 하며, 저돌적이고, 결과지향적인 것에 초점을 맞추고 있다.		
D. 우리 조직의 상사는 Coordination과 유기적 조직운영을 잘하고, 조직운용의 묘를 발휘할 줄 아는 등의 모범을 보이고 있다.		
합계	100	100

3. 직원관리 스타일은?	현재 상태	이상적 상태
A. 우리 조직에서는 팀워크가 잘 맞고, 합의를 구하며, 활발한 구성원의 참여가 이루어지고 있다.		
B. 우리 조직에서는 구성원의 도전정신, 창의성, 자율, 독창성이 잘 추구되고 있다.		
C. 우리 조직에서는 강한 경쟁심과 높은 수준의 성과가 요구되고, 실제로 추구되고 있다.		
D. 우리 조직은 고용의 안정, 조직에의 순응, 예측가능성, 나아가 상호간 안정된 관계를 유지하려는 특성을 지니고 있다.		

합계	100	100
4. 응집력의 원천은?	**현재 상태**	**이상적 상태**
A. 우리 조직의 응집력은 조직을 사랑하는 마음과 상호 신뢰에 의해 유지되는데, 그 수준이 상당히 높다.		
B. 우리 조직의 응집력은 혁신과 개발에 대한 몰입에 근거하는데, 항상 첨단에 서야한다는 점이 강조되고 있다.		
C. 우리 조직의 응집력은 성취, 목표달성에 의해 유지되며, 진취성과 승리에 대한 성취감이 공통의 주제로 존재한다.		
D. 우리 조직의 응집력은 공식적인 규칙과 규정에 의해 유지되며, 순조로운 조직 운영이 중시되고 있다.		
합계	100	100
5. 전략적 주안점은?	**현재 상태**	**이상적 상태**
A. 우리 조직은 구성원 개발에 중점을 두며, 높은 신뢰감, 개방성 및 참여가 추구되고 있다.		
B. 우리 조직은 새로운 자원의 획득과 새로운 도전의 창조에 중점을 두며, 새로운 것의 시도와 기회 창출에 가치를 두고 있다.		
C. 우리 조직은 경쟁적 활동 및 성취에 중점을 두며, 높은 목표의 달성과 시장에서의 승리가 중요시된다.		
D. 우리 조직은 영속성과 안정성에 중점을 두며, 능률과 통제 및 유연한 조직운영을 강조한다.		
합계	100	100
6. 성공(성취)의 기준은?	**현재 상태**	**이상적 상태**
A. 우리 조직은 인적자원의 개발, 팀워크, 구성원 몰입도 및 구성원에 대한 관심의 향상에 기초하여 성공을 정의한다.		
B. 우리 조직은 가장 독창적이고 새로운 연구 결과의 보유, 즉 연구와 이론 개발에서의 선도 및 혁신에 기초하여 성공을 정의한다.		
C. 우리 조직은 시장 경쟁에서의 승리 및 경쟁의 우위 유지, 즉 경쟁적 시장주도력에 기초하여 성공을 정의한다.		
D. 우리 조직은 효율성, 즉 신뢰할 만한 납기, 순조로운 일정 및 비용 절감 등에 기초하여 성공을 정의한다.		
합계	100	100

자료원: Cameron & Quinn(1999), pp. 20-25 수정보완.

〈도표 7-11〉 조직문화 진단의 틀: Competing Values Framework

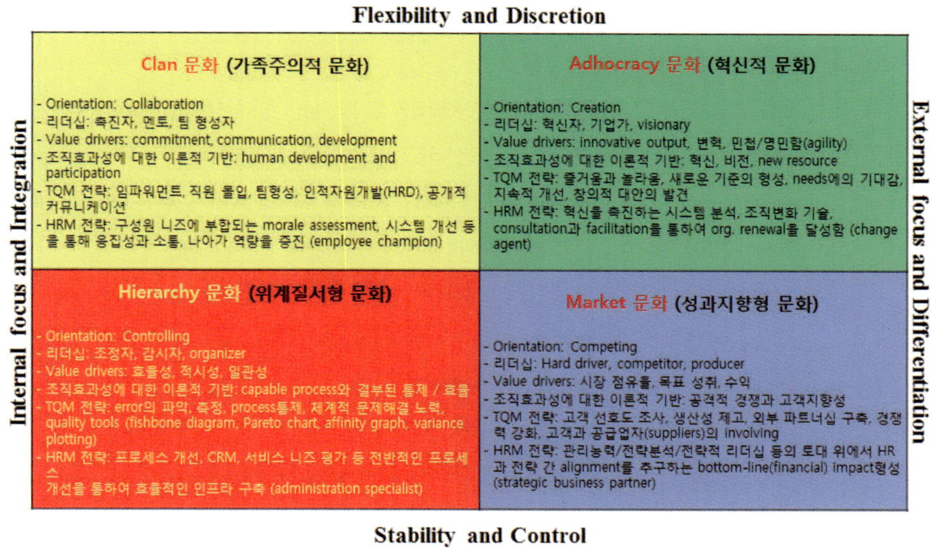

여섯 번에 걸쳐 응답하게 한 후, 응답자가 현 상태와 이상적인 상태 각각의 경우 문항 A, B, C, D에 부여한 점수의 평균을 구하여야 하는데, 독자들이 문항의 내용을 읽어 보면 쉽게 파악하겠지만, A문항은 Clan 문화를, B문항은 Adhocracy 문화를, C문항은 Market 문화를, 나아가 D문항은 Hierarchy 문화를 측정하는 것이다. 여섯 번에 걸쳐 응답한 결과의 평균을 도출한 후, 그 수치를 〈도표 7-12〉상에 표시하고, 표시된 4개의 점을 잇는 선을 그림으로써 진단코자 하는 조직의 현재문화(실선)와 이상문화(점선)의 특성을 파악할 수 있게 된다.

〈도표 7-12〉 CVF 진단결과 작성 양식

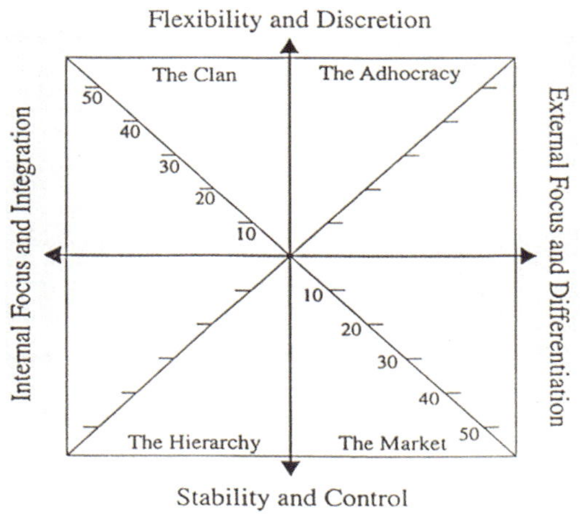

만약 〈도표 7-13〉과 같이 나왔다면, 그 해석은 현재문화(실선으로 표시되는 것)가 안정성/통제성과 성과지향성을 추구하는 문화인데, 구성원이 이상적으로 생각하는 문화(점선으로 표시되는 것)는 그러한 규정준수, 목표달성형 속성이 줄어들고 보다 더 가족주의적이면서 한편으로 혁신성이 증대되는 것이라고 해석할 수 있다. 사실 윗부분이 적고 아랫부분이 큰 〈도표 7-13〉에서의 마름모형의 실선 모양은 생산성이 큰 문화지만 역으로는 혁신성과 탄력성이 적은 소위 '대기업병'이 생길 수 있는 문화이다.

〈도표 7-13〉 CVF 진단결과의 예

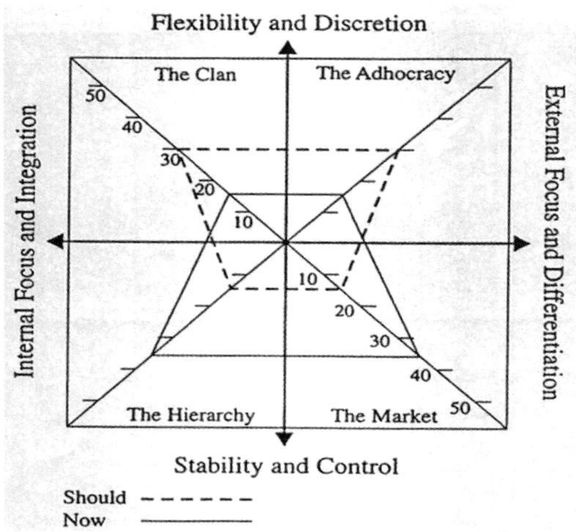

자료원: Cameron & Quinn(1999), p. 76.

이 진단도구를 바탕으로 Apple의 조직문화 특성이 측정되었는데 (〈도표 7-14〉 참조) 회사 설립 초기에는 흔히 벤처기업이 그러하듯이 매우 adhocratic한 문화가 충만하였다. 그러한 혁신성을 바탕으로 회사가 성장하면서 나타난 문화가 두 번째의 clan문화였다. 매킨토시란 기술적 우위의 제품으로 시장에서 성공하자 "우리가 해냈어"라는 자신감과 내부결속이 강한 문화가 형성되었다. 하지만 안정성/통제성이 미흡한 상황에서 혁신성과 인간관계 중심의 내부결속에 기인한 문화만으로는 높은 자율성이 자율방임으로 흐르는 모순을 가지게 되고 결과적으로 조직관리의 문제를 유발하게 되었다. 자유분방한 S. Jobs가 자신이 창업한 회사로부터 쫓겨나고, 시스템경영의 대명사인 Pepsi 출신의 J. Scully가 Apple의 리더가 된 후 시스템과 규칙에 의한 통제가 추구되어 결과적으로 매우 hierarchical한 문화가 형성되었다. 하지만 이러한 위계지향적 문화를 거친 후 결과적으로는 시장에서의 성과(판매량, 시장점유율, 수익증대 등)를 중시하는 market 문화를 형성하게 된 것이다. 하지만 이러한 위계지향적, 성과지향적 조직문화는 생산성은 높으나 조직 내 창의성/혁신성 부족을 가져오게 되어 조직의 혁신 · 성장에는 오히려 제약요소가 되었다. 그래서 Apple은 결국 다시 혁신성 증진을 위해 S. Jobs를 CEO로 모셔왔고, 그 결과 iPod, iPad 등 혁신적 제품이 출시되고 초우량기업으로 재도약한 계기가 되었다.

〈도표 7-14〉 CVF를 통해 본 Apple의 조직문화 (1980-2000) 변천 사례

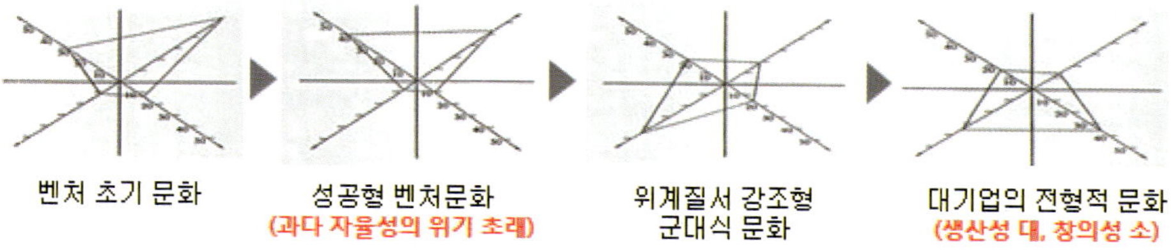

자료원: Cameron & Quinn(1999), p. 50.

유일 최선의 문화란 없다(no one best culture). 조직의 수명주기에 따라서 조직성장에 필요한 문화의 속성이 다르기에 조직문화는 계속 바뀌어야 한다. 이러한 측정도구를 활용하여 현재의 조직문화 특성이 어떠하고 향후 바람직한 특성이 어떠해야 하는지를 계속 진단한 후, 조직문화 변화의 방향에 따라 실제 문화변화를 추구하여야 한다. 따라서 문화관리는 곧 문화변화관리여야 한다.

유일 최선의 조직문화는 없고, 조직문화 관리는 바로 조직문화 변화관리이다.

이러한 조직문화 진단의 결과는 조직 내 계층에 따라 달라질 수도 있다. 따라서 다음의 사례에서와 같이 여러 계층(예, 임원, 팀장, 팀원)을 대상으로 파악해 볼 필요도 있다.

〈도표 7-15〉 CVF 조직문화진단: S사 사례

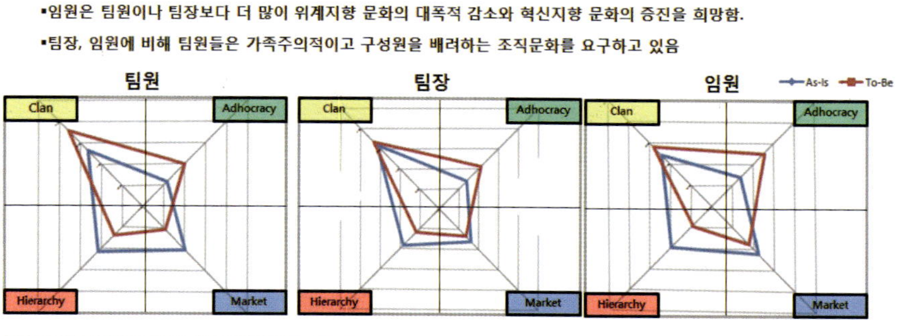

	CLAN		ADHOCRACY		MARKET		HIERARCHY	
	As-Is	To-Be	As-Is	To-Be	As-Is	To-Be	As-Is	To-Be
팀원	28.29	32.82	20.63	24.96	25.15	20.31	25.82	21.79
팀장	30.96	31.76	21.78	25.50	23.08	21.71	24.10	20.95
임원	26.99	29.00	21.95	27.68	26.13	23.70	24.93	19.61
회사 전체	28.51	32.48	20.84	25.18	24.98	20.66	25.57	21.57

7.2.2. CVF에 기반한 리더십 유형파악

조직문화의 특성과 조직문화의 변화방향이 파악되었으면, 누군가는 실제로 그러한 조직문화 변화관리를 추구하여야 한다. 이때 중요한 것이 특정 팀, 특정 부문, 특정 사업부를 이끄는 리더가 과연 그 단위조직의 문화변화를 이끄는데 적합한 사람인가 하는 점이다. 만약 혁신성을 증진해야 하는 상황에 그 단위조직의 리더가 굉장히 위계적인 리더십을 보유 · 발휘하는 사람이라면 그 리더는 해당조직의 문화변화에 적합하지 않을 것이다. 즉, 조직문화 변화의 방향과 리더의 리더십 스타일이 적합한가를 따져 보고 양자의 적합성이 높게끔 해 주어야 할 것이다.

이미 설명한 CVF에 입각하여 (조직문화의 유형만을 설명하지 않고 나아가) 리더십의 유형을 구분하고 실제 그 리더십의 특성 정도를 측정하는 설문지가 있다. (이 설문지는 Quinn의 책—Beyond rational management에 수록되어 있음). 4개 문화유형별로 각각 2개의 리더십 유형이 있어 총 8개의 유형으로 구분되는데, 그 내용은 다음과 같다.

〈도표 7-16〉 CVF에 입각한 리더십 유형 구분

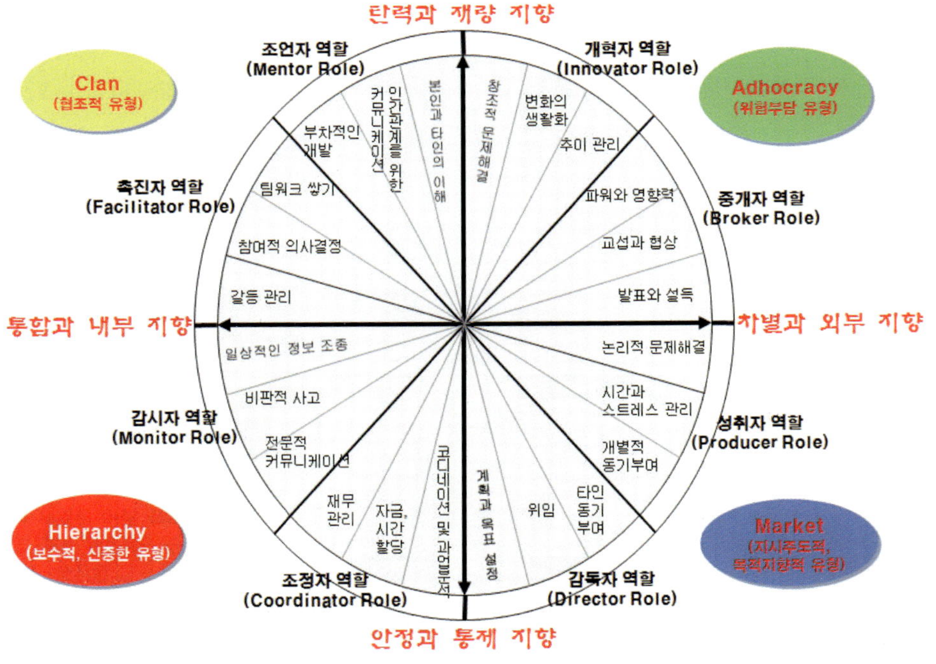

리더십 유형		의미
Clan	촉진자	과정지향적인 리더, 조직의 팀워크와 응집력을 구축하고 대인갈등을 관리하며, 구성원의 사기를 앙양시키고 상호 융화하게 함으로써 공동의 노력을 통해 과정을 해결할 수 있도록 촉진함
	조언자	부하에게 친근하고, 사려 깊고, 공정하며 부하의 의견을 경청하고 지원함. 이 리더는 부하를 개발해야 할 자원으로 인식, 기술축적 및 교육훈련의 기회를 제공하여 자기개발을 지원함
Hierarchy	조정자	체계의 구조와 흐름을 유지하며 분쟁을 최소화하고 계획과 제안을 검토, 평가하고 조정함. 이 역할의 리더는 믿음직스럽고 신속할 수 있어야 함
	감시자	부서 내의 상황, 부하의 규율준수 여부, 업무의 수행정도 등을 잘 감시함. 이 역할의 리더는 세밀한 것에 대한 결정이 있어야 하며, 동시에 논리적, 합리적인 분석에 능숙해야 함
Market	성취자	과업지향적이며, 업무에 중점을 둠. 관심, 동기부여, 정력, 적극적 수준이 매우 높음. 이 역할의 리더는 모든 부서원을 자극하여, 설정된 목표를 더욱 잘 달성하도록 함
	감독자	목표설정, 계획수립 과정을 통해 조직이 기대하는 바를 명확하게 하고, 업무와 개인의 역할을 분명히 함. 규정을 제정하고, 업무수행 시 대안을 결정/제시하고 그 결과를 평가함
Adhocracy	개혁자	필요한 변화를 개념화하고 계획함. 이 역할의 리더는 미래를 보고 개혁을 가시화하며, 매력적인 방법으로 개혁을 실시해 나가는 창조적 역할을 수행함
	중개자	조직 외부의 정보와 자원을 획득하는데 관심을 두고, 조직의 대표로서 조직을 대변하며, 협상과 마케팅을 통하여 자원을 획득함. 정치적이며, 설득력, 영향력 및 파워가 있어야 함

다음에 나오는 설문지를 활용하여 리더십 유형 8개를 측정하는데, 이 설문지는 평가대상자 본인이 응답하고, 나아가 주변 사람(예; 상사, 부하, 동료)으로 하여금 응답하도록 하여 그 결과를 비교함으로써 피평가자의 리더십에 대한 분석과 발전방향을 도출할 수 있다. 주변 사람으로 하여금 응답도록 할 때는 설문지의 안내문을 좀 변경하여 피평가자가 자신이 아니라 부하, 동료, 혹은 상사임을 분명히 알도록 해야 한다.

다음 설문지에 응답한 결과를 집계하고 분석하기 위해서는 〈도표 7-17〉의 표를 활용한다. 현재수준과 희망수준 각각을 달리 집계 · 분석하는데, 〈도표 7-17〉의 집계표에 응답 수치를 옮겨 적고 각 리더십 유형별로 평균을 구한다.

CVF 리더십 스타일 진단지

다음의 내용들은 우리가 조직생활에서 하는 행동들입니다. 아래의 척도에 근거하여 귀하의 현재 행동 수준과 귀하가 원하는 희망 수준을 솔직하게 해당 응답란에 점수로 기입하여 주십시오.

1점	2점	3점	4점	5점	6점	7점
전혀 그렇지 않다	그렇지 않다	그렇지 않은 편이다	중간	그런 편이다	그렇다	매우 그렇다

대상자:____________________

대상자는?	현재 수준	희망 수준
1. 창의적인 아이디어를 제안한다.		
2. 일상적인 업무의 연속성이 유지되게끔 노력한다.		
3. 조직 내에서 상사나 상위 조직에 영향력을 발휘한다.		
4. 세부적인 업무 내용과 관련된 보고서를 꼼꼼히 살핀다.		
5. 조직(부서)의 성취지향적인 분위기를 유지하기 위하여 노력한다.		
6. 조직(부서) 내에서의 합의 도출을 촉진한다.		
7. 조직원들의 책임 소재 및 범위를 명확히 한다.		
8. 조직원들의 고충을 늘 경청한다.		
9. 조직(부서) 내 업무의 흐름이 중간에 끊이지 않도록 노력한다.		
10. 새로운 개념이나 아이디어를 실험한다.		
11. 조직(부서) 내 의사결정에 참여를 독려한다.		
12. 조직(부서)이 어디를 향해 가는지 명확히 알게 한다.		
13. 상사가 내리는 의사결정에 영향을 미친다.		
14. 각종 자료 및 보고서들을 면밀히 검토하여 이들 간에 모순이나 불일치가 있는지를 살핀다.		
15. 조직원들이 목표에 맞게 업무를 수행하는지 확인한다.		
16. 부하들과의 관계에서 애정과 관심을 보인다.		
17. 기술적, 세부적 정보를 잘 간파하고 다룬다.		
18. 상위층에 있는 사람과 접촉한다.		
19. 조직(부서)의 목적을 분명하게 설정한다.		
20. 각 조직원을 신경 써서 배려한다.		
21. 조직(부서) 내에 어떤 일들이 일어나고 있는지 늘 관심을 가진다.		
22. 창조적이고 지혜롭게 문제를 해결한다.		
23. 조직(부서)의 목표달성을 독려한다.		

24. 조직원들로 하여금 정보를 서로 공유하도록 한다.		
25. 혁신과 향상을 추구한다.		
26. 우선순위와 방향을 명확히 한다.		
27. 상사에게 새로운 아이디어를 설득력 있게 제시한다.		
28. 조직의 질서를 확립한다.		
29. 부하의 요구에 대한 관심을 보인다.		
30. 명시된 단위 조직의 목적 달성을 늘 강조한다.		
31. 조직원들 간의 화합을 촉진한다.		
32. 업무 계획과 일정을 늘 분석/확인한다.		

자료원: Quinn(1988), pp. 175-176.

〈도표 7-17〉 CVF 리더십 집계 및 분석표*

문화유형	리더십 유형	(문항 점수) 문항 번호				평균
Adhocracy	개혁자(Innovator)	( ) 1	( ) 10	( ) 22	( ) 25	
	중개자(Broker)	( ) 3	( ) 13	( ) 18	( ) 27	
Market	성취자(Producer)	( ) 5	( ) 15	( ) 23	( ) 30	
	감독자(Director)	( ) 7	( ) 12	( ) 19	( ) 26	
Hierarchy	조정자(Coordinator)	( ) 2	( ) 9	( ) 21	( ) 28	
	감시자(Monitor)	( ) 4	( ) 14	( ) 17	( ) 32	
Clan	촉진자(Facilitator)	( ) 6	( ) 11	( ) 24	( ) 31	
	조언자(Mentor)	( ) 8	( ) 16	( ) 20	( ) 29	

*Original Version과 순서가 같은 것임

위의 집계 · 분석표에서 도출된 평균점수를 다음의 그림에 표시하고 그 결과를 radar diagram으로 그리면, 나아가 그러한 그림을 본인의 응답결과, 상사의 응답결과, 부하의 응답결과와 함께 비교함으로써 리더십의 특성과 이슈가 도출될 수 있다.

〈도표 7-18〉 CVF 리더십 특성도출 양식

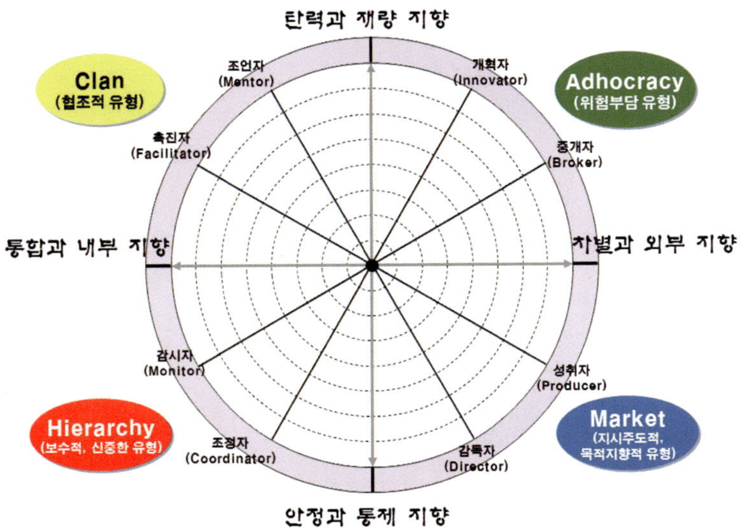

자료원: Quinn(1988), pp. 86 & 130 결합.

그런데 무조건 리더십 수치가 높다고 좋은 것은 아니다. 적정 수준에 있는 것이 좋고, 과도하거나 과소하여도 좋지 않은바, 그 내용은 다음의 〈도표 7-19〉와 같다.

〈도표 7-19〉 CVF 리더십 영역별 의미

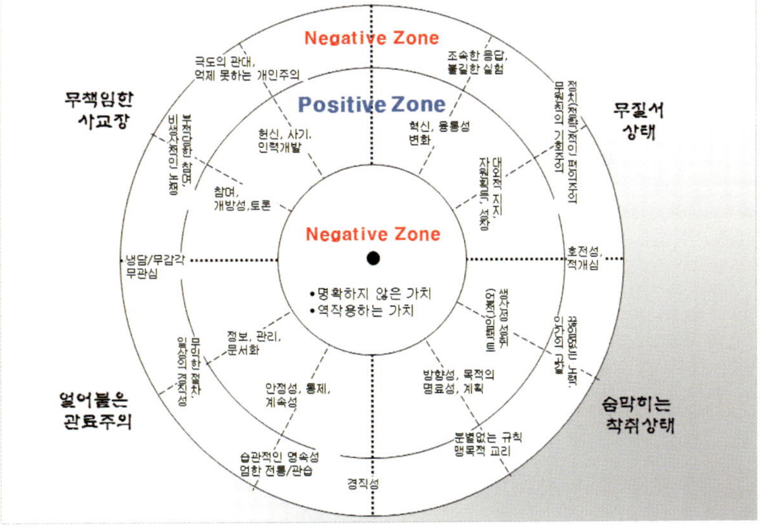

자료원: Quinn(1988), p.70.

개인별로 도출된 수치를 바탕으로 해당 조직의 조직문화 (현재 및 이상수준의) 특성과 비교함으로써 그 개인의 리더십과 관련한 이슈와 육성방안이 파악될 수 있는바 다음과 같은 양식을 활용하면 도움이 될 것이다.

〈도표 7-20〉 리더십 유형 진단표

구 분	Clan		Hierarchy		Adhocracy		Market	
	촉진자 (Facilitator)	조언자 (Mentor)	조정자 (Coordinator)	감시자 (Monitor)	개혁자 (Innovator)	중개자 (Broker)	성취자 (Producer)	감독자 (Director)
본인평가 As-Is								
본인평가 To-Be								
타인평가 As-Is								
타인평가 To-Be								
조직 CVF As-Is								
조직 CVF To-Be								

Recommendation

리더십 유형 평가	
GAP 분석	

이러한 리더십 분석을 개인별로 할 수도 있지만, 조직 내 임원의 평균이나 팀장의 평균을 도출하다 보면 계층별 리더십 교육의 방향과 방안이 파악되기도 한다. 다음은 국내 모 기업의 실제 사례를 수록하였다.

〈도표 7-21〉 CVF 리더십 스타일의 S사 사례

- 스스로의 이상적 리더십과 현재의 리더십에 대해 평가하는 문항에서, 팀장과 임원 모두 이상에 비해 현실이 부족하다고 응답함
- 리더십 스타일을 구성하는 각 측면에서, 팀장보다 임원이 현재의 리더십에 대해 긍정적으로 평가함
- 회사 전반적으로 변화와 혁신을 나타내는 개혁자(Innovator), 중개자(Broker)의 점수가 특히 낮음. 이는 회사 전체적으로 임원의 리더십에서 개혁과 변화 지향적인 성향이 가장 적음을 나타냄

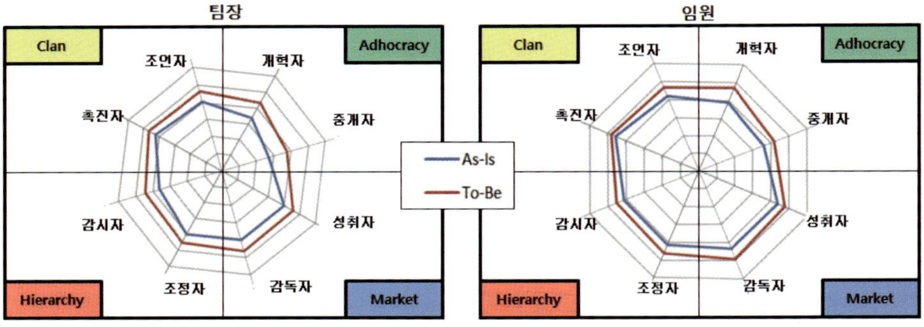

Leadership style		Clan		Hierarchy		Market		Adhocracy	
		촉진자 (Facilitator)	조언자 (Mentor)	조정자 (Coordinator)	감시자 (Monitor)	성취자 (Producer)	감독자 (Director)	개혁자 (Innovator)	중개자 (Broker)
팀장	As-Is	23.52	23.09	22.96	22.27	22.95	22.97	21.80	20.41
	To-Be	24.41	24.25	24.05	23.89	24.11	24.31	23.68	22.48
임원	As-Is	24.18	23.41	23.33	23.26	23.72	23.70	22.79	22.20
	To-Be	24.67	24.36	24.25	23.99	24.54	24.86	24.41	23.37

나아가 특정 개인이나 계층에 대한 종합적 (예; 상중하) 평가를 다음의 사례와 같이 할 수도 있다.

〈도표 7-22〉 특정 계층에 대한 상사, 본인, 부하에 의한 CVF 리더십 평가의 사례

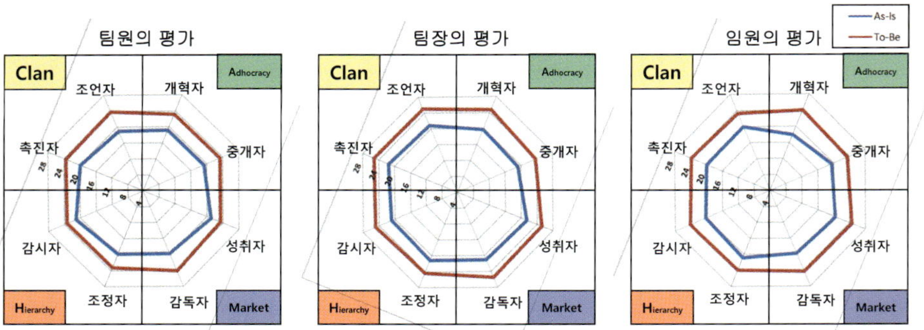

Leadership style		Clan		Adhocracy		Hierarchy		Market	
		촉진자 (Facilitator)	조언자 (Mentor)	개혁자 (Innovator)	중개자 (Broker)	조정자 (Coordinator)	감시자 (Monitor)	성취자 (Producer)	감독자 (Director)
팀원 평가	As-Is	19.91	18.94	19.15	19.27	19.83	21.04	20.97	19.77
	To-Be	23.54	23.78	23.09	23.31	23.26	23.36	23.34	24.17
팀장 평가	As-Is	21.56	20.88	19.73	19.25	21.12	20.85	21.46	21.03
	To-Be	25.14	25.07	24.76	23.69	24.41	24.95	25.19	25.52
임원 평가	As-Is	19.93	20.00	17.90	19.51	20.82	20.20	20.38	19.80
	To-Be	23.87	23.33	23.98	23.49	24.03	24.25	24.52	24.36

7.2.3. CVF에 기반한 리더십 역량평가

앞서 CVF를 설명하면서, CVF는 4개 측면의 관리를 내포한다고 하였다. Master manager란 collaboration, creation, control, competition을 모두 다 잘할 수 있어야 하며, 조직의 지속적 성장을 위해서 이들 4개 측면의 관리 중 상대적으로 더 필요한 것이 무엇인지를 알고 그러한 방향으로 조직을 잘 이끌 수 있어야 한다고 했다. Master manager로서의 역량을 한 개인이 어느 정도 보유하고 있는지를 파악하는 CVF에 기반한 리더십 역량진단 도구가 개발되었다. 즉, CVF에 기반한 리더십 유형의 파악만으로는 부족하고, 실제 필요한 리더십을 구체적으로 육성 · 증진하기 위하여 각 CVF 문화유형별로 리더십 역량을 평가하는 진단도구를 개발한 것인데, 100개의 문항으로 구성되었고 이는 각 문화유형별로 5개씩 총 20개의 역량내용을 측정하는 것으로, 설문지의 구성과 내용은 다음과 같다(Quinn et al., 2011).

CVF 리더십 역량 진단지

다음의 내용들은 우리가 조직생활에서 하는 행동들입니다. 아래의 척도에 근거하여 귀하의 현재 행동 수준과 귀하가 원하는 희망 수준을 솔직하게 해당 응답란에 점수로 기입하여 주십시오.

1점	2점	3점	4점	5점	6점	7점
전혀 그렇지 않다	그렇지 않다	그렇지 않은 편이다	중간	그런 편이다	그렇다	매우 그렇다

나는?	현재 수준
1. 나는 중요한 새로운 사안에 있어 솔선수범한다.	
2. 나는 팀원이 창의적이도록 고무시킨다.	
3. 나는 팀원들이 새로운 일을 시도하게끔 독려한다.	
4. 나는 어려운 과제에 대한 의욕을 보인다.	
5. 나는 경쟁의 필요성을 강조한다.	
6. 나는 팀원들이 업무 절차를 이해하였는지 확인한다.	
7. 나는 긴급한 이슈들에 대해 재빠르게 응답한다.	
8. 나는 업무를 나의 영향력 하에 둔다.	
9. 나는 경쟁 지향적 관점을 발달시킨다.	
10. 나는 개방적 토론 문화를 형성한다.	
11. 나는 빠른 결과물의 산출을 강조한다.	
12. 나는 팀원들이 자신들의 의견을 개진하는 것을 제도화시킨다.	
13. 나는 모든 팀원들이 자기계발 계획을 갖도록 독려한다.	
14. 나는 공식적인 절차나 규정이 명확하게 이해될 수 있도록 돕는다.	
15. 나는 의사결정을 함에 있어 팀원 의견을 잘 반영한다.	
16. 나는 업무를 면밀히 관리한다.	
17. 나는 팀원들의 감정 및 정서를 잘 파악한다.	
18. 나는 팀원들이 기존에 받아들여지던 성과 수준을 초월할 수 있게끔 한다.	
19. 나는 팀원들이 일의 세부 사항을 제대로 파악할 필요가 있다는 나의 기대감을 잘 전달한다.	
20. 나는 업무에 있어 정확성이 필요함을 강조한다.	
21. 나는 업무를 철저하게 관리한다.	
22. 나는 팀원들이 규칙/방침을 알고 있는지 확인한다.	
23. 나는 도전적인 업무를 추진한다.	
24. 나는 팀원들이 지쳤을 때를 알아차린다.	

25. 나는 보다 신속하게 일을 처리할 것을 강조한다.	
26. 나는 커리어 문제에 대해 구성원에게 조언한다.	
27. 나는 팀원들이 일과 일상생활의 균형을 맞출 수 있도록 장려한다.	
28. 나는 내가 협상하는 고객들이나 다른 사람들의 변화하는 니즈를 파악한다.	
29. 나는 고객이나 니즈를 파악해야할 다른 대상들과의 만남을 잘 수행한다.	
30. 나는 다른 사람들로 하여금 자신의 커리어 계발에 대하여 생각하도록 장려한다.	
31. 나는 업무에 있어 정확성을 강조한다.	
32. 나는 몰입(집중)을 요하는 업무를 구상(선호)한다.	
33. 나는 야심찬 프로그램을 시작한다.	
34. 나는 내가 협상하는 고객들과 다른 사람들이 그 이후에 무엇을 원할지 예상하여 대비한다.	
35. 나는 외부 경쟁자들을 능가할 것을 주장한다.	
36. 나는 직무를 수행함에 있어서 최대의 능력을 발휘한다.	
37. 나는 새로운 기술을 배울 것을 요하는 업무를 위임하여 다른 사람들의 능력을 계발한다.	
38. 나는 주어진 상황에 가장 적합한 파워(예; 지위, 보상, 강압, 전문성 등)를 선택적으로 사용할 수 있다.	
39. 나는 직접 대면하는 것이 이메일, 전화통화, 메모보다 더 적절한 때가 언제인가 결정한다.	
40. 나는 건설적인 업무 관련 분쟁을 성급하게 무마하는 것을 피한다.	
41. 나는 규칙에 따르는 것을 장려하기 위해 다양한 접근방법을 사용한다.	
42. 나는 전달하고자 하는 목적(사항)에 따라 가장 적절한 의사소통 방식을 선택한다.	
43. 나는 바람직한 행동과 바람직하지 못한 행동의 구체적인 예시들을 포함한 시의적절한 성과 피드백을 제공한다.	
44. 나는 제안을 했을 때 다른 사람이 제기할 수 있는 반론을 예상하여 대비한다.	
45. 나는 적절하게 분업과 특화의 개념을 적용하여 성과를 증진시킨다.	
46. 나는 혁신적 사고를 증진하기 위해서 브레인스토밍과 집단의사결정 기법을 사용한다.	
47. 나는 조직 내에서 목표가 수직적, 수평적으로 맞지 않는지를 확인한다.	
48. 나는 의사전달시 내가 전달해야하는 대상과 전달하고자 하는 바(목표)를 명확히 안다.	
49. 나는 팀원들이 권한을 위임 받았고, 업무에 몰입하고 있음을 느낄 수 있도록 고성과 업무환경(high performance environment)을 조성한다.	
50. 나는 협상에 임할 때 공유된 목표, 정확한 의미교환, 상호 신뢰형성에 신경을 쓴다.	
51. 나는 창의적인 사고를 저해하는 개인과 조직 내부의 장애물을 극복한다.	
52. 나는 업무 성과를 증진시키기 위한 방법을 검토할 때, 인간적인 문제뿐만 아니라 절차상의 문제도 모두 고려한다.	
53. 나는 조직이 추구하는 우선순위에 입각하여 목표와 과제를 설정한다.	
54. 나는 의사결정의 질을 높이기 위하여 건설적인 갈등을 유도한다.	
55. 나는 업무 수행시 업무분담 등과 같은 기본적인 절차/방식을 잘 준비하고 활용한다.	

56. 나는 조직 통합을 이루어내기 위하여 다양한 방식을 사용한다.	
57. 나는 성과관리를 함에 있어 조직의 성과목표와 연계하여 생각한다.	
58. 나는 나의 입장을 지지하는 구체적인 근거와 강력한 이론적 주장을 제공함으로써 설득력있는 의사소통을 한다.	
59. 나는 갈등의 다양한 원인들을 구별한다.	
60. 나는 인맥 망을 확장하여 개인적인 영향력을 잘 구축한다.	
61. 나는 변화에 대한 저항을 줄인다.	
62. 나는 전략, 정책, 개별 실행방식과 개인적 감정을 모두 아우르는 비전을 세운다.	
63. 나는 구체적인 상황에 따라 갈등을 다룰 수 있는 다양한 접근방식을 사용한다.	
64. 나는 적재적소에 사람을 배치한다.	
65. 나는 메시지들과 자료들을 효과적으로 관리하여 한 번에 하나씩 처리할 수 있도록 한다.	
66. 나는 업무의 목적뿐만 아니라 팀 역할과 절차에 주의를 기울인다.	
67. 나는 상황에 따라 다른 설득 방식을 사용한다.	
68. 나는 공감하며 경청하고 타인의 문제에 대한 관심을 가지고 있음을 보여준다.	
69. 나는 남들이 내 지시(요청)에 대해 즉각 효과적으로 답을 할 수 있게끔 e-mail이나 SMS 등의 간편한 방법을 자주 사용한다.	
70. 나는 자신이 다양한 활동에 얼마나 많은 시간들을 할애하는지 정확히 알아보기 위해 시간계획을 검토한다.	
71. 나는 성격이 다른 사람들과 효과적으로 일한다.	
72. 나는 특정 목표가 팀에 있어서 단지 중요하다는 것을 강조하는 것에 그치지 않고, 그 목표가 힘들지만 여전히 달성가능하다는 것을 분명히 한다.	
73. 나는 효과적인 의사소통을 저해하는 일반적 장애물들을 제거하거나 최소화한다.	
74. 나는 조직문화를 진단하고 현재의 문화가 경쟁적 환경에 적합한지 여부를 판단한다.	
75. 나는 상사, 동료, 직속 보고자와 같은 특정 구성원에 대한 자신의 영향력을 증진시킨다.	
76. 나는 열린 토론과 문제 해결을 장려하는 방식으로 나의 의견불일치를 표현한다.	
77. 나는 구체적이고, 측정가능 하며, 확실한 시간계획이 있는 목표를 개발한다.	
78. 나는 특정 상황에 있어 어떤 변화전략(참여형, 지시형, 변혁형)이 가장 적절한지 판단/결정한다.	
79. 나는 타인의 행동에 영향을 줄 수 있는 동기부여 이론의 사용을 즐긴다.	
80. 나는 영향력이 어떻게 효과적으로 사용될 수 있는지 이해한다.	
81. 나는 업무를 수행함에 있어 공식적이고 절차(형식)중심적인 방법과 비공식적이고 신속(유기적인)한 방법을 상황에 맞게 잘 활용한다.	
82. 나는 업무 진행을 파악하기 위하여 일정 계획표를 준비/활용한다.	
83. 나는 주어진 상황에서 변화를 강화하는 요인과 저해하는 요인을 정확하게 평가한다.	
84. 나는 내가 담당하는 조직이 어떤 방식(기능별, 사업별, 혼합식)으로 구성되는 것이 가장적합한지를 안다.	
85. 나는 협상에 임할 때 지위가 아닌 이익에 집중한다.	

86. 나는 나의 일에 우선순위를 부여하여, 긴급한 듯 보이나 중요하지 않은 일 보다는 중요성이 높은 일에 대부분의 시간을 할애한다.
87. 나는 내가 담당하는 조직의 통합을 도모하기 위해, TFT와 같이 서로 다른 직무를 수행하는 인력들로 구성된 다기능 팀(cross-functional team)을 운용할 수 있다.
88. 나는 성과측정도구가 객관적이고 종합적인지를 구분/파악할 수 있다.
89. 나는 부하들이 따르기 쉬운 시스템을 구축한다.
90. 나는 비건설적인 개인 간 갈등을 원만히 해결한다.
91. 나는 유용한 정보와 무관한 자료를 구별한다.
92. 나는 생산적이고 효율적이며 참여도가 높은 회의를 계획하고 이행한다.
93. 나는 다기능 팀(cross-functional team) 내의 난제를 극복한다.
94. 나는 조직단위의 목표 관점에서 적합한 성과측정도구와 부적합한 성과측정도구를 구별한다.
95. 나는 다기능 팀(cross-functional team)을 사용하는 장점을 부각시킨다.
96. 나는 조직변화가 언제 구성원의 저항을 불러일으킬 가능성이 있는지를 인식한다.
97. 나는 나만의 리더십 이야기를 들려주어 사람들이 나를 이끌고 지탱하는 열정을 이해하도록 한다.
98. 나는 효과적인 변화전략을 세운다.
99. 나는 다기능 팀(cross-functional team)에서 성공적으로 일한다.
100. 나는 상대방의 비언어적인 의사도 잘 알아차리고, 상대방의 의사를 정확히 파악했음을 잘 전달한다.

〈도표 7-23〉 CVF 리더십 역량 평가

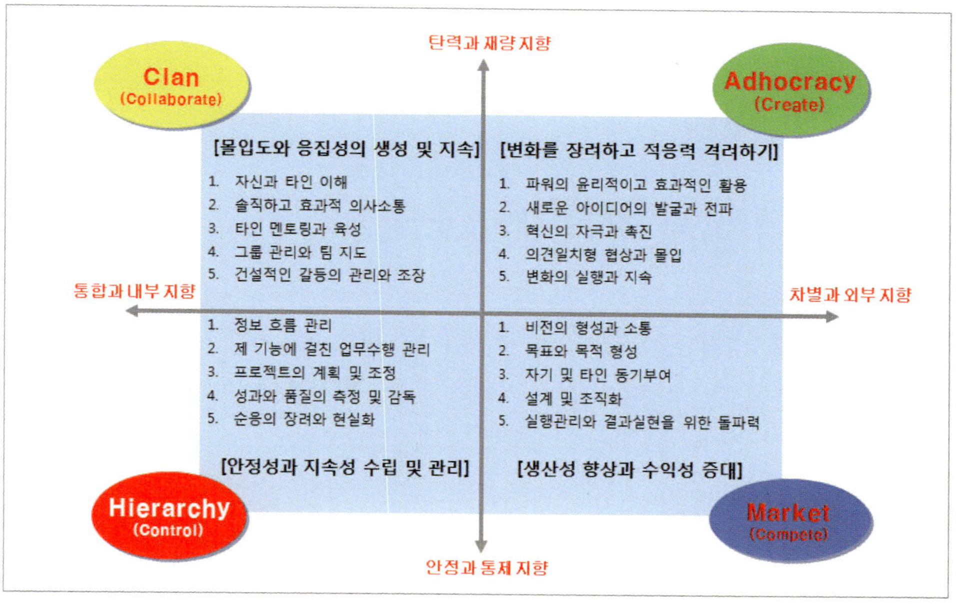

위의 설문지를 활용하여 분석한 결과를 (집계 및 분석방법은 저작권 때문에 지면상 설명은 생략함) 개인별로 도출할 수 있지만, 분석하고자 하는 단위조직별로 파악하여 다음의 사례에서와 같이 정리할 수 있다. 리더의 역량에 대하여 본인평가가 흔한 예 이지만, 상사나 부하에 의하여 평가되어 그 결과를 상사, 본인, 부하평가 측면에서 동시에 비교하면 다양한 해석이 가능할 것이다.

〈도표 7-24〉 CVF 리더십 역량평가 결과 사례

- **리더의 리더십 역량 수준이 20개 기준에 따라 수평 막대그래프로 표시됨.**
- **평가 결과 미흡의 영역인 5.5 이하의 내용이 나오면 해당 역량을 증진하기 위한 HRD의 노력이 필요함.**

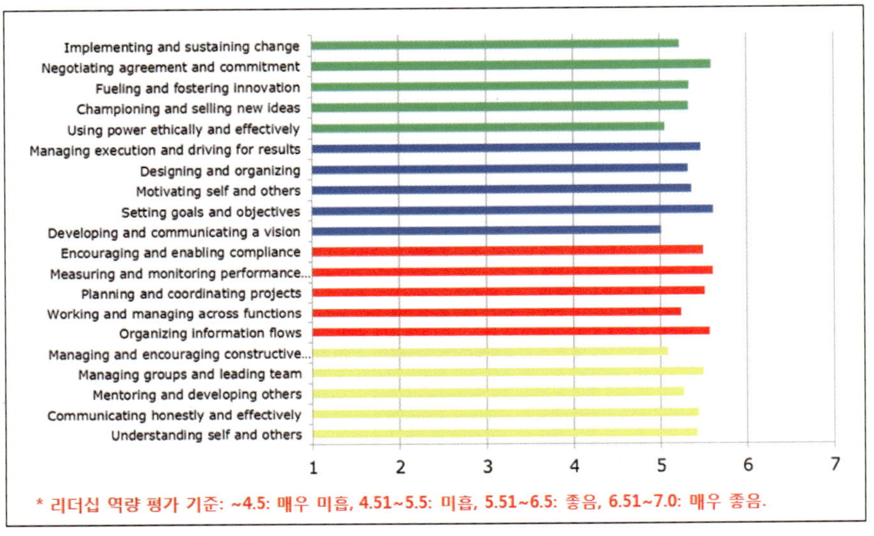

7.3. McKinsey의 조직건강도(OHI)

저자는 조직문화의 진단을 두고 "어렵게 생각하지 말고 조직건강 진단이라 생각하십시오"란 표현을 자주 쓴다. 그런데 마침 조직문화 진단도구라 불리거나 분류되진 않기에 학계의 관심범위에선 벗어나 있지만, 그야말로 '조직건강도(Organizational Health Index: OHI)'라 칭해지는 도구가 McKinsey & Company에서 쓰이고 있고, 이것이 조직문화의 특성이나 이슈를 해석함에 활용되고 있기에 소개한다.

McKinsey에 의하면 OHI는 건강검진 시의 '문진'에 해당하는 질문이라고 한다. 조직의 건강에 영향을 미치는 경영활동이 얼마나 활발하게 이루어지고 있는지에 대한 질문이다. 다양한 검사를 거치고 나면, 현재 얼마나 건강한 상태인지, 몸의 어떤 부분이 건강하고 어떤 부분이 그렇지 못한지, 어떠한 습관을 고치거나 약 또는 치료를 통해 건강상태를 개선해야 하는지 검진결과가 나오게 되는데, 이에 해당하는 것이 McKinsey 조직건강도 진단의 9개 'outcome'이다. 영역별 outcome 수준은 현재 조직이 해당 영역에서 얼마나 효과적인지, 얼마나 높은 수준에 도달해 있는지를 의미한다(대한상공회의소/McKinsey, 2016).

OHI는 〈도표 7-25〉와 같이 9개의 영역으로 구성되어 있는데, 조직건강도 진단에서는 9개의 영역에 대해 outcome(효과성 수준, output) 및 37개 세부 practice(바람직한 경영활동 수행의 빈도, input) 측면에서 별도의 질문으로 진단을 수행한다. 대부분 outcome과 practice 수준은 유사하게 나타나며 통계적으로 높은 상관관계가 검증되고 있으나, 간혹 세부 practice와 outcome 수준이 엇갈려서 나타나는 경우도 있다.

〈도표 7-25〉 McKinsey의 조직건강도 진단 영역

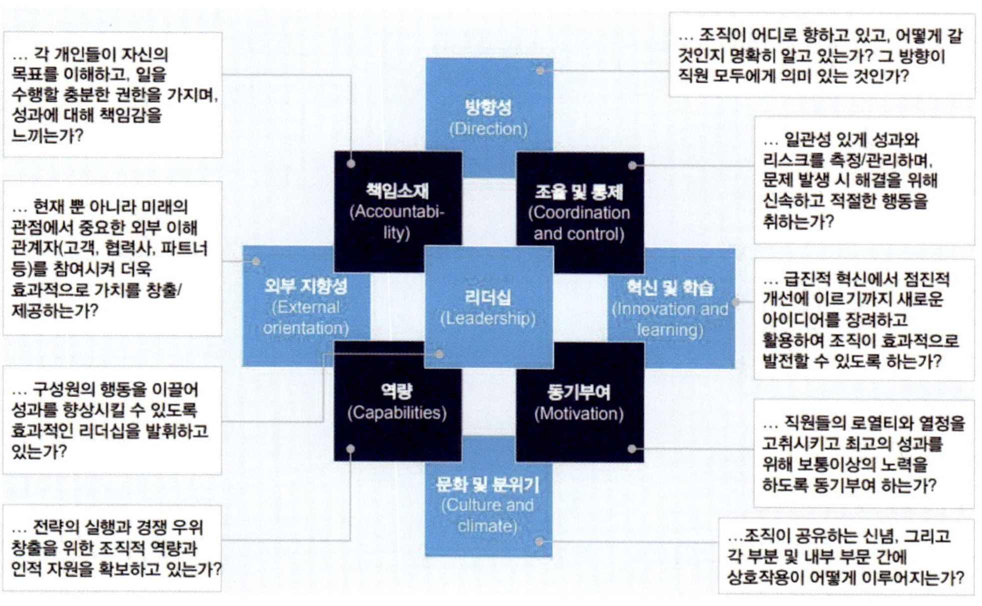

자료원: 대한상공회의소/McKinsey, 2016, p. 15.

실제로 대한상공회의소와 McKinsey가 공동으로 진행한 한국기업의 조직건강도 진단 결과를 보면 다음과 같이 9개 outcome 영역별 결과가 나왔다.

〈도표 7-26〉 조직건강도 진단 결과: Outcome 영역 측면

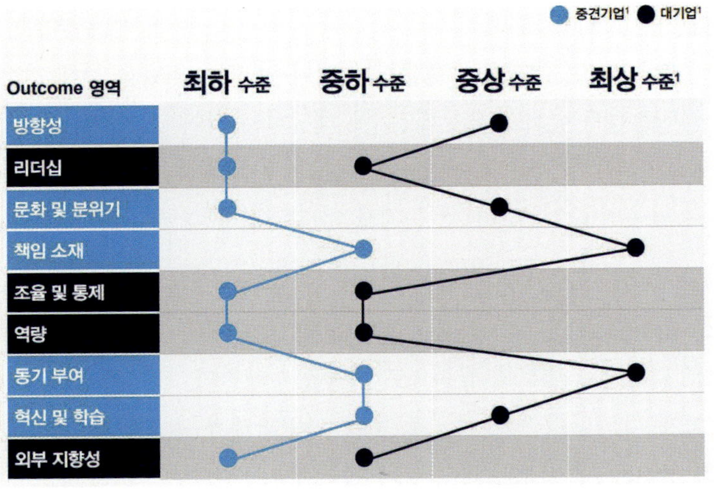

자료원: 대한상공회의소/McKinsey, 2016, p. 16.

조직건강도의 37개 practice 측면 진단 결과를 보면 다음 〈도표 7-26〉과 같이 나타났다.

〈도표 7-26〉 조직건강도 진단 결과: Practice 측면

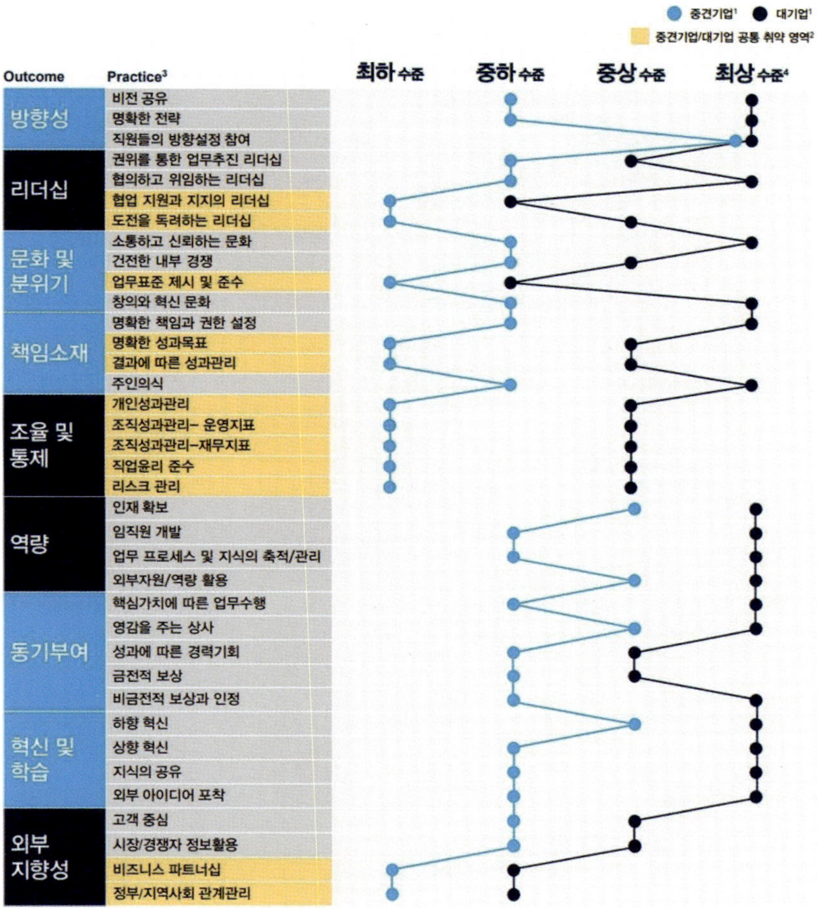

자료원: 대한상공회의소/McKinsey, 2016, p. 17-18.

이상과 같은 결과를 도출하는데 활용된 질문문항이나 그 분석방법은 미공개 내용이기에 설명을 생략하고, 이러한 조직건강도 진단도구의 존재와 그러한 도구를 활용한 국가간 기업간 비교 가능성을 사례로 제시하였다.

Part

04

조직문화의 관리방법

Chapter 08

조직문화 변화의 가능성, 방법론 및 오류

8.1. 조직문화의 관리가능성과 변화관리의 의미

영혼이 빠져나간 육체는 더는 살아있는 인간으로 볼 수 없는 것과 마찬가지로 기업문화가 존재하지 않는 기업은 더 이상 살아있는 조직이라 하기 어렵다. 기업문화는 그 특성과 강도에 따라서 기업의 유효성에 결정적인 영향을 미치며, 구성원의 일체감을 높여주고, 경영방식과 관리관행의 지침을 제공하여 기업의 정체성을 형성시켜 줌으로써 경영자의 교체에도 불구하고 일관된 경영스타일을 구사할 수 있게 하는 등 기업유지에 큰 역할을 하고, 나아가 독특하고 강하여 다른 기업에서 쉽게 모방하기 힘든 기업문화는 지속적인 경쟁우위의 원천이 되기 때문에 그 중요성이 크다 하겠다(이관희 · 박원우, 1992, p. 5).

8.1.1. 조직문화의 관리가능성

조직문화가 관리 가능한가에 대해서 이분법적으로 결론을 내리기보다 조직문화와 관련한 기존의 연구 패러다임들이 관리가능성이라는 기준에서 어떻게 구분될 수 있는지를 먼저 살펴본 (따라서 앞서 제3장에서 설명한 내용과 일부 중복이 있을 수 있다) 후 본서의 입장을 정리하기로 한다.

① 문화인류학과 조직연구의 접점

1980년대 초 '조직은 저마다 특정한 문화를 가지고 있다'라는 명제가 전략이나 경영, 조직행동, 그리고 조직이론 분야에서 폭발적으로 유행하였으나 조직문화라는 개념을 이론적으로 뒷받침할만한 토대가 미흡하였다. 이러한 현실 인식에 기초하여 다수의 연구자가 조직문화 연구를 위한 이론적인 토대를 쌓기 위해 노력하였는데, 대표적으로 Allaire & Firsirotu(1984)와 Smircich(1983)을 들 수 있다.

Allaire & Firsirotu(1984)는 앞서 1장에서 살펴보았듯이 (〈도표 1-1〉 참조) 문화인류학 분야 연구들에서 나타난 문화의 개념을 크게 '사회문화적 시스템(sociocultural system)'과 '관념 시스템(ideational system)'으로 나누었는데, 사회문화적 시스템으로서의 문화는 결국 사회 시스템을 구성하는 하나의 요소이며 행동(즉 삶의 방식)으로 나타나는 동시에 그러한 행동의 부산물이기도 하다. 반면 관념 시스템으로서의 문화개념은 문화적 실체와 사회적 실체를 명확히 구분하지만, 이들이 상호 관련된다는 관점을 취하는데, 문화는 문화를 유지하는 사람들의 사고(minds)속에 있거나, 공유된 의미 혹은 상징과 같은 사고의 부산물이다. Allaire & Firsirotu(1984)는 각각의 개념 하에서도 문화를 정의하는 관점을 세분화하여 각각을 또다시 네 개의 학파(schools)로 구분하였으며, 이러한 여덟 개의 학풍이 조직연구에서는 어떻게 이어지고 있는지를 살핌으로써 조직문화의 개념을 이해하는 틀을 제공하였다. 이들의 분석에서는 조직문화 연구로 이어진 각 학파의 연구전통이 조직문화 변화의 관리가능성을 어떻게 바라보고 있는지에 대한 분석은 없으나, 다른 연구자들의 분류와 연계하여 고려해 볼 수 있을 것이다.

Smircich(1983) 또한 문화인류학적 전통이 조직연구에 어떠한 영향을 미쳐왔는지에 대해 연구하였다. 그는 〈도표 8-1〉에서 보는 바와 같이 문화인류학적 전통에서 나타난 문화에 대한 관점을 크게 세 가지로 구분하였는데(〈표 3-3〉 참조), 첫째는 독립변수로서의 문화, 둘째 종속변수로서의 문화, 셋째 본원적 상징으로서의 문화가 그것이다.

〈도표 8-1〉 Smircich(1983)의 문화인류학 이론과 조직이론의 접점

문화에 대한 관점	문화인류학에서의 문화 정의	조직연구에서의 주제	조직연구에서의 조직 정의
독립변수	인간의 생리적 심리적 욕구충족을 위한 도구	Cross-cultural or comparative management	과업달성을 위한 사회적 도구
종속변수	인간을 사회구조 속으로 통합하기 위한 적응-조절기제	Corporate culture	환경과의 교환프로세스를 통해 존재하는 적응 기관
본원적 상징	인간의 공유된 인지체계	Organizational cognition	조직은 구성원이 공유하는 주관적인 의미들로 이루어진 네트워크 안에 존재
	인간의 공유된 상징과 의미체계	Organizational symbolism	조직은 언어와 같은 상징적 모드로서 유지
	보편적이고 무의식적인 인간의 내면 구조가 투영된 것	Unconscious processes and organization	조직의 형태와 관행은 무의식 프로세스의 산물

Smircich(1983)의 문화개념 구분을 조직문화의 관리가능성 측면에서 살펴보면, 조직과 조직문화라는 개념간 관계를 크게 두 가지로 나누어 접근하고 있음을 알 수 있다. 하나는 조직이 변수의 하나로서 조직문화를 가지고 있다는 'has' 접근법이고 다른 하나는 조직문화가 조직을 개념화하는 본원적 상징이라는, 즉 조직이 곧 문화라는 'is' 접근법이다. 전자는 문화를 조직특징 중 하나이며, 조직의 특정한 욕구 또는 조직의 적응 및 통제 메커니즘을 만족시키는 도구로써 인식하기 때문에 조직문화는 조직의 전반적인 균형과 효과성에 대한 중요한 선행요인이며 경영관리를 통해 통제될 수 있다는 접근법이다. 반면 후자는 전자에 비해 보다 문화인류학적 전통을 따르는 접근법이라 할 수 있는데, 인류학에서는 문화를 특정한 사회 집단의 행동패턴, 즉 특정한 사람들 사이에 소통되는 삶의 방식으로 간주한다. 'is' 접근법은 조직문화를 역사적 산물로, 문화적 구성원들의 행동에 대한 지침을 제공하는 규범이나 가치 그리고 신념으로, 학습된 것이며 행동의 영향요인이자 결과로 정의하고 있기 때문에 조직문화는 경영관리를 통해 관리될 수 있는 대상으로가 아니라 구성원들의 인지와 상징체계로 해석의 대상으로 간주한다(Iivari, 2005).

이상에서 살펴본 Allaire & Firsirotu(1984)와 Smircich(1983)의 연구를 비교해보면, 문화를 독립변수로써 바라보는 관점은 문화를 인간의 생리적 심리적 욕구충족을 위한 도구라고 정의한다. 이러한 문화인류학적 전통은 Allaire & Firsirotu(1984)의 기능주의 학파와 맥을 같이 하며, 조직연구에서는 고전적 관리이론(classical management theory)과 같이 조직을 과업달성을 위한 사회적 도구로 인식하는 사조로 이어진다. 종속변수로서의 문화 관점은 문화를 인간을 사회구조 속으로 통합하기 위한 적응-조절기제로 정의하며, Allaire & Firsirotu(1984)의 연구에서는 구조기능주의 학파로 분류되어 있다. 이러한 관점이 조직연구로 이어진 예로 상황이론을 들 수 있으며, 조직을 환경과의 교환프로세스를 통해 존재하는 적응 기관(adaptive organisms)으로 개념화 하고 있다. 본원적 상징으로서의 문화 관점은 다시 세 가지의 하부 영역들로 구분되는데, 문화를 공유된 인식체계, 공유된 상징과 의미체계, 혹은 보편적이고 무의식적인 인간 내면의 구조가 투영된 결과로 정의하는 학풍들로서 각각 Allaire & Firsirotu(1984)의 cognitive 학파, symbolic 학파, structuralist 학파와 관련되며 조직연구에서도 각각 인지조직이론, 상징조직이론, 변혁조직이론의 전통으로 이어진다.

〈도표 8-2〉 Allaire & Firsirotu(1984)와 Smircich(1983)의 구분 비교

Allaire & Firsirotu(1984)		Smircich(1983)	
문화 개념	학파 구분	문화 관점	조직연구 주제
Socio-cultural system	Functionalist	Independent variable	Cross-cultural or comparative management
	Functionalist-structuralist	Dependent variable	Corporate culture
	Ecological-adaptionist	n/a	n/a
	Historical-diffusionist	n/a	n/a
Ideational system	Cognitive	Root metaphor for conceptualizing organization	Organizational cognition
	Structuralist		Unconscious processes and organization
	Symbolic		Organizational symbolism
	Mutual equivalence	n/a	n/a

② 조직문화 연구의 접근방법 구분

앞서 조직문화 연구가 문화인류학적 전통과 어떻게 연결되어 있는가라는 측면에서 살펴보았는데, 여기서는 조직문화 연구자들의 연구의도(interests) 또는 접근방법(approach)이 무엇이냐에 따라 기존의 연구를 구분해 보고 이러한 구분 하에서 조직문화의 관리가능성이 어떻게 이해될 수 있는지 살펴보고자 한다. 대표적인 연구로는 Martin(1992, 2002), Iivari(2002, 2005), Harris & Ogbonna(1998) 등을 들 수 있다.

Martin(1992, 2002)은 기존의 조직문화 연구자들의 연구의도를 관리적(managerial) 의도, 비판적(critical) 의도, 그리고 기술적(descriptive) 의도로 구분하였는데, 이들은 각각 Iivari(2002, 2005)가 구분한 임상적(clinical) 접근법, 비판적 · 포스트모던(critical, postmodern) 접근법, 해석적(interpretive) 접근법과 유사한 맥락으로 이해할 수 있다. Iivari(2002, 2005)는 이 외에도 비교적(comparative) 접근법을 포함하였는데, 이는 Martin(1992, 2002)의 관리적 의도에 포함된다고 볼 수 있다. 여기서는 Iivari(2002, 2005)의 접근법 구분을 중심으로 구체적인 내용을 살펴보고자 한다(〈도표 8-3〉 참조).

첫째, 비교적 접근법을 취하고 있는 연구들은 조직문화를 독립변수로 간주하며, 가치나 규범, 혹은 태도 등으로 조직문화를 측정한다. 연구의 목적은 조직문화를 유형별로 분류하여 조직문화에 대한 영향요인 및 조직문화로 인한 결과와의 관계를 탐색하는 데 있다.

〈도표 8-3〉 Iivari(2002, 2005)의 조직문화 연구접근법 구분

구분	Comparative	Clinical	Interpretive	Critical, Postmodern
조직문화 개념	미리 결정된 특성이나 차원들로 구성된 독립변수의 하나	관리를 통해 통제할 수 있고 조작할 수 있는 도구로서 문제해결에 유용하며, 종속변수로 간주	패턴화된 의미 혹은 사고체계로서 사회적 상호작용의 산물로서 구축	부분적이고 불연속적이며, 불완전한 그리고 끊임없이 변화하는 정치적 현상
조직변화 개념	조직변화는 straightforward process	조직변화는 관리를 통해 통제와 조작 가능한 straightforward process	조직변화는 역설적이고 예측할 수 없는 결과를 초래할 수 있는 복잡한 프로세스	조직의 변화는 본래부터 급작스런 특성
관리가능성에 대한 시사점	Optimism 조직변화를 조직문화에 적합하도록 유도	Optimism 조직문화를 조직변화에 적합하도록 유도하는 것이며 변화노력은 관리도구의 하나로서 통제 가능	Relativism 조직변화를 조직문화에 적합하도록 유도하는 것이지만, 변화과정은 통제 불가	Pessimism 조직변화를 위한 경영전략에 대한 회의(question) 조직문화와 변화에 대한 기존 개념들을 비판하나, 실질적 시사점 부재

둘째, 임상적 접근법은 조직문화를 조작 및 통제 가능한 종속변수로 간주하며, 조직문화를 변화 가능한 현상으로 가정하는 실용주의자들이 주로 활용하고 있다. 연구의 목적은 조직의 문제점과 역기능들을 진단하고, 조직문화가 조직의 생존에 어떻게 작용하고 있는지를 밝히는 것이며, 인류학적 토대를 가진 연구자들은 이러한 접근법을 비과학적이라 비판한다.

셋째, 해석적 접근법은 조직문화를 의미와 인지의 패턴으로 간주하는 문화순수주의자들의 대표적 접근방법으로서 조직문화를 구성원들의 사회적 상호작용 속에서 구축된 현상으로 인식한다. 구성원들이 조직문화를 창조하고 유지하며, 조직문화 변화를 진화적 관점으로 보기 때문에 조직문화는 쉽게 변화하지 않으며, 예측하기 어려운 대상으로 가정한다.

마지막으로 비판적 · 포스터모던 접근법은 조직문화를 부분적이고 불연속적이며 불완전한, 그리고 끊임없이 변화하는 정치적 현상으로 간주한다. 따라서 조직문화는 단지 연구자들에 의해 생산된 담론에 불과하며, 조직문화를 설명한다는 것은 부분적일 수밖에 없다는 가정 아래에 조직문화에 대한 이론화(theorizing) 관행을 비판한다.

③ 조직문화의 관리가능성에 대한 결언

지금까지 살펴본 내용을 조직문화 관리가능성 측면에서 종합해 보면 〈도표 8-4〉와 같다. 문화가 과연 관리될 수 있는 것일까? 이에 대한 답은 크게 두 갈래 즉, 문화순수주의

자(cultural purist)와 문화응용주의자(cultural pragmatist)의 견해로 나눠진다. 문화순수주의자들은 문화란 결과적이 현상으로 단지 설명과 이해의 대상이지 관리나 변화의 대상이 될 수 없다고 한다. 따라서 이를 인위적으로 조작하거나 변화시켜 나간다는 것은 불가능하며, 심지어 비윤리적이라고 여긴다. 예를 들어 Meek(1988, p. 470)는 "조직문화는 조직 그 자체이지 조직이 소유한 것이 아니다. 즉, 이는 독립변수가 아닐뿐더러 관리에 의해 형성될 수도, 발견될 수도, 파괴될 수도 없는 것"이라고 한다. 그러나 문화응용주의자들은 기업문화란 기업활동의 산물이고 이에 의해서 기업성과가 영향을 받기에 이를 관리 · 변화 가능한 요소로 파악하여 계획적으로 형성 · 강화시켜 나갈 수 있다고 보고 있다(박원우, 2002, p. 143 재인용).

〈도표 8-4〉 문화인류학 및 조직문화 연구관점별 조직문화 관리가능성 구분

관리가능성	Allaire & Firsirotu의 문화개념 구분	Smircich의 문화관점 구분	Iivari의 조직문화 연구접근법 구분
가능 문화응용주의자 'has' approach	Socio-cultural system	Independent variable	Comparative
		Dependent variable	Clinical
불가 문화순수주의자 'is' approach	Ideational system	Root metaphor for conceptualizing organization	Interpretive
		n/a	Critical, Postmodern

여기서 잠시 문화의 어원을 살펴보기로 하자. 문화는 영어로 culture라고 한다. 이는 자연이라는 nature와 대응되는 의미를 지녔는데, 자연을 있는 그대로의 것이라고 한다면 문화란 인간의 의식으로 다듬어진 결과물을 가리킨다. 그러기에 culture는 cultivate와 같은 어원을 가진 것이다. 따라서 우리는 기업문화를 생각할 때 우리에게 이미 주어진 것으로 인식하고 수동적으로 받아들이기보다는, 우리의 노력에 따라서 형성시켜 나갈 수 있다는 능동적인 태도를 보여야 할 것이다. 즉, 기업문화란 관리 가능한 것이고, 관리라는 말에는 현상의 유지뿐만이 아니라 변화의 의미도 포함된 것이다(박원우, 2002, p. 144 재인용).

문화를 변화 가능한 것으로 인정해도 현실에서는 조직 내 구성원의 저변에 깊이 묻혀 있는 문화가, 그것도 단기간에 변화된다는 것은 참으로 힘든 일이다. 힘들어서 심지어는 불가능하다고까지 하는데 대표적인 이유는 다음과 같다(박원우, 2002, p. 144 재인용).

- 문화란 너무나 모호하고 또 숨어 있는 것이기에, 정확하게 진단, 관리, 변화될 수가 없다.
- 어려운 기술, 흔치 않은 기능, 그리고 상당한 시간이 있어야만 문화를 이해할 수 있고, 더 나아가 변화시키는 데는 더 많은 시간이 필요하므로, 문화를 의도적으로 변화시킨다는 것은 비현실적이다.
- 기업은 복수의 하위문화를 지니고 있고, 이것들이 하나로 변화될 수가 없다.
- 문화는 그 자체의 연속성과 안정성으로 인해 사람으로 하여금 어려움을 견디게 할뿐더러 불안감을 해소하는 역할을 한다. 따라서 사람은 자연히 기존문화에 안주하고 새로운 문화에 저항하게 된다.

이와 같은 어려움이 있음에도 불구하고 많은 우량기업이 기업문화의 변화를 추진하고 있다. 어려워서 못하거나 안 한다면 일류기업으로의 자기 변화를 포기하는 것과 마찬가지다. 사실 우리보다도 기업문화를 먼저 강조해 온 일본이나 미국의 기업에 비해서 우리는 더욱 기업문화를 관리와 변화의 대상으로 삼아야 한다. 일본이나 미국에서 기업문화를 언급할 때는 보통 역사가 이미 오래되면서 지속해서 성과가 있어 온 기업을 대상으로 한다. 그러다 보니 기업문화를 결과적인 현상으로, 설명과 이해의 대상으로 취급하기도 한다. 하지만 우리 기업은 역사가 상대적으로 짧다. 따라서 우리는 과거의 기업문화를 설명하기보다는 미래의 성과와 그러한 성과를 뒷받침하는 요소로서 문화를 취급해야 하는 입장이다. 즉, 과거 설명지향적인 정적 측면보다는 관리와 변화지향적인 동적인 측면의 문화가 강조되어야 한다(박원우, 2002, p. 145 재인용).

8.1.2. 조직문화 변화관리에 대한 제 관점 정리

Ogbonna & Harris(1998)의 문헌정리에 의하면, 조직문화 변화에 대한 관점은 〈표 8-5〉와 같이 사회화 및 이직 등을 통해 조직문화가 자연스럽게 변화된다는 관점과 관리를 통해 인위적으로 변화시킬 수 있다는 관점으로 구분된다. 이 중 관리를 통한 변화의 관점은 Smircich(1983)의 주장과 같은 맥락으로 관리가능, 조작가능, 인위적 변화불가능이라는 3가지 관점으로 세분화된다. 여기서 Smircich(1983)의 주장이란, 조직문화를 조직이 소유한 대상 즉 변수로 볼 것이냐, 아니면 조직문화를 조직 그 자체와 동시하여 볼 것이냐의 구분이다. 만약 조직문화를 조직의 일부 변수로 볼 경우에는 조직이 그것을 인위적으로 변화시킬 수 있는 것이 되지만, 조직문화를 조직과 동일시하게 되면 인위적 변화의 가능성이 작아지게 된다.

〈도표 8-5〉 조직문화 변화에 대한 제 관점

관점	세부 관점
자연적 변화 관점	Sathe(1983)가 주장한 사회화를 통한 조직문화 변화 혹은 Harrison & Carrol(1991)이 주장한 사회화와 이직을 통한 자연스런 변화
관리를 통한 변화 관점	'조직문화는 관리가능하다'는 관점
	'조직문화는 조작가능하다'는 관점
	'조직문화는 의도적으로 변화시킬 수 없다'는 관점

자료원: Ogbonna & Harris(1998), p. 274를 표로 정리.

먼저 첫 번째 관점인 '조직문화는 관리가능하다'는 관점을 옹호하는 학자들은 조직문화는 조직 관련 변수의 일종으로 보고, 그것은 관리 가능하다고 믿는다. 이 관점을 취하는 학자들은 조직문화 변화에 대한 많은 이론적 모델을 제시하였다.

두 번째 관점인 '조직문화는 조작가능하다'라는 관점을 옹호하는 학자들은 조직문화를 조직이 가지고 있는 것으로 보고 있기보다는 조직 그 자체로 믿는다. 여기서 조작가능하다는 의미는 있는 존재 자체를 바꿀 수는 없지만, 특정 상황(조직의 위기 혹은 최고경영자 교체 등)에서 약간 바꿀 수 있다는 것을 의미한다.

마지막 세 번째 관점인 '의도적 변화는 불가하다'는 관점을 가지는 학자들은 조직문화가 바뀐다는 점은 인정하지만, 의식적이고 인위적인 관리행위를 통해 원하는 방향으로 바꿀 수 없다고 믿고 있다.

물론 본서는 이러한 세 가지 관점 중에서 첫 번째 관점을 취하고 있으나, 앞에서도 설명된 이 내용을 재차 언급하는 이유는 조직문화 자체의 다양한 정의 때문에 조직문화 변화의 의미 역시 다양하게 정의될 수 있기 때문이다. 어느 범위, 수준, 깊이까지의 변화를 조직문화 변화로 볼 것인가에 따라서 조직문화 변화방법과 성공 여부가 확연하게 달라진다.

Ogbonna & Harris는 조직문화 변화에 대한 제 관점의 정리(1998)에서 한발 더 나아가 2002년엔 조직문화 관리에 대한 입장을 다음과 같이 3가지로 구분하고 있다.

〈도표 8-6〉 조직문화 관리에 대한 제 입장

입장	개요
낙관론자	조직 전반을 꿰뚫는 유일한 조직문화가 존재하며, 의도된 조직문화 변화가 가능하다고 봄
비관론자	문화순수론자로도 불리며, 경영자가 의도적으로 조직문화 변화를 이끌 수 있다는 것에 대해 비판적임
현실론자	의도적으로 바꿀 수는 있지만, 상황과 여건에 따라 다르고, 그 수준과 폭도 달라질 수 있다고 봄

자료원: Ogbonna & Harris(2002), pp. 35-37을 표로 정리.

조직문화가 경영학에 소개된 계기는 조직문화가 기업성과와 깊은 관련성이 있다는 주장(Deal & Kennedy, 1982; Peters & Waterman, 1982; Kilmann et al., 1985)이었다. 경영성과 증진의 새로운 도구로서 조직문화의 발견은 당시에 큰 반향을 일으켰던 것이 사실이다. 따라서 성과를 증진할 수 있는 조직문화의 변화방법에 대한 관심은 지대하게 높았다. 낙관론자들은 대체로 이와 같은 목적이 배경이 되어서 그들의 의견을 형성하였다. 이와 같은 낙관론자들이 가지는 일반적 특성은 한 조직에는 조직전반을 꿰뚫는 유일한 조직문화가 존재한다고 보고 있다는 점과 이 유일한 조직문화를 경영자의 의지에 따라서 변화시킬 수 있다고 보는 것이다(Ogbonna & Harris, 2002).

반면 비관론자들은 낙관론자의 주장에 대해서 강하게 반박하고 있다. 특히 Alvesson & Berg(1992) 혹은 Willmott(1993)와 같은 학자들은 조직문화 관리기법 및 이론에 대해 조직구성원의 행동을 통제하는 새로운 정당성을 경영자에 제공하는 것이라고 비판하였다. Martin(1985)은 더 구체적으로 지적하였는데, 조직구성원에 대한 문화적 통제는 조직 내 문제에 대해서 나름대로 개념을 형성하고자 하는 조직구성원에게 혼란을 초래할 수 있다고 비판하였다. Ogbonna & Harris(2002)는 이와 같은 비관론자의 낙관론자에 대한 비판을 크게 2가지 흐름으로 구분하고 있다. 첫째는 조직문화가 통제될 수 있다는 가정에 대한 비판인데, 조직문화는 정의상 관찰하기 아주 힘든 대상인데 경영자가 그것을 충분한 파악할 능력이 안 된다는 것이다. 둘째는 조직문화 형성과 변화의 과정에 대한 지적인데, 이 점은 한 조직 내에 단일한 조직문화만 존재하는 것이 아니라 다양한 하위문화가 존재하는 것과 관계가 있다. 구체적 예로 조직 상층부의 경영진과 작업현장의 종업원이 동일한 (조직문화 요소로서의) 가치를 가질 것으로 예상하는 것이 도대체 맞느냐는 것이다.

현실론자의 입장은 조직문화가 바뀌는 것까지는 인정하지만 어느 정도 바뀔 것이냐, 무엇이 바뀔 것이냐에 대해서 제한적이라고 본다. 조직문화의 수준은 기본가정, 가치, 그리고 인공물이라는 세 수준으로 구분된다는 Schein(1985)의 주장을 고려해 보면, 인공물 수준의 변화도 조직문화의 변화이기는 하다. 그렇지만 그 수준의 변화만으로 애초에 조직문화 변화를 통해 기대했던 결과를 실제로 기대할 수 있느냐는 것이다. 현실론자의 입장은 조직문화가 바뀌기는 하지만 그에 따라 기대할 수 있는 결과에 대해서는 신중을 기해야 한다는 것이다.

이상과 같은 조직문화 관리에 대한 각 입장들을 살펴보면, 특정 입장(비관론자)에서는 인위적인 조직문화 변화관리 자체를 모순된 것으로 본다. 그리고 전체 입장을 정리해 보면, 조직문화에 대한 가정과 정의에 따라서 조직문화 변화방법에 대한 문제점은 다르게 나타날 수 있다.

8.2. 조직문화 변화의 제 방법론

8.2.1. 조직문화 제 수준 간 영향관계

Schein(1985)은 문화수준을 고려해 볼 때 상위 수준의 문화변화(인공물 등)로 인한 문화속성의 변화는 제한적이고, 궁극적인 문화속성의 변화는 가정 수준의 변화에 있다고 한다. 하지만 가정 수준의 조직문화는 파악도 힘들고 관리하기도 힘들다. 그렇기 때문에 인위적인 조직문화 변화라는 것은 현실적으로 쉽지 않다. 문화속성의 변화는 조직이 처한 환경변화와 그에 따른 위기극복을 위해 조직이 문제해결의 다른 가정들을 타의든 자의든 간에 적용하는 과정에서 이루어지게 된다. Dyer(1985)도 조직문화가 변화하게 되는 시작점이 기존 문제해결의 기본가정들이 새롭게 봉착한 문제해결에 더 이상 효과적인 못한 경우에 조직의 리더가 새로운 문제해결의 가정들을 도입하는 시점이라고 한다. 따라서 Dyer(1985)와 Schein(1985)의 견해를 따른다면 조직문화 변화의 시작점은 가정 수준에서의 변화를 의미한다.

이처럼 Schein(1985)과 Dyer(1985)는 문화수준들 간 영향관계에서 깊은 수준이 얕은 수준의 문화에 일방향의 영향을 미친다고 본 반면에, Hatch(1993)는 문화의 각 수준이 서로 영향을 주고받는 양방향의 관계로 보았다. Hatch의 문화변화 모형을 따르게 된다면, 문화의 얕은 수준인 인공물 혹은 상징의 변화를 통해서도 깊은 수준의 문화, 가치 및 가정까지의 변화를 유발할 수 있다는 것을 의미한다.

〈도표 8-7〉 문화수준간 영향관계

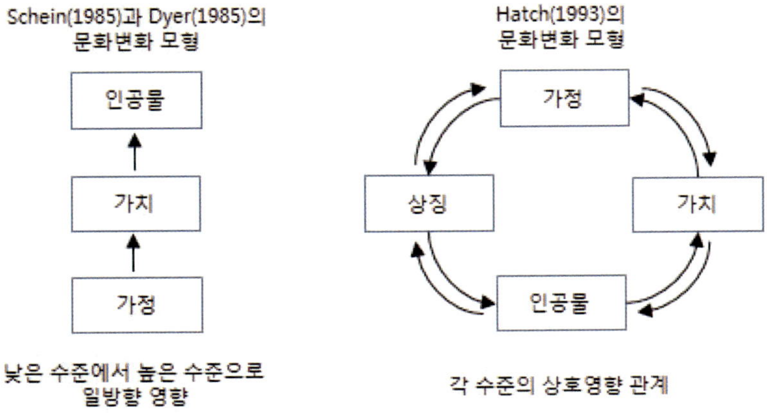

자료원: Schein(1985), Dyer(1985), Hatch(1993)의 주장을 그림으로 정리.

이 두 입장의 차이가 극명하게 드러나는 예는 조직의 의례와 의식을 통해 조직문화를 변화시키고 강한 문화를 형성하라고 주장한 Deal & Kennedy(1982)의 주장이다. Schein과 Dyer의 관점에서는 Deal & Kennedy의 주장은 문화강도는 모르겠지만 인공물 수준의 의례와 의식으로 문화속성까지 바꿀 수 있다는 주장은 설득력이 줄어든다. 반면, Hatch의 관점에서 보면 Deal & Kennedy의 주장은 설득력을 가지게 된다. 이 문제는 조직문화론의 가장 핵심적인 논쟁거리다. 이런 관점 차이가 있기 때문에 다음에 나오는 조직문화 변화의 방법론이 일관되지 않고 그 수가 많은 것이다.

8.2.2. 조직문화 변화의 방법론 구분

〈도표 8-8〉 조직문화 변화방법론 정리

연구자	조직문화 변화방법
Albert & Silverman (1984)	경영자의 적극적인 참여(인사관리의 변화)
Allen (1985)	4단계를 통하여 규범을 변화시킴
Atkinson (1994)	진정한 변화는 의식의 전환이기에, 적극인 변화노력이 필요
Bice (1990)	경영자의 적극적 몰입, 종업원 참여
Davis (1985)	전략적 연계 하에 조직문화 변화 시도
Dyer (1985)	가정 묶음 재적용을 효과적으로 하는 리더십의 발휘

Eubanks (1991)	임파워먼트
Gilmore, Shea & Useem (1997)	문화변화 과정의 발생 가능한 부작용 해결방법 – 경영자가 문제를 밝히고 직면할 것
Gonring & Clark (1992)	경영자의 몰입, 종업원 참여
Gonring (1992)	의사전달 교육훈련
Gordon (1985)	효과적인 리더십 발휘
Kilmann (1985)	5단계를 통한 점진적으로 규범을 변화시킴
Lorsch (1986)	문화와 경영전략의 연계
Mallak & Kurstedt (1996)	임파워먼트, 종업원 참여
Mitroff & Kilmann (1985)	조직금기 사항을 맞닥뜨려서, 조직의 기본가정을 바꿈
Morgan (1998)	문화와 경영전략의 연계
Sathe (1985b)	조직구성원의 선발과 퇴출과정, 새로운 행동에 대한 정당성 부여
Schein (1985)	조직수명주기에 따른 문화변화 노력
Sethia & von Glinow (1985)	보상시스템의 변화를 통한 조직문화 변화
Sherriton & Stern (1997)	인사관리 변화를 통한 문화변화
Trice & Beyer (1985)	조직의식의 변화를 통한 문화변화
Umilker (1999)	기업 비전, 미션, 가치, 목표의 변화에 의한 기업문화의 변화
Uttal (1983)	조직 전반의 변화
Wilkins & Patterson (1984)	조직이 가지고 있는 가정 변화를 위한 경영자의 점진적인 노력

현재까지 제안된 조직문화 변화방안으로는 〈도표 8–8〉 및 〈도표 8–9〉와 같이 조직금기 대응(Mitroff & Kilmann, 1984), 조직 의례의 변화(Trice & Beyer, 1985), 인사관리 변화(Albert & Silverman, 1984; Sethia, 1985; Sherriton & Stern, 1997; Klunk, Panetta & Wooten, 1996), 경영자 몰입과 종업원 참여(Gorning, 1992), 기술변화(Koch & Steinhauser, 1983), 교육훈련(Gonring, 1992), 인사제도 변화(Salama & Easterby–Smith, 1994), 선발 퇴출관리(Martin, 1985), 조직 전반의 변화(Atkinson, 1994; Uttal, 1983; Peters & Waterman, 1982; Ouch, 1981), 단계적 변화(Fullerton & Price, 1991; Allen, 1984; Kilmann, 1985), 리더십(Schein, 1985; Dyer, 1985), 점진적 변화노력(Wilkins & Patterson, 1985), 임파워먼트(Mallak & Kurstedt, 1996; Eubanks, 1991), 전략적 연계 하의 문화변화(Davis, 1985; Gordon, 1985; Lorsch, 1985; Morgan, 1998), 경영자 몰입과 종업원 참여(Bice, 1990; Gilmore, Shea & Useem, 1997) 등이 있다.

〈도표 8-9〉 조직문화 변화 실증연구 정리

연구자	조직문화 변화방법	연구결과
Gordon (1985)	조직환경과 조직전략을 고려한 문화변화	산업특성에 따라서 유사한 문화유형이 관찰됨
Martin (1985)	선발관리를 통한 문화강화	선발관리를 통해서 강한 문화를 개발할 수 있음
Koch & Steinhauser (1983)	정보기술을 도입하여 문화변화	정보기술이 문화변화에 영향을 줌
Fullerton & Price (1991)	현재 문화와 바라는 문화를 진단 파악하여 꾸준한 노력을 투입	문화변화 상 필요한 4 가지 단계 설명
Klunk, Panetta & Wooten (1996)	신제도 도입	다양한 제도도입(교육, 보상 등)이 문화변화를 촉진시킴
Salama & Easterby-Smith (1994)	조직역사, 새로운 미션, 새로운 인사제도, 새 조직구조	4개 조직을 대상으로 기업문화의 생성, 변화 과정을 실증함

Lewis(1996a)에 의하면, 경영학의 조직문화 변화연구는 역사적으로 크게 4가지 요소가 섞이면서 발전해 왔다. 그 첫째는 Potter(1989)와 Jaques(1951)의 연구와 같이 조직문화 자체를 연구한 것인데, 이 연구들은 성과를 목표로는 하는 기업문화와는 다르게 조직문화를 있는 그대로의 현상을 기술하는 단계이다. 둘째는 Peters & Waterman(1982)이나 Ouchi(1981)의 연구와 같이 조직문화와 조직성과를 관련짓는 연구로써 Lewis(1996a)는 조직문화와 구분하는 의미에서 기업문화 연구로 칭하고 있다. 세 번째는 바람직한 조직문화가 조직성과에 밀접한 관련이 있다는 것이 인식되면서 이를 효과적으로 개발하는 방안이 강구되는데, 이러한 노력으로 Kilmann(1985)의 접근법과 같이 조직개발(organizational development) 접근방법이 조직문화 연구에 도입되게 된다. 네 번째는 조직개발론적 접근방법보다 더욱 더 근본적인 변화방안을 추구하는 조직변혁(organizational transformation)에 주목하게 되고, 이의 구체적 방안으로 제기된 변혁적 리더십이 조직문화 연구에 추가되었다고 밝히고 있다. 따라서 조직문화 변화의 방안으로 제시되고 있는 각 방안에는 순수한 의미의 조직문화론적 접근뿐만 아니라 조직개발론적 접근에 가까운 방안들도 많이 관찰된다.

Lewis(1996b)는 조직문화 변화방안을 크게 단계를 밟아서 변화해야 한다는 주장과 기타의 방안으로 구분하고 있는데, 단계를 밟아서 변화해야 한다는 주장들(Atkinson, 1994; Uttal, 1983; Peters & Waterman, 1982; Ouchi, 1981)은 주로 조직개발론적 접근법에 가깝다고 하겠다.

Lewis(1996b)의 구분과는 별개로, 앞서 제시한 기존의 조직문화 변화방안을 그 구체성에 따라서 구분할 수 있다. 여기서 구체성이란 조직문화 변화방안의 대상이 조직 전반이라는 모호 개념이 아니라, 교육, 훈련제도와 같이 변화의 대상이 쉽게 관찰될 수 있는 것이라는 점이다. 구체적 방안으로 제시되고 있는 것으로는 조직금기 대응, 조직의례의 변화, 인사관리 변화, 경영자 몰입과 종업원 참여, 기술변화, 교육훈련, 인사제도 변화, 선발, 퇴출관리 등을 들 수 있으며, 추상적인 방안으로는 조직 전반의 변화, 단계적 변화, 리더십, 점진적 변화노력, 임파워먼트, 전략적 연계 하의 문화변화, 경영자 몰입과 종업원 참여 등을 들 수 있다.

지금까지 주로 기법 중심으로 조직문화 변화를 위한 제 방법들을 보았다. 그런데 이미 서두에서부터 계속해서 강조한 바와 같이 조직문화에 대한 개념이 다양하고 그에 따라서 조직문화 변화의 의미와 변화방법에 대한 의견이 제 각각이다. 그렇기 때문에 앞에서 정리한 내용은 산만하고 일관성이 없어 보이는 것이 사실이다. 그런 점에서 조직문화 변화에 대한 포괄적 모형이라 할 수 있는 Dyer(1985), Schein(1985), Hatch(1993)의 모형을 토대로 분류의 기준을 도출해 보기로 하겠다.

먼저 고려해 보아야 할 점은 이들의 모형 모두에서 중요하게 다루고 있는 조직문화의 깊이다. Dyer(1985)와 Schein(1985)은 조직문화 수준을 가정, 가치, 인공물 3 수준으로 구분하고, Hatch(1993)는 가정, 가치, 인공물, 상징 4 수준으로 구분하고 있다. 이미 앞에서 충분히 논의했던 바와 같이 이 수준 중에서 무엇이 바뀌어야 조직문화가 바뀌었다고 할 수 있는가에 대해서 학자마다 의견이 분분하다. 그런 점에서 조직문화 의미 혹은 방법을 구분하면서 먼저 고려해야 할 사항은 조직문화의 수준(혹은 깊이)이다.

다음으로 조직문화 변화에 있어서 고려해 볼 사항은 조직문화의 강도와 특성이다. 조직문화변화에 있어서 초기 관심은 주로 문화의 강도였고, 이후 문화의 특성이 주목받았다. 이런 점 때문에 조직문화를 변화시킨다고 할 때 그 대상은 조직문화의 강도가 될 수 있고 특성이 될 수도 있다. 따라서 조직문화 변화의 의미와 방법을 구분하는 두 번째 기준으로 변화의 대상 즉 강도와 특성을 구분하기로 한다.

이러한 기준에 따라서 Harris & Ogbonna(1998)가 정리한 조직문화 변화가능성에 관한 대표적 3가지 견해와 관련된 7개의 연구를 정리해 보면 〈도표 8-10〉과 같다.

〈도표 8-10〉 조직문화 변화 구분 기준

조직문화의 수준	조직문화 변화 내용		
	조직문화의 특성	조직문화의 강도	구분 없음
구분 없음		○ Ouchi(1981) ○ Peters & Waterman(1982)	
인공물		○ Deal & Kennedy(1982)	
가치			
가정	× Uttal(1983) △ Wilkins & Patteron(1985)	△ Martin(1985)	△ Schein(1985)

○: 관리 가능하다는 견해, ×: 관리 불가능하다는 견해, △: 조건에 따라서 관리 가능성이 달라진다는 견해

이 표를 통해서 알 수 있듯이, 조직문화 변화에 대한 긍정적인 태도를 보이는 부류는 주로 인공물 등의 얕은 수준의 조직문화와 조직문화의 강도를 조직문화 변화 대상으로 보는 부류이다. 반면, 조직문화 변화 대상을 강도보다는 속성을, 얕은 수준보다는 깊은 수준(가치, 혹은 가정)으로 보는 경우에는 조직문화 변화에 대해서 회의적인 입장을 보인다.

조직문화란 조직 전반에 걸쳐 존재하는 것이기 때문에 어느 특정 요소의 변화만으로 바뀌는 것이 아니다. 그런 점 때문에 〈도표 8-10〉에서 구분된 내용 중에 가장 두드러지게 나타난 것이 단계적이고 체계적인 변화를 모색해야 한다는 것이다(Allen, 1984; Fullerton & Price, 1991; Kilmann, 1984; Uttal, 1983; Wilkins & Patterson, 1985). 이들의 주장은 독립되고 특정 부분의 변화만으로는 조직문화 변화를 달성하기가 어렵고, 사전에 체계적인 변화 프로그램을 가지고 조직 전반의 변화를 모색해야 한다는 것이다.

다음으로 앞의 체계적인 변화와 유사한 의미를 가지나, 변화의 방향에 대해서 제시하는 변화방법은 주로 전략과의 연계가 강조된다(Davis, 19851 Gordon, 1985; Lorsch, 1985; Morgan, 1998). 기능주의 입장에서 문화의 의미는 조직생존에 필요한 기능이다. 그렇기 때문에 조직이 처한 환경에 따라서 조직이 필요로 하는 기능이 달라지기 마련이다. 전략과의 연계란 조직이 처한 환경에 따라서 설정된 전략과 가장 잘 부합되는 방향으로 조직문화가 변화되어야 한다는 것이다.

이상과 같은 포괄적인 변화방법을 제외했을 때, 가장 많이 드러나 보이는 변화방법은 주로 인사관리 차원의 변화 노력이다(Albert & Silverman, 1984; Gonring, 1992; Klunk et al., 1996; Martin, 1995; Sethia, 1985; Sherriton & Stern, 1997; Salama & Easterby-Smith, 1994). 그 안에서도 주어진 인물을 대상으로 조직문화를 바꾸고자 하는 인사차원의 노력을 기울여

보자는 입장과 사람을 바꿈으로써 문화를 근본적으로 바꾸어 보자는 입장으로 또 구분된다. 후자에 해당하는 것이 바로 Sathe(1984)와 Martin(1985)이다.

그 이외에는 리더십(Dyer, 1995; Schein, 1985), 임파워먼트(Eubanks, 1991; Mallak & Kurstedt, 1996), 경영자 몰입과 종업원 참여(Bice, 1990; Gilmore et al., 1997; Gorning, 1992), 조직 의례의 변화(Trice & Beyer, 1985) 등이 있다.

8.3. 조직문화 변화관리상 오류와 고려사항

왜 조직문화 변화관리가 어려운가? 그 이유 중 하나는 조직문화 변화관리의 성공 여부를 판단하는 데 기간이 오래 걸린다는 것이다. 조직문화 변화관리의 결과로 실제 객관적 조직성과가 증진되기까지에는 아주 오랜 시간이 걸린다. 다년에 걸쳐 문화변화와 기업성과 간의 관계를 연구한 Kotter & Heskett(1992)의 연구에 따르면, 제대로 된 문화변화는 조직성과와 실제 관련성이 있기는 하지만 문화변화에 소요된 시간은 평균 7~8년이라고 한다. 따라서 문화변화 관리가 성공했느냐 실패했느냐를 실제 객관적 성과로 판단하기 위해서는 7~8년이란 노력을 들여야 판단할 수 있다는 말이 된다. 그런데 문제는 7~8년이란 긴 시간에 조직문화만 바뀐 것이 아니라 다른 비문화적 요인도 상당히 바뀌기 때문에 성과가 문화변화 관리로 인한 것이라는 논리적 타당성을 확보하기가 또 어렵다.

이러한 다기간 소요에도 불구하고 우리는 조직문화 변화관리를 추구해야만 하는데, 조직문화 변화관리를 추구함에 있어 흔히 발생하는 대표적인 오류 혹은 이슈의 내용이 무엇일까? 나아가 외국에서 언급되는 문제와 국내 기업에서 발생하는 문제 사이에 차이가 있을까? 기존의 국내 · 외 조직문화 변화관리에서 이미 발생하였던 이러한 문제를 파악하여 앞으로의 문화변화 노력에서 같은 실수가 반복되지 않도록 해야 할 것이다.

기존 조직문화 변화관리상의 문제를 연구한 경험에서 우리가 반드시 고려해야 할 어떤 특이점이 있다면 문화변화 관리의 방법을 논하는 다음 장으로 넘어가기 전에 반드시 알아야 할 것이다. 이에 국내 기업문화운동의 성공과 실패 경험과 연구에서 도출된 '조직문화 변화관리의 2요인 이론' 또한 본 장에서 상세히 다루기로 한다.

8.3.1. 외국기업 조직문화 관리상 모순과 극복방법

Want(2006)는 문화변화 과정상에서 기업들이 경험하게 되는 장애요인과 그 극복방안을 다음과 같이 정리하였다.

① 문화변화의 장애요인들

▶**잘못된 변화주체(wrong sponsorship)**: 기업문화 변화노력은 주로 인사부서에 일임되는 경향이 있다. 그런데, 기업문화 변화는 조직 내 특정 부서나 대상에게 일임하기에는 너무 중요하고 복잡한 과정이다. 그렇기 때문에 전사적 차원에서 모두가 적극적인 참여가 필요하다.

▶**시간부족**: 조직은 많은 문제에 봉착하게 되는데, 그 가운데 상당히 많은 경우(전략이든, 운영이든, 고객 만족이든 간에)가 기업문화가 직·간접적으로 관련되어 있다. 기업문화가 이런 문제해결에 중요한 방안인 것을 인정하더라도 문제는 기업문화 설정 및 변화과정에는 상당한 시간이 요구된다. 그래서 기업문화 문제를 섣불리 건드리지 못한 채 미봉책을 모색하다가 끝이 나는 경우가 많다.

▶**기업문화 구축 및 변화필요성 인식부족**: 현재 잘 나가고 있는 기업 입장에서 '긁어서 부스럼'이라는 생각을 하기 쉽다. 그런데 현재상태가 미래에도 지속할 것이라고 절대 예측할 수 없다. 미리 대비할 필요성이 충분히 있음에도 인식이 부족한 경우가 많다.

▶**변화과정에서 사람의 배제**: 기업문화를 위한 많은 기법과 제도들이 있다. 그런데 이들이 바꾸고자 하는 것은 결국 조직구성원들에 내재되어 있는 문화요소이다. 그럼에도 불구하고 기법과 제도만을 맹신하여 변화과정에서 조직구성들의 참여가 배제된 경우에는 본질적 변화에는 무리가 있다.

▶**조직 내 분열되어 있는 하위조직**: 같은 조직이라 하더라도 수직적 계층(경영진과 노조)이나 수평적 분화(부서 혹은 사업부)에 의해서, 내부를 살펴보면 분열되어 있는 경우가 많다. 이렇게 분화 혹은 분열되어 있는 상태를 현상 그대로 받아들일 수 있지만, 이들을 통합할 수 있는 것이 기업문화이다.

▶**일시적으로 유행하는 경영혁신 기법에 대한 의존**: 여태껏 조직유효성을 높이기 위한 경영기업으로 리스트럭처링, 다운사이징, 아웃소싱 등이 유행하였다. 정도에 따라 다르기는 하지만 지나치게 이런 기법을 통해 생산성을 높이고자 하는 가운데 자칫 기업문화에

악영향을 미칠 수 있다. 나아가 이를 통해서 잘못된 기업문화를 바꿔 보겠다는 우를 범해서는 안된다.

▶**환경변화에 대한 점진적 대응**: 최근 기업환경은 매우 급진적으로 변하고 있다. 그런 마당에 변화된 것을 인식하고 분석한 다음에 문화변화를 시도하는 것은 너무나 늦다. 만약 그렇게 한다면 문화변화 시점에 이미 쓸모없는 것이 되고 만다.

② 대처방안

이상과 같은 조직문화 변화과정상의 장애물을 극복하기 위해서는 무엇이 필요한가? 이에 대해서 Want(2006)는 다음과 같은 요구사항이 갖추어져 있어야 한다고 주장하였다.

▶**체계적인 변화계획 수립**: 문화변화를 시도하고자 하는 기업이 대부분 실패하는 이유는 예측 가능한 체계적인 계획을 수립하지 못해서이다. 문화변화는 다양한 분야에 걸쳐서 장기적으로 변화노력을 가해야 하므로 과정상에 발생할 수 있는 혼란을 방지하는 변화계획을 사전에 잘 수립해야 한다.

▶**변화주체의 파악**: 문화변화에는 한정된 특정 인원만이 참여하는 것이 아니라 전사적 접근이 이루어져야 한다. 그러나 어느 조직행위에서와 마찬가지로 변화의 리더를 선정해 놓을 필요가 있다. 이런 경우 흔히 인사부서 인력이 리더가 되는 경우가 많지만, 잘못된 선택이다. 왜냐하면 인사부서 인력은 조직 전반을 파악하기에는 시야가 좁은 경우가 많다. 따라서 전사적 차원에서 변화를 주도할 인사를 파악하는 것이 필요하다.

▶**새로운 사고에 대한 개방성**: 너무나 당연한 이야기지만 문화변화의 주체와 조직은 모두 새로운 사고에 대하여 개방적으로 받아들여야 한다.

▶**변화에 대한 포괄적 합의 형성**: 변화의 방법과 내용에 대한 합의가 전제되지 않고서는 구체적 변화노력을 기울인다는 것은 불가능한 일이다. 그런데 합의가 반복된 만남에서 자연적으로 발생하는 타협이어서는 안 된다. 다양한 관점에서 제시된 내용의 잘잘못을 따지고 취사선택하여 조직에 필요한 변화내용과 과정에 대한 합의가 이루어져야 한다.

▶**변화과정에서 발생하는 편견의 제거**: 변화과정에서 초기의 편견과 잘못된 정보에 의해서 편견이 발생 · 강화될 가능성이 있다. 그런 경우, 제때 제거하지 못하면 변화의 방향이 잘못 설정될 수 있다. 따라서 개인 혹은 집단의 편견이 잘 제거될 수 있는 객관적 데이

터를 이용하는 것이 좋다.

▶**해당 조직에 특화된 변화전략**: 기업은 어느 산업에 속해 있느냐에 따라서 확연한 차이가 있을뿐더러, 동일 산업 내의 조직이라 하더라도 큰 차이점이 있다. 그럼에도 불구하고 보편적으로 사용되는 변화전략을 적용한다는 것은 무리다. 따라서 그 조직의 특유상황을 고려된 변화전략을 수립하여야 한다.

▶**조직 내 유능한 인재의 활용**: 변화노력에서 흔히 외부인력(예로 컨설턴트)의 도움을 받는 경우가 많다. 분명히 그럴 필요는 있지만, 그렇다고 전적으로 그들에게만 의존할 수 없는 노릇이다. 찾아보면 어느 조직에나 해당 기능을 잘 수행할 수 있는 유능한 인재는 있기 마련이다. 이들을 발견하고 변화노력에 적극적으로 활용해야 한다.

▶**지속적인 변화 노력**: 문화변화는 결코 단시간에 마무리되는 것이 아니다. 설사 특정 단계에서 다른 단계로의 이행에는 성공했다고 하더라도, 이내 대두되는 것이 환경의 변화이다. 그렇기 때문에 문화변화 노력은 지속적이고 끊임없이 진행되어야 한다.

8.3.2. 한국기업의 문화관리상 오류의 주 내용

① 20세기 말에 내린 결론

기업문화 변화를 시도한 경험이 있는 국내 94개 기업을 1996년에 조사한 박원우(2001)의 연구에 의하면 지난 세기 한국기업의 기업문화 관리노력엔 성공 못지않게 실패도 많았다. 박원우(2001)는 문화변화 노력의 실패 및 성공과 관련된 다양한 요인들이 제시하였는바, 한국기업의 문화관리 노력에 있어서 고질적 문제를 요약해 보면 경영자의 이해와 참여의 참여부족, 경영자 (및 조직의) 특정목적 달성을 위한 경영도구화, 기업문화 필요성의 공유부족, 부분적 요소에 제한된 운동, 단지향성 등이 있다.

첫째, 많은 기업에서 기업문화의 개념에 대한 경영자의 이해가 부족하고, 나아가 그것을 이해한 경영자들조차도 기업문화의 중요성을 구성원들에게 강조하지만 그들 스스로가 실천하는데 소홀한 점이다. 이들 경영자는 우수기업에는 좋은 정신이 있고 그 정신이 구성원들에 의해 폭넓게 공유되고 실천된다는 사실을 부러워하면서 사원들에게 가르치지만, 정작 그 정신이 경영자들이 우선적으로 모범을 보임으로써 형성되었다는 사실은 알지 못하는 것이다. 우리나라에서 전개되고 있는 기업문화운동이 상당한 경우 이런 모순에 빠져 있는데 제일 중요한 최고경영자는 예외적인 위치에 있고 구성원들을 통해서 기업문화를 추구한다면, 그 운동은 일종의 속임수이고 또 하나의 노동착취라는 비난을 면하기 어려울 것이다.

둘째, 구성원의 공유된 가치(기업문화)에 의해 구성원의 행동이 나오고 그 행동으로 인하여 기업의 성과가 나오는 것인데, 실제 기업문화운동을 보면 성과 또는 목표를 정해두고 거기에 맞게끔 구성원의 행동과 가치체계를 형성시켜 나가려는 경향이 많다. 생산성 향상, 노사갈등 해소, 기업이미지 제고 등 구체적인 목적을 미리 정해두고 기업문화운동을 벌이면 원하는 행동과 가치를 형성하기는커녕 오히려 구성원의 반발을 사기도 한다. 한마디로 기업문화를 특정 목적달성을 위한 도구로 삼아서는 안 된다는 것이다.

셋째, 기업문화운동을 가치관의 공유화 단계 → 제도화 단계 → 생활화 단계로 나누어 본다면 조직 내 모든 구성원이 정신적으로 무엇을 같이 지닌다는 것이 매우 중요하고, 또 그래야만 기업문화가 이룩되는 것이다. 즉, 공유 없이 제도만 있다면 진정한 기업문화가 형성될 수 없다. 그런데 우리의 기업문화운동을 보면 전략적 차원의 거창한 슬로건과 지나친 하향식 운영으로 하부계층에는 냉소주의적 저항이 형성되고 오히려 기존의 일상과업 절차를 교란시키면서 형식적인 절차만 과중시키는 비능률을 초래하기도 한다. 의식개혁은 본질적인 변화가 추진되어야 함에도 불구하고 가시적인 경영성과와 결부되면 형식적인 무리가 따르지 않을 수 없게 되고, 따라서 기업문화운동은 운동을 위한 운동으로 끝나게 된다.

넷째, 앞서 기업문화의 구성요소를 설명하면서 기업문화란 여러 요소로 구성된 총체적인 집합적 개념이라고 했다. 그런데 우리기업은 기업문화운동이라는 기치 아래 이들 중 중요한 일부분만(예, 상징관리나 CI, 구성원 의식개혁, 조직활성화, 제도개선 중 하나) 초점을 두는 경향이 많다. 이들 요소를 골고루 깊이 있게 다루고 그들 간에 조화(내지는 적합성)가 이루어 질 수 있도록 해야 한다.

마지막으로, 초과달성, 공기단축 등에 너무 익숙해 있어서 그런지 우리의 기업은 기업문화운동을 추구함에도 너무 단기지향적 이어서 심지어 6개월 또는 1년 만에 기업문화를 개발 · 정착시키려고 하는 경우도 있다. 한 사회의 문화가 수백 년에 걸쳐서 형성되는데, 기업이 아무리 합리적이고 목적지향적인 조직이라고 해도 1년에 기업문화를 창달하여 2년 차에 그 성과를 보려는 것은 보통 무리가 아니다.

② 2018년에 추가하는 오류 내용

1980년대 실무계와 학계 모두에서 유행하기 시작한 조직문화가 1990년대 후반에 '일시적인 유행'으로 취급되면서 양쪽 모두에서 관심이 줄어들다가 21세기 들어 다시 붐(boom)을 일으키는 이유를 앞서 2장에서 설명하면서, 그 이유 중 하나가 '밀레니얼 세대의 등장과 워라밸 추구노력에 따른 조직문화 변화 움직임'으로 설명하였다. 두 가지 이유를 같이 든 것은 밀레니얼 세대 등장에 따른 조직문화 변화의 방향 및 내용과 워라밸 추구에 따른 조직문화의 변화방향과 내용이 일치하기 때문이다.

한편으로는 소비계층으로서 만이 아니라 조직구성원의 주축으로서 등장한 밀레니얼 세대의 방식과 가치에 부응하기 위하여, 다른 한편으로는 과로사회 해소 및 삶의 질 증진을 추구하는 정부 정책인 주 52시간 근로시간 단축에 부응하기 위하여 워라밸은 추구되어야 한다.

하지만 노동생산성이 OECD 국가 중 거의 최하위(미국의 1/2에 불과)인 현실 문제를 극복하지 않고선 결코 선진국 지위 유지와 구성원의 워라밸 실현은 불가능하다. 앞으로 지금보다 더 적은 시간 일하면서도 현재의 삶의 수준을 유지하기 위해선, 나아가 현재보다 더 균형된 워라밸을 위해선 한국의 노동생산성이 획기적으로 증진되어야 하고, 그러기 위해선 일하는 방식 등을 포함한 조직문화의 혁신이 반드시 실현되어야 한다.

그런데 문제는 현실에서 '조직문화 혁신'을 추구하고 있는 실무의 내용을 보면 매우 피상적이고 제한적이어서 조직문화 변화를 실현하기 어려운 경우가 대부분이라는 점이다. 정부 기관의 권장사항이든 실제 조직문화 혁신을 부르짖는 기업이든 (2.2.4의 내용 참조) 회의나 회식방식, 출퇴근 시간이나 야근 여부, 업무공간 재배치, 복장이나 호칭의 변화에 초점을 두는 경우가 대부분이다. 즉, 조직문화의 제 수준 (관리관행, 상징물, 가치, 기본가정) 중에서 관리관행이나 상징물 등 표면적인 내용에만 치중하고, 수면아래 잠재된 조직문화의 본질적인 내용의 변화엔 신경을 별로 쓰지 못하고 있다는 점이다. 그러다 보니 대한상공회의소/McKinsey의 한국기업문화 관련 조사보고서(2018.05.15)에서 나왔듯이 직장인들 스스로도 (2천여 명 조사에서 88%가) 한국기업의 기업문화 변화가 미흡하다고 응답하였다.

앞서 제3장에서 그러한 움직임을 두고 "이는 사람의 신체 구조적 특성이나 성격은 변화하지 않는데 옷을 바꿔 입거나 화장을 고치는 것과 같다. 진정한 조직문화의 변화는 조직문화 제 수준의 변화가 함께 일어나야 한다."(p. 58)고 했다.

물론 〈도표 3-11〉에서와 같이 조직문화 제 수준별 구성요소는 상호 영향을 미친다. 관리관행과 상질물의 변화로 인해 구성원의 가치와 기본가정이 순차적으로 바뀔 수도 있다. 하지만 생각방식의 변화에 기초한 구성원의 내재화된 행동변화가 있고, 이를 바탕으로 조직의 제 속성이 바뀌는 순서의 효과성(영향효과와 지속성)이 더 크기에 조직문화의 진정한 변화가 가능하다. 그렇기에 조직문화의 변화를 추구하는데 제 수준에 걸친 종합적 변화 없이 옷만을 바꿔 입거나 화장만을 고치는 수준의 표면적 변화에 그쳐서는 안 된다.

8.3.3. 조직문화관리 성공과 실패의 2요인 이론

① 2요인 이론

2요인 이론(two factor theory)은 원래 동기부여 이론의 하나로 Herzberg(1959)가 제시한 이론이다. 그 내용은 만족과 불만족의 느끼는 정도가 동일한 요인에 의하여 영향을 받는 것이 아니며 (예로, 급여수준이나 승진여부가 만족과 불만족에 같은 수준의 영향을 주는 것이 아니며), 사람의 만족 정도에 영향을 많이 미치는 요인과 불만족의 정도에 영향을 많이 미치는 요인들이 서로 다르다는 것이다. 만족의 정도에 주로 영향을 미치는 요인(예, 성장감, 성취감, 책임감, 안정감 등)을 동기요인(motivator)라 하였고, 만족보다는 불만족의 정도에 상대적으로 영향을 많이 미치는 요인(예, 작업조건, 상사의 관리방식 등)을 위생요인(hygiene factor)이라 하였다. 이 이론에 의하면 구성원의 불만을 줄이기 위해선 위생요인을 건드려야 하고, 불만이 어느 정도 줄었으면 (계속 위생요인에 신경을 쓰고 투자한다고 하여 만족의 수준이 올라가는 것은 아니기에) 만족을 증진하기 위하여 동기요인을 건드려야 한다는 것이다. 거꾸로 (구성원의 불만족이 있는 상황에서) 동기요인에만 신경 쓰면 구성원의 만족이 늘어날 수 있으나, 여전히 불만족의 수준은 줄어들지 않는다는 것이다. 즉, 불만을 줄이기 위해서 신경 써야 하는 대상과 만족을 늘리기 위하여 신경 써야 하는 대상이 두 가지로 서로 다르다는 것이 (만족과 불만족의) 2요인 이론이다.

이 2요인 이론은 기본 출발이 위와 같이 동기부여 이론에서 나왔지만, 우리는 여러 측면에서 확대해석할 수 있고 또 해야 한다. 여기서는 무엇을 성공하게 하려고 우리가 건드려야 하는 요인과 실패하지 않게 하려고 건드려야 하는 요인이 상호 다르다는 점을 강조하고자 한다. 경영학의 여러 분야에서 핵심성공요인(critical success factor: CSF)이 흔히 강조되는데, CSF가 잘 다루어지면 성공하고 그것이 미흡하게 다루어지면 실패한다고 생각할 수 있다. 그러나 많은 경우엔 CSF가 성공과 실패라는 연속선상에 골고루 영향을 미치는 것이 아니라, 성공의 정도에만 주로 영향을 미치고, 실패의 정도에는 별로 영향을 아니

미칠 수가 있다. 따라서 우리는 성공과 실패를 연속된 개념으로 생각할 것이 아니라 두 개의 별도의 개념으로 생각하고, 그 각각에 영향을 달리 미치는 요인을 고려할 필요가 있다. 그렇게 성공의 정도에 주로 영향을 미치는 요인과 실패의 정도에 주로 영향을 미치는 요인이 다를 경우 우리는 그를 두고 '2요인 이론'이라 칭하고 그를 의미 있게 활용해야 한다.

한 개인이 살면서 성공하기 위해서 의욕, 능력, 도전성 등이 필요하다. 이를 핵심성공요인(CSF)이라 하자. 그러나 만약 건강관리에 실패한다면 아무리 그러한 CSF가 수준 높게 있어도 그 사람은 결국 실패할 것이다. 따라서 건강은 CSF는 아니어도 핵심실패요인(critical failure factor: CFF)이라 할 수 있다. 따라서 우리는 실패하지 않기 위하여 CFF에 신경 써야 하고, 나아가 성공하기 위하여 CSF에 신경 써야 한다. 기업의 경우엔 준법경영과 윤리경영이 바로 대표적인 CFF일 것이다. 적법하게 혹은 윤리적으로 경영한다고 반드시 회사가 성공하지는 않는다. 하지만 그렇게 하지 않으면 결국에는 실패할 가능성이 매우 크기에 그러한 요인에 우리가 우선 신경을 써야 하는 것이다.

이러한 2요인 이론이 조직문화 변화관리에도 적용되지 않을까하는 생각을 하게 되었고, 실제 실증연구를 통해 그러한 분석을 저자는 하게 되었다.

② 기업문화 변화관리 성공 · 실패의 2요인 이론

1980년대 초반부터 우량기업은 각기 나름대로 강하고 독특한 문화를 지니고 있다는 사실이 알려지면서 기업문화라는 개념이 크게 유행하게 되었고, 그 후 한국의 많은 기업도 기업문화 관리에 막대한 인력과 자금을 투입하였다. 그러나 이렇게 투자한 기업문화 관리가 과연 효과가 있는가라는 부분에 대해서는 수치화된 자료를 바탕으로 한 실증연구들이 많지 않은 실정이었다. 한국에서 기업문화가 강조된 지 약 10년 가까운 세월이 흘렀지만 그러한 기업문화 활동의 문제나 효과성이 제대로 제시되지 못하고 있어 박원우 & 이병철(1996)은 당시 기업문화에 신경을 썼거나 하고 있던 기업을 대한상공회의소와 같이 조사하여 그 현상, 문제와 개선방향을 제시하였다. 그 후 박원우(2001)는 그 자료를 다시 분석하여 한국기업 기업문화운동의 실패와 성공에 영향을 미치는 요인이 2요인 이론처럼 구분된다는 사실을 발표하였다.

먼저 기업문화 관리가 성공인가 실패인가를 판단하기 위해서는 기업문화의 관리가능성 중 기업문화가 관리될 수 있다는 관점(Deal & Kennedy, 1982; Peters & Waterman, 1982; Sathe, 1983)을 견지해야 한다. 기업문화가 관리될 수 있다는 관점에 따라 기업문화 관리의 성공요인으로 작용하는 요인과 실패요인으로 작용하는 요인을 기존연구에서 정리해보았다. 그 결과를 실증연구의 경우와 개념적 연구의 결과로 나누어 제시하면 다음의 〈도표 8-11〉과 같았다.

〈도표 8-11〉 기존연구에서의 조직문화 변화의 성공요인과 실패요인

영향요인	실증연구	개념적 연구
CSF	의사소통(5) 리더십(4) 문화변화와 경영전략과의 연계(3) 종업원 참여(4) 인적자원의 훈련과 육성(3) 정기적 피드백(3) 구조화된 장기 프로그램(3) 팀워크증진(3) 품질혁신 프로그램(3) 지속적 변화(2) 하위문화 감수성(2) 조직구조(2) 조직의 니즈 이해 증진(2) 문화특성분석(2) 현재 문화특성/상징방안 도출(2) 조직 내 개인의 필요성 인식(2) 임파워먼트(2) 최고경영자의 몰입(1) 인사부서의 파워(1) 기록(1) 인사정책과 실무의 변화(1) 신급여제도(1) 과거의 변화경험(1) 미션 혹은 문화헌장의 제정(1) 신문화의 상징 창안(1) 비전형성(1) 올바른 방향으로의 노력에 대한 보상(1) 종업원의 변화의지(1) 창의성(1) 시험프로젝트의 활용(1) 조직외부의 인구통계학 및 심리적 변수(1) 관리자의 언행일치(1) 변천 의례의식(1) 적법성(1) 목표와 기대의 명확성(1) 모니터링(1) 근로자들의 심리적 안전성(1) 성공과 실패에 대한 피드백(1) 성공적인 경영승계(1) 정치적 행위(1)	최고경영자의 몰입(8) 문화변화와 경영전략과의 연계(3) 종업원 참여(4) 지속적 변화(3) 의사소통(3) 리더십(3) 변화의 열망관리(3) 교육훈련(2) 실패보장(2) 현재가정의 부정(2) 조직구조(1) 외부요인에 의한 위기(1) 임파워먼트(1) 경영자의 몰입에 대한 신뢰형성(1) 피드백(1) 변천의례의식(1) 장기프로그램(1) 변화수용의 장애요인 파악 및 제거(1) 관리자의 언행일치(1) 동기부여의 고유형식(1) 인사정책과 실수의 변화(1) 팀빌딩(1) 경영진의 통찰력(1) 철저한 감사(investigation)(1) 경영진의 지각(1) 정치적 행위(1) 민주적 절차(1)

CFF	사후처리의 부족(1) 문화와 전략과의 연계부족(1) 최고경영층의 리더십 부재(1) 종업원 저항(1) 급진적이고 직접적인 변혁(1) 조직에 대한 지식 부족(1) 커뮤니케이션 실패(1) 부하에 대한 임파워먼트가 되지 않음(1) 이해관계자의 관심의 균형도출 실패(1) 리더 개발의 부족(1) 커뮤니케이션 실패(1) artifact만의 변화(1)	하위문화의 통제 실패(1) 문화의 위력무시(1) 종업원 저항(1) 최고경영층의 언행불일치(1) 실정에 맞지 않은 문화변화 방법의 채택(1) 과거의 실패의 경험(1) 조직의 구조화 문제(1) 책임 회피(1) 상호존중과 신뢰의 부족(1) 위기에 안일하게 대처(1) 현재에 만족(complacency)(1)

요인 옆의 괄호 내 숫자는 기존연구에서 그 요인이 언급된 횟수임. 자료원: 박원우(2001), p. 191의 내용 보완.

실증연구에서 언급된 핵심성공요인으로는 의사소통(Botterill, 1990; Fullerton & Price, 1990; Kinkead & Winokru, 1991; Klunk, Panetta & Wooten, 1996; Singh & Hart, 1998), 리더십(Eubanks, 1991; Kinkead & Winokru, 1991; Kotter, 1995; Salama & Easterby-Smith, 1994), 문화변화와 경영전략과의 연계(Fullerton & Price, 1991; Morgan, 1998; Schiemann, 1992), 근로자 참여 (Gallo & Stokely, 1998; Harris & Ogbonna, 1998; Schiemann, 1992, Morgan & Zeffane, 2003), 적법성, 목표와 기대의 명확성, 모니터링, 근로자들의 심리적 안전성, 성공과 실패에 대한 피드백(Bijlsma-Frankenma, 2001), 성공적인 경영승계(Haddadj, 2006), 정치적 행위(Buchanan & Badham, 1999) 등이 있었다. 기업문화 변화가 실패한 이유로는 조직에 대한 지식부족, 커뮤니케이션 실패, 부하에 대한 임파워먼트 문제, 리더개발의 부족, 이해당사자들 간의 이슈에서 균형을 이루지 못한 문제(Ruvolvo & Bullis, 2003) 및 근본적 변화가 아닌 artifact만의 변화를 추구했기 때문(Harris & Metallinos, 2002) 인 것으로 조사되었다.

개념적 연구에서 언급된 핵심성공요인으로는 최고경영자의 의지(Bice, 1990; Gorning, 1992; Lorsch, 1986; Sherrition & Stern, 1997; Wheeler, 1999, Igasaki, 2001; Clapham et al., 2005; Borbrige, 2006), 문화변화와 경영전략과의 연계(Lorsch, 1986; Morgan, 1998; Wheeler, 1999), 근로자의 참여(Bice, 1990; Gonring, 1992; Mallak & Kurstedt, 1996; Borbrige, 2006), 변화열망의 관리(Atkinson, 1994; Gilmore, Shea & Umiker, 1999), 교육훈련(Gonring, 1992; Umiker, 1999), 팀빌딩(Whitehead, 2001), 정치적 행위(Axelrod, 2006) 등이 있었으며, 실패한 요인으로는 조직의 구조화 문제, 책임 회피, 상호존중과 신뢰의 부족, 위기에 대한 안일한 대처 등 (Yauch & Steudel, 2002)이 있었다.

기존 연구에서 이처럼 조직문화 변화관리상 핵심성공 혹은 핵심실패요인으로 언급된 요인들을 대부분 (독립)변수로 고려 · 측정하고, 자신들의 조직문화 노력에 대한 조직구성원과 담당자의 성공여부 인지에 대한 견해를 측정하여 그러한 요인들을 종속변수화 하여 회귀분석을 하였다. 물론 독립변수와 종속변수를 측정한 시점과 주체를 달리하여 연구방법론상 인과관계 분석상의 문제나 동일방법편의(common method bias) 등의 문제가 없도록 사전에 조치를 취하였다. 나아가 종속변수를 성공–실패의 하나의 연속선으로 보지 않고, 성공의 정도와 실패의 정도로 구분하여 회귀분석을 달리하였는데, 이러한 두 회귀분석의 결과를 결합한 결과는 다음 〈도표 8–12〉와 같았다(Park & Park, 2014).

〈도표 8–12〉 조직문화 변화관리의 핵심 성공/실패 요인

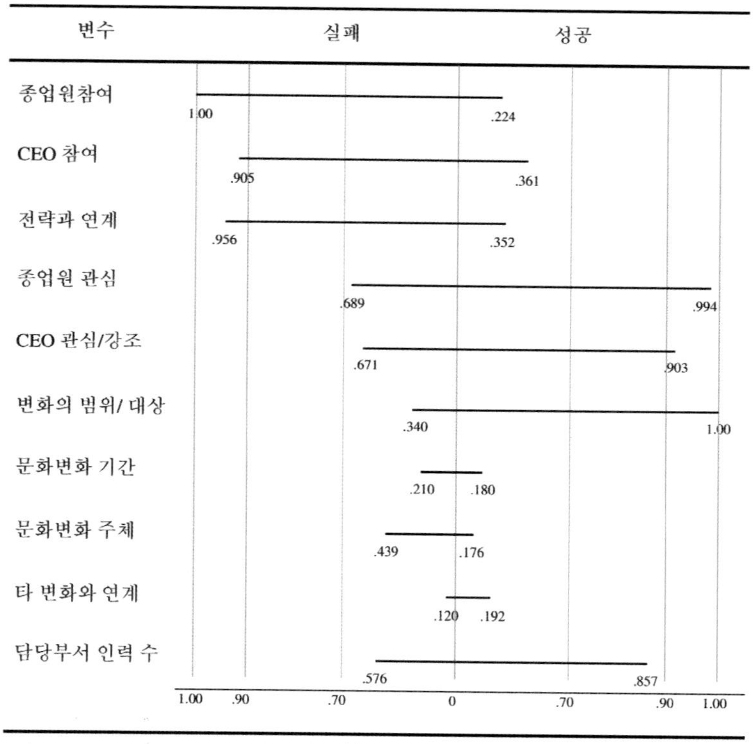

자료원: Park & Park(2014), p. 55.

〈도표 8–12〉에서 변수별 수평선 양쪽 끝의 수치는 조직문화 변화관리의 성공과 실패여부를 각각 종속변수로 하고 제 변수를 독립변수로 하여 회귀분석을 돌렸을 때 도출된 독립변수별 결정계수의 유의수준을 1에서 제한 값이다. 따라서 각 요인의 성공과 실패의 중앙치 0으로부터의 길이는 조직문화 변화의 성공과 실패에 대한 각 요인의 영향수준을 나타내는 것으로, 길이가 길수록 영향을 미치는 확률이 높은 것이다. 예로 '종업원 참여'가

조직문화 변화관리의 성공에는 영향을 미치는 확률이 22.4% 정도지만 실패에 대한 영향의 확률은 100%이고, '종업원 관심'은 실패에는 68.9% 정도의 확률로 영향을 미치지만 (즉, 유의한 수준에서 영향을 미치는 것이 아니지만) 성공에는 99.4% 정도 영향수준 (즉, 유의하게 영향을 미치는 것)으로 파악되었다.

90% 이상의 경우를 유의한 것으로 해석하면, 조직문화 변화관리의 실패 여부에 유의하게 영향을 미치는 요인은 종업원 참여, CEO 참여, (조직문화 변화관리와) 전략과의 연계였고, 그에 비하여 조직문화 변화관리의 성공에 유의하게 영향을 미치는 요인은 종업원 관심, CEO 관심/참여, (조직문화) 변화의 범위와 대상이었다. 중요한 것은 실패에의 핵심영향요인과 성공에의 핵심영향요인이 서로 중복되지 않고 다르게 도출되었다는 것이다. 앞서 2요인 이론에서 설명하였듯이, 실패하지 않기 위해서 고려해야 하는 요인과 성공하기 위하여 신경 써야 하는 요인이 서로 다름이 확인된 것이다.

이를 해석하면, 조직문화 변화관리가 실패하지 않기 위해서는 우선 종업원과 CEO의 참여가 있어야 하고, 나아가 조직문화 변화관리가 조직전략과 반드시 연계되어야 한다. 그런데 이러한 활동 내지는 조치가 있다 하여도 실패가 방지될 뿐이지, 조직문화 변화관리의 성공이 확보되지는 않음을 의미한다. 따라서 실패하지 않았다 하더라도 성공을 위해서는 종업원과 CEO의 (단순한) 참여가 아니라 나아가 그들의 적극적 관심(CEO의 경우는 관심 및 강조)이 있어야 하고, 조직문화 변화관리의 범위와 대상이 조직문화 요소의 일부에 국한되지 않고 제 측면에 폭넓게 이루어져야 한다.

Chapter 09

조직문화 변화관리의 올바른 방향

9.1. 조직문화 변화관리의 방향 vs 방법

본서 Ⅳ부의 제목은 '조직문화의 관리방법'이다. 왜 Ⅲ부의 제목인 '조직문화의 측정'과 대비되게 그냥 '조직문화의 관리'라 하지 않고 '방법'이란 표현을 추가했을까? 저자는 방향과 방법을 구분하고자 하는 의도를 강하게 지니고 있다. 방향은 변화의 목적지를 가리키는 것이고, 방법은 한편으로 목적지를 파악해 내고, 나아가 그곳으로 가는 절차까지를 지칭하는 것이다.

많은 저자가 한국기업의 조직문화가 어떻게 되어야 한다는 식의 이야길 한다. 어떤 사람은 'K문화'라고 표현하면서 한국기업이 나아가야할 구체적 이정표를 제시하기도 하였다. 기업의 규모, 업종, 위상, 수명주기 상 위치 등을 고려치 않고 포괄적으로 모든 한국기업에 적용되는 기업문화의 변화방향을 제시하는 내용이다. 그런 부류의 글은 잠시 공감을 얻기도 하지만, 현실에선 일시적 관심유발로 끝나고 실질적 도움제공에는 한계가 있다.

조직문화가 조직 내 구성원에 의해 공유된 특성으로 그들의 행동으로 표출되는 것이라고 앞서 정의 내렸다. 따라서 한 조직에서도 과연 공유된 특성이 무엇인지 정확히 파악하고 나아가 그 기업 전체에 해당하는 공통된 조직문화 변화의 방향을 잡기란 쉽지 않다. 조직 내 구성원의 사고나 행동이 다양하여 측정결과의 분산이 크면 그 조직구성원 사고 행동의 평균치가 전체의 속성을 결코 올바로 대표하지 못하기 때문이다. 그럼에도 불구하고 한국기업 전체에 해당하는 공통된 문제를 도출하고 모두에게 적합한 변화의 방향을 제시한다는 것은, 비록 많은 기업을 대상으로 하는 정책입안자나 협회 나아가 교수의 강의엔 적절할 수 있으나, 개별 기업 입장에서는 타당성이 떨어질 수 있다.

건강검진을 받지 않은 상태에서 건강한 삶을 사는 방법에 관한 글을 읽는 것도 도움은 된다. 하지만 건강검진의 결과에 기반하여 운동, 식생활, 약 복용, 수술 중 어느 것을 어떻게 할지와 관련된 의사결정을 하는 것이 훨씬 더 효과적일 것이다. 남에겐 매우 도움 되는 운동법이 자신에게는 치명적인 해가 될 수도 있기 때문이다. 실수나 시행착오가 반복되어서는 안 되는 곳이 기업이다. 이들을 줄이고 조직발전에 도움 되는 최선의 길을 계속해서 찾아야 하는 곳이 기업이다. 기업의 현 위치 혹은 상태가 어떠냐에 따라 도움 되는 조직문화 변화의 목적지와 그것으로 가는 방법은 달라야 한다. 모든 병에 좋은 만병통치약은 없다. 시기적으로만 봐도 1988년에 주창되었던 한국기업의 조직문화 변화방향은 2018년도에 도움 되는 그것과 사뭇 다르고, 나아가 2030년에 도움 되는 내용은 지금의 것과 또 다를 것이다.

그런 이유로 본서는 방향 측면에서 "한국기업의 기업문화가 어떻게 되어야 한다" 식의 방향제시는 하지 않는 대신 방법 측면을 강조하는데, 물론 각 조직의 As is 대비 To be를 찾는 방법을 포함해서 그 격차를 줄이는 방법을 상세히 다룬다. 즉, 전체가 갈 곳을 가리키는 것이 아니라, 각자의 위치에서 가야 할 곳을 어떻게 찾고 그 곳으로 어떻게 가는지의 방법을 전하는데 초점이 있다. 그래서 Ⅳ부의 제목이 '조직문화의 관리방법'이다.

9.2. 한국기업 조직문화의 주요 현상과 이슈의 해결방안

비록 한국기업 조직문화의 특성과 변화방향을 논하는 것이 본서의 주 관심사가 아니지만, 그런 이슈에 관심을 가진 독자를 위하여 현 시점에서 평균적으로 한국기업의 조직문화가 지닌 특성과 이슈, 나아가 그러한 이슈를 해결하는 실행방안을 잠시 설명하려고 한다. 다음의 내용은 규모와 위상이 다른 다양한 한국기업을 대상으로 대한상공회의소와 McKinsey & Company가 공동으로 조사하여 발표한 보고서(2016)에서 인용(pp. 11, 23-24)하는 것이다.

McKinsey의 보고서 내용은 한국기업의 조직문화 현 특성에 대하여 대체로 부정적으로 진단을 내리고 있어 매우 안타깝게 느껴진다. 하지만 기분 나쁘게 생각하거나 반응하기보다는, 글로벌 관점의 객관적 진단으로서 한국기업이 더욱 잘 되게 하고자 쓴소리하는 예방주사로 생각하고 보고서의 내용을 받아들여, 진정 조직문화 변화관리를 시작하는 혁신과 도약의 계기로 삼아야 할 것이다.

한국기업 조직문화의 이슈와 근인들은 그간의 한국형 성장 과정상의 리더십과 경영방식, 기업 운영방식과 사회적 인식이 복합적으로 작용하여 만들어낸 산물이다. 이 이슈와 근인들은 독립적으로 작용하는 것이 아니라 상호 연계 하에 작용하고 있으며, 인식의 차원, 조직 경영방식의 차원, 조직을 구성하는 인적 역량 및 행동방식의 차원에 뿌리 깊게 자리하고 있다(〈도표 9-1〉 참조).

〈도표 9-1〉 한국기업문화 근인 분석 결과

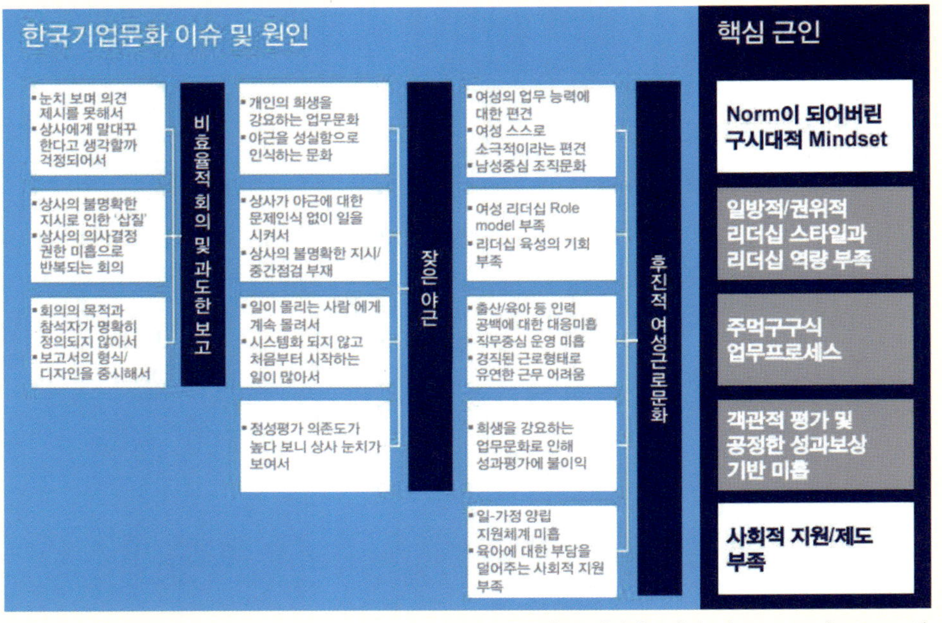

자료: 대한상공회의소/McKinsey (2016, p. 11)

한국기업에서 필요 이상으로 강조되고 있는 부분과 취약한 부분이 대기업과 중견기업에서 공통으로 나타나고 있었다. 우선, '권위를 통한 업무 추진의 리더십', '비전 공유', '인재확보', '외부 자원/역량 활용' 등의 practice가 글로벌 기업에 비해 지나치게 강조되고 있었는데, 이는 과거 강력한 오너 리더십에 의한 성장, 제조업 중심의 산업구조, '경쟁자 따라잡기'를 위한 빠른 모방과 실행, 인적자원의 대규모 육성과 활용을 통해 한국형 실행중심 조직을 구축해 온 결과가 그대로 조직운영 practice로 드러난 것이라 할 수 있다.

뿐만 아니라, 글로벌 기업들 대비 상대적으로 간과되고 있는 영역도 대기업 및 중견기업 공통으로 나타났는데, '성과관리 문화'와, '위로부터의 혁신 리더십', '지식의 공유 · 축적 및 업무프로세스 역량의 자산화' 등이었다. 한국기업은 대기업 및 중견기업 공히 '조율 및 통제' 영역이 글로벌 대비 공통적으로 저조한데, 이는 조직성과에 대한 명확한 제시 및 조직과 개인성과에 대한 체계적 관리가 이루어지지 않고, 리스크에 대한 사전 관리가 미흡한 결과이다. 다시 말하면, 이 결과는 한국기업이 과거 급속한 성장 속에서 체계적인 조율 및 통제 체계를 갖추며 시스템에 의해 조직을 운영, 관리하기보다는(또는 이러한 체계나 시스템이 형식적으로는 갖추어져 있다고 해도), '일단 실행하고', '문제가 발생하면 빠르게 진화(fire-fighting)하며', '성과를 달성하기 위해 규칙이나 룰(rule)을 위배해도 눈감아 주는'방식으로 운영되어 왔던 모습을 투영하고 있다고 볼 수 있다. 이러한 방식이 오랫동안 우리 기업에 체화되어 글로벌 best practice와는 괴리된 형태의 "한국형 실행 방정식"을 특징짓게 되었으며, 이러한 습관이 결국 선진화, 과학화되지 못한 조직운영 방식과 기업문화의 원인으로 작용하고 있음을 재확인할 수 있다. 결국, 한국기업이 효과적으로 조직의 건강을 찾고 이를 통해 지속적인 성과를 창출하기 위해서는, 수단과 방법을 가리지 않고 빠른 길을 찾기보다는, 기본으로 돌아가서 원칙에 충실하면서 견고한 실행의 backbone을 구축하는 것이 절실히 필요하다(〈도표 9-2〉 참조).

〈도표 9-2〉 한국형 실행방정식

한국기업에서 필요이상으로 강조되고 있는 영역[1]	
권위를 통한 업무추진 리더십	비전/목표를 세우고, 강력하게 Top-down 방식으로 추진
비전공유	
직업윤리 준수	
인재 확보	경쟁적 인재확보 및 외부자원 활용
외부자원/역량 활용	

글로벌 실행 중심 Archetype 대비 취약한 영역[2]	
결과에 따른 성과관리	건전한 성과주의 문화의 정착 및 업무 가치 부여
건전한 내부 경쟁	
핵심가치에 따른 업무수행	
업무 프로세스 및 지식의 축적/관리	지식의 공유/축적 및 업무프로세스 역량 자산화
지식의 공유	
하향혁신	위로부터의 혁신 리더십

자료: 대한상공회의소/McKinsey (2016, p. 24)

9.3. 시장 및 자유민주주의 수호와 조직문화 변화관리

환경과 고객의 니즈가 끊임없이 변화하고 있기에 기업의 성장이 지속되려면 반드시 필요한 것이 파괴적 혁신이다. 파괴적 혁신이 있기 위해서는 과거의 성공체험에서 체득된 자기방식으로 부터의 탈피 즉, 조직관성의 타파가 반드시 필요하다. 계속 새롭게 태어나야만 변화하는 환경과 고객에 대한 고객지향성과 고객감동의 실현, 나아가 지속적 성장이 가능해진다. 조직관성의 타파를 실현하려고 추구하는 것이 바로 조직문화 변화이기에, 조직문화의 변화관리 없이는 지속가능성을 논하기 어렵다.

위의 내용은 너무나도 당연한 것으로 그야말로 교과서의 내용, 선생님의 말씀처럼 들린다. 세계 어느 나라에서나 통하는 상식 수준의 말이다. 그런데 우리 한국의 현시점에서 기업문화의 변화가 절실한 이유가 또 있다. 바로 시장과 자유민주주의, 우리의 헌법정신을 수호하기 위해서다.

한국은 한편으로 경제성장을 눈부시게 이룩한 국가이지만 다른 한편으로는 정치민주화 또한 눈부시게 한 국가이다. 이들 양 측면에서 글로벌 benchmarking의 대상이 되고 있다. 그런데 정치민주화와 경제성장이 잘 이루어진 사회임에도 불구하고 시장주의와 자유민주주의가, 그것이 국가의 헌법정신 임에도 불구하고, 자신 있게 고개를 못 드는 아이러니컬한 현상이 존재한다.

사회 구성의 주류로 등장하는 대한민국의 밀레니얼 세대들도 잘 안다. 자유민주주의가 당연히 좋고, 그 자유민주주의 사회에서는 기업이 사회의 버팀목이기에 기업이 발전해야만 사회가 발전한다는 것을 머리로는 안다. 하지만 가슴으로는 대부분 반기업정서를 지니고 있다. 이 반기업정서가 존재하는 한 시장주의와 자유민주주의가 계속 위축될 것이다.

혹자는 반기업정서가 재벌의 갑질과 2, 3세의 일탈에 많이 기인한다고 한다. 완전히 틀린 말은 아니다. 그러나 그것만은 아니다. 앞서 9.2의 McKinsey 분석 보고서의 내용을 읽으면서 독자들이 느낀 것은 무엇인가? 한국기업의 조직문화 특성으로 설명된 것들--비효율적 회의 및 과도한 보고, 잦은 야근과 후진적 여성근로문화--대부분이 한국의 기성세대가 보기엔 상당히 익숙한 내용이다. 나아가 이러한 속성의 핵심원인으로 분석된 것--상사의 권위적 리더십에 근거한 주먹구구식 업무프로세스--은 바로 기성세대의 문제를 적나라하게 지적하는 것들이다. 이것은 일부 나태한 젊은 세대의 의견이 아니다. 바로 우리 한국기업의 민낯이고, 소위 밀레니얼 세대가 너무나도 싫어하는 속성이다. 한국의 젊은 세대가 지닌 반기업정서는 소수 소유경영자의 일탈 때문만은 아니다.

정치적으로 민주화된 세상, 경제적으로 선진국이 된 나라에서 태어나고 자란 세대는 당연히 직장 내 삶에서도 민주화를 원한다. 종업원이란 이유로 억압받고 자신들의 가치에 반하는 조직생활을 하고 싶어 하지 않는다. 또 기업들 스스로도 종업원들에게 수동적, 소극적, 방어적으로 살지 말고 능동적, 적극적, 공격적으로 일에 임하는 내부기업가의 삶을 살라고 교육하곤 한다.

기업조직 내에서는 직장민주화가, 기업조직들 간에는 경제민주화가 더욱 강화되어야 한다. 직장 및 경제민주화가 내포된 조직문화 변화가 실현되면 재벌의 갑질과 2, 3세의 일탈 행위도 많이 줄어들 것이고, 그러한 과정을 거치면 반기업정서 또한 줄어들 것이다. 그렇기에 직장 및 경제민주화가 실현되지 않고서는 반기업정서도 줄지 않을 것이고, 그럼

시장주의와 자유민주주의의 수호도 쉽지 않을 것이다. 조직문화 변화는 기업의 지속적 성장, 그에 따른 우리 경제의 중단 없는 전진을 위해 꼭 필요하며, 나아가 반기업정서 극복을 통한 시장과 자유민주주의 수호를 위해서도 꼭 필요하다.

〈도표 9-3〉 직장 및 경제민주화를 통한 자유민주주의 수호

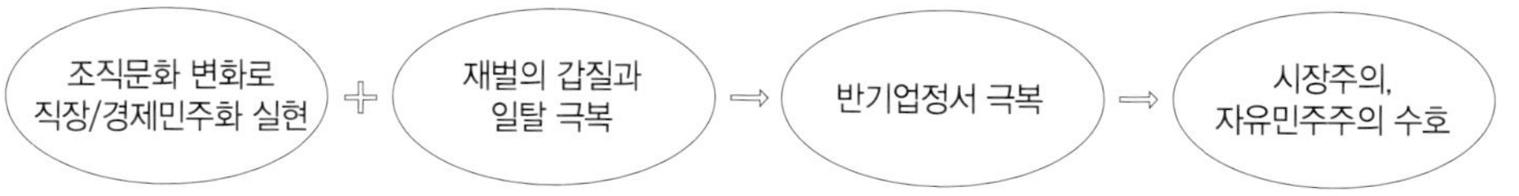

과거 1980년대 중 · 후반 넥타이부대로서 사무실을 뛰쳐나와 정치민주화를 실현하는데 앞장섰던 경험과 용기를 이제 직장/경제민주화의 실현을 위해 투입하면 어떨까? 그 당시 넥타이부대의 주축이었던 baby boomer들은 이제 거의 은퇴했다. 은퇴를 앞둔 마지막 baby boomer들과 그 뒤를 이은 막강한 X세대들이 후배를 위하여 우리 사회의 발전을 위하여 용기를 불사르면 어떨까? 남보고 변화하라고 외치는 것도 아니고 우리 자신만 바뀌면 되는 것이며, 사무실을 떠날 필요도 없이 사무실을 내에서 하는 직장/경제민주화, 이제 시작해보면 어떨까? 그것이 우리 자신의 일터, 나아가 사회를 발전시키고 국가의 헌법을 지키는 길인데. 시대별로 고객감동의 원천과 방법이 달라지듯이 시대별로 사회발전에 필요한 투사의 길도 달라진다.

Chapter

10 조직문화 변화관리의 올바른 방법

독자들은 (본 책의 9장까지를 매우 성실히 읽은 독자의 경우에도) 흔히 조직문화나 문화변화가 어렵고, 답답하고, 불가능하게 느껴질 것이다. 그래서 관리하려고 시도하기보다는 오히려 포기하고픈 마음이 먼저 들 것이다. 중요한 것은 조직문화 변화관리가 비록 힘들고 어려워도 (그래서 흔히 포기하는 경우가 많아도) 획기적/지속적 성공기업은 대부분 문화변화를 해왔고 앞으로도 계속한다는 점이다. 따라서 "지속적/혁신적으로 성공하려면 문화변화 관리를 해야 한다"란 당위성을 두고 자신을 설득해야 할 것이다.

사실 시간과 노력의 투자 대비 효과가 작은 것처럼 보이는 것이 문화변화 관리이다. 문화변화는 장기간의 시간 투입이 필요하고, 설령 성과가 나도 (타 요소의 변화 또한 수반되었기에) '문화변화 덕분이다'란 주장을 강하게 펼치기 힘들다. 따라서 임직원의 입장에서는 문화변화에 신경 쓰기보다는 다른 곳에 시간과 노력을 투자하는 것이 효과성 입증이 (흔히 하는 말로 '광 팔기'가) 쉽다. 따라서 현실에서는 owner나 단기성과에 개의치 않고 장기성과에 신경 쓸 수 있는 (실질적 힘이 있는) 전문경영자의 경우여야만 문화변화 관리를 시도하려 한다. 이것이 바로 흔히 조직문화 변화관리가 top-down으로 실시되는 이유이기도 하다.

Bio 분야의 연구처럼 조직문화 변화관리도 장기간의 노력과 인내가 필요하다. 신약개발과 같은 바이오 분야의 신제품이 사람에게 미치는, 나아가 그것을 개발한 조직의 성장에 미치는, 영향이 지대하듯이 조직문화 변화 또한 조직구성원과 기업성과에 미치는 영향이 매우 크다. 신약개발 과정에서 제품개발, 동물실험, 사람 대상의 임상실험을 매우 철저한 기준과 방법에 따라 진행하듯이 조직문화 변화관리 또한 매우 조심스럽게, 철저하게, 인내심을 갖고 진행하여야 한다. 단기효과를 기대하거나 금방 효과가 나오지 않는다고 걷어차면 안 된다. 대박을 터트리려면 믿음과 인내심을 갖고 철저하게 올바로 진행하여야 한다. 그래도 다행인 것은 바이오 연구처럼 10년 혹은 그 이상의 장기간이 걸리는 것은 아니고, 큰 돈이 투입되어야 하는 것도 아니며, 올바로 추진한다면 설혹 뒷단계에서 문제 있다고 해서 이전 단계의 노력이 모두 물거품이 되는 것은 아니기 때문이다.

비록 조직문화 변화관리의 방법에 정답이 없을지라도 실패가능성을 줄이고 성공가능성을 높이는 방안은 분명히 있다. 마치 회귀분석에서 독립변수의 수가 늘어날수록 종속변수에 대한 설명력(결정계수, R^2)이 늘어나듯이, 많은 방안이 제시될수록 실패가능성의 감소와 성공가능성의 증대가 실현될 것이다. 그러나 본 장에서는 중요성의 원칙에 입각하여 조직문화 변화관리 시 반드시 고려되어야 할 두 가지를 제시하려고 한다. 하나는 life cycle을 고려한 동적 측면의 방법이고, 다른 하나는 system 관점을 고려한 정적 측면의 방법이라고 할 수도 있다. 이들은 시간개념과 공간개념을 가지고 조직문화 변화관리를 추구하라는 것으로, 시간이나 단계의 흐름을 고려하면서 조직문화 변화관리를 추구하고, 어느 한 요소에 국한되지 말고 제 요소 간 관계에 신경을 쓰라는 것이다.

전자는 '조직변혁의 출발점과 추진력으로서 조직문화 변화관리'를 추진하라는 것(10.1)으로, 조직문화 변화 그 자체만으로 생각하지 말고 반드시 조직변혁의 일환으로서 연계하여 추진하되, 조직문화 변화관리를 통해서 변혁을 시작하고, 조직변혁을 통해서 조직문화 변화관리를 완성하라는 것이다. 후자는 조직문화의 제 요소 모두를 형성하여야 하고, 그 요소들 간 정렬이 반드시 이룩되어야 성공적인 조직문화의 형성과 변화가 가능하다는 것(10.2)이다. 마지막 10.3에서는 조직문화 변화관리에서의 기타 고려사항을 다룬다.

10.1. 조직변혁의 출발점과 추진력으로서 조직문화 관리

10.1.1. 조직변혁의 필요성과 의미

① 변혁만이 살길이다

1990년대 초반 저자가 '변혁'의 의미를 설명하고 그 필요성을 강조할 때만 해도 그것이 매우 새로운 개념과 시도로 받아들여졌다. 하지만 세월이 흘러 이제는 대부분의 경영자가 흔히 강조하는 표현이 되었다. 기업의 생존과 발전을 위해선 당연하기 때문이다.

사람의 나이 20대 후반이 지나면서 누구든 근육량이 자연히 감소하기 시작하고, 운동이라는 별도의 조치가 없으면 자연히 노화가 시작된다고 한다. 그런데 아무리 운동을 하여도 신이 만든 인간이 120세를 넘기기 매우 어렵고 결국은 하나의 수명주기를 거쳐 언젠가는 명을 다하고 사라져야 한다. 하지만 인간이 만든 조직은 수명주기가 오랫동안 지속될 수 있을뿐더러 새로운 수명주기로 계속 옮겨 타서 생을 영속화 시킬 수도 있다.

하지만 영속기업(going concern)을 만드는 것 또한 결코 쉽지 않다. 실제 기업사회의 현상을 보면 대열에서의 탈락비율이 날로 커지고 있다. Fortune 500에 의하면 1955년부터 2015년 사이에는 88%가 탈락하였는데, 탈락률이 점점 높아져 1970년대는 30%가, 1980년대는 40%가, 1990년대는 50%가 탈락하였고, 2005년~2015년 사이에는 상위 20개 기업 중에서도 50%가 탈락한 것으로 나타났다. 나아가 대열에서의 탈락률 증가만이 아니라

〈도표 10-1〉 1965-96 상위 30대 기업의 변천

매출 순위	1965		1996	
	회사명	매출액 (백만 원)	회사명	매출액 (억원)
1	동명목재	2,430	삼성물산	241,317
2	금성방직	2,050	현대종합상사	205,528
3	판본방직	1,870	대우	190,123
4	경성방직	1,830	삼성전자	158,745
5	대성목재	1,770	LG상사	140,411
6	양회수출조합	1,750	삼성생명보험	127,152
7	동일방직	1,684	한국전력공사	115,787
8	동신화학	1,682	현대자동차	114,898
9	대한제분	1,670	포항종합제철	84,454
10	제일제당	1,630	유공	83,221
11	충주비료	1,600	LG전자	75,024
12	조선견직	1,580	쌍용	73,710
13	대한양회	1,340	교보생명보험	72,369
14	조선방직	1,330	기아자동차	66,071
15	제일모직	1,300	대한생명보험	63,383
16	대전방직	1,290	현대자동차서비스	58,500
17	해운공사	1,260	LG-Caltex 정유	55,670
18	국제화학	1,200	대우중공업	51,485
19	대한방직	1,160	현대건설	47,320
20	삼표연탄	1,030	선경	46,873
21	성창기업	982	현대중공업	46,854
22	동양맥주	976	쌍용정유	44,612
23	삼양사	957	대우자동차	43,654
24	영풍상사	949	대한항공	36,645
25	일신섬유	925	대우전자	35,701
26	호남비료	905	LG화학	34,642
27	한국타이어	891	포스틸	32,567
28	대성산업	887	삼성중공업	32,557
29	일신방직	857	현대전자산업	31,672
30	한국유리	853	한국외환은행	28,748

자료원: 한국능률협회, 한국공인회계사회

기업의 수명주기(태어나서 죽을 때까지의 기간) 자체도 점차 짧아졌는데, McKinsey에 의하면 1935년엔 90년, 1975년엔 30년, 1995년엔 22년, 2015년엔 15년이었다.

Babyboom 세대인 기업체 임원께 그들이 살아온 기간을 언급하면서 "1960년대 중반 대한민국의 상위 30대 기업 중에서 1990년대 중반 여전히 상위 30대 기업으로 살아남은 회사가 몇 개나 될까요?" 하고 질문하면 대부분 처음엔 (속으로는 '10개 정도'라고 생각해도, 겉으로는 질문의 의도를 고려하여) "5~6개"라고 대답한다. "제발 질문의 의도를 생각하고 답해 보세요!"라고 다그치면 줄여서 "1~2개"라고 응답한다. 사실은 단 한 회사도 없다. '탈락률이 늘어나고 수명주기가 짧아지는 현상'이 역동적인 한국에서는 훨씬 더 심각했었다.

왜 이렇게 쉽게 대열에서 탈락하고 빨리 수명을 다하게 되나? 이유는 간단하다. 환경과 게임의 룰이 바뀌기 때문이다. '정보화 사회로의 변화'는 이미 진부한 것이고, 3차 산업혁명이 무엇인지 생각해보지도 못한 사이에 4차 산업혁명과 그에 따른 혁신의 실현이 요구되고 있다.

McKinsey 연구원이었던 Peters와 Waterman에 의해 1982년 봄 In search of excellence란 책이 출간되었고, 곧 세계적 bestseller가 되었다. 미국의 수백만개 기업 중에서 우량기업을 엄선하여 43개로 압축한 후 그들 조직이 지닌 특성을 잘 정리하였기 때문이다. 그 책에 수록 · 설명된 43개 회사명은 〈도표 10-2〉의 위 두 칸에 나와 있다.

〈도표 10-2〉 1961-80 미국 우량기업의 연구 결과

'우량'의 모든 기준을 실제로 통과한 회사		
Amdahl	Du Pont	McDonald's
Avon	Eastman Kodak	Merck
Boeing	Emerson Electric	3M
Bristol-Myers	Fluor	National Semiconductor
Caterpillar Tractor	Hewlett-Packard	Procter & Gamble
Chesebrough-Pond's	IBM	Raychem
Dana Corporation	Intel	Revlon
Data General	Johnson & Johnson	Schlumberger
Delta Airlines	K mart	Standard Oil / Amoco
Digital Equipment	Levi Strauss	Texas Instruments
Disney Production	Marriott	Wal-Mart
Dow Chemical	Maytag	Wang Labs
기준통과로 추정되는 회사		
Allen-Bradley	Hughes Aircraft	
Atari (Warner Communications)	Mars	
Bechtel	Tupperware (Dart & Kraft)	
Frito-Lay (Pepsico)		

우량의 기준을 통과하지 못한 회사		
American Airlines	Gould	
Arco	Ingersoll-Rand	TRW
Blue Bell	Lockheed	United Technologies
Exxon	McDermott	Western Electric
General Electric	NCR	Westinghouse
General Foods	Polaroid	Xerox
General Motors	Rockwell	

A SHAKEN CATERPILLAR RETOOLS FOR A MORE COMPETITIVE WORLD

BusinessWeek

OOPS!

First published just two years ago, *In Search of Excellence* quickly became a best-seller. Its appeal was obvious. The authors named America's best-run companies—and claimed to have found the reasons for their success. But some of those companies aren't looking so excellent anymore. Here's what happened. And why.

BusinessWeek's cover story, November 5, 1984

그런데 그렇게 엄선되어 '초우량기업'이라고 널리 소개되었던 그 회사들은 어떻게 되었을까? 책이 출간되고 불과 2년 반이 지났을 때 BusinessWeek에 특집이 나왔고, 제목은 "어이쿠!"였다. 2년도 안되어 43개 회사 중에서 14개 회사가 쇠퇴하였기 때문이다. 그럼 그 책의 내용이 잘못되었나? 전혀 아니다. 책은 그 회사들이 태어나서 자라면서 (탄생기와 성장기에) 어떻게 하였기에 성숙기에 올 수 있었는가를 설명했을 뿐이다. 성숙기에서 그 성숙기를 연장시키거나 또 다른 탄생/성장기로 옮겨가는 것은 각 회사의 역할이다. 열거된 회사 중에서 1/3이 쇠퇴한 것은 기존의 성장요인에 집착하고 새로운 성장요인을 찾지 못했기 때문이다. 즉, 과거의 성장이 절대로 미래의 성장을 보장하지 못하는 것이 기업 현실이다.

'탈락률의 증가와 수명주기의 단축'을 생각하면 매우 우울하게 느껴질 것이다. 그러나 역으로 생각하면 매우 희망과 기대에 부풀게 하는 내용이다. 누군가가 탈락했다는 것은 다른 누군가가 올라갔기 때문이다. "우량기업도 쉽게 망할 수 있다"란 현실은 "비록 현재 우량기업이 아니라 할지라도 노력하고 혁신하면 우량기업이 될 수 있다"와 같은 의미이기 때문이다. 실제로 In search of excellence에서 우량기업의 대열에 들지 못하고 탈락했던 GE는 (〈도표 10-2〉 아래 칸에 속해 있음) 1980년대 초반 J. Welch의 리더십 하에 열심히 혁신하여 불과 3~4년 만에 미국에서 1~2등 하는 회사로, 나아가 5~6년 만에 세계에서 1~2등 하는 회사로 탈바꿈했었다.

그런데 문제는 기업 내부의 구성원들은 혁신의 필요성을 쉽게 느끼지 못한다는 것이다. 대열에서 탈락하거나 죽는 것은 결코 자기 조직의 경우가 아닐 것이라는 잘못된 믿음이 너무나 강하기 때문이다. 조직의 규모가 크고 오래된, 그래서 사회에서의 인지도가 높은,

회사일수록 이런 오류는 오히려 크다. 열심히 노력해서 성공한, 그래서 조직위계상 간부나 임원의 대열에 있고 경제적 여유가 어느 정도 있는, 중장년 직장인들이 조심해야 하는 것이 콜레스테롤이다. 세심하게 신경 쓰지 않으면 그 수치가 정상범위를 지나 경계성 고콜레스테롤 수치(200~239)를 쉽게 넘어가고, 그 경우 심혈관계 문제로 인해 겉으로 멀쩡하던 사람이 어느 순간 쉬 가는 수가 있다. 조직도 마찬가지다. 겉으론 멀쩡해 보이는 조직도 조직콜레스테롤 수치의 과다로 쉬 가는 수가 생긴다.

다음은 '기업콜레스테롤 진단지'이고, 변혁 필요성 인식에 좋은 계기가 될 것이다.

〈도표 10-3〉 기업콜레스테롤 진단지

귀하의 소속 부서를 생각하면서 다음의 각 문항에 '예'라고 생각되면 yes 칸에 표시(O 혹은 √)하여 주십시오.
각 질문에 "그런 측면이 (경향이) 있다" 정도로 인식되어도 yes에 표시하여 주십시오.

	질문	응답
소통과 협력	직원들이 소속 부서(혹은 실/본부) 사람들 하고만 상호작용합니까?	yes
	회사 전체와 구분되는 부서(혹은 실/본부)만의 고유한 하위문화가 존재합니까?	yes
	Silo(부서이기주의)현상 때문에 소통의 어려움을 겪은 경우가 있었습니까?	yes
	과거 5년 사이에 부서(혹은 실/본부)간 협력의 정도가 더 감소했습니까?	yes
적응 역량	많은 사람들이 변화를 불편해(어려워) 하나요?	yes
	사람과 부서(혹은 실/본부)가 잘 형성된 루틴에 의거하여 일하고 있나요?	yes
	귀 화사가 새로운 수익원을 개발한지가 오래되었나요?	yes
	과거 수년에 걸쳐 새로운 분야에서의 수익률이 감소하였습니까?	yes
집단간 파워 균형	영향력 있는 개인이나 부서(혹은 실/본부)가 회사의 자원을 많이 쓰고 있나요?	yes
	회사의 핵심부서 이외의 사람들이 회사자원을 확보하는데 어려움이 있나요?	yes
	영향력 있는 사람이나 부서가 의사결정을 지연하거나 장애를 초래하는 경우가 있나요?	yes
	5년 전에 영향력 있었던 사람이나 부서가 그 영향력을 더 키운 경우가 있나요?	yes

자료원: Vermeulen, Puranam, & Gulati(2010).

점수는 개인별로 구하지만 조직 차원에서 평균을 구해 해석하는데, 응답결과의 평가는 다음과 같이 한다. 점수가 0~2이면 "There's no need for change just yet"이고, 3~7이면 "It's the perfect time for a change"이며, 8~12 이면 "You're late already. Your company needs substantial change"이다. 아마 많은 경우에 "어, 우리 조직에도 조직콜레스테롤 수치가 높네!"란 반응을 보일 것이다.

위 진단에 관심이 있었다면 하나만 더 고려해 보자. 소위 '환경과 게임의 룰'이 바뀌었기에 그에 걸맞는 경영마인드를 귀하나 귀 조직의 구성원들이 지녔는지를 생각해 보는 것이다. 지난 20세기와 달리 21세기에 요구되는 경영의 핵심성공요인(CSF)은 다음과 같이 다르다.

〈도표 10-4〉 20세기와 대비한 21세기 경영의 핵심성공요인

20C형 CSF	21C형 CSF
Size, Role clarity, Specialization, Control	Speed, Flexibility, Integration, Innovation

자료원: Ashkenas, Ulrich, Jick, & Kerr(2002).

위의 8개 요소를 다른 내용들(예; 생산설비, 시스템 관리, 소통, 효율적 운영, 전략적 환경대응력, 전문성과 직원역량, 영업력과 고객지향성)과 섞은 후 현재 귀하가 주로 신경 쓰고 있는 내용이 무엇인지 4개, 귀하가 앞으로 신경 써야 할 내용이 무엇인지 4개 선정하라고 하면 과연 어떤 결과가 나올까? 한국기업의 많은 경우 21세기형 경영마인드는 고사하고, 20세기형 마인드 조차도 지니지 못하고 있음을 발견하는 경우가 허다하다. 그렇다면 21세기형 경영마인드로의 재무장과 조직혁신의 필요성을 강하게 느껴야 하지 않을까?

문제는 위와 같은 글을 읽고도 자기변화와 혁신의 필요성을 강하게 느끼는 사람이 거의 없다는 점이다. 그렇기에 Cleveland Clinic의 혁신 사례는 참으로 의미 있다.

미국의 Cleveland Clinic은 세계적으로 매우 유명한 대형 종합병원이다. 의술에서도 유명하지만 병원경영 측면에서도 뛰어났기에 CEO인 Toby Cosgrove가 2006년 가을 Harvard Business School에 특강을 갔었고, 그곳에서 한 여학생의 (Cleveland Clinic이 심장수술분야에서 탁월한 병원이지만 자기 부친은 그곳에 갔다가 환자에 대한 배려가 없음에 실망하고 타 병원에서 수술했다고 하면서 "Do you teach empathy at Cleveland Clinic?"이라는) 간단한 질문을 받고 돌아와 바로 혁신에 착수하였다.

의사(나 변호사)와 같이 수준 높은 전문교육을 통해 면허를 획득한 사람들은 교육의 방식이나 면허내용에 기반하여 구분 · 인정받고 불리길 좋아한다. 그래서 그들이 속한 조직 또한 그들의 교육과 면허내용에 기반하여 부서(내과, 외과, 소아과, 산부인과, 안과 등)가 구분된다. 일반인들 또한 그렇게 그들과 그 조직을 구분하는 것이 옳고 당연하다고 생각한다.

〈도표 10-5〉 Cleveland Clinic의 혁신 사례

계기 CEO Toby Cosgrove의 2006년 가을 Harvard BS 특강 시 여학생 질문: "Do you teach empathy at Cleveland Clinic?"

변혁 병원/의학계 놀라고, 백악관 관심 끈 혁신

Structural Change

공급자(의사)중심 조직	➡ 고객(환자/질병)중심 조직
의사들 교육·면허 받은 분류에 따른 구조 - Surgeon과 Physician 철저 구분 등 - Cardiac surgeon과 Cardiologist 철저 구분 준 카스트 구조 - (심장전문의-일반의-방사선/마취의-간호사)	환자의 질병에 따른 구조 - 환자는 어느 부서 의사를 만나러 오는 것이 아니라, 아프고 불편해서 오는 것임 기존 병원 부서기준 없애고 신체부위나 질병기준으로 관련분야 통합해 multidisciplinary center를 형성·운영

Mental Reorganization

호칭변경: Doctor, Nurse → "Caregivers" (육체의 병만이 아니라 정신과 감정까지 돌보는 책임부여)
팀웍중시: 의사의 개인별 차등급여 (미국의사 95%의 방식) 대신 Collective Salary System
Empathy와 고객중시: 4.3만 전 구성원 'Empathy' 교육 이수, 의사들도 Disneyland의 고객서비스 교육 이수

(공간변혁: 경계 허물고, 만남&교류 증대)

결과 #1 Patient Satisfaction

시사점

- 공급자 → 고객 입장으로의 변화
- 조직문화 제 요소간 균형된 변화 (조직구조 변화 + 의식/풍토 변화) → 성공적 변혁
- 창의/혁신성은 경계를 허무는 것에서 출발, 전문성/관점이 다른 사람이 섞여 교류하는 것에서 증진(Matrix)

의사/병원도 바뀌는데 why not 기업?
당연한 것으로 받아들여지던 것, 변화의 대상이 아니라고 생각되던 것도?

그러나 Cleveland Clinic은 기존 병원조직에서의 부서 구분이나 호칭을 모두 버리고, 공급자인 의사중심에서 고객인 환자중심으로 혁신하였다. 의사와 간호사란 호칭을 모두 버리고 '돌보는 사람'으로 통일 했으며, 개인별 차등급여 대신 팀별 급여방식을 채택하였고, 의사 전원을 디즈니랜드에 보내 고객만족 교육을 받게 하는 등 기존의 병원에서 상상하기 힘든 혁신을 추구하였다. 일반 병원이라면 엄청난 반발과 저항이 예상되는 혁신이지만 이 병원은 그렇지 않았다. 자신들은 병원혁신의 선두주자라는 전통과 정신 즉, 조직문화가 대다수 구성원을 혁신에 동참토록 하였고, 그 결과 미국 내에서 환자만족 #1인 병원, 오바마 대통령이 혁신을 언급할 때 사례로 자주 인용한 조직으로 탈바꿈하였다.

심지어 병원도 모든 사람에 의하여 당연한 것으로 받아들여지고 변화의 대상이 아니라고 생각되던 것 (따라서 누구도 거부감이 없던 것) 조차도 '고객만족 증진'을 위해 의사와 병원중심에서 고객중심으로 조직구조, 업무 process, 용어, 구성원의 사고행동 등을 통째로 혁신하는데, 기업이 그런 혁신 노력을 아니 한다면 그 조직은 스스로를 기업이라고 할 수 있을까? 나아가 영속기업을 추구한다고 할 수 있을까?

② 변혁 개념 자체도 변했다

변혁(transformation)이란 하나의 수명주기에서 다른 수명주기로 옮겨감으로써 조직이 죽지 않고 계속 생을 이어가는 것을 의미한다. 이를 설명하기 위해 변화(change: 한 수명주

기 내에서 다음 단계로 옮겨 가는 것)나 혁신(innovation: 다른 수명주기로 옮겨 가는 것)과 대비되며, 결국 계속적 혁신으로 인해 변혁이 이룩된다(이관희 · 박원우, 1992; 박원우, 1994).

변혁이란 개념이 기업사회나 경영학에 처음 대두된 것은 유류파동이 심각해진 1970년대 초중반이었다. 그 당시의 의미는 쇠퇴기에 임한 조직이 죽지 않고 혁신을 통해 부활하는 현상이었다. 즉, 쇠퇴기 끝에서 다시 탄생기가 시작되어 새로운 봉우리가 올라가는 현상을 의미하였다. 그리고 그러한 혁신을 이루는 리더를 변혁적 리더(transformational leader)라 칭하기 시작했고, 그 첫 대상자가 바로 쇠퇴하던 Chrysler를 살린 L. Iacocca였다. 사실 Chrysler는 대단한 변혁을 많이 실현했고, 그 내용들이 세계 경영학 교과서에 유명 사례로 여러 번 수록된 회사이다. 첫 번째 변혁은 바로 Iacocca에 의한 1970년대 조직문화 혁신을 통한 부활이고, 두 번째는 concurrent engineering과 platform team에 기반을 둔 제품별 사업부제로의 조직구조 혁신 (그 결과 기존에 7~8년 걸리던 신차개발 과정이 3~4년으로 단축되었음)을 통한 부활이고, 세 번째는 독일 Mercedes Benz와의 합병으로 죽지 않고 부활한 사례이다.

〈도표 10-6〉 변혁의 두 유형: 쇠퇴기의 수동적 혁신(A변혁)과 성장기의 능동적 혁신(B변혁)

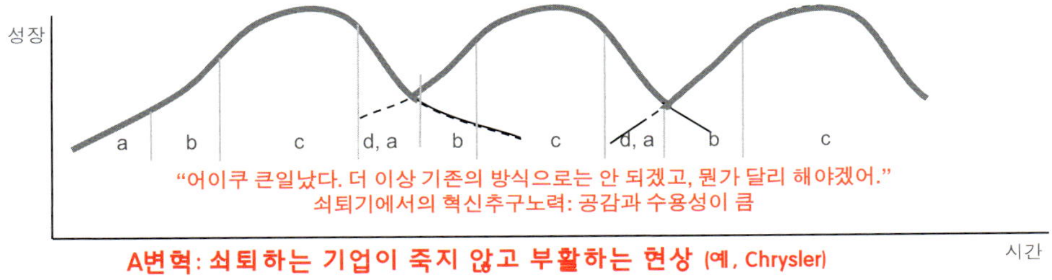

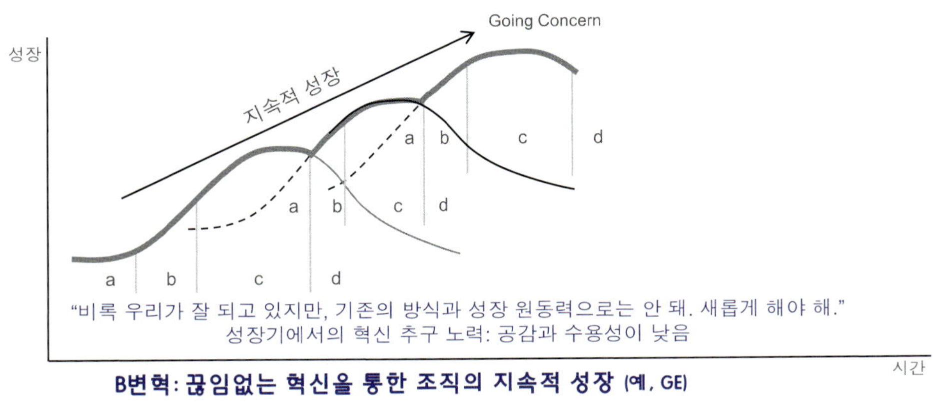

그런데 문제는 아직도 1970년대식의 변혁 개념, 즉 '쇠퇴기에서 죽지 않고 부활하는 것'을 고수하는 사람이 무척 많다는 것이다. 물론 이미 쇠퇴기에 임한 조직의 경우엔 죽지 않기 위해서 그것이 필요할 것이다. 그렇지만 쇠퇴기에 놓인 기업이 아니어도 변혁을 '쇠퇴기에 임해서 하는 것'으로 인식한다는 점이 문제다. 비록 Chrysler가 교과서에 수록된 여러 번의 변혁 사례로 유명한 회사이지만 과연 우량기업이라고 칭해지거나 존경받을 수 있을까? 쇠퇴기에 임해서 혁심함으로써 죽지 않고 여러 번 살아났다고 해서, 비록 그것이 용어상으로는 '변혁'으로 칭해지나 결코 우량기업이라 불리긴 어렵다.

중요한 것은 '혁신이 반복'이 있을지라도 어느 시점에서 혁신이 시작하는가이다. 사실 쇠퇴기에 임한 조직에서 혁신의 수용성은 크다. 기존 방식대로 하면 죽는다는 것을 구성원 모두가 인지한 상황이기 때문이다. 그렇지만 쇠퇴기에서의 혁신은 결국 아무리 잘해도 목숨 부지에 불과한 결과를 초래하고, 조직성장을 이룩하기엔 어려움이 많다. 성장을 이룩하는 혁신이 되기 위해선 그 출발점이 (대부분의 사람이 혁신의 필요성을 느끼지 못하고, 따라서 당연히 변화를 거부하는 경향이 큰) 성장기여야 한다. 그래야 조직은 외면적으로 이전 수명주기의 성숙을 거쳐 새로운 수명 주기상의 성장과 성숙으로 이어지며, 또 (겉으론 보이지 않지만) 밑에서 올라오는 또 다른 수명주기에 의하여 성장기와 성숙기가 반복되는 즉, 지속해서 성장하는 조직이 된다. 어떤 유형의 변혁이 바람직한가는 질문할 필요조차도 없다. 하나는 Chrysler식 변혁(A변혁)이고, 또 다른 하나는 GE식 변혁(B변혁)이라고 할 수 있다. GE식 변혁을 위해선 바로 '창조적 파괴'가 필요하고 이는 바로 기업문화의 변화를 의미한다.

1981년부터 20년간 GE의 회장으로 재임한 Welch는, 1982년 초에 출간된 In search of excellence라는 책에서 미국에서 비우량기업으로 낙인찍혔던, GE의 혁신을 주도하여 GE의 시가총액을 120억불에서 2,800억불로 늘렸고 결국 20세기말 세계 최고 가치의 기업을 형성해 '경영의 신' 내지는 '세기의 경영자'로 추앙받았다. 6년 반에 걸친 후계자 발굴작업 끝에 선임된 후임자 Immelt 회장 또한 전임자의 업적과 노선에 관계없이 과감한 GE의 혁신을 추구하였다. 2008년 금융위기 이후 GE의 가치가 많이 떨어졌지만 2017년 새로 임명된 Flannery 회장은 11월에 경비절감, 기업문화 쇄신, 자산매각 등 세 가지 면에서 GE를 혁신하겠다고 밝혔다.

2018년 6월 GE가 다우존스 산업평균지수에서 퇴출당하는 위기를 맞았다. 2001년 Welch 회장이 물러날 때 60달러 하던 주가가 18년 지나 12달러로 추락한 결과이다. '미국 경제의 산증인'으로 불렸던 GE의 쇠락은 마치 삼성전자가 코스피 지수에서 퇴출당하는 것과도 같다고 할 수 있다. 그간의 무분별한 사업다각화와 금융사업의 무리한 확장이 쇠

〈도표 10-7〉 GE의 창조적 파괴

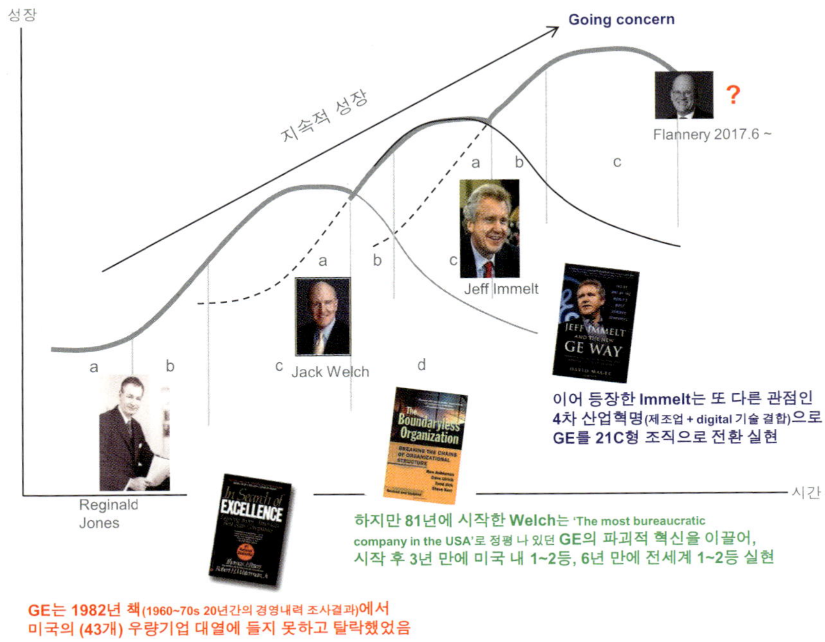

락의 원인으로 지적되는데, 영원한 승자가 없는 혁신의 전쟁터에서 '과거의 성공에 집착하지 않고 과감히 문화변화와 혁신을 시도하는 것이 GE의 장점이자 성장의 원동력'이기에 Flannery 회장의 변혁노력이 가져올 결과가 기대된다.

10.1.2. 변혁의 핵심성공요인과 과정

① CSF 4요소 모두의 공존이 필요

변혁이 성공적으로 이룩되기 위해서 꼭 필요한 4요소가 있다. 〈도표 10-8〉과 같이 이들 중 어느 하나라도 존재하지 않으면 결국 오른쪽 붉은 글씨의 현상으로 인해 변혁은 실패하게 된다. 변혁에 대한 명확한 비전이 없으면 방향성 없이 어디로 가야 할지 모르는 혼란이 초래될 것이고, 변혁필요성에 대한 인식과 공감이 없으면 구성원의 적극적 참여보다는 방관이 초래될 것이고, 변혁에 대한 신념과 역량이 없으면 우리가 해낼 수 있을까 하는 회의에 차 있을 것이고, 비록 비전, 공감, 역량이 있어 구성원의 움직임이 있다할 지라도 제도 · 구조적 변화로 뒷받침하는 회사의 체계적 실천이 없다면 구성원은 "역시 우리 회사는 안 돼"라고 하면서 좌절감을 느낄 것이다.

〈도표 10-8〉 조직변혁의 핵심성공요인

변혁에 대한 명확한 비전	×	변혁 필요성에 대한 인식과 공감	×	변혁에 대한 신념과 역량	×	체계적 실천 (제도, 구조의 변화)	=	성공적 변혁
-	×	변혁 필요성에 대한 인식과 공감	×	변혁에 대한 신념과 역량	×	체계적 실천 (제도, 구조 변화)	=	혼란
변혁에 대한 명확한 비전	×	-	×	변혁에 대한 신념과 역량	×	체계적 실천 (제도, 구조 변화)	=	방관
변혁에 대한 명확한 비전	×	변혁 필요성에 대한 인식과 공감	×	-	×	체계적 실천 (제도, 구조 변화)	=	회의
변혁에 대한 명확한 비전	×	변혁 필요성에 대한 인식과 공감	×	변혁에 대한 신념과 역량	×	-	=	좌절

자료원: 박원우(1994a), p. 62.

② 현실에선 '변혁필요성의 공감'이 제일 중요

그런데 변혁의 핵심성공요인 4개 중 어느 것이 더/덜 중요할까? 이미 설명하였듯이 논리적으로는 어느 것이 더/덜 중요하지 않고 모두 공존해야 한다. 그러나 현실에서는 '구성원에 의한 변혁의 공감'이 제일 미흡하기에 이를 형성하는 것이 제일 중요하다.

〈도표 10-9〉의 개구리 그림 포스터는 D그룹이 1994년에 사내 혁신을 위해 붙였던 것이다. 물론 이 '삶겨 죽는 개구리' 내용은 D그룹에 국한된 것이 아니며 한국기업에 근무하는 사람이라면 대부분 인지하고 있는 내용이다. 문제는 개구리 그림에 대한 의미를 대부분 잘못 알고 있다는 것이고, D그룹의 포스터에도 그 내용이 개구리가 '변화하지 않아서 죽은 것'으로 잘못되어 있다.

〈도표 10-9〉 D 그룹의 1994년 사내 혁신포스터

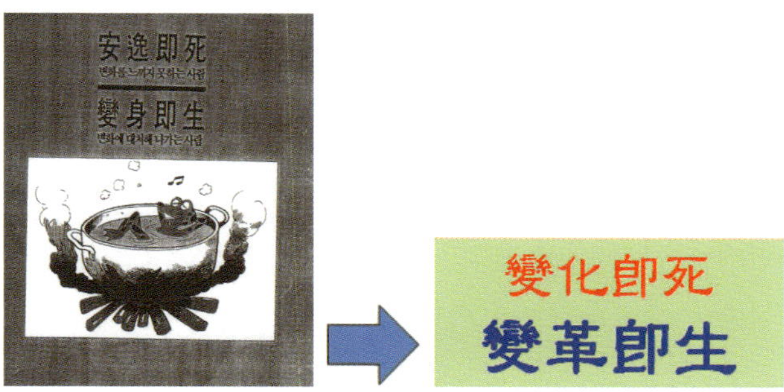

개구리가 죽은 이유: 변화했기 때문

박원우
서울대학교 경영대학 교수

어느 회사 사장님이 흥분된 어조로 전화를 주셨다. "박교수, 드디어 됐어. 그간 내가 노력한 보람이 이제 나타나는 것 같아" 하시면서, 급히 보자는 그분의 요청에 따라 만났더니, 사내 구성원 의식조사에서 '변화필요성' 항목에 대한 구성원 응답의 평균이 (5점 척도에) 4.72로 높게 나왔다고 흥분하고 계셨다.

그 사장님은 평소 "변화 없이는 생존이 어렵다. 변화만이 우리의 살 길이다"라고 강조해 오셨기에 과거 4.2에 못 미치던 구성원 응답이 4.5을 훨씬 상회하였음에 '보람의 눈물'을 흘리시기 직전 수준이었다.

4.5 정도는 기본 수준이다

그 상황에서 나는 질문하였다. "사장님, 무엇 때문에 그렇게 좋아하세요?" "아니 박교수, 4.72면 엄청난 것 아니? 직원들이 굉장히 변화지향적으로 변했다고!" "사장님, 질문 문항을 한번 보세요. 이런 질문에서 요즘 대부분 회사의 직원들은 기본적으로 4나 5에 응답하기 때문에 평균 4.5 정도는 쉽게 나옵니다." (설문조사에서 질문은 "귀하는 얼마나 변화 필요성을 느끼고 계십니까?"였고, 응답치로 1은 '전혀 아니다', 2는 '아닌 편이다', 3은 '중간이다', 4는 '그런 편이다', 5는 '매우 그렇다'였다.)

수동적 변화는 무의미하다

자신을 업적을 자랑하고파 흥분되어 계시던 사장님은 "그래도 4.5와 4.72는 크게 다르지!"라고 차이남을 재차 강조하셨다. 다시 나의 질문이 이어졌다. "사장님, 직원들이 변화필요성을 느낀다고 했지, 언제 변화를 자신들이 (주도)하겠다고 하던가요?" "아니!? 그렇지만 변화를 많이 느낀다면 변화하겠다는 뜻도 있는 것 아닌가?..."

"세상을 바꿔보겠다고 외치는 사람은 많아도 정작 자신을 스스로 바꾸겠다는 사람은 극히 드문 것이 현실입니다. '귀하는 얼마나 변화를 실제로 행하시겠습니까?'라고 물으면 4.0이 넘게 나올까요?"라는 물음에 사장님은 "그럼, 다음에는 설문의 내용을 바꿀까?"라고만 하시고 화제를 돌리셨다.

변화해도 죽는다

그날 그 정도로 대화가 끝났지만, 만약 그 사장님이 계속 "무슨 소리야? 우리 직원들의 변화의식은 매우 높아!"라고 이어갔다면 아마 나는 "사장님, 변화해도 죽어요"라고 했을 것이다.

'변화해야 산다. 변화 없이는 그 어느 것도 생존할 수 없다'라는 말씀은 이미 부처님이 수천년 전에 하신 말씀(諸行無常)이다. 이제는 변화하면, 아니 변화해도 죽는 세상이 되었다.

대부분의 한국 사람은 '삶겨 죽는 개구리'이야기를 알고 있다. "펄펄 끓는 물에 개구리를 넣으면 뛰어나오지만, 차가운 물에 넣고 수온을 천천히 올리면 그 개구리는 변화를 못 느끼고/변화하지 않아 결국 죽는다"라고 들은 내용이다. 이 내용을 그림으로 그려 혁신포스터를 만들고, 그림 밑에는 '變化卽死 變革卽生'이라고 써서 '변화해야 산다'를 강조하곤 했다.

문제는 이 개구리 이야기를 모르는 사람이 거의 없음에도 불구하고, 정작 "진짜로 개구리를 찬물에 넣고 수온을 천천히 올리면 과연 그 개구리 (여러분 들으셨던 것처럼) 죽을까요?"라고 물으면 '죽는다'에 손드는 사람이 극히 적다는 것이다. 실제로 과거 경기도 기흥에서 S전자 임원 workshop을 진행하면서 40명 단위로 4차례 했을 때, 각 차수에서 '죽는다'에 손드는 임원이 최고 많은 경우 3명에 불과했었다) "왜 죽는다고 이야기 들어놓고 (또 직원들한테 그렇게 말해놓고) 정작 '죽지 않는다'에 손을 훨씬 더 많이 드십니까?"라고 물으면 이야기 한 사람이나 들은 사람이나 모두 자신은 비유적으로 이야기하고/들었지 실제의 fact는 그렇지 않을 것이라고 생각하고 있었다.

Fact는 이렇다. 개구리는 분명 그 상황에서 죽고, 개구리가 죽는 이유는 변화했기 때문이다. 즉, 냉혈인 개구리가 외부 환경(수온)의 변화에 맞추어서/순응하여 자신의 내부 (온도)변화를 꾀하였기 때문에 죽은 것이다. 원래 개구리 이야기를 통해 전하려 한 point는 다음과 같다: 세상천지가 변화를 외치는 이 마당에 우리도 개구리처럼 환경의 변화에 맞추어 우리 자신의 변화를 추구했다가는 죽는다. 따라서 우리가 할 것은 변화가 아니라 변혁이다. 즉, 변화하면 죽고 변혁해야 산다. 變化卽死 變革卽生. 정작 변화를 해도 죽는 것이 현실인 상황에서, 변화 압력이 목전에 주어질 때 까지 기다렸다가 어쩔 수 없이 변화를 수동적으로 한다면 그 결과는 너무나도 처참할 것이다.

자료원: 박원우(2012) p. 10.

원래 개구리 이야기를 통해 전하고자 하는 핵심 point는 "세상천지가 변화를 외치는 이 마당에 우리가 개구리처럼 단순히 변화하다간 죽는다. 따라서 살기 위해선 변화가 아니라 변혁해야 한다"는 것이다('개구리 죽음의 원인'과 관련해서 박원우, 2012, 참조). 즉, 개구리 그림에 부합하는 글귀는 '변화즉사, 변혁즉생'이어야 한다. 그럼에도 불구하고 혁신을 강조하기 위해서 포스터로 개구리 그림을 붙이는 기업에서 조차도 변화만을 강조하지 진정 변혁의 관점에서 생각하지 못하는 것이 현실이라는 점이다. 변화가 아니라 혁신, 나아가 변혁 차원에서 그 필요성을 구성원들이 공감하는 것이 무엇보다도 선행되어야 한다.

혁신이란 창조적 파괴과정을 의미하며, 혁신이야말로 기업발전의 원동력이다. 이를 위해선 바로 기업문화의 변화가 필수적이다.

혁신이란 창조적인 파괴과정을 의미하며,
혁신이야 말로 기업발전의 원동력이다.

창조적 파괴
안팎 거센挑戰…'1위자리'不安

2001년4월3일 화요일 한국경제 11
정주영 경영 연구
⑤-끝 중단없는 전진
박원우
선진기업 터 닦은 '창조적 파괴자'
성장기불구 과감한 혁신 주도
도전정신 무장 기업문화 창출

It's impossible to develop new styles of organization and management while continuing to think in old ways.

Clayton M. Christensen

기업이 파괴적 혁신을 하기 위해서는 기술 자체 보다는 비즈니스에 대한 생각의 틀을 바꿔야 합니다.

기업문화가 변화해야 새로운 것을 만들어 낼 수 있다.
만약 기업문화가 그대로라면 파괴적 혁신은 만들어 낼 수 없다.

"Everything changes, nothing remains without change"
諸行無常

그런데 흔히 혁신은 특별한 사람에 의해 특별할 때 이루어지는 것이라고 생각하는 경향이 강하다. 따라서 대부분의 조직구성원은 혁신은 자신의 역할이 아니라고 생각한다. 혁신은 조직구성원의 일상 활동이고, 혁신의 주체는 나 자신으로 혁신의 시작은 오늘 이 순간이어야 한다.

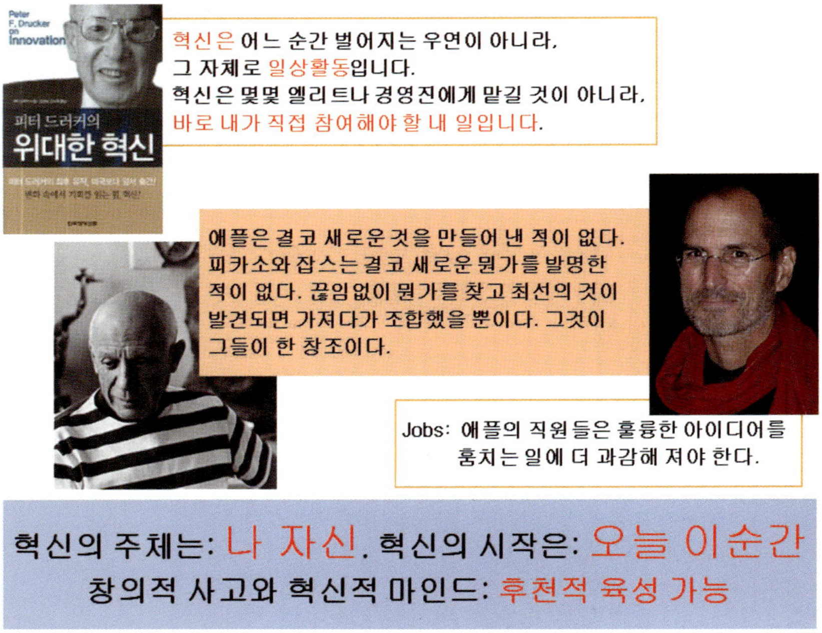

인류사회의 첫 PC는 Apple의 Jobs나 Wozniak이 아니라 다른 사람에 의해 개발된 것이었다. 1973년(Apple에서 첫 제품이 나오기 만 3년 전에) Xerox PARC의 연구원들이 세계 첫 PC인 Alto를 개발했다. 하지만 Xerox의 mainstream product였던 복사기와 관련된 것이 아니었기에 조직 내부에서 그들의 idea는 받아들여지지 않았다. Xerox 내의 벽에 부딪친 개발자들이 그들 기술을 들고 start-up 기업에 갔고, 그 회사가 후에 Apple이 된 것이다.

③ 조직변혁의 과정

앞서 조직변혁의 필요성과 핵심성공요인을 살펴보았다. 조직변혁의 유형(A형과 B형)을 비교하면서 B형이 더 바람직함을 천명하였다. 여기서는 B형의 조직변혁을 실현하는 방법론을 제시하면서, 그 과정에서 조직문화 관리의 역할을 중점적으로 살펴본다.

조직변혁을 어떻게 이룩하느냐에 관해 많은 방안이 나와 있지만 여기서는 가장 설득력 있는 논리를 제시하고자 한다. 구체적 방법에 앞서 논리를 설명하는 것은 “좋은 이론만큼 실용적인 것은 없다(Trere is nothing so practical as a good theory)”라는 Lewin(1951)의 유명한 격언처럼 조직변혁이 논리적으로 올바르게 체계화되어야만 현업에 도움을 줄 수 있기 때문이다. 우선 여러 변화이론 중 가장 설득력 있는 Lewin(1951)의 변화과정론을 생각해 볼 수 있다. Lewin의 논리에 따르면 이 세상 모든 것에는 두 가지 힘(마치 동양사상에서 음과 양처럼)이 존재하는데 하나는 현 상태(status quo)를 유지하려는 힘이고, 다른 하나는 현 상태를 깨뜨리려는 힘이라 한다. 이들 두 힘이 균형을 이루고 있기 때문에 물건이 어떤 형태를 띠고 있고, 우리의 마음이 어떤 상태로 정해져 있다는 것이다. 따라서 변화를 가져오려면 이들 두 힘의 균형이 무너져야 한다고 한다. Lewin은 그 과정을 3단계(Unfreezing: 해빙 – Moving: 변화 – Refreezing: 재결빙)로 설명하며, 이들 3단계 중 어느 하나가 빠지거나 순서가 바뀌면 진정한 변화가 실현되기 어렵다고 한다.

해빙은 굳어져 있는 두 힘의 균형을 일단 깨는 과정으로 변화에 필요한 분위기가 형성되어야 함을 의미하고, 변화는 두 힘 중 어느 하나를 키우고 다른 하나를 줄이는 것을 의미한다. 하지만 물체에서나 우리 마음에서나 두 힘은 항상 변화 이후에 원위치로 되돌아가려 하는 속성을 지니고 있기에 일단 변화되었다고 좋아하고 그것으로 그치면 다시 원래 모습으로 되돌아 가 버린다. 이를 극복하기 위해서는 변화된 상태에서 그대로 굳어지게 하는 작업(과정)이 있어야 하는데 그것을 재결빙이라 한다.

Lewin의 변화과정 논리에 기반하여 조직변혁의 과정을 가장 설득력 있게 설명하는 것이 Kilmann(1985, 1989)의 5단계 접근법이다. (〈도표 10-10〉 참조). 1단계의 기업문화는 구성원의 특성과 불만 및 희망을 파악함으로써 조직의 현 상태를 점검하고 미래의 목표로 삼아야 할 이상형을 도출하는 과정이다. Lewin의 논리에 입각하면 이 과정은 해빙단계에 해당한다. 즉, '변화가 있어야겠구나, 그 방향은 이래야 하겠구나'하는 분위기를 형성시켜서 변화의욕과 가능성을 증대시키는 단계다. 중요한 것은 조직문화 단계를 거쳤다고 해서 당장에 '분위기 형성' 이상의 그 어떤 효과(예: 생산성 향상, 노사안정)를 기대해서는 안 된다는 점이다.

〈도표 10-10〉 조직변혁의 과정

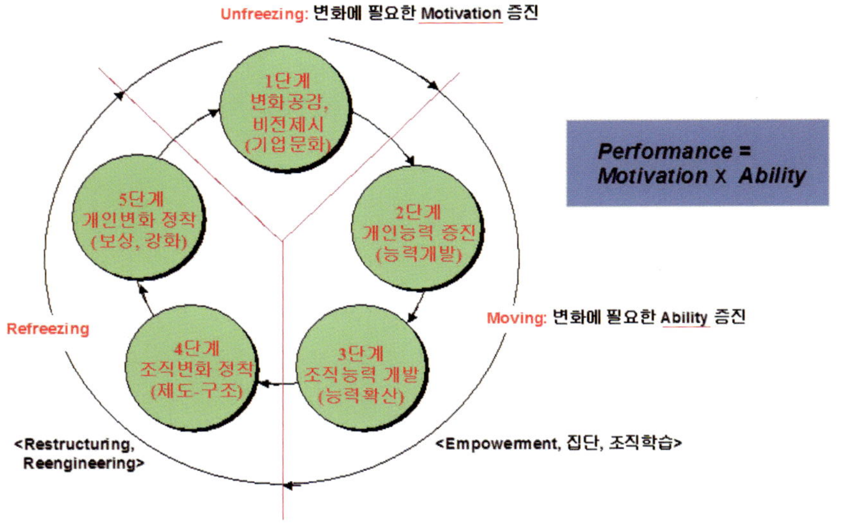

자료원: 박원우(1994a), p. 65.

조직문화가 변혁의 출발점이자 추진력이다

1단계는 분명 구성원의 변화의욕을 키우는 것이다. 그런데 의욕이 커졌다고 해서 곧바로 변혁이 이룩되는 것은 아니다. 실제로 의욕에 찬 사람에게 능력이 뒤따르지 않으면 일이 잘못되기 쉽다. 따라서 2단계의 능력개발 단계는 변혁의 필요성을 인식한 구성원의 능력을 키우는 과정이다. 그런데 조직 내 모든 사람의 능력을 한꺼번에 키우는 것은 어려우므로 변화를 선도해 나가는 구성원의 능력을 키우는 단계이다. 사람이란 능력이 키워지면 뭔가를 더 하려하고, 또 일을 하려면 능력이 있어야 하므로 이 과정은 꼭 필요하다.

그런데 문제는 (특히 우리나라에서는) 조직이 키워 놓은 구성원의 능력이 대부분 개인능력으로 제한될 뿐 조직화되지 못한다는 점이다. 그 결과 키워진 능력을 지닌 사람이 회사를 떠나면 그 능력도 같이 떠나는 결과를 초래한다. 따라서 3단계는 키워진 개인의 능력을 조직에 확산시켜 (즉, empowerment를 통하여) 조직능력화 하는 과정을 의미한다. 2단계와 3단계는 결국 Lewin의 변화단계에 해당하는 것으로, 구성원의 능력이 향상되고 그것이 조직에 퍼지면 자연히 조직의 변화가 이루어진다는 것이다.

4단계의 제도-구조변화 단계란 앞서의 해빙 · 변화 단계를 통해서 조직 내에 변화의 분위기가 형성되고 구성원의 능력향상으로 변화가 서서히 일어날 때 거기에 적합하도록 회사의 각종 제도를 변화시키고 구조(업무 및 조직구조)를 재설계 하는 것이다. 흔히 기업에서 변화를 생각할 때 사람의 사고 · 행동이나 능력변화는 어렵고, 시간과 비용이 많이 들기 때문에 대부분 인사발령을 내는 등 조직구조의 변경을 우선 생각하게 된다. 하지만 이 경우 해빙과 변화 없이 곧바로 새로운 힘의 균형을 굳히는 과정만 존재하므로 진정한 변화가 없을 뿐만 아니라 저항도 심하게 나타난다. 변화의 분위기가 형성되고, 진정한 변화가 서서히 일어날 때 조직의 제도와 구조도 거기에 맞추어서 변해 주어야 저항도 적고 진정 신바람 나는 조직변화가 가속화 될 수 있다는 것이다.

5단계는 보상(강화)단계로서 조직변화 과정에서 열심히 노력한 사람과 그렇지 않은 사람과의 차이를 분명히 구분해야 한다는 것이다. "조직문화 또는 경영혁신 운동과정에서 열심히 해도 아무 보상이 없더라, 대충 게을리 해도 아무 피해가 없더라"라고 생각하게 되면 변화가 조금 일어났다가도 다시 원위치로 되돌아가고 만다. 그러므로 노력에 대한 대가를 지불해 줄 때 비로소 변화된 상태가 개인에 있어서도 굳어질 수 있다. 결국 4번째 단계와 5번째 단계는 변화를 조직과 개인차원에서 제도적으로 굳히는 재결빙의 과정이다.

제도/구조에 국한된 변화로는 안된다

흔히 조직의 변화를 추구할 때는 제도적(system적, 구조적)이고 공식적인 변화를 먼저 추구하면서 구성원들이 뒤따라서 변해주기를 기대한다. 그러나 변혁이 제대로 (장기적, 지속적인 성과가 나도록) 되려면 공식적인 측면의 변화(〈도표 10-10〉에서 4, 5단계에 해당함)를 추구하기 전에 비공식적인 측면의 변화(1, 2, 3단계에 해당함)가 선행되어야 한다. 그런데 실제로 변혁이 조직 내에서 추진될 때 다섯 단계가 서로 독립적으로 그리고 순차적으로 나타나는 것은 아니다. 〈도표 10-10〉의 다섯 단계들이 어느 정도는 서로 중복되면서 실행되고 있고 또 그렇게 되어야 효과가 있다. 여기서 중요한 것은 전체적으로, 비록 서로 부분적으로 중복되면서 진행된다 하더라도, 전후가 분명히 있어야 하고(그래서 '조직 변혁의 과정'이라고 표현한 것임), 그래야만 장기적이고 지속적인 효과가 나타난다는 것이다.

앞서 설명한 조직변혁의 핵심성공요인 4가지는—비전제시, 변혁공감, 신념과 역량, 제도/구조적 뒷받침—여기서 설명된 '변혁의 과정'에 모두 포함된다. 즉, 정적인 관점에서 변혁의 핵심성공요인을 보든, 동적인 관점에서 변혁의 과정을 보든 같은 요인들이 고려되어야 함은 당연하다.

10.1.3. 조직문화 변화단계의 구체적 내용

조직변혁의 과정에서 Kilmann(1989)이 맨 첫 단계에 둔 것이 조직문화 단계인데, 이는 조직변혁에서 문화관리의 중요성이 그만큼 높다는 것을 반증한다. 여기서는 조직문화 단계를 보다 심층적으로 알아보도록 한다.

Kilmann(1989)은 조직문화의 핵심을 문화규범으로 보았고, 문화변화 혹은 관리의 핵심 대상으로 문화규범을 지목하였다. 이의 관리를 위해서는 다음과 같은 4단계를 거쳐야 한다. 첫 번째 단계는 현재 조직의 실제 문화규범을 표면화시키고, 두 번째 단계는 희망하는 문화규범을 정립하고, 세 번째 단계는 현재의 문화규범과 희망하는 문화규범 간의 차이를 분석하여 문화격차를 찾아내고, 마지막으로 문화격차를 줄여가는 노력을 기울이는 것이다. 요약하자면, 현재의 조직문화가 무엇이고 희망하는 조직문화가 무엇인지를 구체적으로 밝혀서 그 격차를 구성원이 인식케 하여 변화의 수용성을 높인 후, 문화차이의 원인을 분석, 문화변화의 방향을 제시, 변화의 실제 실행 후, 변화된 문화를 안정화하자는 것이다.

앞서 설명한 조직변혁의 과정이 광의의 (거시적인) 조직문화 변화과정이라면 여기서 설명하는 문화단계는 협의의 (미시적인) 문화변화 과정이라 할 수 있다. 그렇기 때문에 조직변혁뿐만 아니라 조직문화 단계 또한 변화의 과정이기에 양쪽 모두 Lewin의 변화과정론이 적용된다. 먼저 변화에 저항할 수 있는 대상들에게 변화의 수용성을 높이도록 하는 해빙(unfreezing) 단계는 Kilmann(1989)의 조직문화 단계의 첫 두 단계와 같다. 다음으로 변화하고자 하는 힘과 변화에 저항하고자 하는 힘의 강도, 방향, 대상의 수를 바꾸어, 이 힘들 간의 균형점을 바꾸는 변화(moving) 단계는 조직문화 단계의 세 번째 단계와 같고, 변화와 저항 간에 새롭게 형성된 균형점을 강화하는 재결빙(refreezing) 단계는 조직문화 단계의 네 번째 단계와 같다.

이상-현실 간 문화격차의 파악엔 여러 방법론이 있을 수 있으나, 전 세계적으로 실무에서 가장 널리 쓰이는 효과적인 방법으로 Kilmann-Saxton Culture Gap Survey가 있고, 그 도구를 활용한 이상-현실 간 문화격차의 측정과 활용은 이미 본서 제7장 기업문화 측정의 도구와 활용법에서 상세히 설명하였다. 여기서는 파악된 이상-현실 간의 문화차이를 어떻게 해소하는지 그 방법을 설명한다.

인간의 행동과 관련된 변화를 추구함에 있어 매우 유용한 모델로서 Lewin의 3단계 변화이론은 이미 앞에서 강조 · 설명하였다. 부작용 없이 진정한 조직변화를 꾀하기 위해서는 변화만을 강조할 것이 아니라, 변화를 유도할 수 있는 분위기를 만들고, 즉 변화하려는 힘과 기존의 상태를 유지하려는 힘 사이의 균형을 깨는 것이 필요하며, 나아가 변화가 실제로 이루어진 후에는 변화된 상태를 굳히는 과정이 반드시 있어야 한다는 것이다. Lewin의 3단계에 입각하여 문화차이 해소방안을 보다 구체적으로 제시하면 다음과 같다.

① 해빙기: 조직 내의 문화차이 인식단계

한 조직 내 기존의 문화가 구성원이 원하는 이상적 문화와 차이가 있고, 그것이 구체적으로 어떻게 차이 나는지 알려져서 구성원들이 이상-현실 간 문화격차를 인식토록 하는 것 자체가 조직문화 변화 추진의 첫 단계로서 매우 중요하다. 기업경영에 있어서 성공경험의 축적은 자동적으로 쇠퇴의 싹으로 자라날 씨를 낳게 된다. 이러한 씨의 종류는 다양하지만 모두 다 잘하고 있는 것을 계속하려는 인간의 자연적 본성과 연결되어 있다. '문제가 없으면 바꿀 필요 없다'라는 것은 성공적인 기업에서 공통적으로 존재하는 문화다. 즉, 성공 그 자체가, 특히 반복된 성공은 변화의 필요성에 대한 불감증과 저항감을 낳게 된다.

동일한 기업 내라고 해서 구성원들이 모두 같은 문화차이를 인식하지는 않는다. 문화차이를 크기(size)와 유형(type)으로 구분하여 보면, 일반적으로 조직계층의 상층부로 올라갈수록 구성원들의 현실과 이상 간의 문화차이가 적다. 한 예로 임원들은 회사의 규정이나 새로운 프로그램, 또는 사내 유인물에 언급된 것처럼, 그들이 부하의 창의성과 혁신성을 지원하고 있다고 말하고, 또 그렇게 믿고 있다. 하지만 그들은 그들의 평소 행동이 그들의 생각이나 말과 전혀 다를 수 있다는 것을 모르고 있다. 문화차이는 흔히 조직계층의 가장 아래에서 가장 강하게 나타난다. 이러한 사실에 대한 공동인식을 기반으로 하여 기업 내 문화차이를 해소하는 방안을 생각해 보는 것이 필요하다.

그런데 문제는 조직 내 문화차이의 현실을 알고도 그 사실을 공동의 문제라고 심각하게 받아들이고 개선해 나가려는 자세를 취하기보다는, 그러한 문화차이의 존재 사실을 오히려 냉소적이거나 우스갯거리로 취급해 버리려는 현상이다. 모든 계층이 "우리가 그런 문제를 어떻게 해결할 수 있나, 우리는 힘도 없고 우리에게 그런 문제가 있는 것이 아니야, 우리 위의 계층들이 해결되면 자연히 우리 조직이 좋아질 거야"라고 생각하면서 조직문화차이의 해소책임을 계속 윗 계층으로 떠넘긴다는 것이다. 이처럼 한 개인이 아니라 기업의 구성원 모두가 그릇된 현실을 놓고 개선의 책임을 계층간 또는 부서간에 전가한다면 그 기업은 잘못된 기업문화에서 헤어나기 어려울 것이다.

문화차이의 유형은 계층별로도 차이가 나겠지만 기업별, 사업부별 혹은 부서별로도 차이가 크다. 따라서 기업별, 사업부별로 문화차이가 어떻게 달라지는지 파악하고, 그 사업부의 특성에 맞는 문화차이 해소방안을 강구해야 한다. 더 나아가 한 사업부 내에서도 부서별로 또는 그보다 더 하위 단위별로 문화차이의 특색을 파악해 볼 필요가 있다.

② 변화기: 조직문화 변화단계

현실과 이상 간의 차이가 엄연히 존재함에도 불구하고, 그것을 제대로 인식하고 인정하기는커녕 그러한 사실 자체를 무시하거나 부정하려는 경향이 흔히 일어난다. 특히 한 개인이 조직인으로서 행동할 때는 "변화를 추구하려는 노력을 해보아야 혼자 바보가 되고, 자칫 잘못하면 다치니까 차라리 가만히 시키는 것만 열심히 하는 것이 좋다"라고 생각하고 이처럼 일과 관련된 조직 내 문화차이를 개인적으로 부정(individual denial)하는 데서 오는 내적 불만을 기업 내의 사회생활이나 개인생활을 통해서 만족하려는, 그리고 잘 만족되고 있는 것이 대개의 현실이다.

그런데 한 기업 내에서 그 조직의 문화차이를 부정하려는 사람이 몇 명에 그치면 좋으련만, 대부분의 사람이 그렇다 보니 조직분위기 자체가 문화차이를 무시하거나 부정하려는 경향으로 빠지는 경우가 있다. 이런 현상을 조직적 부정(organizational denial)이라고 하는데, 이렇게 되면 문화차이의 구렁텅이에서 헤어 나오는 것이 매우 어렵게 된다. 문화차이를 각 구성원이 인식하면서도 그 구렁텅이에서 스스로 헤어 나오지 못하니까 내 · 외부적인 자극에 의해서 극복하는 수단을 강구해 보아야 한다. 따라서 최고경영층의 적극적인 지원 아래 제도적 뒷받침이 있어야 한다.

조직의 문화차이를 줄이기 위해 활용한 기법 중 효과가 높았던 것으로는 규제 기법(sanctioning system)이 있다. 이는 조직 내 구성원들의 행동변화는 집단(group) 차원에서 뭔가 이루어져야 좋다는 원칙의 기반을 두고, 조직을 집단차원의 하위단위에서 변화시켜 나가는 기법이다. 그 내용은 한마디로 조직구성원들이 추구하는(desired) 이상적인 규칙이나 규범을 누군가 깨뜨릴 때 집단차원에서 거기에 처벌을 가하여 규제를 함으로써 그 사람의 행동변화, 나아가 조직의 변화를 꾀한다는 것이다.

그 예로서, 회의시간을 정확히 지키자는 규정을 구성원들이 만장일치로 정해 놓은 항공회사에서 회의에 늦게 오는 임원에게, 사장이 임원이 달고 있는 독수리 날개 하나를 부러뜨리고, 그 사람이 또 늦으면 나머지 날개 하나도 마저 제거하는 등의 규제를 가한다는 것이다. 여기서 중요한 것은 규제 내지는 처벌과 더불어 잘 지킨 사람에게는 공식 혹은 비공식적 보상이 따른다는 점이다. 즉, 구성원의 가치체계와 보상체계가 잘 연결되어야만 문화변화가 더욱 빨리 올 수 있다.

별것 아닌 것 같지만 규제방법과 보상방법이 합법적, 윤리적이며 집단의 동의를 거쳐 나온 것이라면 큰 효과가 있다. 이런 식으로 조직이 원하는 쪽으로 구성원 각자의 행동상에 변화가 있으면 조직문화 변화가 이루어졌다고 할 수 있다. 그런데 과거의 습관을 버리고 새로운 행동양식을 취한다는 것이 매우 어려운 일이다. 어색하기도 하고 귀찮기도 하다 보니, 차라리 편한 것은 규제를 받을지언정 원래 방식대로 밀고 나가거나, 아니면 타인의 행동에 변화가 있기를 기다린 후에 자신도 변화를 추구하는 것이다. 따라서 규제나 처벌방법은 딱딱하고 피해준다는 식보다는 좀 유머 있고 큰 피해 없는 방식으로 이루어져야 하며, 단지 도가 지나칠수록 피해도 있을 수 있어야 한다. 한 예를 보면, 어떤 회사에서는 구성원들이 이상적으로 생각하는 행동규범을 열거하여 번호를 부여한 누가 그것을 깨뜨리면 주위에서 "당신 지금 3번 깨뜨렸어", "5번을 어겼어" 하는 식으로 하다 보니 서로 응집성도 생기고 (다른 사람은 무슨 소린지 모르니까) 행동의 변화도 있어 성과가 있었다고 한다.

위에서 설명된 규제 (혹은 처벌) 방법을 다시 정리해 보자. 규제방법이 합법적이고 윤리적이며, 집단의 동의를 거쳐 나왔으며, 나아가 개인에게 큰 피해가 없고 오히려 재미(fun)가 있어 구성원들의 자발적 참여를 많이 끌어내도록 해야 한다는 것은 바로 구성원의 내재화된 행동변화(internalized behavior change)를 위한 것이다.

사람의 행동변화엔 3가지 유형이 있다. 상사의 말을 듣지 않으면 피해가 올 것 같아서 생각은 안 바뀌어도 표면적 행동만 따라 주는 순응화(compliance), 존경하는 상사처럼 되고 싶어서 그분의 말을 따르는 동일화(identification), 나아가 상사의 말씀이 옳다고 판단하여 생각과 행동이 모두 바뀌는 내재화(internalization). 이들 3가지 행동변화 유형 중 우리가 조직문화 변화과정에서 원하는 '구성원의 내재화된 행동변화'가 있으려면 구성원의 좋은 행동에 대해 칭찬과 보상뿐만이 아니라 잘못된 행동에 대한 규제와 처벌도 같이 있어야 하고, 그때 처벌이 어찌 되어야 하는지를 설명하는 것이다. 조직문화 변화과정에서 결코 구성원의 순응이나 동일화에 근거한 행동변화가 아니라 진정 공감에 기초한 내재화된 행동변화가 있어야 하기 때문이다.

③ 재결빙기: 변화된 조직문화의 유지단계

재결빙은 변화된 조직문화가 변화된 상태로 굳어지는 것을 의미한다. 즉, 처음 변화할 때 어색했던 행동들이 되풀이되다 보니 자동적이고 자연스러워지는 것이다. 해빙기에서 변화기를 거쳐 재결빙기까지는 실로 오랜 시간이 걸린다. 보통 행동에 뚜렷한 변화가 오기까지는 6개월은 걸린다. 따라서 단기간에 무언가 변화를 추구하는 사람은 좌절하게 되는 것이다.

조직 내 구성원들의 행동변화를 파악해 보기 위해서는 지속적인 조사(follow-up workshop)가 필요하다. 앞서 7장의 〈도표 7-6〉과 같이 Kilmann-Saxton 문화격차 분석을 통하여 문화차이상 어떤 변화가 있었는지 확인해 보고, 나아가 집단구성원들로 하여금 무슨 변화가 있었는지, 무엇이 잘 되었고 잘못되었는지, 그리고 앞으로는 어떤 변화가 있어야 할지 토의시키는 것이 매우 유용하다. 특히 이때 모든 토의내용을 상세히 기록하여 문서화하고, 보고서 형식(detailed written report)으로 만들게 한 후 구성원들이 반드시 읽어보게 하는 것이 좋다. 이는 그들로 하여금 현상을 정확하게 이해하게 할뿐더러, 문화차이의 원인과 결과를 알 수 있도록 만들기 때문이다. 이처럼 스스로 변화되었음을 확인하는 자기확인 절차나 형식은 변화를 내재화시키는 중요 수단이 된다.

마지막으로 중요한 것은 최고경영층의 이해와 지원이 제도나 전략 못지않게 일관성을 가지고 존재하여야 한다는 점이다. 예를 들어 변화내용/결과를 구성원 자신들이 확인하는 자기확인 절차뿐만 아니라, '중요한 라인'(예: 회장, 비서실, 사장 등)이 와서 "변했다면서" 하고 직접 확인해 주는 타인확인 절차도 매우 중요하다.

10.2. 조직문화 제 요소의 정립과 정렬

조직문화 구성요소에 대한 설명은 이미 본서 3장에서 있었고, 여기서 조직문화 변화관리의 구체적 방법으로서 설명하려는 '조직문화 제 요소의 정립과 정렬' 또한 앞에서 언급되었기에(본서 3.3.2 참조), 여기서는 중복은 피하면서 (예로 각 문화요소의 의미에 대한 설명은 생략) 중요한 것을 강조하는 차원의 설명을 한다.

10.2.1. 조직문화 제 요소의 정립

조직문화의 구성요소 다섯 가지가 모두 한 조직 내에 존재하여야 (정립되어 있어야) 비로소 조직문화가 올바로 존재한다고 할 수 있다. 일반적으로 대기업이나 유명 그룹사의 경우에도 조직문화 5요소 중 일부만 존재하는 경우가 많다. 5요소 중 일부가 미흡하면 문화가 미흡하거나 약하게 된다. 여기서 중요한 것은 '존재'의 의미가 구성원에 의해 충분히 인식 · 공감되고 나아가 그들의 행동으로 표출되는 수준을 말하는 것으로, 단지 서류나 액자 속에 존재함을 의미하는 것이 아니다. 따라서 조직문화를 형성 · 관리하고 나아가 변화시킨다는 것은 결국 이들 5요소를 형성 · 관리하고 변화시키는 것을 의미한다.

〈도표 10-11〉 조직문화의 구성요소: 5I

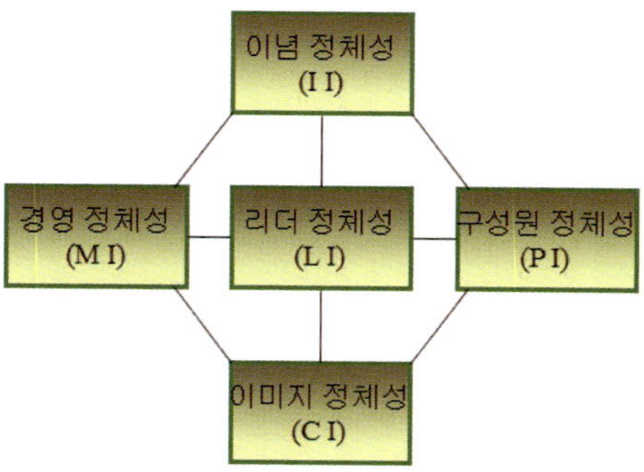

이념 정체성 (Ideology Identity)	기업의 이념과 Vision의 정립 및 공감여부
경영 정체성 (Management Identity)	기업고유의 경영/관리제도와 방식의 정립 및 인식여부
구성원 정체성 (Person Identity)	기업구성원의 像 정립 및 인식여부
이미지 정체성 (Corporate Identity)	기업의 독자적 이미지의 정립/존재 및 인식여부
리더 정체성 (Leader Identity)	기업리더(경영층)의 경영관, 목표, 전략의 존재 및 인식여부

자료원: 박원우(1994a), p. 116.

이념 정체성(II)은 한 기업이 사회에 존재하는 이유, 나아가 추구하는 본질적 목표를 설명하는 것으로, 흔히 경영이념 혹은 기업이념으로 표현된다. 대부분의 경우 회사 homepage에 그 내용을 수록하여 조직 내 · 외 구성원에게 알리려고 노력하고 있으며, 그 내용은 아래 표의 경우와 같이 '고객 만족', '가치창조' 내지는 '인류사회에 공헌' 등으로 집약되곤 한다.

〈도표 10-12〉 제 2, 3, 4물결의 내용 비교

	제 2의 물결	제 3의 물결	제 4의 물결
목표	Profit Maximization 돈벌이	Value Creation 돈 벌어서 사회문제해결을 지원	Global Stewardship 인류사회에 공헌
가치	이윤, 성장, 통제	가치창조, 신뢰, 학습	모두에 대한 책임, 서비스, 개인적 성취
사업관	자기보전: 삶의 수단	협력: 사람의 성장과 봉사의 수단	단일공동체: 경제 및 사회정의의 능동적 진흥수단
영역/범위	국내 및 지역적	국제적(International): 지역, 국내, 국제공동체의 복리에 대한 책임 공유	Global: 지역, 국내, 세계적인 일이나 업무행사의 리더십 공유
구조	계층, 매트릭스, 사업부제 구조	팀-가치 구조	공동체 구조, 가상조직

'조직문화 제 요소의 정립'을 강조하였는데, 이념정체성의 일반적인 존재(나아가 홍보)에

비하여 나머지 요소의 존재성은 미흡하다. 이는 조직이 가야 할 목표 · 방향은 정(하고 홍보)하였으나 그것을 어떻게 실현하겠다는 의지나 내용이 없는 것과 같다.

한 예로 조직의 경영관리 방식을 설명하는 경영정체성(MI)을 들면, 대부분의 기업에서 그 내용이 존재하지 않거나 미흡하게만 존재한다. 국내 대표적인 MI의 사례는 SK그룹의 SKMS(SK Management System)이다.

〈도표 10-13〉 국내 대표적 MI로서 SKMS

국내 (even globally) 대표적 MI 사례: 사람은 왔다가 사라지지만 조직은 영속해야 하고 사람에 의하여 휘둘리지 않아야 함

조직의 각 (기능별, 계층별) post가 할 역할을 사전에 정립.
모든 계층 대상 철저한 교육

환경의 변화와 함께 적절히 수정: 2018 현재 13th Edition 책자 존재.

내부 평가: "잘 된다. 진화/발전에 무척 도움 되었다. 경영상의 용어통일과 Mgmt. level 높였다."

Keyword: 이해관계자 행복을 위하여 존재,
VWB(자발적, 의욕적, 두뇌활동 극대화)통해 기업성과 최대화,
패기(일과 싸워서 이기는 기질) 있는 실행

매경, 2016년 10월 17일

10.2.2. 조직문화 제 요소 간 정렬

'조직문화 제 요소의 정립' 못지않게 중요한 것이 '제 요소 간 정렬'이다. 설령 조직문화의 제 요소가 한 기업 내에 모두 존재한다 하여도 그 내용의 방향성이 서로 다르다면 즉, 조직이 추구하는 비전의 방향으로 나란히 정렬(alignment)되지 못한다면 분명 강한 문화의 형성과 비전의 실현가능성은 취약할 것이다. 마치 자동차의 wheel alignment처럼, 구동바퀴가 나란히 정렬되지 못한다면 그 조직은 앞으로 나아가는데 에너지 소모가 많고, 고속으로 달릴 때 떨림이 심할 것이다.

〈도표 10-14〉 조직문화 요소의 정렬 필요성

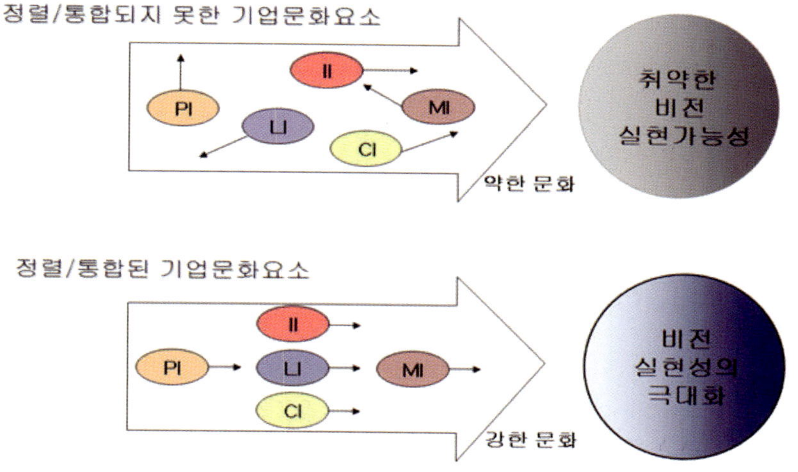

흔히 이들 조직문화 요소들 간의 정렬이 안 되는 이유는 요소 각각을 조직 내 다른 부서에서 담당하기 때문이다. 각자 열심히 해도 그 방향성이 다를 수 있는 것이다. 따라서 각 부서에 맡기지 않고 누군가는 조직 내 이들 요소간 적합성(정렬)이 존재하는지 확인하고 그렇게 만들어야 한다. 그렇기에 CEO의 대표적 역할이 (혹은 CEO 역할 그 자체가) 바로 조직문화 관리라고도 한다. 따라서 기업의 CEO와 모든 단위 부서장은 다음의 표를 활용하여 자신이 이끄는 단위조직의 조직문화가 올바로 존재하고 나아가 상호적합성을 이루는지 확인하여야 한다.

〈도표 10-15〉 조직문화 요소의 존재, 요소간 적합성, 조직과 구성원의 역할

문화요소	존재 여부	내용	적합성 여부	기업의 역할	(나)우리의 역할
이념정체성 (II)					
경영정체성 (MI)					
구성원정체성 (PI)					
이미지 정체성 (CI)					
리더정체성 (LI)					

'존재여부'와 '적합성 여부'에 해당 내용이 존재하면 ○ 표시, 부분적으로 존재하면 △ 표시, 존재하지 않으면 × 표시 하라고 하면서 기업체 임원들께 "귀 회사에 이들 문화요소

들이 존재합니까?"라고 물으면 대부분 "모두 존재한다"고 대답하고 ○ 표시한다. 그러나 존재하는 그 내용을 적어보라고 하면 우물쭈물하는 경우가 많다. 그 상황에서 해당부서에 연락 · 확인한 후 그 내용을 적으셔도 된다고 하면 여기저기 연락한 후 적는다. 문제는 그렇게 하여 적은 내용을 비교해 보면 임원들이 서로 다른 내용을 적어 놓은 경우가 많다. "조직문화의 존재란 구성원에 의하여 공유되어 그들의 행동으로 우러나오는 것"이라고 하였다. 기업의 임원들 사이에서 관련부서에 연락 확인하고 적은 것이 서로 다르다면 그것은 존재하지 않는 것과 같다. 실제 위 표를 가지고 확인해 보면 우리 한국기업 중 조직문화의 5요소를 모두 지닌 경우가 매우 드물다.

조직문화 요소가 설령 다 존재한다고 해도 그들 사이의 fit이 이루어 진 경우(예, II에 부합하는 MI 혹은 LI)는 많지 않다. 임직원 머리/가슴/신체 내에 과연 5가지가 모두 내재화 되어 있고, 이들 요소간 정렬이 이루어지려면 기업이 나아가 구성원들이 무엇을 어떻게 해야 하는 지가 도출되어야 한다. 그것이 바로 조직문화 변화관리의 내용이 될 것이다. 참고로 이러한 분석을 하는 실재 사례를 (저자가 직접 우리 기업을 대상으로 진단 · 분석한 사례 중 일부임) 아래 〈도표 10-16〉에 수록하였다.

〈도표 10-16〉 기업문화 요소의 진단과 관리의 사례

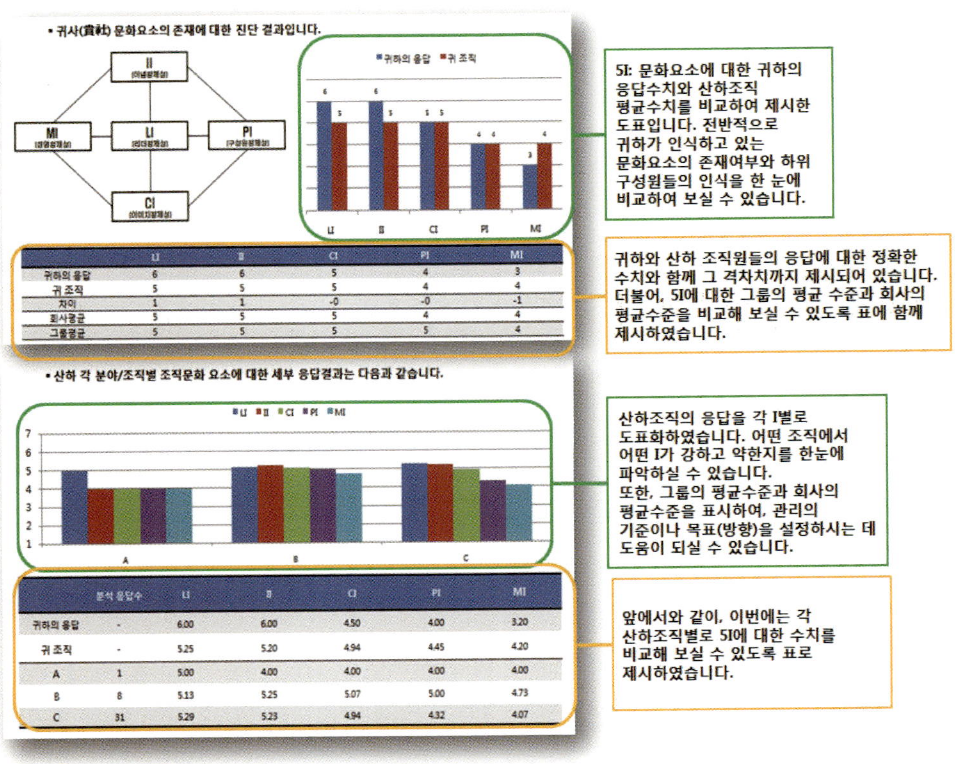

〈도표 10-17〉 S그룹 문화요소의 진단과 정렬 사례

- 전반적으로 리더정체성, 이념정체성, 이미지정체성, 구성원정체성, 경영정체성의 순서로 응답 값의 평균점수가 하락하는 추세
- 현재 리더중심의 문화에 비전과 이미지가 보완되어 있으나, 이를 뒷받침하는 구성원(인재)상과 제도/system의 미비가 표출되고 있음
- 조직역량을 키우고 system 경영을 추구해야 함이 절실히 요구됨
- 임원>팀장>팀원 순으로 문화요소 인식이 낮아지고 있으며, 인식수준보다는 공감여부 점수는 더 낮음
- 회사간 문화요소에 대한 인식 · 공감의 차이가 매우 큼

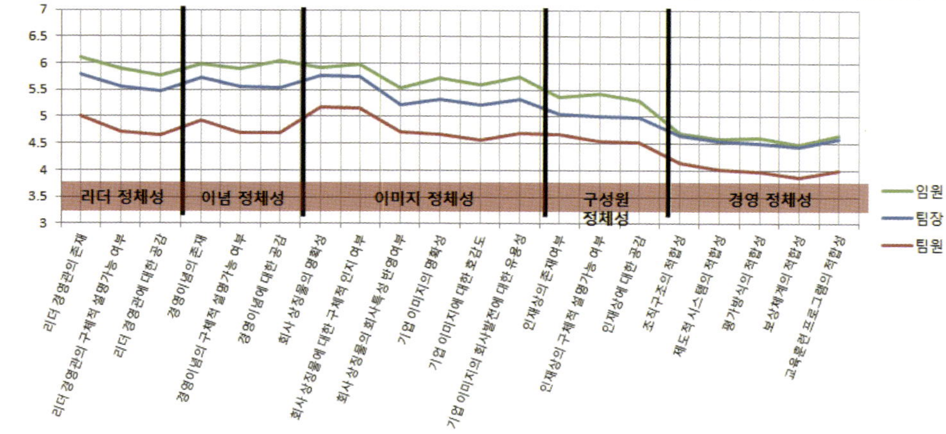

10.3. 조직문화 변화관리에서의 기타 고려사항

앞서 조직문화 변화관리의 핵심적 고려사항으로 '조직변혁의 출발점과 추진력으로서의 조직문화 관리'와 '조직문화 제 요소의 정립과 정렬'을 설명하였다. 이들 두 내용은 조직의 업종이나 규모와 무관하게 모든 조직문화 변화관리에서 고려되어야 하는 내용이다. 이들 두 내용 이외에도 문화변화 관리에서 고려할 내용이 많지만 추가로 조직문화 관리의 변화 주체와 소요기간, 그리고 수명주기의 단계에 따른 문화변화 관리를 다루기로 한다.

10.3.1. 조직문화의 변화주체

① 모든 단위조직의 장은 문화변화의 주체

앞서 조직문화 변화관리는 조직변혁의 일환으로서 진행되어야 하며 조직문화의 제 요소가 모두 같이 고려되어야 하는 종합적 변화여야 함을 강조했다. 즉, 어느 특정 부서 혹은 특정 계층 혼자서 이루어 낼 수 있는 것이 아니라 조직 전체의 공감과 참여를 통해야

성공적 실현이 가능하다. 이처럼 조직문화를 형성하고 관리하여야 할 책임은 조직 내 특정부서에 한정된 것이 아니기 때문에 일반적으로 조직 내 아무도 (어느 계층 혹은 부서에서도) 관심을 기울이지 않고 책임으로 생각지 않는 경향이 있다.

나아가 조직문화와 변혁의 주체는 해빙단계에서 변혁의 비전과 전략을 수립 · 제시함으로써 조직구성원들로부터 변혁에 대한 공감을 이끌어 내야하고, 변화단계에서는 개별 구성원의 역량증진뿐만 아니라 조직역량을 극대화하여야 하며, 재동결 단계에서는 변화가 조직수준뿐만 아니라 개인수준에서도 정착될 수 있도록 제도 · 구조변화와 더불어 효과적인 강화(reinforcement)방법을 강구하는 등 여러 분야에 걸쳐 전문성과 실행력을 지녀야 한다.

이처럼 조직문화 변화주체는 조직의 제 구성원과 제 요소를 두루 알면서 그들의 효과적 변화를 실행해야 하는 의욕, 능력, 나아가 실행의 파워를 지녀야 하기에, 망해가던 IBM을 회생시킨 L. Gerstner가 TV talk show에서 강조하였듯이(본서 4.2.1 참조) 조직문화 변화관리는 바로 CEO의 역할이다. 최고경영자의 관심과 참여 없이는 성공적인 문화변화가 거의 불가능하다. 그런데 CEO의 적극적 참여가 성공적 조직문화 변화관리의 필요조건이지 충분조건은 아니다.

CEO의 적극적 참여가 성공적 조직문화 변화관리의 필요조건이지 충분조건은 아니다

앞서 "조직문화란 조직구성원이 공유하고 그들의 행동으로 우러나오는 것"이라고 누차 강조했다. 따라서 최고경영자의 top-down식 의지와 파워만으로 원하는 조직문화가 형성되지는 않는다. 조직구성원이 다 같이 같은 방향으로 움직여 주어야 하는데, 그러한 움직임이 무서워서 혹은 피해를 보지 않으려고 마음속 생각의 변화는 없이 오로지 겉 행동으로만 따라하는 순응이 아니라 구성원의 내재화된 행동변화로서 최고경영자의 명령이 없어도 구성원 스스로가 그러한 방향으로 움직일 수 있어야 한다.

〈도표 10-18〉 조직문화 변화의 방향: 통제에서 자율과 몰입으로

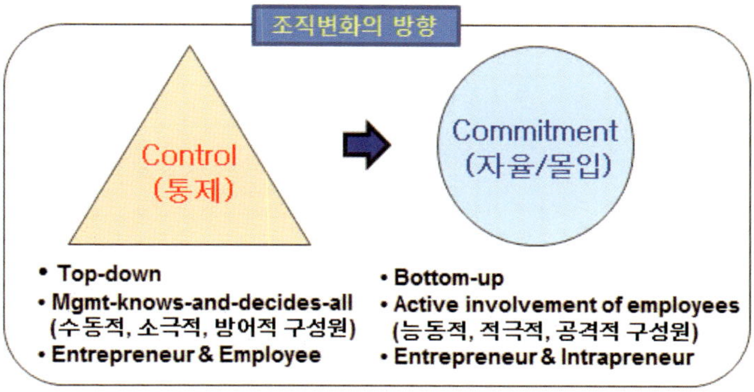

지난 수십 년간 이미 추구되어 왔고, 또 앞으로도 계속 강조될 문화변화의 내용이 '통제 중심에서 자율/몰입중심으로의 전환'이다. 과거의 위계중심 조직을 삼각형으로, 팀제와 같은 요즘의 모습을 원형으로 표현하곤 하는데, 삼각형은 수직논리와 자리(position)가 중시되는 조직임에 비해 원형은 수평논리와 역할(role)이 중시되는 조직이다. 원형의 경우 구성원들이 조직의 명령이 있어야만 움직이는 것이 아니라, 명이 없어도 스스로 자기 일에 몰입하여 문제를 발견하고 해결하는 주체가 된다. 따라서 삼각형 조직은 기업가와 종업원으로 구성된 조직임에 비해 원형은 기업가와 내부기업가로 형성된 조직이다.

비록 우리의 조직이 삼각형 조직일지라도 조직문화의 변화를 위해선 구성원의 공감과 동참이 필요하며, 그렇기에 최고경영자만이 아니라 구성원을 이끌어가는 모든 부서장의 적극적 참여와 조직문화 변화관리의 주체로서의 역할이 필요하다. 나아가 실제로 우리가 원형조직 즉, 자율과 몰입 중심의 조직을 추구한다면 조직문화 변화관리의 주체로서 CEO는 최고경영자 1인만을 의미하지는 않는다. 이때의 CEO는 1명이 아니라 바로 모든 단위 조직의 책임자를 의미한다.

기업가든 내부기업가든, 조직 규모의 차이가 있을 뿐, 모든 부서의 장은 바로 자신이 이끄는 단위조직의 조직문화 변화관리의 주체가 되어야 한다.

〈도표 10-19〉 내의 책자는 저자가 GE연수원에서 얻어 온 것이다. 연수원에 비치된 'GE 역사를 설명한 책'들을 보는 순간 전율을 느꼈다. 그 책자들의 표지엔 창업자 Edison으로부터 시작하여 GE를 성장시킨 수많은 내부기업가의 사진이 수록되어 있다. 100년 넘는 역사, 그야말로 영속기업의 구성원들이 저런 책자를 보는 순간 얼마나 자신의 조직에

대하여 뿌듯하게 생각할까? 특히 저 책자의 표지에 수록된 사진 속의 구성원들은 자신이 젊음을 바쳐 성장시킨 조직에 대하여 얼마나 긍지를 느낄까?

조직문화 변화관리의 주체는 조직구성원들에게 "100년 뒤 이러한 책자에 우리의 사진을 올리자. 우리의 story로 내용을 채우자"라고 구성원의 변혁의욕을 키우고 또 그렇게 할 수 있도록 그들과 조직의 역량을 키워주는 기업가와 내부기업가들이다.

〈도표 10-19〉 (GE에 견주어) 미래에서 되돌아 본 우리 회사의 100년 역사

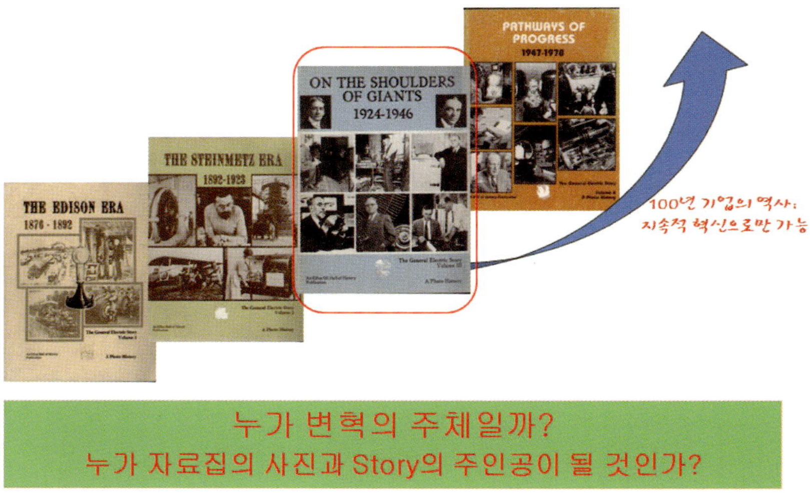

② 문화변화를 위한 관리자의 개입

조직문화를 변화시키는 것은 가능하지만 쉽지 않다. 조직문화의 가장 깊은 수준에 머물러 있는 기본가정들은 때때로 무의식적인 부분과 관련이 있기 때문에 구체화할 수 없을 정도로 추상적이다. 뿐만 아니라 문화는 깊이 각인되어 있으며, 행위규범은 매우 잘 학습되어 있기 때문에, 조직구성원들이 새로운 규범을 배우기 위해서는 반드시 낡은 규범을 버려야 한다. 이러한 변화과정에는 필연적으로 저항이 발생하며 다양한 형태의 저항으로 인해 문화변화는 난관에 부딪히게 된다. 따라서 조직문화를 변화시키고자 하는 관리자라면 반드시 현재 조직구성원들 간에 공유된 문화가 무엇인지부터 진단해야 한다.

〈도표 10-20〉 조직문화 변화의 개입모델

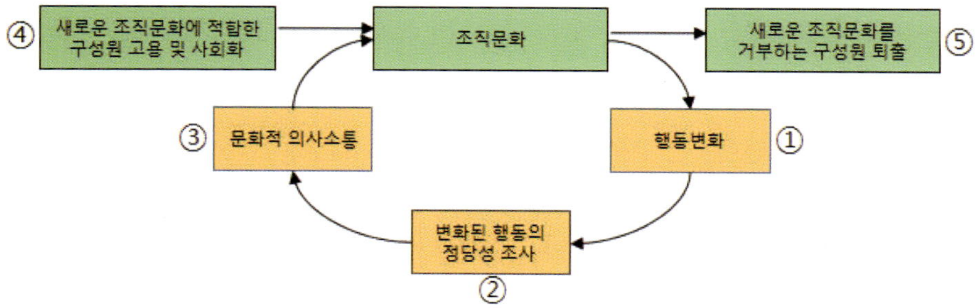

문화변화를 추구하는 관리자는 반드시 각 번호 지점에서 개입하여야 한다.
역으로 기존의 문화를 유지하고자 하는 관리자는 각 번호 지점에서의 타인에 의한 개입에 대비하여야 한다.

자료원: Sathe(1985b).

조직의 관리자로서 조직문화 변화에 어떻게 영향을 미칠 수 있는지에 대한 이해를 돕기 위해 〈도표 10-20〉에서 보는 바와 같이 Sathe(1985b)가 제시한 조직문화 변화 개입모델을 살펴보자. 이 모델에서 각각의 번호는 관리자가 취할 수 있는 행동들을 나타낸다. 모델에 따르면 기존의 문화를 변화시키는 기본적인 접근방법에는 두 가지가 있다. 첫째는 현재의 조직구성원들로 하여금 새로운 가치를 수용하도록 돕는 것이고(①, ②, ③행동), 둘째는 새로운 조직문화에 적합한 새로운 구성원들을 선발하여 조직에 사회화시킴과 동시에 새로운 문화를 거부하는 기존 구성원들을 조직으로부터 퇴출시키는 것이다(④, ⑤행동).

관리자가 취할 수 있는 각각의 개입행동들을 구체적으로 살펴보면, 첫 번째 개입행동은 조직에서 구성원들의 행동을 변화시키는 것이다. 그러나 구성원의 행동이 변한다 해서 조직문화 변화를 안심할 만큼 충분하다고 볼 수는 없다. 왜냐하면, 행동은 조직문화의 인공물 수준에 해당하기 때문에, 개별 구성원들은 자신들의 속생각 혹은 가치의 변화 없이 얼마든지 행동을 변화시킬 수 있기 때문이다. 따라서 관리자들은 변화된 행동의 원인과 유형을 조사하는 두 번째 개입행동을 고려해야 한다. 구성원들이 조직이 원하는 새로운 가치를 수용하고 있는지 즉, 내재화된 행동변화인지 아니면 그저 조직에 자신을 맞추는 동일화인지 혹은 단지 피해 보지 않으려고 조직의 지시에 순응하는 것인지를 파악하여야 한다.

관리자가 취해야 하는 세 번째 개입행동은 문화적 의사소통으로, 매우 중요한 단계이다. 개인적인 규범이나 내력, 의례, 의식, 그리고 상징과 같은 모든 인공물은 반드시 새로운 가치와 신념에 관한 일관된 메시지를 전달할 수 있는 매개체여야 한다. 관리자의 신빙성 있는 의사소통은 대단히 중요하며 특히 말로만 그칠 것이 아니라 반드시 새로운 가치와 일관된 삶의 모습을 보여야 한다. 뿐만 아니라 관리자의 의사소통은 설득력이 있어야 하는데, 개별 구성원들은 문화변화에 저항하기 마련이며 새로운 행동을 실천하기 위해서는 그들이 존경하고 동일시할 수 있는 누군가에 의해 설득되어야 하기 때문이다.

나머지 두 개의 개입행동은 조직구성원들로 하여금 관리자가 의도하는 조직문화에 적합하도록 변화시켜 가는 과정과 관련된다. 네 번째 개입행동은 새로운 조직문화를 더 정확히 반영시키기 위한 선발전략을 수정하는 것이며, 다섯 번째는 문화변화에 저항하는 기존의 조직구성원들을 식별하여 조직으로부터 퇴출시키는 것을 의미한다. 그러나 이와 같이 조직의 새로운 문화에 적합한 조직구성원을 갖추는 작업은 점진적이고 상당한 시간을 할애하는 미묘한 변화노력이 필요하다. 다시 말해서 이 같은 작업을 단기간에 효과적으로 끝내고자 한다면 반드시 상당한 문제를 동반하게 된다는 것이다.

조직문화 변화의 성패를 평가하기 위해서는 조직구성원들의 행동을 살펴보는 것이 가장 손쉬운 방법이다. 구성원들의 행동이 내재적으로 동기부여 되고 있을 때 비로소 문화변화가 성공적이라고 이야기 할 수 있을 것이다. 다시 말해서 조직이 구성원들에게 요구하는 새로운 행동들이 아무런 보상이 없는 가운데서도 유지되며, 구성원들이 새로운 가치시스템을 내부화 하였다면 행동은 내재적으로 동기부여 된다고 볼 수 있다. 나아가 조직구성원들이 위기에 직면하여 조직문화와 일관된 방법으로 대처한다면, 조직문화 변화노력은 성공적이라고 할 수 있다.

10.3.2. 조직문화 변화의 소요기간

박원우 · 성지영(2005)은 문화변화를 달성하는 데 얼마만큼의 기간이 필요한가를 결정할 때 고려하여야 할 요소들로서 변화의 긴급성(urgency), 제시된 변화의 매력도(attractiveness of the proposed change), 현재 조직문화의 강도(strength of the culture being changed)를 주장하였다. 긴급성은 진정한 위기의 시점에 사람들은 변화의 필요를 더 느끼고 제안을 경청하며 보다 더 빨리 적응한다는 것으로, 위기시의 변화는 보통 반년 내외의 짧은 기간에 이룩되기도 한다. 변화의 매력도는 변화를 추구함으로써 달성될 결과가 조직구성원들에게 얼마나 매력적으로 인식되는가를 의미한다. 현재의 조직문화 강도는 구문화(old culture)가 오랜 세월동안 사람들의 지지를 받아 그들의 행동에 내재화되어 있다면 새로운 문화를 수용하기 위해 그것을 포기하는 것을 꺼릴 것이며, 이런 상황에서 변화는 달성하는 데에 오랜 기간이 소요될 수도 있음을 뜻한다.

조직문화 변화에 필요한 소요기간에 영향을 미치는 요인들을 기존 연구에서 종합해보면 〈도표 10-21〉과 같이 크게 세 가지 요인으로 구분할 수 있을 것이다. 첫째는 기존의 조직문화가 가지고 있는 특징이며 조직문화의 확산정도, 강도, 하부문화의 존재여부 등이 포함된다. 둘째는 변화 후의 결과로서 기대되는 조직문화의 특징을 들 수 있는데, 여기에는 제시된 변화의 매력도, 변화시켜야 할 조직문화의 수준, 그리고 조직문화가 조직의 다른 구성요소들에 미치는 영향 등이 포함된다. 이외에도 변화의 필요성/긴급성과 변화관리 역량을 들 수 있다.

〈도표 10-21〉에서는 각각의 요인들이 문화변화 소요기간에 어떠한 영향을 미칠 것인가에 관한 추론을 정리한 것이다. 변화의 대상으로서 기존의 조직문화가 조직 내 광범위하게 확산되어 있을수록, 문화강도가 클수록, 그리고 다양한 하부문화가 존재할수록 구조직문화를 변화시키는데 걸리는 기간은 길어질 수밖에 없다.

〈도표 10-21〉 조직문화 변화에의 영향요인과 소요기간

영향요인		조직문화변화 소요기간		
		단기	중기	장기
기존 조직문화의 특징	확산정도	저	중	고
	강도	저	중	고
	하부문화의 존재여부	거의 동질적 조직문화	이질적 하부문화 존재	다양한 하부문화
변화 후 조직문화의 특징	제시된 변화의 매력도	고	중	저
	궁극적 변화대상의 수준	상징물(artifacts)	가치관(values)	가정 (assumptions)
	변화된 조직문화가 조직의 다른 구성요소들에 미치는 영향	저	중	고
기타	변화의 필요성/긴급성	고	중	저
	최고경영층 및 변화추진팀의 역량	고	중	저

변화를 추구한 결과로써 새롭게 형성될 조직문화가 조직구성원들에게 매력적일수록 그들의 심리적 거부현상이 줄어들고, 따라서 다수의 호응을 통해 보다 조속한 기간에 변화를 달성할 수 있다. 새로이 확립하고자 하는 조직문화의 수준이 표면적(즉, 상징물 수준)일수록 상대적으로 짧은 기간이 필요하고, 심층적(즉, 가정수준)일수록 장기간이 필요하다. 또한 변화된 조직문화가 조직의 다른 구성요소들에 미치는 영향이 클수록 이들 간의 적합성을

달성하기위한 추가적인 기간이 소요된다. 이 외에 변화의 필요성이나 긴급성이 높을수록, 최고경영층 및 변화추진팀의 역량이 뛰어날수록 변화에 필요한 기간은 반비례한다.

10.3.3. 조직수명주기 단계별 문화변화 관리

문화변화의 속성은 조직이 수명주기 상 어느 단계에 위치하는가에 따라 달라진다 (Schein, 1985). 다음의 표는 Schein의 조직문화 변화의 수명주기모형 내용을 요약한 것이다.

〈도표 10-22〉 수명주기 단계별 조직문화의 역할과 이슈

수명주기의 단계	기업문화의 역할과 기능
1. 탄생 및 성장초기 창업자 지배시기	• 기업문화가 뚜렷한 비교우위 요소이며 정체성의 근원임 • 문화가 조직을 묶어 주는 힘임 • 조직은 강한 통합과 명확성을 추구함 • 몰입의 증거로서 조직사회화를 무척 강조함
승계시기	• 문화는 보수와 진보간의 싸움터임 • 문화요소의 보존 혹은 변화에 따라 승계자가 평가됨
2. 성장기	• 새로운 하위문화의 탄생에 따라 문화통합이 약화됨 • 핵심 목표, 가치, 가정의 쇠퇴에 따른 정체성 위기가 초래됨 • 문화변화 관리의 기회가 부여됨
3. 성숙기	• 문화가 혁신의 제약요소가 됨 • 문화는 과거의 영화를 보존하기에, 자긍심과 방어(수구)의 원천이 됨 • 문화변화가 필요하고도 불가피함. 하지만 문화의 모든 요소가 바뀔 수 있거나 바뀌어야 하는 것은 아님 • 문화의 희생요소가 파악되고, 보전되어야 함

자료원: Schein(1992), pp. 271-272 요약정리.

위 표는 조직의 3가지 주요 발전단계에서 조직문화의 역할과 이슈를 보여주고 있다. 이 표에서 중요한 것은 (이미 앞서 조직변혁의 과정에서 설명했듯이) 성장기에 '문화변화 관리의 기회가 부여'되기에 그러한 기회를 놓치고 성숙기로 접어들면 기존의 '문화가 혁신의 제약요소'가 되기에 가급적 성장기에 문화변화와 혁신을 시작하여야 한다는 것이다.

① 탄생기의 문화형성 관리

성장 초기는 장기적인 성장기반을 다지는 단계로써 창업시점으로부터 3~4년간을 말하는데, 때에 따라서는 10여 년의 장기간이 되기도 한다. 탄생과 초기 성장기의 주요 문화적

추진력(cultural thrust)은 창업가와 이들의 가정으로부터 나온다(Schein, 1992). 조직이 그의 주요 과업을 달성하는 데 성공하고 생존한다면, 배태된 문화적 패러다임(cultural paradigm)은 조직의 독특한 역량과 구성원 정체성의 기초 및 집단을 연계시키는 사회심리학적 접착제(glue)가 된다. 이 기간의 특징으로 우선, 창업자와 그의 가족 또는 측근자가 기업경영에 지배적인 역할을 수행하고, 이들이 문화형성에 중요한 중심인물의 위치를 차지하게 된다. 그리고 창업자가 전문경영자에게 경영권을 인계하는 경우에도 기업문화의 변화가 있을 수 있다.

이 단계에서 변화에 대한 함의는 명확하다. 젊고 성공적으로 성장한 기업에서의 문화는 매우 강한 성향을 지닐 것인데, 그 이유는 주요 문화창출자(culture creators)들이 여전히 존재하며, 문화가 집단 그 자체를 정의하도록 도와주고 잠재적으로 우호적인 환경으로 길을 내주며, 많은 집단이 문화를 구축하고 유지하려고 함에 따라, 불안에 대한 방어기능으로 문화의 요소들은 학습된다는 점 때문이다. 따라서 내부 또는 외부로부터 의도적으로 문화를 변화시키는 계획은 따라서 전적으로 간과되거나 저항에 부딪힐 것이다. 대신, 지배적 구성원 또는 연합은 구조 또는 그 상황에서 작동 가능한 다른 요소들을 변화시킴으로써 문화를 유지하고 개선하려는 노력할 것이다.

성장 초기의 또 다른 특징은 창업자 등 중심인물이 구성원들 모두에게 직접적인 영향을 줌으로써 기업체에서 강조하는 공유가치가 분명하고 이것이 구성원들을 통합하는 중요 요소로 작용하게 된다. 따라서 구성원들에 대한 사회화(socialization) 과정이 강하게 나타난다. 이것이 한편으로는 구성원들에 대한 통제수단으로 사용되기도 한다.

② 성장기의 문화발전 및 변화관리

조직의 중기(midlife)가 되면 문화적 관점에서 조직은 매우 다른 상황을 직면하게 된다. 몇 가지 종류의 계속적인 성장과 재생 프로세스를 통해 자체적으로 설정되고 유지되어야 한다. 보다 더 지역적인 확장, 신제품 개발, 신시장 개척 및 비용과 resource position 개선을 통한 수직적 통합, 인수 합병, 분권화 또는 스핀오프(spinoffs) 등을 통한 성장추구를 결정해야만 한다. 조직 성장과 발전의 과거 역사가 미래에 있어서 항상 좋은 지침이 되는 것은 아니다. 환경이 변화하고 보다 더 중요하고 내부적인 변화들이 그의 독특한 강점과 약점을 변경시킬 수도 있기 때문이다. 따라서 성장 중기의 기업문화 변화 문제는 성장 초기와 비교할 때 많은 차이가 있다(이학종, 1986). 기업체의 성장기반은 이미 다져졌으므로, 기업을 계속 활성화하여 지속적인 성장을 유지하는 것이 이 단계의 중요 과제이다.

문화의 가장 중요한 요소는 조직의 구조와 주요 프로세스에 제도화되거나 배태되어 있다. 따라서 문화에 대한 인식과 이의 개발, 통합 및 유지하려는 계획적 시도들이 보다 덜 중요해지게 되고, 초기에 조직이 확보하였던 문화가 현재는 당연한 것으로 받아들여지고 있다. 그러나 성장이 계속됨에 따라서 규모확대와 기능의 분화 그리고 사업 및 시장의 다각화로 인해 통합된 기업문화를 유지하기가 점점 어려워진다. 따라서 사업의 기능 그리고 지역 등을 중심으로 하위문화 형성의 압력이 점점 증가하게 된다. 또한, 새로운 사업의 개발과 기업의 인수 · 합병 등 성장전략을 계속 전개해 나가는 데에도 새로운 사업과 기업이 기존의 기업문화와 적합성을 가지며, 일관성을 유지하는지 여부가 분석 · 검토된다. 이처럼 성장 중기에서는 성장 초기와 같이 뚜렷하고 강한 기업문화가 필요하지 않고, 점차 심화되는 기업환경에 적합한 유기적이고 신축적인 기업문화가 요구된다.

기존의 기업문화가 높은 성과에 기여하거나 지속적 성장을 촉진하지 않고, 사업단위와 기능부서별 하위문화의 압력이 커지고 성장전략을 추진하는 데 있어서 기존 문화가 점차 장애요인으로 작용하게 되면, 기존 문화에 대한 평가가 요구되고 구성원들의 기존 가치의식과 기본전제를 변화시키기 위한 새로운 기업문화의 모색이 필요하게 된다.

③ 성숙기의 문화발전 및 변화관리

성숙기는 기업문화의 변화 관점에서 가장 중요한 시기로, 가장 큰 문제는 조직의 침체이다. 예를 들면, 구성원들이 시장확장에 대해서 회의를 느끼거나, 기술개발에서 한계를 실감하며 의욕과 동기를 상실하게 된다. 이러한 가운데, 경쟁기업의 활발한 시장개척이나 신제품 개발 활동은 구성원들로 하여금, 기존 가치관과 전제의 변화필요성을 인식시킨다.

성숙기에 나타나는 여러 문제점을 해결하는 데 있어서 기업은 성장단계에서 적용한 조직개발 및 계획적 개입방법을 중심으로 조직활성화와 새로운 기업문화의 개발을 시도할 수 있다. 예를 들면, 강압적 설득이나 전환팀(turnaround team)의 기용을 통해 문화변화 관리를 꾀할 수 있다. 우선 강압적 설득은 구성원들에게 당면 위기를 인식시키고 변화의 필요성을 공감하게 하여 침체된 조직을 되살리는 변화의 방법이다.

다음으로, 강압적 설득방법으로 조직활성화나 기업문화의 변화를 실현시킬 수 없는 경우에는 기업체의 전략적 위치에 새로운 문화를 대표하는 중심세력을 형성하게 된다. 이에 이들이 한 팀이 되어 침체된 조직에 체계적인 변화를 가져오도록 할 수 있다. 이 방법을 적용하려면, 새로운 문화적 가치가 무엇이며 그 가치의 필요성에 대한 문제의식을 제기하고 그 가치의 개발가능성에 대해서 구체적인 계획을 수립하여야 한다. 이에 대해 최고경영자는 이를 강력하게 지원해야 한다. 또한 기업문화 변화에 있어서 구성원들의 고정의식을 팽배시키고 새로운 가치의식을 주입, 재동결시키는 조직개발기법 등 효율적인 변화관리에 필요한 모든 수단을 동원해야 한다. 특히 기업체의 인수나 기존 계열회사의 전략적 문제를 해결하는 데 있어서 이러한 전환팀 개념이 많이 사용되고 있다.

Chapter 11

문화충돌과 문화변화 관리

조직문화 관리가 필요한 이유는 문화충돌 때문이다. 조직발전에 도움 되는 이상적인 문화와 현재의 문화 사이에 차이가 발생할 경우 그 격차를 줄여 바람직한 조직문화를 실현함으로써 조직발전을 이룩하려는 취지에서 조직문화 변화관리가 필요하다. 이때 문화충돌이란 기존의 문화에 익숙한 구성원들이 새로운 문화에 쉽게 적응하지 못하여 발생하는 제 현상을 지칭하는데, 새로운 문화란 동일 기업이 추구하는 새로운 혹은 이상적인 문화일 수도 있고 다른 조직의 문화일 수도 있다. 그런데 이 문화충돌은, 마치 우리 몸속 암의 형성과 전개처럼 다양한 원인과 형태로 나타나며, 구성원이 자각할 수도 있고 전혀 못 하는 경우도 있다. 본 장에서는 문화충돌의 제 유형별로 문화변화 관리의 방법을 설명하기로 한다.

11.1. 문화충돌과 문화변화 관리의 유형

문화충돌의 제 원인과 현상을 분석수준에 따라 단일 기업 내(intraorganizational)와 복수 기업 간(interorganizational)으로 구분하고, 조직이 속한 국가 구분에 따라 단일 국가 내(intranational)와 복수 국가 간(international)으로 구분한 후, 이들을 결합해 다음의 〈도표 11-1〉과 같이 우선 문화충돌의 4 유형모델을 형성할 수 있다.

〈도표 11-1〉 문화충돌의 4 유형

	국가 내 (Domestic, Intranational)	국가간 (Cross-border, International)
기업 내 (Micro, Intraorganizational)	조직문화-개인특성 충돌, 조직-하위문화 충돌, 하위문화간 충돌 ①	③ 다국적 기업 내 상이한 문화 간 충돌
기업간 (Macro, Interorganizational)	② 국내 M&A시의 기업문화간 충돌	④ 다국적 M&A시의 기업문화간 충돌

한 기업 내에서도 계층이나 직군의 차이에 따라 혹은 조직-개인의 차이에 따라 문화충돌이 있을 수 있지만 M&A의 경우처럼 조직간에도 문화충돌이 발생한다. 〈도표 11-1〉에서 ①유형은 특정 시점에서 한 기업의 문화적 특성과 그 조직 내부의 문화요소들 간 충돌을 파악하는 경우에 해당한다. 이때는 문화를 어떻게 정확하게 파악하느냐가 주된 이슈로서, 기업문화의 개념과 분석방법이 주로 논의의 초점이 된다.

②유형은 서로 다른 조직이 결합하는 경우(예, M&A), 그들 간의 문화격차 혹은 충돌로 인한 부작용을 해소하고자 하는 경우에 해당한다. 서로 다른 조직의 문화를 파악해야 하고, 그들 간의 결합을 추구해야 한다는 점에서 동일 조직을 대상으로 한 ① 또는 ③유형의 경우와는 다르다.

기업의 활동이 국가 울타리를 넘나들면서 이루어지고 그에 따른 문화충돌 또한 초래되는바 문화충돌 원인과 유형 구분에서 두 번째 척도로 고려되어야 하는 것이 국가의 차이다. 다국적 기업이라는 한 조직 내에서도 국가들 간 차이에 따라 국적, 지역, 민족, 종교 등의 차이에서 유발되는 조직문화들 간 충돌이 있을 수 있고(③유형), 국적이 다른 기업들 간 M&A에 따른 문화충돌과 그 관리도 있다(④유형).

②와 ④는 기업간의 M&A와 관련된 기업문화 충돌 현상의 부작용과 그 관리에 초점을 두고 있다. 따라서 이들 연구는 문화충돌 현상을 설명하면서 '문화적 특성 혹은 문화요소들 간의 충돌', 즉 양쪽 문화의 문화적 차이에 의해 발생하는 갈등상황을 이야기한다. 이에 반해, ①과 ③의 연구들은 기업전체의 문화와 조직 내 다른 수준(이를테면 개인 혹은 부서)의 특성 간 적합성을 다루고 있기 때문에, 흔히 생각하는 문화 대 문화의 마찰을 의미하는 '문화충돌'과는 조금 차이가 있을 수 있다.

문화와 문화의 충돌을 마치 '문화'라는 존재의 실체가 있어서 이들 간에 구체적인 충돌 현상이 일어나는 것으로 이해할 필요는 없다. 대표적인 사례로, 다국적 M&A를 실시하였을 때 발생하는 문화충돌 현상은 사실 최고경영진, 종업원 혹은 기업의 구체적인 practice 들이 서로의 문화적 특성과 마찰을 일으키는 현상으로 나타난다. 따라서 문화 대 문화의 충돌이라는 현상은 실질적으로 문화적 특징과 조직의 구성요소 간의 부적합성에 따르는 갈등상황으로 이해해야 할 것이며, 이에 따라 문화충돌의 개념을 확장시켜 이해해야 한다. 그에 비하여 ①과 ③의 영역에서는 공통적으로 한 기업의 수준에서 기업의 문화가 개인, 부서 혹은 기업전략 및 환경과 문화충돌(혹은 조화)을 일으키는 상황을 다루고 있다.

문화충돌의 원인과 유형은 위 ①~④유형에 그치지 않고 더 많을 수 있는바, 현재-미래 척도를 추가할 수 있다. 이 척도는 두 가지 속성을 포함하는데, 시간상 현재-미래의 차이일 수도 있고, 문화 속성상 현상-이상 간의 차이일 수도 있다. 기간 차이에 따른 문화 차이가 반드시 현상-이상 간 문화차이와 동일하진 않지만, 흔히 맥을 같이 하기에 현상-이상 간의 차이를 현재-미래의 시간 개념 차이에 내포시켜 같이 설명하기로 한다. 제 3의 척도가 포함된 3차원의 문화충돌 원인 및 변화관리의 유형모델은 다음 〈도표 11-2〉와 같고, 이를 '문화충돌 Cube'라 부르기로 하자. 여기에는 8개의 유형이 있는바, 4개는 위 〈도표 11-1〉과 같고, 나머지 4개(유형 ⑤~⑧유형)는 이들 뒷부분에 위치하고 있다.

⑤유형은 동일기업의 미래의 바람직한 문화와 현재의 문화 간에 차이가 존재하는 경우, 그 격차를 어떻게 해소하는지에 관련된 것이다. 이때 문제시되는 것은 문화격차 분석방법과 문화변화 관리의 방법이다. ⑥유형은 서로 다른 조직이 결합하여 그들이 지녔던 기존의 문화와는 다른 새로운 문화를 형성하려는 경우에 해당한다. 다국적 기업 내에서 현재에 문화충돌이 있든 없든 관계없이 미래의 원하는 문화가 현재의 문화와 달라서 문화충돌과 변화관리가 필요한 경우도 있고(⑦유형), 글로벌 M&A를 이룩한 후 통합된 조직의 문화를 현재와 다른 방향으로 혁신코자 하는 경우도 있다(⑧유형). 이들 8개 유형별로 문화충돌의 구체적 내용과 문화변화 관리의 방법을 설명하기로 한다.

〈도표 11-2〉 문화충돌의 8 유형: 문화충돌 Cube

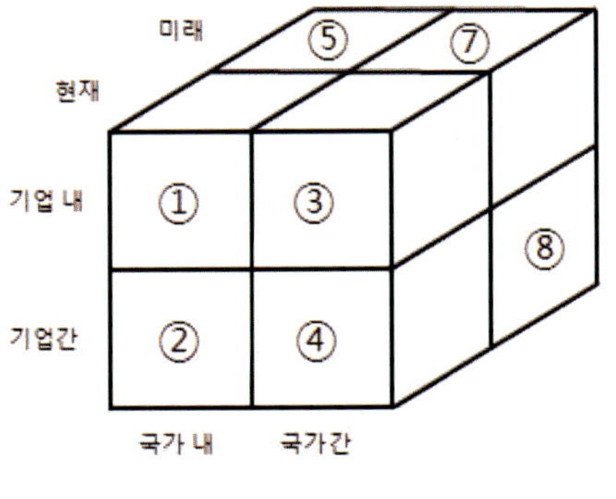

11.2. 문화충돌 유형별 이슈와 문화변화 관리의 방법

11.2.1. 국가 내-기업 내 문화충돌: 유형 ① & ⑤

이 부분의 연구들은 기업 전체의 문화와 조직 내 다른 수준의 특성 간 적합성을 다루고 있기 때문에 흔히 생각하는 '문화 대 문화의 마찰'로서 '문화충돌'과는 차이가 있을 수 있다(박원우, 1993). 문화충돌이라는 용어는 그 개념상 '문화적 차이에서 오는 인지적 · 감정적 문제 혹은 갈등 과정'이기에(Veiga, Lubatkin, Calori, & Very, 2000), 조직 혹은 문화단위가 꼭 구체적이고 명백한 외적 변화 단계(예, M&A)를 거쳐야만 나타난다고는 볼 수 없다. 일상생활에서 사람들은 늘 어느 정도 문화충돌 현상을 겪고 있는데, 이러한 일상적 문화충돌 현상은 이미 개인-조직 적합성(P-O fit; person-organization fit)이라는 개념으로 매우 활발히 연구되어 왔다. 이 영역의 연구들은 조직구성원과 조직문화, 혹은 조직의 다른 요소(예를 들어, 조직전략, 조직구조, 혹은 조직의 환경적 특성)들과 조직문화 간의 관계를 다루는데, 조직문화 특성과 기타 조직의 구성요소 간 적합성(fit)이 존재할 때 조직성과가 향상된다고 한다.

개인-조직 적합성에 관한 연구에 있어 새로이 부각되고 있는 주제는 바로 조직의 '하부 문화단위'에 관한 문제이다. 팀 구조가 기업의 중요 구조 특성이 되어 감에 따라 개인-그룹 적합성(person-group fit; P-G fit)이 중요한 개념으로 자리 잡았다. 실증연구(예, 박원우, 1993; Park, 1999)들에서는 이러한 개인-그룹의 적합성이 조직의 성과(예를 들어 이직률)에 긍정적인 영향을 보이고 있는 것으로 나타났다. 이러한 개인-그룹 적합성의 논의는 나아가 그룹-그룹 적합성, 혹은 그룹-조직 적합성으로까지 확대할 수 있다(박원우, 1993). 즉, 서로 다른 성격의 업무를 수행하는 기업의 다양한 팀 조직들 간에 문화적 충돌 현상이 나타날 경우 조직성과를 저해할 수 있으며, 이는 기업의 문화적 요소와 팀 조직의 문화적 요소 간에도 똑같이 적용하여 볼 수 있다는 것이다. 물론, 이러한 내용의 실증연구는 아직 존재하지 않지만 앞으로 연구해야 할 주요 과제이다.

〈도표 11-3〉 국가 내-기업 내 (개인-조직 적합성 측면에서의) 문화충돌 관련 연구

연구자	내용
Kristof-Brown (2000)	(실증연구) 직무 지원자를 평가할 때, 해당 지원자와 직무와의 적합성(P-J fit)의 경우는 지원자의 객관적 특성(KSA)을, P-O fit의 경우는 지원자의 가치관과 성격 등의 특성을 기준으로 사용함을 검증함
Cable & Parsons (2001)	(실증연구) 기업의 종업원에 대한 사회화 방안(socialization tactic)이 종업원의 P-O fit을 어떻게 증진하게 되는지 검증
Kristof (1996)	(개념연구) P-O fit의 개념에 관한 연구들에서 사용되어온 fit의 개념에 대해 종합적 모형 제시
Cable & Judge (1996)	(실증연구) 주관적인 P-O fit의 정도는, 각 개인의 가치관 등의 특질에 의해 영향을 받으며, 개인의 인구 구성적 특성은 영향이 없음을 검증
Muchinsky & Monahan (1987)	(개념연구) P-O fit의 개념에 대해 'supplementary fit'과 'complementary fit'의 개념을 구분 제시
Vianen (2000)	(실증연구) 조직문화의 강도와 조직의 하부 단위의 문화가 가지는 중요성을 검증/ 개인의 조직문화에 대한 선호도간 일치성(P-P)의 개념으로 문화강도를 측정/P-P fit과 조직몰입, 이직률 간의 관계를 검증
Grensing -Pophal (1999)	(개념연구) 조직문화와의 문화충돌을 줄이기 위하여, 동일한 특성의 구성원으로만 조직을 구성하는 것은 오히려 부정적인 영향을 가져올 수 있음
Chatman, Polzer, Barsade, & Neale (1998)	(개념연구) 기업의 성과에 긍정적인 영향을 미친다고 주장되어지는 기업 내 다양성(diversity)의 개념을 확립하기 위하여 기업문화 개념을 제안
Tom (1971)	(개념연구) 자아개념(self-concept)과 기업의 이미지 간 유사성이 기업에 대한 선호도에 영향을 미친다는 내용으로, 개인과 조직을 비교할 때는 각 개인이 대상에 대한 이미지를 이용한다는 것
O'Reilly, Chatman, & Caldwell (1991)	(실증연구) P-O fit을 측정하기 위하여 OCP(Organizational Culture Profile)개발, P-O fit은 종업원의 직무만족과 조직몰입에 긍정적인 영향을 미침. P-O fit 측정을 위한 정교한 방법론 확립이 주요 목적
Rynes & Gehart (1990)	(개념연구) 조직에 대한 적임자를 선정하는 문제에 있어, 'fit'의 개념이 가지는 명확한 정의를 도출하려는 목적/ 'fit'의 개념은 기업 특유(firm-specific)의 요소에 관하여 초점을 맞추어야 함을 주장
박원우 (1993)	(실증연구) 개인-조직, 그리고 개인-집단(person-department)의 문화적합성이 구성원의 만족도와 이직률에 영향을 준다는 사실을 검증

11.2.2. 국가 내-기업간 문화충돌: 유형 ② & ⑥

'국가 내-기업간' 영역의 대부분 연구는 M&A 과정에서 발생하는 문화충돌 현상의 원인, 영향, 해소방안 등을 다루고 있다. 여기서는 '국가 내-기업간' 문화충돌에 관한 기존 연구들을 정리하고, '국가 내-기업간' 문화충돌로 인한 부정적 영향은 무엇인지, 그리고 이를 극복하는 방안은 어떠한 것이 있는지 살펴볼 것이다.

① 국가 내-기업간 문화충돌 연구

'국가 내-기업간' 영역에는 '기업의 문화충돌과 M&A'라는 대표적인 주제를 다루는 연구들이 존재하긴 하지만(Buono, Bowditch, & Lewis., 1985 등), M&A이외의 주제를 통해 기업 문화 충돌을 다루는 연구들도 많이 존재하고 있다(〈도표 11-4〉 참조). 물론, 몇 개의 연구를 제외하고는 대부분 사례연구 혹은 개념 도출을 위한 연구인 경우가 많다.

〈도표 11-4〉 국가 내-기업간 영역의 문화충돌(과 M&A성과) 관련 연구

연구자	내용
Buono et al. (1985)	(실증연구) 은행 M&A 전후의 종업원 태도/인지 측정, 신생 기업의 문화 측정 → M&A 과정상 발생되는 심각한 불만요인의 원인은 바로 문화충돌임
Datta (1991)	(실증연구) 미국 173 회사를 대상으로, M&A 성과와 경영진 간의 문화차이의 관계 검증 → 문화차이는 M&A 성과에 부정적 영향 미침
Quinn (1991)	(사례연구) 미국의 두 은행 Chicago NBD와 Bancone의 합병 사례를 통해, 기업의 business system 뿐만 아니라, 기업문화에도 적합성이 있어야 함을 강조
Andrews (2000)	(사례연구) 의약업체가 다른 유통업체와 합병하는 경우, 문화충돌 현상으로 인해 결국 다시 분리하게 되는 사례를 제시함
Anonymous (1999)	(사례연구) 1998년 최대 규모(35.1 Billion $) M&A 실패 사례인 AHP Corp와 Monsanto Corp의 실패원인이 문화충돌에 있음을 제시
Giffords & Dina(2003)	(사례연구) 성공적인 M&A를 위해서는 사람에 대한 고려가 중요함에도 불구하고 이것이 간과되고 있음을 지적하며, 특히 M&A 시에 기업간 문화차이 극복을 위해서는 신뢰구축과 효과적인 의사소통 체계 마련이 중요하지만, 기업 상호간에 깊은 이해와 존중이 이보다 선행되어야 한다고 주장
Zaheer, Schomaker, & Genc (2003)	(개념연구) 대등한 합병(mergers of equals)의 경우 기업통합 과정에 대한 주 영향요인으로 기업정체성(corporate identity)을 제시하고, 상황에 따른 기업정체성 관리를 위한 모델 제시
GAO report (2003)	(사례연구) 미국의 정부기관 및 비영리조직의 M&A와 transformation과정에 대한 사례연구를 통해 성공을 위한 key practices와 implementation steps를 제시하였으며, 이 중 문화변화 관리를 중요한 요인의 하나로 도출
Mansfield (2004)	(개념연구) Anomie theory와 Disaster theory를 통해 M&A 시 문화충돌 현상을 설명하고, M&A와 문화충돌 현상에 관한 명제를 도출
Kavanagh & Ashkanasy (2006)	(실증연구) M&A 시 기업문화 변화관리의 중요성을 리더십 관점으로 설명하고 있으며, 특히 리더가 기업문화의 변화관리를 행함에 있어서 의사소통과 투명한 변화프로세스에 중점을 두어야 함을 주장

Bernick(2001)은 미국의 Alberto-Culver North America의 사례를 통해서, 이 기업이 수익저하와 기업 역사상 최악의 경쟁 상황이라는 기업환경의 변화에 직면하여, 어떻게 효과적으로 기업문화 변혁작업을 수행하는가에 대해 다루고 있다. 기업환경의 급격한 변화는 기존의 산업환경에서 생성된 기업의 문화적 특성과 문화적 충돌을 일으키게 되

고, 이는 기업의 수익저하로 나타날 수 있다. 이러한 문화충돌 상황을 극복하기 위하여 Alberto–Culver North America는 체계적인 문화변혁 프로그램을 실시하고 그 결과, 이직률 절반 감소, 매출 83% 증가, 그리고 세전 이익 336% 증가의 효과를 가져올 수 있었다. 이는 기업이 M&A와 같은 공식적이고 외적인 변화 과정을 통하지 않더라도, 기업의 환경이 급변하게 되면 기업문화와 환경이 문화충돌을 일으킬 수 있다는 전혀 새롭지만은 않은 주제를 다루고 있는 것이며, 기업의 변화관리에 있어서 '기업문화'가 핵심적인 역할을 수행한다(박원우, 1993)는 사실을 주지시키고 있다.

Baker(1980), Bennigson(1985), Croft(1990), Miller(2000) 등은 M&A를 기업의 문화문제(cultural problems)를 발생시키는 주 요인임을 역설하였으며, 이를 위한 해결책으로 다양한 문화변화 관리방안 제시하였다. Baglini(2001)은 보험업을 포함한 금융회사들 간의 M&A가 기업문화에 미치는 영향을 살피고, 기업문화의 구성요소 중 윤리(ethics) 구축을 위한 4단계 방안을 제시하였으며, Lioyd(2006)는 의료서비스 부문의 기업들 간 M&A에 대한 실패원인을 간단히 제시하고 성공적인 M&A를 위해서는 문화관리가 필요하며, 문화관리의 주요 요인으로서 의사소통의 중요성을 주장하였다.

〈도표 11–5〉 M&A 시 문화변화 관리의 실무적 방안 제시 연구

연구자	내용
Baker (1980)	M&A가 기업의 문화문제를 발생시키는 주 요인의 하나임을 지적하고 해결책으로 문화변화 관리방안 제시
Bennigson (1985)	M&A의 실패가 반드시 문화충돌 때문에 발생하는 것은 아니지만 M&A시 기업문화 관리의 중요성을 지적하며 문화관리 단계를 제시
Croft (1990)	M&A로 인해 기업정체성과 기업이미지가 상실될 수 있으며 문제해결 방안 제시. 또한 M&A 시 효과적인 문화변화 관리방안에 대해 Deal & Kennedy가 제시한 방안 + 연구자의 제안을 추가
Miller (2000)	M&A시 문화변화 관리의 중요성을 역설하고 문화통합 방안 제시
Baglini (2001)	보험업을 포함한 금융회사들 간의 M&A가 기업문화에 미치는 영향을 살피고, 기업문화의 구성요소 중 도덕성(ethics) 구축을 위한 4단계 방안 제시
Lioyd (2006)	의료서비스 부문의 기업들 간 M&A에 대한 실패원인을 간단히 제시하고 성공적인 M&A를 위해서는 문화관리가 필요하며, 문화관리의 핵심요소로서 의사소통의 중요성을 주장

자료원: 박원우 · 방호진(2001), pp. 191–192의 〈표 3〉을 수정인용.

② 문화충돌로 인한 M&A의 실패와 CDD의 필요성[1)]

세계 산업계의 역사는 구조조정의 역사라고 할 만큼, 업계의 지도는 업체 간의 결합 · 협력을 통해 끊임없는 변화를 거듭하고 있다. 이러한 글로벌 경쟁상황 하에서 '기업간 구조조정'이 '기업 내 구조조정'보다 한층 강력한 수단으로 자리매김하고 있다. 즉, 한 기업이 경영요소의 모든 면에서 최고의 경쟁력을 갖춘다는 것은 현실적으로 불가능하기 때문에 기업 내 구조조정만으로는 그 한계에 직면할 수밖에 없다. 결국 기업간 구조조정을 통하여 타 기업의 강점을 흡수하고 자신의 약점을 보완해야 하는데, 이를 위해서는 경쟁사와 손을 잡거나 아예 한 몸이 되기도 해야 한다.

하지만 실제로 M&A를 실행하는 대부분의 기업들이 합병 후 시너지 효과를 기대하지만 어느 정도 시간이 지나면서 50~75% 정도가 결국 실패한다고 한다(Schweiger & Weber, 1988; Cartwright & Cooper, 1993). 또한 매킨지 연구에 의하면 합병기업의 2/3 이상이 합병 시 발생한 비용을 은행에 예금해 두고 생기는 이자만큼도 합병 후 벌어들이지 못하고 있다(Magnet, 1984). Baker et al.(1981)의 연구에서도 연구대상이 된 합병기업의 80%정도가 조직의 재무적 성과뿐만 아니라 조직적 성과(예; 만족, 몰입, 이직률 등)에 있어서도 기대에 미치지 못하고 있다고 하였다. 또한, 'Mergers, Acquisitions, and Joint Ventures; Critical HR success factors'라는 제목으로 출간된 Hewitt Associates의 보고서에 의하면, M&A를 실시한 바 있는 1,000명 이상의 종업원 수를 가진 기업의 경영진 218명을 대상으로 실시된 조사에서, 83%의 응답자들이 M&A의 성과가 '성공적이지 못하였다'고 응답하였다(HRFocus, October 1998).

이렇게 M&A가 기대되었던 성과를 내지 못하고 실패하는 이유에 대해서 여러 연구결과들이 제시되고 있는데, 그중 상당수는 기업의 M&A시 발생하는 문화충돌 현상을 M&A 성과 저하의 주범으로 지적하고 있다(예; Cartwright & Cooper, 1993; Weber, 1996; Jemison & Sitkin, 1986; Marks & Mirvis, 1992; Buono et al., 1985; Chatterjee, Lubatkin, Schweiger & Weber, 1992 등). 기업 M&A에서는 서로 다른 문화적 배경을 가진 기업들이 하나의 기업으로 통합되는 과정을 겪기 때문에, 그 과정에서 발생하는 문화충돌 현상이 올바른 기업 통합에의 걸림돌 작용을 한다는 것이다.

문화의 부적합성(cultural incompatibility) 때문에 실패한 M&A의 예는 무척 많은데, 여기서는 모두가 훌륭한 M&A라고 찬사를 보냈던, 따라서 성공적인 결과가 당연히 예견

---

1) M&A와 문화충돌 관리에 관한 박원우(2002)와 박원우 · 백광일(2002)의 내용을 많이 재인용하였다.

되었던, M&A 중에서 문화부적합성으로 실패한 예를 들어보기로 한다. 1982년 미국의 Conneticut General사와 Insurance Company of North America사의 합병은 전략적인 측면에서는 매우 우호적(friendly)인 것으로 알려졌다. 그런데 이들의 결합에서 문화부적합성이 나타난 바, 두 조직의 문화가 통합되기보다는 충돌하여 결국 재무적 성과가 떨어지게(1982~83년 사이에는 18%가 감소) 되었다. 영국의 예를 보면, 1986년 10월 Wedgwood China가 Waterford Crystal에 5억 달러에 합병되는 것을 두고 주위에서는 '완벽한 결합(the perfect marriage)'이라고 표현하였다. 그런데 3년 사이에 주가가 60% 이상 떨어지면서 주주들은 '이혼(divorce)'을 부르짖게 되었다. 회계 시스템의 차이, 관리 스타일의 차이, Waterford 작업자들의 문제가 결합실패의 주 원인으로 파악되었다. 주주들의 기대를 모았던 Monsanto와 American Home Products(AHP)의 합병이 실패로 끝난 것이 알려졌을 때(1997년 10월), Wall Street Journal 지는 "문화충돌이 Monsanto와 AHP의 결혼을 죽이고 있다(Clash of Cultures Kills Monsanto, AHP Marriage)"라는 제목의 기사를 실었다.

이러한 사례를 통해 알 수 있는 것은 M&A에서 두 조직 간의 '문화적 적합성'이 '전략적 적합성'만큼 혹은 그 이상으로 중요하다는 것이다(Cartwright & Cooper, 1993). 실증적 · 과학적으로 연구된 결과를 보아도, 유사한 문화를 지닌 조직(은행) 간의 합병이 이질적인 문화를 지닌 조직(은행) 간의 합병에 비해 재무적 성과가 훨씬 좋은 것으로 나타났다(Weber, 1996).

M&A 시 문화충돌로 인한 부정적 효과는 조직수준과 개인수준으로 나누어 볼 수 있는데, 요약하면 조직수준에서는 생산성 하락, 업무제도나 관행의 변화, 의사소통의 장애를 가져오고, 개인수준에서는 가치공백 및 사기저하, 개인 신상문제에 집착, 심각한 스트레스를 유발하는 것으로 알려졌다(예, Sherer, 1994).

M&A를 단행하는 기업들이 인수대상 기업에 접근하고 계약을 채결하는데 있어서 단순히 재무적, 세무적, 법적 요소에 대해서만 주의를 기울이고, 기업의 문화적 측면은 대수롭지 않게 취급하거나 계약체결 이후에 신경 쓰는 것(따라서 흔히 이를 두고 post-merger integration이라 칭하고 있음)으로 M&A를 진행하였다는 지적이다. M&A 이전에 상대기업의 문화를 제대로 측정하고 M&A를 단행하는 기업이 전체의 28%에 그친다는 Hay Group의 조사결과는 이를 여실히 보여준다(DeVoge & Spreier, 1999).

두 남녀가 결혼한 후에 이혼할 경우, 그 이유 중 상당 부분이 두 사람의 가치관 혹은 성격 차이나 두 집안의 문화차이에 기인한다고 하는데, 두 조직 간의 결합인 M&A의 경우에도 결국 두 조직의 문화충돌이 시너지 감소와 M&A의 실패를 유발하는 것이다.

M&A를 추진함에 있어서 반드시 고려하여야 하는 절차와 내용 즉, due diligence가 있다. 흔히 전략, 세무, 재무, 법무 측면에서의 due diligence가 진행되고 있다. 이들 내용이 물론 매우 중요하고 이들이 잘 고려되어야만 M&A가 성공할 수 있기에 이들은 바로 M&A의 핵심성공요인(CSF)이라 할 수 있다. 하지만 변호사, 세무사, 재무전문가 등이 이들 요인들을 철저히 고려함에도 불구하고 M&A가 흔히 실패하는 이유는 우리가 이들 CSF 이외에 핵심실패요인(CFF) 또한 고려하여야 함을 의미한다.

M&A와 관련하여 잘못된 의사결정은 회사의 가치에 중대한 영향을 미치기 때문에, 임원(경영층)은 의사결정 상의 실수를 방지하기 위하여 세밀하게 due diligence를 해야 할 의무가 있으며, 이를 방만하게 실행할 경우 반드시 하여야 할 것을 안 한, 즉 직무유기로 취급될 정도로 due diligence는 필수적이다. 실제로 HR과 문화 측면의 due diligence를 실시하지 않아 M&A가 실패로 귀결된 경우, 주주들로부터 HR 혹은 cultural due diligence(CDD)를 등한시 한 이유로 (직무유기의 죄로) 법정에서 책임을 져야 하는 경영자가 발생하기도 한다.

M&A과정에서 CSF로서 legal, financial, tax due diligence 뿐만 아니라 CFF로서 cultural due diligence 또한 실행되어야 한다.

법무, 세무, 재무 측면의 due diligence를 실시하는 전문가들은 결혼에서 중매쟁이(혹은 뚜쟁이)와 같다. 이들은 법적, 세무적, 재무적으로 문제없게끔 두 조직 간 결혼을 성사시키는 것이 목적이고, 결혼이 성사되면 (목적달성이 되었기에) 일을 마무리하는 (사례금 받고 떠나가는) 사람들이다. 하지만, 당사자인 두 조직은 결혼 그 자체가 목적이 아니라, 결혼하여 잘 사는 (시너지 효과 내는) 것이 목적이다. 이를 위해선 즉, 양사 통합에 따른 긍정적 시너지 효과를 실현하기 위해 철저한 사후의 통합관리(post-merger integration)만이 아니라 철저한 사전준비(pre-merger integration)또한 실행하여야 한다. 이는 남녀가 결혼에서 법적, 세무적, 재무적 문제가 없다고 바로 하는 것이 아니라 두 사람이 진정 서로를 사랑하고 나아가 그들의 성격, 가치관 측면에서 잘 맞는지를 검토하여야만 하는 것과 같다. 따라서 향후에는 이미 많이 통용되는 PMI란 용어도 post-merger integration의 의미만이 아니라 'pre-and post-merger integration'의 의미로 써야할 것이고, 굳이 기존의 것과 대비하기 위해선 P^2MI로 표기하는 것도 하나의 방법일 것이다.

P²MI: Pre- and Post-Merger Integration

CDD를 포함해 due diligence가 진행될 경우 몇 가지 측면에서 전통적 due diligence와는 다른 변화가 생긴다. 첫째로 M&A시 고려되는 분야로 법무, 세무, 재무, 전략 이외에 HR과 조직문화적 측면이 추가된다. 둘째로 어느 기업과 결합할 것인가의 선택(choice)의 이슈에 기업문화 관리하는 과정(process) 중시 관점이 추가되어 계약 이후에도 due diligence의 과정이 더 지속된다. 셋째로는 목표에 주주만족 만이 아니라 종업원 만족이 추가되어 두 조직의 결합으로 진정 긍정적 시너지 효과를 내는 것이다.

③ 조직문화 통합의 유형과 방법

현재까지 제시되고 있는 M&A와 관련된 문화통합 과정에 관한 규범적 모델(prescriptive model) 중에서는 Nahavandi & Malekzadeh(1988)의 모델이 가장 정교한 편이다. 이러한 모델들은 성공적인 문화통합을 이루기 위한 개념적 틀을 제시하고 있기 때문에 M&A 시에 문화충돌을 어떻게 측정할 것인지 뿐만 아니라 어떻게 문화통합을 달성할 수 있는지에 대한 방향을 제시하고 있다.

두 조직이 결합하는 과정에서 조직문화의 충돌이 발생하는데, 임직원들이 자신과 상대측의 문화를 어떻게 평가하는가에 따라 문화충돌의 정도나 해결방법이 달라진다. 조직문화 통합의 유형 혹은 방법을 결정하는 요인은 인수된 기업의 구성원이 자신들의 기존문화를 유지하려는 정도(자기문화에 대한 애착도)와 상대측의 문화를 어느 정도 수용하려 하는가의 정도(상대문화 수용도)이다. 이들 두 요인에 따라 조직문화 통합유형은 다음의 〈도표 11-6〉과 같이 네 가지로 구분될 수 있다. 이들 네 가지의 문화통합 유형은 인수한 기업의 입장에서도 '다문화 수용의 정도'와 '다각화 전략'에 따라 〈도표 11-7〉과 같이 분류 · 설명될 수 있다.

〈도표 11-6〉 인수된 기업(Acquired Firm)의 조직문화 통합유형

		기존문화의 유지희망 (Preservation of Own Culture)	
		매우 강함 (Very Much)	전혀 아님 (Not at All)
인수기업 문화의 매력도 (Perception of the Attractiveness of the Acquirer)	매우 매력적 (Very Attractive)	융합형 (Integration)	동화형 (Assimilation)
	전혀 아님 (Not at all Attractive)	분리형 (Separation)	탈문화형 (Deculturation)

자료원: Nahavandi & Malekzadeh(1988).

〈도표 11-7〉 인수한 기업(Acquiring Firm)의 조직문화 통합유형

		다문화 수용의 정도 (Degree of Multiculturalism)	
		다문화 수용 (Multicultural)	단일문화 추구 (Unicultural)
다각화 전략: 전략적 연계성 (Diversification Strategy: Degree of Relatedness of Firms)	관련됨 (Related)	융합형 (Integration)	동화형 (Assimilation)
	무관함 (Unrelated)	분리형 (Separation)	탈문화형 (Deculturation)

자료원: Nahavandi & Malekzadeh(1988).

▶융합형(Integration): 융합형은 문화충돌이 일어날 수 있는 상황에서 두 문화의 융합(culture blending)을 추구하는 것으로, 인수기업의 전략에 따라 사업구조와 의사결정 방식은 통합하지만 피인수기업 구성원의 자율성은 인정하는 유형이다. 피인수기업 측 임직원들이 상대방 측 문화의 일부를 받아들이고 자신들 문화의 일부를 고수하여 양 문화 간의 균형을 추구한다. 인수기업의 문화를 강요하지는 않지만 자연스럽게 문화의 상호작용이 일어나 균형을 이루도록 유도하여야 한다.

양사 간의 협력 체제를 구축하고, 지속적인 의사소통과 상호교류 등 많은 전제조건의 충족이 필요하며, 완전한 통합을 이루기까지는 장기간이 소요된다. 강제적인 변화를 요구하지 않으므로 인내심이 필요한데, 상대적으로 우위에 있는 인수기업 측이 이를 거부하는 경우는 문화충돌로 인한 부작용이 발생하게 된다.

▶동화형(Assimilation): 동화형은 피인수기업의 문화를 인수기업의 문화로 변환(cultural takeover)시키는 즉, 피인수기업으로 하여금 우세한 인수기업의 문화를 수용하도록 하는 방법이다. 피인수기업의 기존문화가 경영성과 달성에 비효율적임을 임직원들 스스로가 인식하고, 기존문화의 유지를 원하지 않을 때 가능한 통합유형이다.

동화의 방법에는 인수기업 측에 의하여 일방적으로 이루어지는 강제적 동화와 양측 임직원이 모두 참여하는 자발적 동화가 있다. 강제적 동화는 인수기업이 우월증후군(superiority syndrome)에 사로잡혀 피인수기업의 정체성을 무시함으로써 발생하는데, 대부분 문화적 충돌과 저항을 야기하는 경향이 있다. 자발적 동화는 양측이 적극적으로 결합하려는 의지를 갖추므로 비교적 통합이 용이하나 상호이해의 과정이 어려우므로 여전히 충돌가능성은 상존한다.

▶분리형(Separation): 분리형은 문화충돌이 일어날 수 있는 상황에서 인내심을 갖고 다문화주의(cultural pluralism)를 추구하는 것으로, 피인수기업을 독립된 단위로 인정하여 완

전한 자율권을 부여하는 방법이다. 이는 피인수기업의 경영진에게 완전한 자율권을 부여하여 독자적인 의사결정권을 인정함은 물론 조직구조, 의사소통 시스템 등 전반적인 조직운영에 관여를 최소화함으로써 기존의 문화를 유지토록 허용하는 것이다.

분리는 피인수기업 측 임직원들이 자신의 문화를 고수하려는 성향이 강하고, 동시에 인수기업 측이 문화적 다양성을 용인하는 경우에 성립하는 조직통합 전략이다. 따라서 인수기업 측이 피인수기업 측의 의견을 무시하고 흡수통합을 시도하는 경우에는 문화충돌이 불가피하여 M&A증후군이 발생하게 된다.

▶ 탈문화형(Deculturation): 피인수기업의 임직원들이 자신들의 기존문화나 인수기업의 문화를 모두 선호하지 않는 경우에 탈문화형 전략이 가능하다. 두 기업의 문화를 모두 선호하지 않는 경우 임직원들은 문화적 소외현상을 겪게 되고, 이때는 M&A의 성공가능성이 낮아지므로 새로운 문화를 창조하는 적극적인 혁신노력이 있어야 한다.

11.2.3. 국가간-기업 내 문화충돌: 유형 ③ & ⑦

다국적 기업의 경우처럼 같은 기업에 속하지만, 국적을 달리하는 구성원의 결합으로 인해 조직과 구성원이 직면하는 여러 문화충돌 현상이 있다. 이 분야에서는 상대적으로 적은 수의 연구가 존재하며 그것도 대부분 사례연구이다. 예를 들어, 여러 국가에 걸쳐 기업 활동을 하는 경우 해당 국가의 문화적 배경이 기업의 HRM practice에 대해 압력 요인으로 작용한다는 연구(McCaffrey & Hafner, 1985, Ferner, Quintanilla, & Varul, 2001 등)와 현지 국가 인력의 채용을 통해 발생할 수 있는 종업원들 간의 문화적 충돌(Jana, 2000; Fitzgerald, 2001), 그리고 기존의 개인-조직 적합성에 대한 연구를 다국적 기업의 상황으로 확장시켜 살펴본 연구(Valentine, 2000) 등이 있다.

Valentine(2000)은, 이전에 20여 년간 개인-조직의 적합성에 대해서는 수많은 연구가 이루어져 왔지만, 이러한 개인-조직 적합성과 국가의 문화 간의 관계에 대해서는 아직 적절히 다루어진 바가 없다면서, 세계화를 필두로 하는 경영환경에서는 이러한 국가 혹은 사회적 문화배경이 개인-조직 적합성에 어떠한 역할을 하게 될 것인가에 대해 좀 더 연구해 볼 필요가 있음을 주장하였다.

〈도표 11-8〉 국가간-기업 내 영역의 문화충돌 관련 연구

주제	연구자	내용
개인-조직 적합성	Valentine (2000)	(개념연구) 기존의 개인-조직 적합성의 개념에 대해, 다국적 기업의 상황에서 국가, 혹은 사회의 문화가 미치는 영향관계에 대해 고려해야 함을 주장
국가문화의 기업에 대한 영향	McCaffrey & Hafner (1985)	(개념연구) 교육학적 입장에서 다국적 기업의 경우, 해당 국가의 문화적 배경에 대한 이해 부족으로 1)기회의 상실, 2)효율성 하락, 3) 문화 측면에서의 여러 실수를 낳을 수 있음을 강조/ 따라서 문화관리를 위한 전문가의 필요성 제시
	Miroshnik (2002)	(문헌연구) 다국적 기업의 cross-cultural management의 효과성에 대한 review article. 국가문화와 기업문화의 관계를 통해서 현지국가의 문화에 따라 기업문화가 달라지며 다국적 기업은 문화차이를 파악해야 된다고 주장
	Begley & Boyed (2003)	(개념연구) 기업문화를 촉진시키는 요소들을 탐색하고 효과성을 추구하기 위해서 국가문화와 기업문화의 균형을 조정하는 action plan을 소개
	Ferner et al. (2001)	(사례연구) 영국과 스페인에서 활동 중인 독일계 기업을 대상으로, 각 국가의 문화적 배경이 어떻게 기업 HRM practice에 영향을 미치는지에 대해 조사
	Jana (2000)	(사례연구) 미국 IT업계 시장에, H1-B 비자를 가지고 외국으로부터 유입되는 외국인 인력이 증가하고 있고, 이에 따라 IT 기업에서 발생하는 인적 구성원 간에 문화적 충돌을 방지하기 위한 여러 조치들, 그리고 실질적인 조언을 제공
	Fitzgerald (2001)	(사례연구) Nokia가 스칸디나비아와 뉴잉글랜드 현지 기업의 문화적 통합을 위해 문화관리를 실시한 사례를 조사 연구

Ferner et al.(2001)은 영국과 스페인에서 기업 활동을 벌이고 있는 독일계 기업들을 대상으로 한 사례연구에서 다음과 같은 결론을 도출하고 있다: 1) HR과 IR(industrial relations)에 있어서 전형적인 'Anglo-Saxon' 사업 정책(예; 평가, 성과 관리, 관리 직능의 개발, 그리고 문화에 관련된 세계적으로 표준화된 사항들)을 도입하게 만드는 압력 요인이 존재하고 있다; 2) 그렇지만 'long-term orientation'을 포함하는 독일식 기업 시스템의 영향도 남아 있다; 3) country-of-origin 효과는 기업이 활동하고 있는 국가의 제도적 제약 등에 의해 많이 제한을 받게 되지만, 국가의 문화적 특성에 따라서(예를 들어 스페인의 경우에는) 상당 부분 유동성을 허용하고 있기도 하다.

국가간-기업 내 문화충돌을 다룬 연구들은 국가적/사회적 문화요소, 조직문화와 국가문화의 충돌 등이 개인의 행동이나 태도, 관리방식, 인사관리방식에 대해 어떻게 영향을 미치는 가를 설명한다. 문화충돌의 원인은 문화적 다양성, 관리방식의 차이, 파견인(expatriate), 국가문화와 조직문화의 충돌 등으로 볼 수 있다. 문화적 다양성으로 인한 문제는 비록 조직에서는 구성원들이 유사한 방식으로 생각하거나 행동하기를 원하는 반면, 서로 다른 문화에서 온 사람들은 서로 이해하지 못하므로 같은 방식으로 일하지 못하기 때문에 생기는 문제다.

다국적기업이 해외에서 자회사를 운영할 때 흔히 겪어야 하는 문제는 국가문화와 조직문화의 충돌이다. Gamble(2000)는 중국에서 운영되고 있는 일본, 한국, 홍콩, 유럽기업의 사례를 통해서 세계화 과정에 따라 경영현지화가 실행되는데, 이 현지화 과정의 속도는 문화적, 전략적인 요소에 달려있다고 한다.

Miroshnik(2002)는 다국적기업의 문화다양성 관리를 위해서 문화차이에 응하는 3가지의 방법을 제시했는데, Parochial: "Our way is the only way", Ethnocentric: "Our way is the best way", Synergistic: "The combination of our way and their way may be the best way"이다. 문화적 다양성은 부정적인 영향뿐만 아니라 긍정적인 영향도 주기 때문에 synergistic한 조직에서는 문화적 다양성을 무시하거나 줄이는 것보다 잘 관리해야 한다.

Florkowski & Fogel(1999)은 파견인의 경우 3가지의 보조정책이 필요하다고 한다. Pre-departure support는 외국에 있는 자회사로 파견 나가기 전에 근무와 생활환경에 대해서 미리 파악하고 준비할 수 있게 하는 정책이다. In-residency support는 보상과 생활품질 등을 보장하는 것이며, career-management support는 파견인의 이익을 최대한 보장해 주고 다시 본사로 보내질 경우 명백한 정책을 마련해 주는 것이다. Pre-departure training은 외국자회사로 파견될 직원들만이 받는 것이 아니라 현지의 자회사에서도 문화다양성에 대한 교육을 받게 하는 것이다. Chew(2004)는 immersion approach, affective approach, information giving approach의 3가지 이문화 간 훈련방법을 제시했는데, 실제로 이문화 간 훈련은 비용과 시간이 소요되므로 파견인들에게 훈련코스를 제공하지 못하므로 정보소스(교육사이트 주소 등)를 제공하는 회사도 있다.

다국적기업 관리자가 가장 관심 있는 것은 다국적기업에서 조직문화를 그대로 유지하는가, 그 국가의 문화를 중시하는가, 국가문화와 조직문화를 어느 정도 조화시키는가에 대한 문제다. 미국의 다국적기업 같은 경우 자민족주의(ethnocentrism)가 강하기 때문에 다른 나라에서 활동하고 있는 미국의 다국적기업에서 조직문화를 그대로 적용하는 경우가 많다. 그러나 이는 미국의 다국적기업이 실패했던 원인이라고 한다.

11.2.4. 국가간-기업간 문화충돌: 유형 ④ & ⑧

다국적 관계 속에서 기업간 발생하는 문화충돌 현상에 관한 연구는 대부분 다국적 M&A를 대상으로 하고 있다. 국제적 M&A의 경우엔 두 조직 간의 기업문화 차이에 더하여 국가문화의 차이가 가세되니까 문제가 더욱 복잡하게 되고, 실패의 가능성 또한 커지게 된다. 실증연구에 의하면, 국가간의 문화차이가 클수록 그들 간의 국제적 합병의 성과가 작은 것으로 나타났다(Morosini, Shane, & Singh, 1998).

① 국가간-기업간 문화충돌 연구

국가 내의 M&A에서 문화충돌을 다루는 논문은 많지만, 국가간의 M&A에서 국가문화와 기업문화와의 관계를 다룬 논문은 많지 않다. 그 중 Larsson & Risberg(1998)의 연구는 국가간-기업간 발생하는 M&A에서 발생될 수 있는 문제점을 정교하게 지적하고 있는 좋은 예이다. 이들의 연구에서는 국가수준에서의 이문화 간 상호작용과 관련하여 두 조직은 문화적 차이를 보다 더 잘 인식할 수 있다고 하였다. 즉, 국가수준에서의 보다 명확한 문화적 차이는 국가간 문화충돌을 방지하는 문화적 인식성과 감수성을 촉진시킬 수 있다. 특히 기업 및 국가적 문화의 충돌이 결합된 경우에는 문화적 불확실성은 최대화되며, 문화적 유사성은 최소화된다. 따라서 문화적 불확실성이 높을수록 M&A의 전체 통합 프로세스에 있어서 보다 높은 수준의 커뮤니케이션이 요구된다.

한편, Franke, Hofstede, & Bond(1991)는 문화적 가치가 국가마다 서로 상이하며, 이는 경제생활에도 영향을 미치기 때문에 서로 상이한 문화적 특성을 가진 국가의 조직은 경제적 성과 또한 상이하다고 주장하면서, 국가간 경제적 성장을 평가하는 문화측정의 방법을 제시하였다(박원우 · 백광일, 2002). 이러한 맥락에서 Cartwright(1998)는 국제적인 M&A와 문화충돌의 이론적 배경을 순수론자(purist)적 관점과 응용론자(pragmatist)적 관점에서 비교하고, 동시에 국가간 문화와 조직간 문화를 비교하였다.

다국적 M&A를 실시함에 있어 Chatterjee et al.(1992)의 경우는 두 기업 경영자들 간의 문화적 격차(cultural difference), Datta & Puia(1995)는 두 기업 간의 문화적 거리(cultural distance), Angwin(2001)의 경우는 해당 기업이 속하는 국가의 문화 특성, 그리고 Marks(1999)는 경영진의 관리 스타일 상의 차이가 M&A 이후 성과에 영향을 미친다고 밝히고 있다. 아직까지는 이 분야에 대한 실증연구가 소수에 지나지 않고, 대부분의 경우 사례 혹은 전문 컨설턴트들에 의한 제안서 수준의 연구결과들이 주를 이루고 있다.

특히, 문화적 거리 혹은 문화적 격차 등을 통해서 문화충돌을 측정하려는 몇몇 시도들조차, Hofstede(1980)가 제시하였던 문화지표를 바탕으로 연구자들 나름의 설문지를 작성하여 조직의 문화적 특성을 측정 · 비교하는 수준을 벗어나지 못하고 있다. 이는 문화충돌에 대한 개념적 정의 자체가 모호하기 때문에 이를 적절히 조작화(operationalization) 하지 못하는 데 기인하고 있다.

또한, 일부 연구자들은 문화적 거리 혹은 문화적 격차를 측정함에 있어 경영자들 간의 문화적 거리(Chatterjee et al., 1992 등)를 측정하기도 하고, 일부는 기업이 속하고 있는 국가 혹은 사회의 문화적 특성(Angwin, 2001, Kogut & Singh, 1988 등)을 측정하는 등, 문화충돌의 수준(level)에 대해서도 아직은 명확한 개념적 정의가 내려져 있지 않은 실정이다.

〈도표 11-9〉 국가간-기업간 영역의 문화충돌 관련 연구

연구자	내용
Love & Gibson (1999)	(사례연구) 사례연구를 통해 성공적인 M&A를 수행하는 기업들은, human side에 대해 미리 대처하는 것으로 파악됨 → 그러나 human side의 요소는 쉽게 드러나지 않기 때문에, 컨설턴트 등의 전문가에 의한 도움이 필요할 것임
Chatterjee et al. (1992)	(실증연구) M&A 이후의 주주수익률은 두 기업의 경영자 간의 문화차이와 반비례함을 실증
Datta & Puia (1995)	(실증연구) 1978-1990년간 수행된 112건의 다국적 M&A를 통해, 문화거리(cultural distance)와 M&A의 가치창출 간의 관계를 검증/ Hofstede의 이론을 바탕으로 4가지의 cultural distance index 도출
Belcher & Nail (2000)	(사례연구) 미국의 Upjohn과 스웨덴의 Pharmacia의 합병 사례를 통하여 문화충돌의 부정적 영향에 대해 설명
Schweiger & Weber (1988)	(실증연구) M&A과정에서의 HR 관련 문제들이 M&A 성과를 저해할 것이라는 예측 하에, 이를 개선하려는 일련의 시도에 대해 80개의 회사를 대상으로 실증연구
Angwin (2001)	(실증연구) Pre-acquisition management에 대해 다루고 있는 논문. 기업이 cross-border M&A를 실시할 경우 문화 관련 due diligence에 대한 필요성을 더욱 느끼게 되는지의 여부를 실증
Marks (1998)	(개념제시) M&A 이후 나타나는 "We-They"이슈에 대해 다루고 있음. "We-They"이슈의 강도에 따라 사후 통합과정의 속도를 다르게 할 필요가 있음을 제시
Marks (1999)	(사례조사) 프랑스와 독일의 M&A 대상 조사에서, M&A 실패 100개 기업 중 두 기업 간 관리스타일의 차이가 문제를 일으킨 경우는 85%, 갈등은 기술적인 문제보다는 두 기업 간 계획, 권한체계, 감독스타일, 팀워크 등에서 발생
Weber (1996)	(실증연구) M&A 실행기업 간의 문화적 적합성이 'autonomy removal'과 'commitment'에 어떻게 영향을 주고, 이러한 요소들이 기업의 성과에 어떻게 영향을 미치는가에 대해 실증
Veiga et al. (2000)	(실증연구) 기존의 연구에서 도출된 CCI(Cultural Compatibility Index)를 바탕으로 영국과 프랑스 사이에서 실시되었던 M&A들을 바탕으로(155개의 프랑스, 191개의 영국 회사) 해당 기업들의 CCI상 격차(gap)와 M&A이후 성과와의 관계를 검증/ 기업의 문화충돌을 직접적으로 측정하려 시도

② 국가간-기업간 문화충돌 관리방안

국가간 M&A 에 있어서는 특히 국가문화와 조직문화의 충돌이라는 두 가지 측면을 고려해야 하므로 더욱 주의를 기울여야 한다. 먼저 M&A 이전에 이를 준비하는 Pre-M&A

과정을 거쳐야 하는데, 이 과정은 post-acquisition 과정에 있어 소위 track을 설정하기 때문이다. 물론 이것은 국가 내 M&A에 있어서도 동일하게 적용될 수 있는 부분이다. 여기서는 인수자와 피인수기업으로 구성된 M&A 팀을 구성하고 M&A의 동기를 특화해야 하며 인수기업에 대한 목적을 이해하고 설정해야 한다. 또한 피인수기업이 모회사의 'multinational umbrella'에 어떻게 적응하는지와 미래에 대한 계획을 세워야 한다. 피인수기업의 두려움이나 불안감을 감소시키기 위한 M&A 협상 이후에 회사가 미래에 얻을 수 있는 부분에 대해 확신시켜주는 작업이 필요하다.

Post-M&A 과정은 내적이고 외적인 요인의 범위 때문에 길고도 어려운 과정이다. 다음에서 제시하는 몇 가지 사항을 제도, 시스템, 조직문화 등과 같은 조직 외형적인 측면과 종업원과 관련된 측면으로 나누어 제시하고자 한다. 우선, M&A의 해당 연도에 인수자는 전체적인 문화감사(full-scale cultural audit)를 실시하며 post-acquisition 변화와 관련된 부분에 있어 종업원들과 결과에 대한 의사소통을 하여야 한다(Quah & Young, 2005, p. 72). 인수합병 관련 양 기업은 post-acquisition 과정에 있어 문화적 영향력의 힘을 예측하여야만 한다. 특히, 인수기업은 융통성을 가져야 하며 차이에 대해 개방적인 자세를 취해야 한다. 또한 국가간 M&A는 국가문화와 조직문화의 상호작용이 다양한 post-acquisition 단계에서 달라질 것을 이해해야 한다. 적절한 타이밍(timing), 종업원의 협력 확보와 같은 이슈에 대해 post-acquisition 변화의 실행에 민감해야 한다. 이런 접근방식으로 추구할 때, 국가간 M&A는 제반 저항과 국가문화 및 조직문화의 문화적 갈등을 줄이고 post-acquisition management 과정의 길이를 줄일 수 있을 것이다. 이러한 방식을 통해 합병을 통한 시너지를 현실화하고 수익을 증가시키며 보다 빠른 속도로 독특한 지식을 이전시켜 국제적 M&A로부터 진정한 경쟁우위를 얻을 수 있을 것이다.

{ 참고문헌 }

강정애. (1997). 조직문화적 특성에 따른 조직성과에 관한 연구: Rousseau의 조직문화유형을 중심으로. **경영학연구**, 26(3), 513-530.

고재민. (2003). 환경경영을 넘어 지속가능경영으로. **LG주간경제**(12월 31일자), 34-38.

권기환 · 김인호. (2004). 조직문화와 창의적 역량의 관계에 대한 연구. **인사관리연구**, 28(3),33-78.

김국태. (2005). 애플 부활을 통해 본 혁신 키워드. **LG주간경제**, 845호 (8월 15일자).

김남현 · 이주호. (1997). 조직의 문화유형, 최고경영자의 리더십유형 및 행동성과에 관한 실증연구. **인사조직연구**, 5(1), 193-238.

김영조. (2000). 조직문화와 조직성과의 변화에 관한 종단적 연구. **인사조직연구**, 8(2), 111-134.

김영조 · 박상언. (1998). 조직문화유형, 조직문화강도와 조직성과간의 관계에 관한 연구. **인사조직연구**, 6(2), 195-238.

김효근. (2017). **경영예술**. 서울: 독서광.

대한상공회의소/MCKinsey&Company. (2016). **한국기업의 조직건강도와 기업문화 진단 보고서**. 서울: 대한상공회의소.

대한상공회의소/MCKinsey&Company. (2018). **한국기업문화의 근본적 혁신을 위한 제언**. 서울: 대한상공회의소.

동아일보. (2018. 3. 13.). "워라밸로 가는 길, 짧고 굵게 일하자."

라이터스. (2005). **윤리경영 도입과 기업자세**. 라이터스 편집부.

머니투데이. (2007). [증권사 CEO 릴레이 인터뷰]-최명주 교보증권 사장. **머니투데이**, 1월 23일자.

민승기 · 고종식. (1994). 기업문화 특성에 따른 조직성과에 관한 연구. **인사관리연구**, 18, 65-90.

박노윤. (1997). 조직문화와 전략의 관계에 관한 탐색적 연구. **경영학연구**, 26(2), 303-329.

박상언 · 김영조. (1995). 조직문화 프로필과 조직효과성 간의 관계에 관한 연구: 한국기업에 대한 경쟁가치모형의 경험적 검증. **경영학연구**, 24(3), 213-237.

박원우. (1993), 조직 내 문화단위간 적합성에 따른 구성원 유형분류의 실증적 연구. **인사관리연구**, 17, 349-362.

박원우. (1994a). **조직변화의 개념과 방향**. 서울: 삼성정신문화연구소.

박원우. (1994b). 오해 · 오도되고 있는 기업문화운동. **인사관리**, 인사관리협회, 6월호, 9.

박원우, (2001). 기업문화 변화의 핵심 성공 및 실패 요인. **인사조직연구**, 9(1), 189-208.

박원우. (2002). **M&A와 문화충돌 관리**. 서울: 집문당.

박원우. (2012). 개구리가 죽은 이유: 변화했기 때문. Seoul Business Letter, 서울대학교 경영대학, 130호, 10.

박원우. (2017). 조직문화 측정의 대표적 도구와 구체적 활용방법. 경영논집, 51, 51-91.

박원우 · 고수경. (2006). 개인-조직 적합성과 직무태도 간 관계에서 프로세스 갈등의 매개역할. 경영학연구, 35(2), 521-555.

박원우 · 김미숙 · 정상명 · 허규만. (2007). 동일방법편의의 원인과 해결방안. 인사조직연구, 27(1), 89-133.

박원우 · 김재원 · 최혜원. (2003). 레벨이슈의 의미, 현상 및 해결방안. 인사조직연구, 11(2), 199-233.

박원우 · 방호진. (2001). 기업문화 충돌에 관한 연구의 종합: 충돌유형별 현상 및 측정. 경영논집, 35(2/3), 175-210.

박원우 · 백광일. (2002). 성공적 M&A를 위한 cultural due diligence. 노사관계연구, 13, 71-96.

박원우 · 성지영. (2005), 효과적 조직문화 변화방법의 도출에 관한 연구. 노사관계연구, 16, 31-84.

박원우 · 성지영. (2008a). 조직문화와 성과의 관계. 노사관계연구, 18, 83-135.

박원우 · 성지영. (2008b). 조직문화의 측정(Measurement). 노사관계연구, 18, 137-181.

박원우 · 신수영. (2008). 기업문화에 대한 관심의 부활: 왜 one-time fad로 인식되던 기업문화가 21세기 들어와 다시 뜨나? 노사관계연구, 18, 1-20.

박원우 · 안성익. (2008). 국내 조직문화 연구의 동향과 향후 연구의 방향제시. 노사관계연구, 18, 21-44.

박원우 · 이병철. (1996). 한국기업의 기업문화 현황과 발전 방향. 서울: 대한상공회의소.

서인덕. (1984). 조직문화와 상징적 접근. 인사관리연구, 8, 69-86.

서인덕. (1986a). 한국기업의 조직문화 유형과 조직특성간의 관련성 연구. 서울대학교 박사학위논문.

서인덕. (1986b). 한국기업의 조직문화유형에 관한 연구. 인사관리연구, 10, 103-133.

신유근. (1979). 한국기업의 전통문화적 특성과 조직유효성에 관한 연구. 서울대학교 박사학위논문.

이관희 · 박원우. (1992). 기업문화: 이론과 사례를 중심으로. 서울: 쌍용그룹연수원.

이미재. (1999). 우리나라 재벌그룹에 대한 기업문화 특성 연구. 인사관리연구, 23(1), 1-24.

이학종. (1986). 기업문화와 조직개발: 이론과 기법. 서울: 법문사.

이학종. (1989). 기업문화론: 이론, 기법, 사례연구. 서울: 법문사.

이홍. (2005). 뇌활용 성향과 기업경영: 이병철회장과 정주영회장을 통한 탐험적 추론. 한국경영과학회지, 30(1), 105-128.

임용묵. (2002). 메세나 운동의 본보기 필리핀 '산미겔' 합창단. 전북일보 2002년 00일자.

전상길 · 김인수. (1997). 리더십과 조직문화 관련성에 관한 연구: 기술의 조절효과를 중심으로, 인사조직연구, 5(1), 1-49.

전상호 · 신용존. (1995). 조직문화와 리더십의 적합성이 행동적 유효성에 미치는 영향에 관한 실증연구. 경영학연구, 24(4), 153-186.

정준교 · 박상언 · 김영조. (1996). 조직문화와 조직체성과와의 관계에 관한 경험적 연구. **산업관계연구**, 6, 295–327.

정진우. (1999). **부처통합의 영향에 관한 연구: 재정경제원을 중심으로**. 박사학위논문, 서울대학교 대학원.

한국경제. (2018.11.5.). "일하는 방식 안 바꾸면 미래 없다" 스마트워크 속도 내는 기업들.

한주희 · 황원일. (1996). 조직문화 인식 유형과 주관적 경영성과 및 조직몰입의 관계. **인사관리연구**, 20(1), 173–200.

한주희 · 황원일 · 박석구 (1997). 조직문화 인식 유형이 조직몰입 유형에 미치는 영향에 관한 연구. **인사조직연구**, 5(2), 95–134.

황창연. (2003). 행정조직에서 조직문화 및 하위문화의 비교. **한국행정학보**, 37(1), 37–58.

Aaltio–Marjosola, I. (1994). From a 'grand story' to multiple narratives? Studying an organizational change project. *Journal of Organizational Change Management*, 7(5), 56–67.

Akin, G. & Hopelain, D. (1986). Finding the culture of productivity. *Organizational Dynamics*, 72(2), 19–32.

Albert, M. & Silverman, M. (1984). Making management philosophy: A cultural reality, Part 1: get started. *Personnel*, 12–21.

Alexander, M. (1978). Organizational norms opinionnaire. In J. W. Pfeffer & J. E. Jones (Eds.), *The 1978 annual handbook for group facilitators*, La Jolla, CA: University Associates.

Allaire, Y. & Firsirotu, M. E. (1984). Theories of organizational culture. *Organization Studies*, 5(3), 193–226.

Allaire, Y. & Firsirotu, M. E. (1985). How to implement radical strategies in large organizations. *Sloan Management Review*, 26(3), 19–34.

Allen, R. F. (1985). Four phases for bringing about cultural change. In R. H. Kilmann, M. J. Saxton, R. Serpa, & Associates (Eds.), *Gaining control of the corporate culture* (pp. 332–350). San Francisco: Jossey–Bass.

Allen, R. F. (1994). *Secret formula: How brilliant marketing and relentless salesmanship made Coca–Cola the best–known product in the world*. New York: Harper Business.

Allen, R. F., & Dyer, F. J. (1980). A tool for tapping the organizational unconscious. *Personnel Journal*, 59, 192–198.

Alvesson, M. & Berg, P. O. (1992). The meaning and meaningless of postmodernism. *Organizational Studies*, 16(6), 1047–1075.

Andrews, J. (2000). Failed ties. *Hospitals & Health Networks*, 74(10), 52–58.

Angwin, D. (2001). Mergers and acquisitions across European borders: National perspectives on preacquisition due diligence and the use of professional advisers. *Journal of World Business*, 36(1), 32–57.

Anonymous (1999). Stock drop, culture clash claim deals. *Mergers and Acquisitions*, 33(4), 12.

Ashkanasy, N. M., Broadfoot, L. E., & Falkus, S. (2000). Questionnaire measures of organizational culture. In N. M. Ashkanasy, C. P. M. Wilderom, & M. F. Peterson (Eds.), *Handbook of organizational culture & climate* (pp. 131–146), Thousand Oaks, CA: Sage Publications.

Ashkenas, R., Ulrich, D., Jick, T., & Kerr, S. (2002). *The Boundaryless organization: Breaking the chains of organization structure*. San Francisco: Jossey–Bass.

Atkinson, A. A., Waterhouse, J. H., & Wells, R. B. (1997). A stakeholder approach to strategic performance measurement. *Sloan Management Review*, 38(3), 25–38.

Atkinson, P. E. (1994). Culture change: Familiarity and back to basics. *Management Services*, February, 18–20.

Axelrod, R. H., & Axelrod, E., & Jacobs, R. W., & Beedon, J. (2006). Beat the odds and succeed in organizational change. *Consulting to Management*, 17(2), 6–9.

Baglini, N. A. (2001). Ethical behavior, corporate culture and financial services. *The Geneva Papers on Risk and Insurance*, 26(3), 367–372.

Baker, E. L. (1980). Managing organizational culture. *Management Review*, 69(7), 8–13.

Barker, R. (1965). Explorations in ecological psychology. *American Psychologist*, 20, 1–14.

Barley, S. R., Meyer, G. W., & Gash, D. C. (1988). Cultures of culture: Academics, practitioners and the pragmatics of normative control. *Administrative Science Quarterly*, 33, 24–60.

Barnard, C. I. (1968). *The functions of the executive*. Cambridge, MA: Harvard University Press.

Bates, R. J. (1984). Toward a critical practice of educational administration. In, T. J. Sergiovanni & J. E. Corbally (Eds.), *Leadership and organizational culture* (pp. 260–274). Urban, IL: University of Illinois Press.

Bates, K. A. & Amundson, S. D.(1995). The crucial interrelationship between manufacturing strategy and organizational culture. *Management Science*, 41, 1565–1580.

Begley, T. M. & Boyd, D. P. (2003). Why don't they like us overseas: Organizing U.S. business practices to manage culture clash. *Organizational Dynamics*, 32(4), 357–371.

Belcher, T. & Nail, L. (2000), Integration problems and turnaround strategies in a cross–border merger: A clinical examination of the Pharmacia–Upjohn merger. *International Review of Financial Analysis*, 9(2), 219–234.

Benedict, R. (1946). *The chrysanthemum and the sword: Patterns of Japanese culture*. New York: Meridian Books.

Bennigson, L. A. (1985). Managing corporate cultures. *Management Review*, 74(2), 31–32.

Bernick, L. (2001). When your culture needs a makeover. *Harvard Business Review*, 79(6), 53–62.

Bice, M. (1990). CEO commitment key to organizational change. *Hospitals*, January, 76.

Bijlsma–Frankema, K. (2001). On managing cultural integration and cultural change processes in mergers and acquisitions. *Journal of European Industrial Training*, 25, 192–207.

Blake, R. R. & Mouton, J. S. (1969). *Grid organization development*. Reading, MA: Addison–Wesley.

Blake, R. R. & Mouton, J. (1964). *The managerial grid.: The key to leadership excellence*. Houston, TX: Gulf Publishing Co.

Botterill, M. (1990). Changing corporate culture. *Management Service*, June, 14–18.

Borbrige, D. J. (2006). Culture change. *Industrial Safety & Hygiene News*, 40(1), 50–52.

Bower, M. (1966). *The will to manage*. New York: McGraw–Hill.

Boxx, W. R., Odom, R. Y., & Dunn, M. G. (1991). Organizational values and value congruency and their impact on satisfaction, commitment, and cohesion: An empirical examination within the public sector. *Public Personnel Management*, 20(2), 195–205.

Bretz, R. D. Jr., Ash, R. A., & Dreher, G. F. (1989). Do people make the place? An examination of the attraction–selection–attrition hypotheses. *Personnel Psychology*, 42, 561–581.

Brown, D. M., & Laverick, S. (1994). Measuring corporate performance. *Long Range Planning*, 27, 89–98.

Bruton, G. D., Oviatt, B. M. & White, M. A. (1994). Performance of acquisitions of distressed firms. *Academy of Management Journal*, 37(4), 972–989.

Buchanan, B., Ⅱ. (1975). Red tape and the service ethic: Some unexpected differences between public and private managers. *Administration and Society*, 6, 423–444.

Buchanan, D., & Badham, R. (1999). Politics and organizational change: The lived experience. *Human Relations*, 52(5), 609–629.

Buono, A. F., & Bowditch, J. L., & Lewis Ⅲ, J. W. (1985). When cultures collide: The anatomy of a merger. *Human Relations*, 38, 477–500.

BusinessWeek. (1980). Corporate culture: The hard–to–change values that spell success or failure. October, 27, 148–160.

Cable, D. M., & Judge, T. A. (1997). Interviewers' perceptions of person-organization fit and organizational selection decisions. *Journal of Applied Psychology*, 82, 546-561.

Cable, D. M., & Parsons, C. K. (2001). Socialization tactics and person-organization fit. *Personnel Psychology*, 54, 1-23.

Calori, R., & Sarnin, P. (1991). Corporate culture and economic performance: A French study. *Organization Studies*, 12, 49-74.

Cameron, K. S., & Quinn, R. E. (1999). *Diagnosing and changing organizational culture: Based on the competing values framework*. Reading, MA: Addison-Wesley.

Cameron, K. S., Quinn, R. E., DeGraff, J., & Thakor, A. V. (2006). *Competing values leadership: Creating value in organizations*. Northampton, MA: Edward Elgar.

Cartwright, S. (1998). International merger and acquisitions: The issues and challenges. In M. C. Gertsen, A. Soderberg, & J. E. Torp (Eds.), *Cultural dimensions of international mergers and acquisitions* (pp. 5-15). New York: Walter de Gruyter.

Cartwright, S. & Cooper, C. L. (1993a). The psychological impact of merger and acquisition on the individual: A study of building society manager. *Human Relations*, 46(3), 327-348.

Cartwright, S. & Cooper, C. L. (1993b). The role of cultural compatibility in successful organizational marriage. *Academy of Management Executive*, 7(2), 57-70.

Chandler, A. D. (1962). *Strategy and structure: Chapters in the history of the industrial enterprise*. Cambridge, MA: MIT Press.

Chander, G. N., Keller, C., & Lyon, D. W. (2000). Unraveling the determinants and consequences of an innovation-supportive organizational culture. *Entrepreneurship: Theory & Practice*, 25, 59-77.

Chatman, J. A. (1991). Matching people and organizations: Selection and socialization in public accounting firms. *Administrative Science Quarterly*, 36(3), 459-484.

Chatman, J. A. & Jehn, K. A.(1994). Assessing the relationship between industry characteristics and organizational culture: How different can you be? *Academy of Management Journal*, 37, 522-553.

Chatman, J. A., Polzer, J. T., Barsade, S. G., & Neale, M. A. (1998). Being different yet feeling similar: The influence of demographic composition and organizational culture on work processes and outcomes. *Administrative Science Quarterly*, 43, 749-780.

Chatterjee, S., Lubatkin, M. H., Schweiger, D. M. & Weber, Y. (1992), Cultural differences and shareholder value in related mergers: Linking equity and human capital. *Strategic Management Journal*, 13(5), 319-334.

Chew, J. (2004). Managing MNC expatriates through crises: A challenge for international human resource management. *Research and Practice in Human Resource Management*, 12(2), 1–30.

Christensen & Gordon (1999). An exploration of industry, culture and revenue growth. *Organization Studies*, 20(3), 387–422.

Clapham, S. E., Schwenk, C. R., & Caldwell, C. (2005). CEO perception and corporate turnaround. *Journal of Change Management*, 5(4), 407–428.

Clark, B. R. (1970). *The distinctive college: Antioch, reed, and swarthmore*. Chicago: Aldine.

Clarkson, M. B. E. (1995). A stakeholder framework for analyzing and evaluating corporate social performance. *Academy of Management Review*, 20, 92–117.

Cohen, P. S. (1969). Theories of myth. *Man*, 17, 1–25.

Cole, R. E. (1999). *Managing quality fads: How American business learned to play the quality game*. New York: Oxford University Press.

Collins, J. C. & Porras, J. I. (1994). *Built to last: Successful habits of visionary companies*. New York: Harper Collins.

Connell, J. (2001). Influence of firm size on organizational culture and employee morale. *Journal of Management Research*, 1, 220–233.

Connolly, T., Conlon, E. M., & Deutsch, S. J. (1980). Organizational effectiveness: A multiple constituency approach. *Academy of Management Review*, 5, 211–218.

Cooke, R. A. & Lafferty, J. C. (1986). *Organizational culture inventory (Form III)*. Plymouth, MI: Human Synergistics.

Cox, T. H., & Blake, S. (1991). Managing cultural diversity: Implications for organizational competitiveness. *Academy of Management Executive*, 5(3), 45–56.

Crane, A. (1998). Culture clash and mediation: Exploring the cultural dynamics of business–NGO collaboration. *Greener Management International*, Winter, 61–76.

Croft, A. C. (1990). The case of the missing corporate culture. *Public Relations Quarterly*, 35(1), 17–20.

Dandridge, T., Mitroff, I., & Joyce, W. (1980). Organizational symbolism: A topic to extend organizational analysis. *Academy of Management Review*, 23, 77–82

Davis, S. M. (1984). *Managing corporate culture*. Cambridge, MA: Ballinger.

Datta, D. (1991), Organizational fit and acquisition performance: Effects of post acquisition process. *Strategic Management Journal*, 12(4), 281–298.

Datta, D. & Puia, G. (1995), Cross border acquisitions: An examination of the influence of relatedness and cultural fit on shareholder value creation in U.S. acquiring firms. *Management International Review*, 35(4), 337–359.

Davis, T. R. (1985). Managing culture at the bottom. In R. H. Kilmann, M. J. Saxton, R. Serpa, & Associates (Eds.), *Gaining control of the corporate culture* (pp. 163–183). San Francisco: Jossey–Bass.

Deal, T. E., & Kennedy, A. A. (1982). *Corporate cultures: The rites and rituals of corporate life*. Reading, MA: Addison–Wesley.

Denison, D. R. (1984). Bringing corporate culture to the bottom line. *Organizational Dynamics*, 13(2), 5–22.

Denison, D. R. (1990). *Corporate cultures and organizational effectiveness*. New York: Wiley.

Denison, D. R. (1996). What is the difference between organizational culture and organizational climate? A native's point of view on a decade of paradigm wars. *Academy of Management Review*, 21(3), 619–654.

Denison, D. R., & Mishra, A. K. (1995). Toward a theory of organizational culture and effectiveness. *Organization Science*, 6, 204–223.

DeVoge, S. & Spreier, S. (1999). The soft realties of mergers. *Across the Board*, November/December, 27–32.

DiTomaso, N. (1987). Symbolic media and social solidarity: The foundations of corporate culture. *Research in the Sociology of Organizations*, 5, 105–134.

Donaldson, T., & Preston, L. E. (1995). The stakeholder theory of the corporation: Concepts, evidence and implications. *Academy of Management Review*, 20, 65–91.

Driskill, G. W., & Brenton, A. L. (2004). *Organizational culture in action*. Thousand Oaks, CA: Sage.

Dyer, Jr., W. G. (1985). The cycle of cultural evolution in organizations. In R. H. Kilmann, M. J. Saxton, R. Serpa, & Associates (Eds.), *Gaining control of the corporate culture* (pp. 200–229). San Francisco: Jossey–Bass.

Earley, P. C. (1989). Social loafing and collectivism: A comparison of the United States and the People's Republic of China. *Administrative Science Quarterly in Business*, 34, 565–581.

Edelman, M. (1971). *Politics as symbolic action: Mass arousal and quiescence*. Chicago: Markham.

Edelman, M. (1977). *Political language: Words that succeed and policies that fail*. New York: Academic Press.

Eisenberg, J. (1999). How individualism–collectivism moderates the effects of rewards and appraisal on creativity and innovation: A comparative review of practices in Japan and the US. *Creativity & Innovation Management Journal*, 8, 251–261.

Enz, C. A. (1986). *Power and shared values in corporate culture*. Ann Arbor, MI: UMI Research.

Ernest, R. C. (1985). Corporate cultures and effective planning. *Personal Administrator*, 30(3), 49-60.

Etzioni, A. (1975). *A comparative analysis of complex organizations* (rev. ed.). New York: Free Press.

Eubanks, P. (1986). The creation and change of organizational cultures: A conceptual framework. *Organization Studies*, 7(2), 117-134.

Eubanks, P. (1991). Employee empowerment key to the culture change. *Hospitals*, December 20, 65(24), 40.

Evered, R. (1983). The language of organizations: The case of the Navy. In L. R. Pondy, P. J. Frost, G. Morgan, & T. C. Dandridge (Eds.), *Organizational symbolism* (pp. 125-143). Greenwich, CT: JAI Press.

Ferner, A., Quintanilla, J., & Varul, M. (2001). Country-of-origin effects, host country effects and the management of HR in multinationals: German companies in Britain and Spain. *Journal of World Business*, 36(2), 107-127.

Fitzgerald, M. (2001). Nokia's corporate culture challenge. *Journal of Property Management*, May/June, 46-51.

Florkowski & Fogel (1999). Expatriate adjustment and commitment: The role of host-unit treatment. *International Journal of Human Resource Management*, 10(5), 783-807.

Franke, R. H., Hofstede, G., & Bond, M. H. (1991). Cultural roots of economic performance: A research note. *Strategic Management Journal*, 12, 165-173.

Freeman, R. E. (1984). *Strategic management: A stakeholder approach*. Boston, MA: Pitman.

Fullerton, H. & Price, C. (1991). Culture change in the NHS. *Personnel Management*, March, 50-53.

Fullerton, H. & Price, C. (1991). Culture change and change of organizational cultures: A conceptual framework. *Organizational Studies*, 7(2), 117-134.

Gallo, F. T. & Stokerly, J. R. (1998). Positive culture change at OSRAM SYLVANIA. *Human Resource Planning*, 14-17.

Gamble, (2000). Localizing management in foreign-invested enterprises in China: Practical, cultural, and strategic perspectives. *International Journal of Human Resource Management*, 11(5), 883-903.

GAO Report to Congressional Subcommittees.(2003). *Results-oriented cultures: Implementation steps to assist mergers and organizational transformations*. United

States General Accounting Office.

Gephart, R. P. (1978). Status degradation and organizational succession: An ethno-methodological approach. *Administrative Science Quarterly*, 18, 553–581.

Giffords, E. D. & Dina, R. P. (2003). Changing organizational cultures: The challenge in forging successful mergers. *Administration in Social Work*, 27(1), 69–81.

Gilmore, T. N., Shea, G. P., & Useem, M. (1997). Side effects of corporate cultural transformation. *Journal of Applied Behavioral Science*, 33(2), 174–189.

Glaser, R. (1983). *The corporate culture surveys*. Bryn Mawr, PA: Organizational Design and Development.

Goffman, E. (1959). *The presentation of self in everyday life*. New York: Doubleday.

Goffman, E. (1967). *Interaction ritual*. Garden City, NY: Anchor Books.

Gold, K. A. (1982). Managing for success: A comparison of the private and public sectors. *Public Administration Review*, November–December, 568–575.

Gordon, G. G. (1985). The relationship of corporate culture to industry sector and corporate performance. In R. H. Kilmann, M. J. Saxton, R. Serpa, &Associates (Eds.), *Gaining control of the corporate culture* (pp. 103–125). San Francisco: Jossey–Bass.

Gordon, G. G. (1991). Industry determinants of organizational culture. *Academy of Management Review*, 16, 396–415.

Gordon, G. G., & DiTomaso, N. (1992). Predicting corporate performance from organizational culture. *Journal of Management Studies*, 29, 783–798.

Gonring, M. P. (1992). The communicators's role in leading corporate culture change. *IABC Communication World*, February, 25–28.

Gonzalez–Roma, V., Peiro, J. M., Lloret, S., & Zarnoza, A. (1999). The validity of collective climate. *Journal of Occupational and Organizational Psychology*, 72(1), 25–40.

Grensing–Pophal, L. (1999). Hiring your corporate culture to fit. *HR Magazine*, August, 50–54.

Haddadj, S. (2006). Paradoxical process in the organizational change of the CEO succession. *Journal of Organizational Change Management*, 19(4), 447–456.

Hall, R. H. (1977). *Organizations: Structure and process* (2nd ed.). Englewood Cliffs, NJ: Prentice–Hall.

Handy, C. B. (1978). *The gods of management*. London: Penguin.

Handy, C. (1979). *Gods of management*. London: Pan.

Harris, L. C. & Ogbonna, E. (1998). Employee responses to culture change efforts. *Human Resource Management Journal*, 8(2), 78–92.

Harris, L. C & Metallinos, G. (2002). The fact and fantasy of organizational culture management: A case study of Greek food retailing. *Journal of Retailing and Consumer Services*, 9, 201–213.

Harris, P. R. & Moran, R. T. (1984). *Managing cultural differences*. Houston, TX: Gulf.

Harrison, R. (1972). Understanding your organization's character. *Harvard Business Review*, May–June, 119–128.

Harrison, J. R. (1975). Diagnosing organization ideology. In J. E. Jones & J. W. Pfeiffer (Eds.), *The 1975 annual handbook for group facilitators* (pp. 101–107). La Jolla, CA: University Associates.

Harrison, J. R. & Carrol, G. R. (1991). Keeping the faith: A model of cultural transmission in formal organizations. *Administrative Science Quarterly*, 36, 552–582.

Harrison, R. (1995). *The collected papers of Roger Harrison*, San Francisco: Jossey–Bass.

Hatch, M. J. (1993). The dynamics of organizational culture. *Academy of Management Review*, 18, 657–693.

Hatch, M. J. (1993). The dynamics of organizational culture. *Academy of Management Review*, 18, 657–693.

Hatch, M. J. & Schultz, M. (1997). Relations between organizational culture, identity and image. *Human Relations*, 31(5/6), 356–365.

Hatch, M. J., & Schultz, M. (2000). Scaling the Tower of Babel: Relational differences between identity, image and culture in organizations. In M. Schultz, M. J. Hatch, & M. H. Larsen (Eds.), *The expressive organization* (pp. 11–36). Oxford, UK: Oxford University Press.

Hatch, M. J., & Schultz, M. (2002). The dynamics of organizational identity. *Human Relations*, 55, 989–1018.

Hayakawa, S. I. (1953). *Symbol, status and personality*. New York: Ronald Press.

Hennestad, B. W. (1990). The symbolic impact of double bind leadership: Double bind and the dynamics of organizational culture. *Journal of Management Studies*, 27(3), 265–280.

Herzberg, F., Mausner, B., & Snyderman, B. (1959). *The motivation to work*(2nd ed), New York: John Wiley & Sons.

Hirsch, P. (1980). Ambushes, shootouts, and knights of the roundtable: The language of corporate takeovers. Paper presented at the meeting of the Academy of Management, Detroit.

Hoffman, L. R. (1979). Applying experimental research on group problem solving to organizations. *Journal of Applied Behavioral Science*, 15, 375–391.

Hofstede, G. (1980). *Culture's consequences: International differences in work-related values*, London: Sage Publications.

Hofstede, G. (1985). The interaction between national and organizational value system. *Journal of Management Studies*, 22(4), 347-358.

Hofstede, G. (1986). Editorial: The usefulness of the 'organizational culture' concept. *Journal of Management Studies*, 23(3), 253-257.

Hofstede, G., Neuijen, B., Ohayv, D. D., & Sanders, G. (1990). Measuring organizational cultures: A qualitative and quantitative study across twenty cases. *Administrative Science Quarterly*, 35, 286-316.

Holbrook, M. B. & Hirschman, E. C. (1982). The experiential aspects of consumption: Consumer fantasies, feelings, and fun, *Journal of Consumer Research*, 9, 132-140.

Hopkins, W. E. (1987). Impacts of radical strategic change and radical strategic events on corporate culture. *American Business Review*, 5(2), 42-49.

Igasaki, P. M. (2001). Setting priorities: Organizational change at a federal civil rights agency. *Journal of Organizational Excellence*, 21(1), 27-33.

Iivari, N. (2002). Analyzing the role of organizational culture in the implementation of user-centered design: Disentangling the approaches for cultural analysis. In J. Hammond, T. Gross, & J. Wesson (Eds.), *Usability: Gaining a competitive edge* (pp. 57-71). New York: Kluwer.

Iivari, N. (2005). The role of organizational culture in organizational change: Identifying a realistic position for prospective IS research. *Proceedings of the 13th ECIS* (European Conference on Information System), Regenburg, Germany: May, 26-28.

Jackovsky, E. F., & Slocum, J. W. Jr. (1988). A longitudinal study of climate. *Journal of Organizational Behavior*, 9, 319-334.

Jana, R. (2000). Preventing culture clashes. *Infoworld*, 2(17). 95-96.

Jaques, E. (1952). *The changing culture of a factory*. New York: Dryden Press.

Jelinek, M., Smircich, L., & Hirsch, P. (1983). Introduction: A code of many colors. *Administrative Science Quarterly*, 28, 331-338.

Jemison, D. & Sitkin, S. (1986). Corporate acquisitions; A process perspective. *Academy of Management Review*, 11(1), 145-163.

Jones, G. R. (1983). Transaction costs, property rights, and organizational culture: An exchange perspective. *Administrative Science Quarterly*, 28, 454-467.

Jongeward, D. (1976). *Everybody wins: Transactional analysis applied to organizations*. Reading, MA: Addison-Wesley.

Kaplan, R. S., & Norton, D. P. (1992). The balanced scorecard: Measures that drive performance. *Harvard Business Review*, 70(3), 71–79.

Keeley, M. (1980). Organizational analogy: A comparison of organismic and social contract models. *Administrative Science Quarterly*, 25, 337–362.

Kets de Vries, M. F. R. & Miller, D. (1986). Personality, culture, and organization. *Academy of Management Review*, 11(2), 266–279.

Keys, J. B. & Miller, T. R. (1984). The Japanese management theory jungle. *Academy of Management Review*, 9(2), 342–354.

Kavanagh, M. H. & Ashkanasy, N. M. (2006). The impact of leadership and change management strategy on organizational culture and individual acceptance of change during a merger. *British Journal of Management*, 17, S81–S103.

Kilmann, R. H. (1985). Five steps for closing culture-gaps. In R. H. Kilmann, M. J. Saxton, R. Serpa, & Associates (Eds.), *Gaining control of the corporate culture* (pp. 351–369). San Francisco: Jossey-Bass.

Kilmann, R. H. (1985). *Beyond the quick fix: Managing five tracks to organizational success*. San Francisco: Jossey-Bass.

Kilmann, R. H. (1989). *Managing beyond the quick fix: A completely integrated program for creating and maintaining organizational success*. San Francisco: Jossey-Bass.

Kilmann, R. H., & Saxton, M. J. (1983). *Kilmann-Saxton culture gap survey*, Pittsburgh, PA: Organizational Design Consultants Incorporated.

Kilmann, R. H., Saxton, M. J., Serpa, R., & Associates (Eds.), (1985). *Gaining the control of the corporate culture*. San Francisco: Jossey-Bass.

Kinkead, R. W. & Wonokur, D. (1991). Navigating the seas of cultural change: The corporate communicator's role. *Public Relations Journal*, November, 14–34.

Klunks, S. W., Panetta, J., & Wooten, J. (1996). Accelerating the culture change. *Hospital Materiel Management Quarterly*, November, 14–25.

Koch, D. L. & Steinhauser, D. W. (1983). Changing the corporate culture. *Datamation*, October, 247–56.

Koene, B. A. S. (1996). Organizational culture, leadership and performance in context: Trust and rationality in organizations. Unpublished doctoral dissertation. In D. Goslin (Ed.), *Handbook of socialization: Theory and research*. Chicago: Rand McNally.

Kogut, B. & Singh, H. (1988). The effect of national culture in the choice of entry mode. *Journal of International Business Studies*, 19(3), 411–433.

Kopelman, R. E., Brief, A. P., & Guzzo, R. A. (1990). The role of climate and culture in productivity. In B. Schneider (Ed.), *Organizational climate and culture* (pp. 282–318). San Francisco: Jossey-Bass.

Kotter, J. P. & Heskett, J. L. (1992). *Corporate culture and performance*. New York: Free Press.

Kristof, A. (1996). Person-organization fit: An integrative review of its conceptualizations, measurement, and implication. *Personnel Psychology*, 49(1), 1-49.

Kristof-Brown, A. L. (2000). Perceived applicant fit: Distinguishing between recruiters' perceptions of person-job and person-organization fit. *Personnel Psychology*, 53, 643-671.

Larsson, R. & Risberg, A. (1998). Cultural awareness and national versus corporate barriers to acculturation. In M. C. Gertsen, A. Soderberg, & J. E. Torp (Eds.), *Cultural dimensions of international mergers and acquisitions* (pp. 40-56). New York: Walter de Gruyter.

Lawthom, R., & Patterson, M., West, M. A., & Maitliss, S. (1997). *Development of the organizational culture measure: A new measure of organizational culture*. Sheffield: Institute of Work Psychology, University of Sheffield.

Lessem, R. (1990). *Managing corporate culture*. Brookfield, VT: Gower.

Lewin, K. (1951). *Field theory in social science*. New York: Harper & Row.

Lewin, K., Lippit, R., & White, R. (1939). Patterns of aggressive behavior in experimentally created social climate. *Journal of Social Psychology*, 10, 271-299.

Lewis, D. (1996a). The organizational culture saga--from OD to TQM: A critical review of the literature. Part 1--concepts and early trends. *Leadership & Organizational Development Journal*, 17(1), 12-19.

Lewis, D. (1996b). The organizational culture saga--from OD to TQM: A critical review of the literature. Part 2--applications. *Leadership & Organizational Development Journal*, 17(2), 9-16.

Likert, R. L. (1961). *New patterns of management*. New York: McGraw-Hill.

Lioyd, J. (2006). Mergers are like blended families. *The Receivables Report for America's Health Care Financial Managers*, 21(3), 9-11.

Lippitt, G. L., Langseth, P., & Mossop, J. (1985). *Implementing organizational change*. San Francisco: Jossey-Bass.

Litwin, G., & Stringer, R. (1968). *Motivation and organizational climate*. Boston, MA: Harvard University.

Lok, P. & Crawford, J. (1995). The relationship between commitment and organizational culture, subculture, leadership style, and job satisfaction in organizational change and development. *Leadership & Organization Development Journal*, 20(7), 365-373.

Lorsch, J. W. (1986). Managing culture: The invisible barrier to strategic change. *California*

Management Review, 28(2), 95–109.

Louis, M. R. (1985). An investigator's guide to workplace culture. In P. Frost, L. Moore, M. Louis, C. Lundberg, & J. Martin (Eds.), *Organizational culture* (pp. 73–93). Beverly Hills, CA: Sage Publications.

Love, P. & Gibson, S. (1999), Hidden sore points that can thwart a culture match. *Mergers and Acquisitions*, 33(6), 51–56.

Lundberg, C. C. (1984). Strategies for organizational transitioning. In J. R. Kimberly and R. E. Quinn (Eds.) *The management of organizational transitions* (pp. 60–82). Homewood, IL: Irwin.

Magnet, M. (1984). Acquiring without smothering. *Fortune*, 110, 22–27.

Mallak, L. A. & Kurstedt, H. A. (1996). Understanding and using empowerment to change organizational culture. *Industrial Management*, November/December, 8–10.

Mansfield, P. (2004). Anomie and disaster in corporate culture: The impact of mergers and acquisitions on the ethical climate of marketing organizations. *Marketing Management Journal*, 14(2), 88–99.

March, J. G., & Olsen, J. P. (1976). *Ambiguity and choice in organizations*. Bergen: Universiteitsvorlaget.

Marcoulides, G. A., Heck, R. H. (1993). Organizational culture and performance: Proposing and testing a model. *Organization Science*, 4, 209–225.

Margerison, C. (1979). *How to assess your management style*. New York: McB Human Resources.

Marks, M. (1998). The merger syndrome: The human side of corporate combinations. *Buyouts & Acquisitions*, January/February, 18–22.

Marks, M. (1999). Adding cultural fit to your diligence checklist. *Mergers and Acquisitions*, 34(3), 14–20.

Marks, M. & Mirvis, P. (1992). *Managing the merger*. Englewood Cliffs, NJ: Prentice-Hall.

Martin, J. (1982). Stories and scripts in organizational settings. In A. H. Hastrof & A. M. Isen (Eds.), *Cognitive social psychology* (pp. 255–305). New York: Elsevier/North-Holland.

Martin, H. J. (1985). Can organizational culture be managed? In P. J. Forest, L. F. Moore, M. R. Louis, C. C. Lundberg, & J. Martin (Eds.), *Organizational culture* (pp. 95–98), Beverly Hills, CA: Sage Publications.

Martin, H. J. (1985). Managing specialized corporate cultures. In R. H. Kilmann, M. J. Saxton, R. Serpa, & Associates (Eds.), *Gaining control of the corporate culture* (pp. 148–162). San Francisco: Jossey-Bass.

Martin, H. J. (1992). *Cultures in organizations: Three perspectives*. New York: Oxford University Press.

Martin, H. J. (1995). Organizational culture. In N. Nicholson (Ed.), *Encyclopedic dictionary of organizational behavior* (pp. 376–382). Oxford: Blackwell.

Martin, H. J. (2002). *Organizational culture: Mapping the terrain*. Thousand Oak, CA: Saga Publications.

Martin, J., Feldman, M., Hatch, M. J., & Sitkin, S. (1983). The uniqueness paradox in organization studies. *Administrative Science Quarterly*, 28, 438–453.

Martin, J. & Siehl, C. (1983). Organizational culture and counterculture: An uneasy symbiosis. *Organizational Dynamics*, Autumn, 52–64.

Maynard, Jr., H. B., & Mehrtens, S. E. (1993). *The fourth wave: Business in the 21st century*. San Francisco: Berrett–Koehler Publishers.

McCaffrey, J. & Hafner, C. (1985). When two cultures collide: Doing business overseas. *Training and Development Journal*, 39(10), 26–32.

McGuire, J., Schneeweis, T., & Hill, J. (1986). An analysis of alternative measures of strategic performance. In R. Lamb, P. Shrivastava, H. B. Thorelli, A. Huff, Dutton, & C. Stubbart (Eds.), *Advances in strategic management* (Vol. 4, pp. 127–154). Greenwich, CT: JAI Press.

McLean, A. J., Sims, D. B. P., Mangan. I. L., & Tuffield, D. (1982). *Organization development in transition evidence of an evolving profession*. New York: Wiley.

Meek, V. L. (1988). Organizational culture: Origins and weaknesses. *Organization Studies*, 9(4), 453–473.

Meissner, M. (1976). The language of work. In R. Dubin (Ed.), *Handbook of work, organization, and society* (pp. 205–279). Chicago: Rand McNally.

Menzies, G. (2008). *1434: The years a magnificent Chinese fleet sailed to Italy and ignited the renaissance*. New York: Harper.

Meyer, J. W. (1984). Organizations as ideological systems. In T. J. Sergiovanni & J. E. Corbally (Eds.), *Leadership and organizational culture: New perspectives on administrative theory and practice* (pp. 186–205). Urbana, IL: University of Illinois Press.

Meyerson, D., & Martin, J. (1987). Cultural change: An integration of three different views. *Journal of Management Studies*, 24(6), 623–643.

Migliore, R. H., Conway, A., Martin, R., & Stevens, R. E. (1992). *An analysis of Pan–Pacific Canadian organizational climate*, Paper presented at the Pan–Pacific Conference, Calgary, Alberta.

Miller, R. (2000). How culture affects mergers and acquisitions. *Industrial Management*, 42(5), 22–26.

Miles, M. B. & Schmuck, R. A. (1971). Improving schools through organization development: An overview. In R. A. Schmuck & M. B. Miles (Eds.), *Organization development in schools* (pp. 7–27). Palo Alto, CA: National Press Books.

Miroshnik (2002). Culture and international management: A review. *Journal of Management Development*, 21(7), 521–544.

Mitroff, I. I. & Kilmann, R. H. (1985). Corporate taboos as the key to unlocking culture. In R. H. Kilmann, M. J. Saxton, R. Serpa, & Associates (Eds.), *Gaining control of the corporate culture* (pp. 184–199). San Francisco: Jossey–Bass.

Morgan, C. D. (1998). Culture change/culture shock. *Management Review*, November, 13.

Morgan, D. E., & Zeffane, R. (2003). Employee involvement, organizational change and trust in management. *Human Resource Management*, 14(1), 55–75.

Morley, I. E. (1984). On imagery and the cycling of decision making. In J. G. Hunt, D. M. Hosking, C. A. Schriesheim, & R. Stewart (Eds.), *Leaders and managers: International perspectives on managerial behavior and leadership*, New York: Pergamon Press.

Morosini, P., Shane, S., & Singh, H .(1998). National cultural distance and cross–border acquisition performance. *Journal of International Business Studies*, 29(1), 137–158.

Muchinsky, P. & Monahan, C. (1987). What is person–environment congruence? Supplementary versus complementary models of fit. *Journal of Vocational Behavior*, 31, 268–277.

Nadler, D. A., Thies, P. K., & Nadler, M. B. (2001). Culture change in the strategic enterprise: Lessons from the field. In C. L. Cooper, S. Cartwright, & P. C. Earley (Eds.), *The international handbook of organizational culture and climate* (pp. 309–324). New York: John Wiley & Sons.

Nahavandi, A. & Malekzadeh, A. (1988), Acculturation in mergers and acquisitions. *Academy of Management Review*, 13(1), 79–90.

Nemeth, C. J. (1992). Minority dissent as a stimulant to group performance. In S. Worchel, W. Wood, & J. A. Simpson (Eds.), *Group processes and productivity* (pp. 95–111). Newbury Park, CA: Sage Publications.

Nicholson, G. C. (1998). Keeping innovation alive. *Research–Technology Management*, 41(3), 34–40.

O'Donovan, G. (2006). *The corporate culture handbook: How to plan, implement and measure a successful culture change programme*. Dublin: The Liffey Press.

Ogbonna, E. (1993). Managing organizational culture: Fantasy or reality? *Human Resource Management Journal*, 3(2), 42–54.

Ogbonna, E. & Harris, L. C. (1998). Managing organizational culture: Compliance or genuine change? *British Journal of Management*, 9, 273–288.

Ogbonna, E. & Harris, L. C. (2002). Managing organisational culture: Insights from the hospitality industry. *Human Resource Management Journal*, 12(1), 33–53.

O'Reilly, C. A., Ⅲ, Chatman, J. A., & Caldwell, D. F. (1991). People and organizational culture: A profile comparison approach to assessing person–organization fit. *Academy of Management Journal*, 34, 487–516.

Organizational Technology International. (1979). Management value inventory (In–house document). Singapore.

Ostroff, C., Shin, Y., & Kinicki, A. J. (2005). Multiple perspectives of congruence: Relationships between value congruence and employee attitudes. *Journal of Organizational Behavior*, 26, 591–623.

O'Toole, J. J. (1979). Corporate and managerial cultures. In C. L. Cooper (Ed.), *Behavioral problems in organizations* (pp. 7–28). Englewood Cliffs, NJ: Prentice–Hall.

Ott, J. S. (1989). *The organizational culture perspective*. Pacific Grove, CA: Brooks/ Cole Publishing Company.

Ouchi, W. G. (1980). Markets, bureaucracies and clans. *Administrative Science Quarterly*, 25, 129–141.

Ouchi, W. G. (1981). *Theory Z: How American business can meet the Japanese challenge*. Reading, MA: Addison–Wesley.

Ouchi, W. G. & Price, R. C. (1978). Hierarchies, clans, and theory Z: A new perspective on OD. *Organizational Dynamics*, 7, 24–44.

Ouchi, W. G. & Wilkins, A. (1985). Organizational culture. *Annual Review of Sociology*, 11, 457–483.

PA Consulting Group. (1979). *Organizational values and styles questionnaire*. Brisbane, Queensland: Author.

Park, W. (1999). Person–organization fit, person–department fit, and their relationship to performance, satisfaction and turnover intention. *Seoul Journal of Business*, 5(1/2), 35–61.

Park, W. (2001). The corporate culture change campaigns in Korea: Lessons from their failures. *Asia Pacific Business Review*, 7(4), 89–110.

Park, W. & Park, O. (2014). Two–factor theory of culture change management: Distinguishing between critical success and critical failure factors. *The Korean*

Business Journal, 48, 37–65.

Pascale, R. T. (1993). The benefit of a clash of opinions. *Personnel Management*, 25(10), 38–41.

Pascale, R. T. & Athos, A. G. (1981). *The art of Japanese management: Applications for American executives*. New York: Simon & Schuster.

Patterson, M., Payne, R. L., & West, M. (1996). Collective climates: A test of their socio-psychological significance. *Academy of Management Journal*, 39, 1675–1691.

Payne, R. O. (1999). Culture and climate: How close can they get? In N. M. Ashkanasy, C. P. M. Wilderom, & M. F. Peterson (Eds.), *International handbook of organizational culture and climate*. Beverley Hills, CA: Sage Publications.

Payne, R. L. (2001). A three dimensional framework for analyzing and assessing culture/climate and its relevance to cultural change. In C. L. Cooper, S. Cartwright, & P. C. Earley (Eds.), *The international handbook of organizational culture and climate* (pp. 107–122). New York: John Wiley & Sons.

Payne, R. L., Brown, A. D., & Gaston, K. C. (1992). *Reliability and validity of an updated version of the Business Organization Climate Index (BOCI): A research note*. Manchester Business School Working paper no, 227. Manchester: Manchester University

Payne, R. L., & Pheysey, D. (1971). G. C. Stern's organizational climate index: A reconceptualization and application to business organizations. *Organizational Behavior and Human Performance*, 6, 77–98.

Peters, T. J. (1978). Symbols, patterns and settings: An optimistic case for getting things done. *Organizational Dynamics*, 7, 3–22.

Peters, T. J. & Waterman, R. H. (1982). *In search of excellence: Lessons from America's best-run companies*. New York: Harper & Row.

Pettigrew, A. M. (1979). On studying organizational cultures. *Administrative Science Quarterly*, 24, 579–581.

Petty, M. M., Beadles, N. A., Ⅱ, Lowery, C. M., Chapman, D. F., & Connell, D. W. (1995). Relationship between organizational culture and organizational performance. *Psychological Reports*, 76, 483–492.

Pondy, L. R. (1978). Leadership is a language game. In M. W. McCall, Jr. & M. M. Lombardo (Eds.), *Leadership: Where else can we go?* (pp. 87–99). Durham, NC: Duke University Press.

Pondy, L. R., Frost, P. J., Morgan, G., & Dandridge, T. C. (1983). *Organizational symbolism*. Greenwich, CT: JAI Press.

Posner, B. Z. (1992). Person–organization values congruence: No support for individual differences as a moderating influence. *Human Relations*, 45(4), 351–362.

Pratt, J, Mohrweis, L. C., & Beaulieu, P. (1993). The interaction between national and organizational culture in accounting firms: An extension. *Accounting, Organizations and Society*, 18(7), 621–628.

Preston, L. E., & Sapienza, H. J. (1990). Stakeholder management and corporate performance. *Journal of Behavioral Economics*, 19, 361–375.

Quah, P. & Young, S. (2005). Post–acquisition management: A phases approach for cross–border M&As. *European Management Journal*, 23(1), 65–75.

Quinn, R. (1988). *Beyond rational management: Mastering the paradoxes and competing demands of high performance*. San Francisco: Jossey–Bass.

Quinn, R. E. & Cameron, K. S. (1983). Organizational life cycles and shifting criteria of effectiveness. *Management Science*, 29, 33–51.

Quinn, R. E., Faerman, S. R., Thompson, M. P., McGrath, M. R., & Clair, L. S. (2011). *Becoming a master manager: A competing values approach* (5th ed.). Hoboken, NJ: Wiley.

Quinn, R. E. & Hall, R. H. (1983). Environments, organizations, and policy makers: Toward an integrative framework. In R. H. Hall & R. E. Quinn (Eds.), *Organizations theory and public policy*. Beverly Hills, CA: Sage.

Quinn, R. E. & McGrath, M. R. (1985). The transformation of organizational cultures: A competing values perspectives. In P. J. Frost, L. F. Moore, M. R. Louis, C. C. Lundberg, & J. Martin (Eds.), *Organizational culture* (pp. 315–334).Beverly Hills, CA: Sage Publications.

Ratti, R. R. & Funkhouser, G. R. (1982). *The ropes to skip and the ropes to know: Studies in organizational behavior* (2nd ed.). New York: John Wiley & Sons.

Rentsch, J. R. (1990). Climate and culture: Interaction and qualitative differences in organizational meanings. *Journal of Applied Psychology*, 75, 668–681.

Reynolds, P. D. (1986). Organizational culture as related to industry, position and performance: A preliminary reports. *Journal of Management Studies*, 23(3), 333–345.

Rose, R. A. (1988). Organizations as multiple cultures: A Rules theory analysis. *Human Relations*, 41(2), 60–139.

Rousseau, D. M. (1990a). Assessing organizational culture: The case for multiple measures. In B. Schneider (Ed.), *Frontiers in industrial and organizational psychology* (Vol Ⅲ). San Francisco: Jossey–Bass.

Rousseau, D. M. (1990b). Normative beliefs in fund–raising organizations: Linking culture to organizational performance and individual responses. *Group and Organization Studies*, 15, 448–460.

Ruvolo, C. M. & Bullis, R. C. (2003). Essential of culture change: Lessons learned the hard way. *Consulting Psychology Journal: Practice and Research*, 55(3), 155–168.

Rynes, S. & Gerhart, B. (1990). Interviewer assessment of applicant "fit": An exploratory investigation. *Personnel Psychology*, 43(1), 13–34.

Sackmann, S. A. (1991). *Cultural knowledge in organizations: Exploring the collective mind*. Newbury Park, CA: Sage Publications.

Sackmann, S. A. (1992). Culture and subcultures: An analysis of organizational knowledge. *Administrative Science Quarterly*, 37, 140–161.

Saffold, G. S. Ⅲ. (1988). Culture traits, strength, and organizational performance: Moving beyond "strong" culture. *Academy of Management Review*, 13, 546–558.

Salama, A. & Easterby-Smith, M. (1994). Cultural change and managerial careers. *Personnel Review*, 23(3), 21–33.

Sarros, J. C., Gray, J., & Densten, I. L. (2002). Leadership and its impact on organizational culture. *International Journal of Business Studies*, 10(2), 1–25.

Sashkin, M., & Fulmer, R. (1985). Measuring organizational excellence culture with a validated questionnaire. Paper presented at the annual meeting of the Academy of Management.

Sathe, V. (1983). Implications of corporate culture: A manager's guide to action, *Organizational Dynamics*, 12(2), 4–23.

Sathe, V. (1985a). *Culture and related corporate realities: Text, cases, and readings on organizational entry, establishment, and change*. Homewood, IL: Irwin.

Sathe, V. (1985b). How to decipher and change corporate culture. In R. H. Kilmann, M. J. Saxton, R. Serpa, & Associates (Eds.), *Gaining control of the corporate culture* (pp. 230–261), San Francisco: Jossey-Bass.

Schaubroeck, J., Ganster, D. C., & Jones, J. R. (1998). Organization and occupation influences in the attraction-selection-attrition process. *Journal of Applied Psychology*, 83, 869–891.

Schein, E. H. (1968). Organizational socialization and the profession of management. *Industrial Management Review*, 9, 1–15.

Schein, E. H. (1969). *Process consultation: Its role in organization development*. Reading, MA: Addison-Wesley.

Schein, E. H. (1983). The role of the founder in creating organizational culture. *Organizational Dynamics*, 12(1), 13–28.

Schein, E. H. (1985). *Organizational culture and leadership: A dynamic view*. San Francisco: Jossey-Bass.

Schein, E. H. (1992). *Organizational culture and leadership* (2nd ed.). San Francisco: Jossey-Bass.

Schein, E. H. (1993). How can organizations learn faster? The challenge of entering the green room. *Sloan Management Review*, 34(2), 85-92.

Schiemann, W. A. (1992). Why change fails. *Across the Board*, 29(4), 53-54.

Schneider, B. (1987). The people make the place. *Personnel Psychology*, 40, 437-453.

Schneider, B., Smith, D. B., Taylor, S., & Fleenor, J. (1998). Personality and organizations: A test of the homogeneity of personality hypothesis. *Journal of Applied Psychology*, 83, 462-470.

Schneider, B., Goldstein, J. R., & Smith, D. B. (1995). The ASA framework: An update. *Personnel Psychology*, 48, 747-773.

Schultz, M. (1994). *On studying organizational cultures: Diagnosis and understanding*. New York: Walter De Gruyter Inc.

Schweiger, D. M. & Weber, Y. (1989). Strategies for managing human resources during mergers and acquisitions: An empirical investigation. *Human Resource Planning*, 12(2), 69-87.

Selznick, P. (1957). *Leadership in administration: A sociological interpretation*. New York: Harper & Row.

Sethia, N. K. & Von Glinow, M. A. (1985). Arriving at four cultures by managing the reward system. In R. H. Kilmann, M. J. Saxton, R. Serpa, & Associates (Eds.). *Gaining control of the corporate culture* (pp. 400-420). San Francisco: Jossey-Bass.

Sherer, J. L. (1994). Corporate cultures: Turning 'us versus them' into 'we'. *Hospitals & Health Networks*, May, 20-27.

Sherriton, J. & Stern, J. (1997). Why change fails. *Across the Board*, 29(4), 53-54.

Siehl, C. & Martin, J. (1984). The role of symbolic management: How can managers effectively transmit organizational culture? In J. G. Hunt, D. M. Hosking, C. A. Schriesheim, & R. Stewart (Eds.), *Leaders and managers: International perspectives on managerial behavior and leadership* (pp. 227-269). New York: Pergamon Press.

Silverzweig, S. & Allen, R. F. (1976). Changing the corporate culture. *Sloan Management Review*, 17, 33-49.

Singh, C. & Hart, M. (1998). Changing business culture: Information is the key. *Australian CPA*, September, 50-52.

SK. (2008). *SKMS: SK Management System*. Seoul: SK Group.

Smircich, L. (1983). Concepts of culture and organizational analysis. *Administrative Science Quarterly*, 28, 339–358.

Smircich, L. & Morgan, G. (1983). Leadership: The management of meaning. *Journal of Applied Behavioral Science*, 18, 257–273.

Smircich, L. & Stubbart, C. (1985). Strategic management in an enacted world. *Academy of Management Review*, 10(4), 724–736.

Sorensen, J. B. (2002). The strength of corporate culture and the reliability of firm performance. *Administrative Science Quarterly*, 47(1), 70–91.

Sosik, J. J., & Jung, D. I. (2002). Work–group characteristics and performance in collectivistic and individualistic cultures. *The Journal of Social Psychology*, 142(1), 5–23.

Sproull, L. S. (1981). Beliefs in organizations. In P. C. Nystrom & W. H. Starbuck (Eds.), *Handbook of organizational design*. London: Oxford University Press.

Starbuck, W. H. (1983). Organizations as action generators. *American Sociological Review*, 48(1), 91–103.

Steele, F. I. & Jenks, S. (1977). *The feel of the work place*. Reading, MA: Addison–Wesley.

Stevenson, H. & Gumpert, D. (1985). The heart of entrepreneurship. *Harvard Business Review*, 63(2), 85–94.

Tagiuri, R. & Litwin, G. H. (1968). *Organizational climate: Exploration of a concept*. Boston: Harvard University, Graduate School of Business, Division of Research.

Tichy, N. M. & Ulrich, D. O. (1984). The leadership challenge: A call for the transformational leader. *Sloan Management Review*, 26, 59–68.

Tom, V. (1971). The role of personality and organizational images in the recruiting process. *Organizational Behavior and Human Performance*, 6(5), 573–592.

Tosti, D. & Jackson, S. (1994), Organizational alignment: How it works and why it matters. *Training Magazine*, April, 58–64.

Triandis, H. C. (1994). *Culture and social behavior*. New York: McGraw–Hill.

Trice, H. M. (1993). *Occupational subcultures in the workplace*. New York: ILR Press.

Trice, H. M. & Beyer, J. M. (1985). Using six organizational rites to change culture. In R. H. Kilmann, M. J. Saxton, R. Serpa, & Associates (Eds.), *Gaining control of the corporate culture* (pp. 370–399). San Francisco: Jossey–Bass.

Tsui, A. S. (1990). A multiple constituency model of effectiveness: An empirical examination at the human resource subunit level. *Administrative Science Quarterly*, 35, 458–483.

Tziner, A. & Falbe, C. M. (1990). Actual and preferred climates of achievement orientation and their congruency: An investigation of their relationships to work attitudes and performance in two occupational strata. *Journal of Organizational Behavior*, 11, 159–167.

Uttal, B. (1983). The corporate culture vultures. *Fortune*, 17, 66–72.

Vaill, P. (1984). The purposing of high–performing systems. In T. Sergovanni & J. Corbally (Eds.), *Leadership and organizational culture* (pp. 85–104). Urban University of Illinois Press.

Valentine, S. (2000), International person–organization fit: The role of national culture. *International Journal of Management*, 17(3), 295–302.

van Maanen, J. (1976). Breaking in: Socialization to work. In R. Dubin (Ed.), *Handbook of work, organization, and society* (pp. 67–130). Chicago: Rand McNally.

van Maanen, J. (1979). The self, the situation, and the rules of interpersonal relations. In W. G. Bennis, J. Vaanen, E. H. Schein, & F. Steele (Eds.), *Essays in interpersonal dynamics* (pp. 43–101). Homewood, IL: The Dorsey Press.

van Maanen, J. (1979). The fact of fiction in organizational ethnography. *Administrative Science Quarterly*, 24, 539–550.

van Muijen, J. J. & Koopman, P. L. (1994). The influence of national culture on organizational culture: A comparative study between 10 countries. *European Work & Organizational Psychologist*, 4, 367–391.

van Vianen, A. E. M. (2000). Person–organization fit; The match between newcomers' and recruiters' preferences for organizational cultures. *Personnel Psychology*, 53(1), 113–149.

Veiga, J., Lubatkin, M., Calori, R., & Very, P. (2000), Measuring organizational culture clashes: A two–nation post–hoc analysis if a cultural compatibility index. *Human Relations*, 53(4), 539–558.

Venkatraman, N., & Ramanujam, V. (1986). Measurement of business performance in strategy research: A comparison of approaches. *Academy of Management Review*, 11, 811–814.

Vermeulen, F., Puranam, P., & Gulati, R. (2010). Change for change's sake, *Harvard Business Review*, June, 71–76.

Very, P., Lubatkin, M., Calori, R. & Veiga, J. (1997). Relative standing and the performance of recently acquired European firms. *Strategic Management Journal*, 18, 593–614.

Vianen, A. (2000), Person–organization fit: The match between newcomers' and recruiters' preferences for organizational cultures. *Personnel Psychology*, 53(1), 113–149.

Wallach, E. (1983). Individuals and organization: The cultural match. *Training and*

Development Journal, 12, 28–36.

Walton, R. E. (1975). The diffusion of new work structures: Explaining why success didn't take. *Organizational Dynamics*, 3(3), 3–22.

Want, J. (2006). *Corporate culture: Illuminating the black hole*. New York: St. Martin's Press.

Want, J. (2007). *Corporate culture*, New York: St. Martin's Press.

Waterhouse, J. & Lewis, D. (2004). Communicating culture. *Public Management Review*, 6(3), 353–376.

Weber, Y. (1996), Corporate cultural fit and performance in mergers and acquisitions. *Human Relations*, 49(9), 1181–1202.

Weeks, J. (1994). Dimensions of strength: Strong culture revisited. Paper presented at the annual meeting of the Academy of Management, Dallas, TX.

Weick, K. E. (1969). *The social psychology of organizing*. Reading, MA: Addison–Wesley.

Weick, K. E. (1977). Enactment processes in organizations. In B. M. Staw & G. Salancik (Eds.), *New directions in organizational behavior* (pp. 267–300). Chicago: St. Clair Press.

Weick, K. E. (1979). Cognitive processes in organizations. In B. M. Staw (Ed.), *Research in organizational behavior* (Vol. 1) (pp. 41–74). Greenwich, CT: JAI Press.

Weick, K. E. (1985). The significance of corporate culture. In P. Frost, L. Moore, M. Louis, C. Lundberg, & J. Martin (Eds.), *Organizational culture* (pp. 381–389). Beverly Hills, CA: Sage Publications.

Wharton, J. W. & Worthley, J. A. (1983). A perspective on the challenge of public management: Environmental paradox and organizational culture. In J. L. Perry & K. L. Kraemer (Eds.), *Public management: Public and private perspectives* (pp. 126–142). Palo Alto, CA: Mayfield Publishing.

Whitehead, P. (2001). Team building and culture change: Well–trained and committed teams can successfully roll out culture change programmes. *Journal of Change Management*, 2(2), 184–192.

Wilderom, P. M., Glunk, U., & Maslowski, R. (2000). Organizational culture as a predictor of organizational performance. In N. M. Ashkanasy, C. P. M. Wilderom, & Peterson, M. F. (Eds.), *Handbook of organizational culture and climate* (pp. 193–209). Thousand Oaks, CA: Sage Publications.

Wilderom, C. P. M., & Van den Berg, P. T. (1998). August. *A test of the leadership–culture–performance model within a large Dutch financial organization*. Paper presented at the annual meeting of the Academy of Management, San Diego, CA.

Wilkins, A. L. (1979). *Organizational stories as an expression of management philosophy*. Unpublished dissertation, Stanford University.

Wilkins, A. L. (1983). Organizational stories as symbols which control the organization. In L. R. Pondy, P. J. Frost, G. Morgan, & T. C. Dandridge (Eds.), *Organizational symbolism* (pp. 81–92). Greenwich, CT: JAI Press.

Wilkins, A. L. & Patterson, K. J. (1985). You can't get there from here: What will make culture–change projects fail. In R. H. Kilmann, M. J. Saxton, R. Serpa, & Associates (Eds.), *Gaining control of the corporate culture* (pp. 17–43), San Francisco: Jossey–Bass.

Willmott, H. (1993). Strength is ignorance, slavery is freedom: Managing culture in modern organisations. *Journal of Management Studies*, 30(4), 515–551.

Wood, D. J. (1991). Toward improving corporate social performance. *Business Horizons*, 34(4), 66–73.

Woodcock, M. (1989). *Clarifying organizational values*. Brookfield, VT: Gower.

Yauch, C. A. & Steudel, H. J. (2002). Cellular manufacturing for small business: Key cultural factors that impact the conversion process. *Journal of Operations Management*, 20, 593–617.

Yoo, S. & Lee, S. M. (1987). Management style and practice of Korean Chaebols. *California Management Review*, 29(4), 95–110.

Zaheer, S., Schomaker, M. & Genc, M. (2003). Identity versus culture in mergers of equals. *European Management Journal*, 21(2), 185–191.

Zussman, Y. M. (1983). Learning from the Japanese: Management in a resource–scarce world. *Organizational Dynamics*, 11(3), 68–80.

찾아보기

ㅂ

ㅅ

ㅇ

ㅈ

저자 소개

박원우(Won-Woo Park, **朴元雨**)

서울대학교 경영대학에서 학사(1982년)와 석사(1984년)를 취득한 후, 한국개발연구원(KDI)에서 1년간 근무하면서 미국정부의 Fulbright 장학금을 받고 Pittsburgh대학 경영대학원에서 수학하여 인사조직 분야 박사(1989년)를 취득하였다. Pittsburgh대학에서 조교수로 근무한 후 귀국하여 중앙대학교, 경희대학교 교수를 거쳐 1998년 3월부터 서울대학교 경영대학 교수로 근무하고 있다. 학계에선 한국경영학회 부회장, 한국인사조직학회 부회장, 한국윤리경영학회 회장 등으로 봉사하였으며, 응용과학자로서 자문교수, 사외이사, 상임/비상임위원 등 제 역할을 통해 국내 다양한 영리/비영리조직의 발전을 지원하여 왔다. 주요 연구분야로는 groupthink, empowerment, trust, efficacy, goal orientation, culture change, 및 happiness인데, 그간 130여 편의 국내외 학술논문과 16편의 단행본 도서를 출간하였고, 서울대학교 경영대학의 우수강의상을 수차례, 2018년엔 서울대학교 학술연구교육상을, 2020년에는 세계적 학술지 200종류 이상을 출간하는 Emerald Publishing의 최우수논문상인 '2020 Emerald Literati Award'를 수상하였다.